L. Günther

Die deutsche Gaunersprache

REPRINT – VERLAG
LEIPZIG

Die zum Teil geminderte Druckqualität ist auf den Erhaltungszustand der Originalvorlage zurückzuführen.

Die Deutsche Bibliothek – CIP-Einheitsaufnahme

Ein Titeldatensatz für diese Publikation ist bei Der Deutschen Bibliothek erhältlich.

Volker Hennig, Goseberg 22-24, 37603 Holzminden
www.reprint-verlag-leipzig.de
ISBN 3-8262-0714-9

Erweiterte Reprintauflage der Originalausgabe von 1919 nach dem Exemplar des Verlagsarchives

Lektorat: Andreas Bäslack, Leipzig
Einbandgestaltung: Jens Röblitz, Leipzig
Gesamtfertigung: Westermann Druck Zwickau GmbH

Die deutsche Gaunersprache

und verwandte Geheim- und Berufssprachen

Von

Dr. L. Günther
Professor a. D. der Universität Gießen

1 9 1 9

Inhaltsübersicht.

Vorwort.

Seit dem Erscheinen von Kluges „Rotwelschem Quellenbuch“[1]) hat die Erforschung der deutschen Gaunersprache und der verwandten Geheimsprachen (also z. B. der sog. Kunden, d. h. der wandernden Handwerksburschen, der „Dirnen“, Händler oder Hausierer usw.) einen erfreulichen Aufschwung genommen, nicht nur bei den Juristen, die ja von jeher — schon lange vor Avé-Lallemants in dieser Beziehung epochemachend gewesenem Werke[2]) — dem Gegenstande die ihm gebührende Aufmerksamkeit[3]) zugewandt haben, sondern auch bei den Philologen, für die außer der so interessanten Vermischung der verschiedenen fremden Sprachen im Rotwelsch besonders auch der Reichtum an einheimischem mundartlichen Sprachgut sowie die Durchsetzung unserer volkstümlichen Redeweise mit Gaunerwörtern in Betracht kommt. Es sind daher vor allem auch die Germanisten gewesen, die sich eingehender mit diesen Sondersprachen beschäftigt haben. So wurden z. B. in der (von Kluge begründeten,

---

[1]) Friedrich Kluge, Rotwelsch. Quellen und Wortschatz der Gaunersprache und der verwandten Geheimsprachen. I: Rotwelsches Quellenbuch. Straßburg i. E. 1901.

[2]) Friedr. Christ. Benedict Avé-Lallemant, Das deutsche Gaunertum in seiner sozialpolitischen, literarischen und linguistischen Ausbildung zu seinem heutigen Bestande. 4 Teile, Leipzig 1858—62.

[3]) Wer etwa der Ansicht wäre, daß heute — in Anbetracht der ja gegen früher allerdings stark veränderten Verhältnisse des gewerbsmäßigen Verbrechertums — auch die Gaunersprache keine praktische Bedeutung mehr für den Juristen habe, der sei unter anderem hingewiesen auf verschiedene „Gaunerbriefe“, die erst kürzlich in einer, hauptsächlich der kriminalistischen Praxis gewidmeten, angesehenen Zeitschrift, der „Deutschen Strafrechts-Zeitung“, Jahrg. 3 (1916), Sp. 405ff. und Jahrg. 5 (1918), Sp. 40ff. von Polizeibeamten veröffentlicht worden und die beweisen, daß sich die Gaunersprache noch immer, auch bei den Korrespondenzen der Herren Spitzbuben untereinander — ebenso wie bei den sog. Kassibern in Gefängnissen usw. —, unverminderten Ansehns erfreut, wenngleich sie natürlich in fortwährender Umgestaltung begriffen ist. Vgl. hierzu auch die Einleitung zu Polizeikommissar Ernst Rabbens Sammlung „Die Gaunersprache (chochum loschen)“ usw., Hamm i. W., 1906, bes. S. 8ff. — Mehrfach sind mir in den letzten Jahren auch Anfragen von Untersuchungsrichtern und Staatsanwälten zugegangen über die Herkunft und genaue Bedeutung einzelner Gaunerwörter, da solche in Strafprozessen oft von entscheidender Wichtigkeit sein können.

unlängst leider eingegangenen) „Zeitschrift für deutsche Wortforschung" wichtige Arbeiten darüber veröffentlicht, und auch in selbständigen Werken zur deutschen Sprachwissenschaft finden wir jetzt diesen, früher vernachlässigten Zweig derselben — bald mehr, bald weniger — berücksichtigt. Ich nenne ganz speziell hier nur Hermann Fischers groß angelegtes „Schwäbisches Wörterbuch" (Tübingen, seit 1901, bisher 5 Bände), das zu allen größeren Artikeln in weitgehendstem Maße auch die schwäbische Gauner-, Kunden- und Krämersprache herangezogen hat.

Auch meine kleine, im Jahre 1905 erschienene Schrift „Das Rotwelsch des deutschen Gauners" (Straßburg i. E., Karl J. Trübner) hat dem Klugeschen Sammelwerk seine Entstehung zu verdanken. Erwachsen aus einem Vortrage, den ich in einer, aus Mitgliedern aller Fakultäten zusammengesetzten akademischen Vereinigung gehalten, konnte und wollte sie sich grundsätzlich nur auf Hervorhebung der wichtigsten, charakteristischen Eigentümlichkeiten beschränken, ohne dagegen irgendwie auf Einzelheiten näher einzugehen. Zur Ergänzung des Büchleins habe ich daher in den Jahren 1905—1917 eine Reihe von Aufsätzen geschrieben, die teils — mit ausführlichen Quellen- und Literaturangaben — in wissenschaftlichen Zeitschriften, teils — in mehr gemeinverständlicher Form — in angesehenen Tagesblättern veröffentlicht sind. Zur ersteren Gruppe gehören vor allem meine „Beiträge zur Systematik und Psychologie des Rotwelsch und der verwandten Geheimsprachen" in Hans Groß' „Archiv für Kriminalanthropologie und Kriminalistik"[4]), von denen der erste (in Bd. 33 [1909], S. 219ff.), „das Geld und die Münzen", der zweite (in Bd. 38—56 [1910—14]), „die Stände, Berufe und Gewerbe" behandelt hat, während ein dritter, der den Strafen und dem Gefängniswesen gewidmet sein sollte, infolge des Todes des Herausgebers und dadurch veränderter Leitung der genannten Zeit-

[4]) Außerdem erschienen als Zeitschriftenaufsätze noch: 1. besonders zur Gaunersprache (als Ergänzung zu dem Beitr. 2 in Groß' „Archiv"): „Die Bezeichnungen für die Freudenmädchen im Rotwelsch und in den verwandten Geheimsprachen", in den (von Dr. Friedr. S. Krauß herausgegebenen) „Anthropophyteia" (Jahrbücher für folkloristische Erhebungen und Forschungen zur Entwicklungsgeschichte der geschlechtlichen Moral), Bd. IX (1912), S. 1ff.; 2. zur Kundensprache: Einleitung zu H. Webers Aufsatz „Was ich von Landstreichern erlauschte", in Groß' „Archiv", Bd. 59 (1915), S. 261ff.; 3. zu den Krämer- oder Händlersprachen: (zus. mit E. Wittich), „Die jenische Sprache", in Groß' „Archiv", Bd. 63—65 (1915—16); 4. zu sonstigen Geheimsprachen: Erläuterungen zu H. Webers Abhandlung „Die Lingelbacher Musikantensprache und die Geheimsprache der Vogelsberger Maurer", in den „Hessischen Blättern für Volkskunde", Bd. XI (1912), S. 146ff. und Nachträge dazu in Bd. XVII (1918), S. 53ff.

schrift[5]) leider nicht mehr dort, sondern nur in stark gekürzter Form (unter dem Titel „Das Gefängnis im Gaunermunde") im Sommer 1917 in der „Kölnischen Zeitung" erscheinen konnte. Nur als Zeitungsartikel sind ferner (zunächst wenigstens) veröffentlicht worden: schon 1905 (in der „Beilage zur [Münchner] Allgemeinen Zeitung") „Die Geographie in der deu schen Gauner- und Kundensprache" (erst später abgedruckt auch in den Zeitschriften „Die Polizei" und „Der Gendarm"), sodann in den Jahren 1912—16: „Rotwelsche Zoologie" und „Volksetymologisches in unserer Gaunersprache" (beides in der „Köln. Zeitung") und „Die heilige ‚Hermandad' im Gaunermunde" (in der „Frankfurter Zeitung") sowie (speziell zur Kundensprache) „Etwas von der Speisekarte des Vagabunden" (in den „Münchner Neuesten Nachrichten", erst später mit etwas verändertem Titel auch abgedruckt in den „Wissenschaftlichen Beiheften zur Zeitschrift des Allgemeinen Deutschen Sprachvereins") und (über die, auch mit dem Rotwelsch noch nahe verwandte Scharfrichtersprache älterer Zeiten) „Die Sprache der Scharfrichter vor hundert Jahren" (1913, in der „Köln. Zeitung"), endlich noch die drei einander nahestehenden, zunächst unserer deutschen Sprache überhaupt gewidmeten, daneben aber auch die Geheimsprachen mit berücksichtigenden Abhandlungen „Vertauschte Berufe" (betr. die sog. Berufsübertragungen), „Personennamen als Standes- und Berufsbezeichnungen" und „Über ‚Vornamen' als Sachbezeichnungen" (die 1. und 3. in der „Köln. Zeitung", die 2. in den „Münchner Neuesten Nachrichten").

Zu fast allen diesen Aufsätzen erhielt ich von den Lesern zahlreiche Zuschriften, aus denen ich ersah, daß doch auch in weiteren Kreisen ein recht lebhaftes Interesse für die behandelten Dinge vorhanden ist. Um daher namentlich die Zeitungsartikel vor ihrer sonst sicheren völligen Vergessenheit zu bewahren, entschloß ich mich, sie zu einem kleinen Buch zusammenzufassen und ihnen zugleich auch noch den Zeitschriftenaufsatz über das Geld und die Münzen hinzuzufügen. Während nun aber dieser zu dem Zwecke wesentlich gekürzt werden mußte (besonders durch Weglassung der Quellenbelege), sind die übrigen Arbeiten für die Buchausgabe sämtlich nicht unerheblich vermehrt worden, teils schon im eigentlichen Text, teils durch Hinzufügung verschiedener Anmerkungen.

Die Zerlegung des Stoffs in die vier Hauptabschnitte ergab sich gleichsam von selbst nach den enger oder weiter gezogenen Grenzen

[5]) Sie erscheint seitdem, von mehreren Gelehrten gemeinschaftlich herausgegeben, unter dem Titel „Archiv für Kriminologie" und nimmt grundsätzlich nur Beiträge von geringerem Umfang auf.

der verschiedenen Themata. Wohl nimmt in der Buchausgabe ein Abschnitt hier und da Bezug auf den anderen, grundsätzlich aber sollte jeder Aufsatz ebenso als ein selbständiges Ganzes verständlich bleiben wie bei seinem ersten Erscheinen. Dadurch aber war es natürlich nicht zu vermeiden, daß sich öfter Wiederholungen finden, nicht nur in den allgemeinen einleitenden Bemerkungen (z. B. über Art und Wesen der Gauner- und Geheimsprachen), sondern auch sonst noch; so beziehen sich z. B. die geographischen Benennungen (Abschn. I, 1) ja vielfach auf die Münzen (I, 2) oder auf die Strafanstalten (I, 5), zoologische Vergleiche (I, 3) treffen wir wieder an bei den Necknamen für die Polizisten (I, 4), zu denen auch manches aus den Abschnitten IV, 1 und 2 über die „Berufsübertragungen" und den Gebrauch von Personennamen als Standes- und Berufsbezeichnungen gehört, namentlich aber durchkreuzt sich begreiflicherweise das im Abschn. I, 6 über die Volksetymologie Mitgeteilte auch mit fast allen anderen Kapiteln.

Als ich die Umarbeitung des Stoffes für die Buchausgabe zuerst begann (Frühjahr 1918), standen wir im Weltkriege noch siegreich auf der Höhe, und jedermann nahm damals regsten Anteil an der Ausdrucksweise unserer „Feldgrauen". Ich habe demgemäß die neuere Soldatensprache besonders in den drei letzten, allgemeiner gehaltenen Kapiteln des IV. Abschnitts eingehend berücksichtigt, aber auch in den übrigen, von den Geheimsprachen handelnden Teilen nicht selten darauf hingewiesen, da sich ja zwischen der Gauner-, Kunden- und Soldatensprache sehr häufig Übereinstimmungen oder doch große Ähnlichkeiten nachweisen lassen[6]). Wenn nun durch den für uns unglücklichen Ausgang des Kriegs und die Revolution das Interesse vieler Leser für alles, was mit dem Militär zusammenhängt, erklärlicherweise auch stark abgeschwächt sein dürfte, der Sprachforscher wird doch auch heute noch an den fast immer originellen, häufig mit derbem Humor gewürzten Ausdrücken unserer Krieger seine Freude haben.

Um den gemeinverständlichen Charakter des Buches zu wahren, habe ich absichtlich darauf Verzicht geleistet, es mit ausführlichen Quellen- und Literaturangaben zu allen Einzelheiten zu beschweren. Wo aber ausnahmsweise Quellenzitate gegeben sind, beziehen sich die in Klammern hinzugefügten Seitenzahlen in der Regel auf Kluges Rotwelsches Quellenbuch, so daß also z. B. Lib. Vagat.

[6]) Vgl. dazu jetzt meinen Aufsatz „Soldatensprache, Rotwelsch und ‚Kunden'-Deutsch in ihrem Verhältnis zueinander", in der „Zeitschrift für den deutschen Unterricht", Jahrg. 33 (1919), Heft 4/5, S. 129ff.

(53) bedeutet, das betreffende Wort stehe in der Wiedergabe des Liber Vagatorum bei Kluge auf S. 53. Nur die bei Kluge, a. a. O., nicht abgedruckten älteren und die dort überhaupt noch nicht angeführten neueren Sammlungen sind mit volleren Titeln genannt. Die wichtigste Spezialliteratur zu den einzelnen Abschnitten findet der Leser in den Fußnoten zu Beginn derselben angegeben; für die allgemeine Literatur über Rotwelsch und verwandte Geheimsprachen ist dagegen keine besondere Zusammenstellung hinzugefügt. Wer sich auch darüber genauer unterrichten möchte, den verweise ich auf die Angaben auf S. XII—XIX meines „Rotwelsch" in Verbindung mit Groß' „Archiv", Bd. 33, S. 222ff., Bd. 38, S. 193, Anm. 1, Bd. 42, S. 1, Anm. 1, Bd. 54, S. 148/49, Anm. 1 und Bd. 63, S. 21, 22, wo alle wichtigeren Schriften bis zu Anfang des Jahres 1916 zu finden sind. Aus der dort noch fehlenden Literatur der letzten Jahre möchte ich zwei Erscheinungen von allgemeinerer Wichtigkeit an dieser Stelle noch etwas näher betrachten, nämlich die Neuausgabe von Avé-Lallemants, im Buchhandel längst vergriffen gewesenem Werke (s. oben S. V, Anm. 2) durch Max Bauer, von der bisher allerdings nur die beiden ersten Teile vorliegen (Teil I: 255 S., Teil II: 306 S., beide mit vielen Abbildungen, München, Verlag von Georg Müller, 1917) und das kleine, aber bedeutsame „Wörterbuch der wichtigsten Geheim- und Berufssprachen" von Dr. Erich Bischoff (Leipzig, Th. Griebens Verlag, o. J. [1916], 168 S.).

Von beiden Werken wird der unparteiische Kritiker sagen müssen, daß sie teils Lob, teils Tadel verdienen. Über Max Bauers Bearbeitung von Avé-Lallemant wird man das Endurteil so lange verschieben müssen, bis auch die beiden noch fehlenden, für die Gaunersprache ganz besonders wichtigen Bände vorliegen. Der Herausgeber hat sich schon früher als Kulturhistoriker gewisse Verdienste erworben (so besonders z. B. durch die Neubearbeitung von Soldan-Heppes Geschichte der Hexenprozesse, München 1912) und so hat er denn auch die beiden ersten Teile des „Deutschen Gaunertums" — bei denen ja gerade das Kulturgeschichtliche noch überwiegt — in dieser Beziehung wohl auf einen den Anforderungen der Neuzeit entsprechenden Stand gebracht. Weniger vertraut scheint er schon mit der juristischen Literatur zu sein, die zum Teil (wie z. B. Rich. Schröders Lehrbuch der deutschen Rechtsgeschichte und Hans Groß' Handbuch für Untersuchungsrichter) nach veralteten Ausgaben benutzt ist, vor allem aber ist an der philologischen Seite der Arbeit Verschiedenes zu bemängeln. Daß auch hier die Literaturangaben nicht immer auf der Höhe stehen (z. B. von Schmellers Bayrischem

Wörterbuch nur die erste Auflage vom Jahre 1828 und statt Fischers Schwäbischem Wörterbuch das ältere Werk von v. Schmid, 1. Aufl. 1831, angeführt ist), oder daß Ungenauigkeiten A.-L.s betr. der rotwelschen Quellen (z. B. über das erste Auftreten des Ausdrucks Nepper und das angebliche Fehlen der Bezeichnung Veranerin in der Rotwelschen Grammatik von 1755 [s. Teil II, S. 167 und 195]) übersehen worden, darauf soll hier — als im Verhältnis zum Ganzen unbedeutendere Kleinigkeiten — kein zu großes Gewicht gelegt werden, und auch die sehr zahlreichen, ganz besonders unter den hebräischen Vokabeln anzutreffenden Druckfehler sollen noch mehr der Schuld des Setzers als des Herausgebers angerechnet werden. Dagegen kann es unter keinen Umständen gebilligt und auch nicht mit der Pietät gegen Avé-Lallemants Werk — das nach Ansicht Bauers (Vorwort S. X) „als solches ... erhalten bleiben" mußte — entschuldigt werden, daß des Lübecker Polizeidirektors bekanntlich nicht selten höchst phantastische Etymologien fast ausnahmslos beibehalten sind. Nur einmal (Teil I, Kap. 2, S. 14ff.) ist zu den Ausführungen im Texte (nämlich zu den ganz ungeheuerlichen Erklärungsversuchen A.-L.s über das Wort „Gauner" — das er in letzter Linie als eine Abkürzung von Zigeuner betrachtete) in einer Fußnote ausdrücklich darauf hingedeutet, daß diese Ansicht jetzt längst als falsch nachgewiesen worden; sonst aber ist das nirgends geschehen, so daß der Leser, der noch ohne spezielle Vorkenntnisse an das Buch herantritt, vielmehr seine Kenntnisse über die Gaunersprache gerade erst daraus schöpfen will, schlechterdings irregeleitet werden muß. Besonders auffällig erscheint es dabei, daß nicht nur solche Irrtümer Avé-Lallemants unverändert wiedergegeben sind, die von anderen — z. B. in den bekannten Kritiken seines Werks von J. M. Wagner (in Herrigs „Archiv für das Studium der neueren Sprachen" usw., Jahrg. XVIII, Bd. 38, S. 193ff.) und Steinschneider (in der „Hebräischen Bibliographie", Bd. VII [1864], S. 118ff. und Bd. VIII [1865], S. 13ff., 113ff.) — längst berichtigt worden sind (wie z. B. die Herleitungen von Wittisch [I, S. 20], Kohlschaft [II, S. 111], tippeln [II, S. 118], Taltel [ebendas. S. 125], Kittenschieber [S. 149], Aules [S. 250] oder die willkürliche Zerlegung von nobis gepent bei Ulenhart 1617 [vgl. Kluge, Rotw. I, S. 131] in: no bisgepent, woraus dann ein angebliches rotwelsches Zeitwort bispenen abgeleitet [II, S. 73]), sondern auch solche Hypothesen, die er später selber, besonders im Vokabular des vierten Bandes, zurückgezogen hat (so z. B. die Etymologien von Wiatzef und Seffer [II, S. 60, 61], von Reb Mausche und Reb Tauwein [II, 102], von Haddern [II, S. 214], Findchen

[II, S. 233], schwächen [II, S. 250] u. a. m.). Es ist nun, wie bemerkt, abzuwarten, ob im dritten und vierten Bande „die wirklich scharf einschneidende Hand", die sich (nach dem Vorwort, S. X, XI) erst dort recht eigentlich betätigen soll, in der Tat stärker zu spüren sein wird; auf alle Fälle bleibt aber meines Erachtens die Art der Konservierung des alten Textes im Bd. I und II ein kaum wieder gut zu machender Fehler.

E. Bischoffs Wörterbuch (das von mir zu allen Abschnitten dieser Schrift fortlaufend herangezogen worden) zerfällt in zwei ziemlich ungleiche Teile. Der erste (Abschn. A, S. 1—103), dem Jüdisch-Deutschen, der Gauner- und Kundensprache gewidmet, ist eigentlich nur eine (durch Hereinbeziehung der beiden genannten Geheimsprachen) erweiterte (4.) Auflage seines bereits zu Anfang des Weltkriegs vergriffenen „Jüdisch-deutschen Dolmetschers" und sollte hauptsächlich auch dazu dienen, den Soldaten auf dem östlichen Kriegsschauplatz (Galizien, Polen, Rußland usw.) das Verständnis des in diesen Gegenden viel gesprochenen Jüdisch-Deutschen zu erleichtern. Der zweite Teil (Abschn. B, S. 104—168) behandelt mehr anhangsweise die wichtigsten Berufssprachen, nämlich die Soldaten-, Seemanns-, Weidmanns-, Bergmanns- und Komödiantensprache. Es bedarf wohl keines weiteren Nachweises, daß diese wichtigen Sondersprachen auf dem knappen Raum von 65 Seiten auch nicht annäherungsweise erschöpft, sondern statt dessen nur dürftige Auszüge aus den bekannten größeren Sammlungen darüber gegeben werden konnten. Hier kommt nur der erste Abschnitt in Betracht, und auch aus diesem wieder speziell die Bearbeitung der Gauner- und Kundensprache, denn über die jüdischdeutschen Bestandteile des Vokabulars kann ich der Nichtfachmann natürlich kein Urteil anmaßen.

Sicher hätte es die Übersicht des Werkchens sehr gefördert, wenn das Jüdisch-Deutsch von den Geheimsprachen der Gauner und Kunden getrennt zur Darstellung gebracht worden wäre, schon deshalb, weil selbst auch nur das Rotwelsch (geschweige denn gar die Kundensprache) doch keineswegs „im wesentlichen" bloß als „ein verderbtes Jüdisch-Deutsch" (s. Einl. zum 1. Abschn., S. VII) anzusehen ist. Leider hat es der Verfasser dann in vielen Fällen (meist vermutlich nur aus Versehen) auch unterlassen, den Vokabeln die Abkürzungszeichen für ihre Zugehörigkeit zur Gauner- oder Kundensprache hinzuzufügen, so daß ein mit dem Stoffe noch nicht näher vertrauter Leser in dieser Hinsicht nicht immer volle Klarheit gewinnen kann. Ich nenne z. B. nur die ganz zweifelsohne als Gauner- und Kundenwörter zu betrachtenden und doch nicht als solche kenntlich gemachten Vokabeln Kaff = Dorf und Kaffer =

Bauer (S. 37), Scheeks = Bursche und das entsprechende Femin. Schickse nebst Tippelschickse = Landstreicherin und dem dazu gehörigen tippeln = wandern (S. 75, 78, 83), Sorof = Branntwein (S. 86) und die Redensart mit halber Kraft fahren (S. 45). Zahlreiche ähnliche Fälle (vgl. z. B. auch unten Anm. 15) will ich hier deshalb nicht erwähnen, weil die Bezeichnungen (obwohl sie noch in vielen neueren Sammlungen der Gauner- und Kundensprache stehen) im großen ganzen doch schon weniger gebräuchlich sein dürften, und der Verfasser (im Vorwort S. VI) ausdrücklich erklärt, daß er „Veraltetes und nur selten Gebräuchliches mit Bedacht ausgeschieden" habe. Da er außerdem auch „Vollständigkeit nicht erstrebt" hat, so wird man in seinem Vokabular nicht nur die — oft gerade besonders interessanten — Wörter des älteren Rotwelsch vergeblich suchen, sondern auch manche Ausdrücke, die in anderen, ebenfalls hauptsächlich auf den noch im praktischen Gebrauch befindlichen Wortbestand beschränkten Verzeichnissen, wie z. B. dem von E. Rabben (s. oben S. V, Anm. 3), anzutreffen sind. Auch auf Angaben von Quellenbelegen hat Bischoff grundsätzlich verzichtet, dagegen legt er Gewicht darauf, festzustellen, daß vieles in seinem Wörterbuch „dem persönlichen Umgange mit Landstreichern" entstamme (Vorwort S. VI). Das ist natürlich an und für sich sehr dankenswert; ob ihn aber seine Gewährsmänner hinsichtlich der Bedeutung der Wörter auch immer ganz zutreffend unterrichtet haben, darf man vielleicht bezweifeln, wenn man in dem Vokabular viele Ausdrücke teils in einem engeren, teils in einem weiteren Sinne als sonst üblich, ja wohl gar durch einen von der bisherigen Überlieferung ganz abweichenden Begriff wiedergegeben findet. Zu weit gefaßt erscheint mir z. B. der Begriff von Chausseegrabentapezierer (= „Landstreicher" schlechthin; siehe dazu den Text dieses Buches S. 175), zu eng der von Bruch (siehe dazu z. B. Schütze in Groß' „Archiv", Bd. 12, S. 65), Fiesel (nur = „Zuhälter"; vgl. dazu den Text S. 15 und Groß' „Archiv", Bd. 50, S. 137ff.), kaule (das nicht bloß „krank", sondern vor allem auch „gefangen" bedeutet, daher die bekannte — bei Bischoff aber überhaupt fehlende — Wendung kaule gehen = verhaftet werden) und schnellen (das doch besonders auch für „schießen" vorkommt), überhaupt kaum richtig endlich: die Wiedergabe des Kundenausdrucks Spieß durch „Fünfzigpfennigstück" (S. 83), da er in allen anderen Sammlungen dieses Jargons nur für das Fünfpfennigstück (den früheren „Sechser") verzeichnet ist (vgl. den Text S. 68 und Anm. 41) [7]).

---

[7]) Auch die Behauptung, daß der Ausdruck Kracherfahrt in der älteren Gaunersprache nicht den Kofferdiebstahl, sondern den Landstraßendiebstahl über-

Bevor ich mich nun zu dem wichtigsten Punkte, den etymologischen Erklärungen bei Bischoff, wende, ist noch festzustellen, daß auffälligerweise solche Erklärungen in vielen Fällen überhaupt nicht hinzugefügt sind, wo sie meines Erachtens keinesfalls hätten fehlen dürfen, da die betreffenden Ausdrücke durchaus nicht so einfach sind, wie sie vielleicht auf den ersten Blick erscheinen mögen. Dies gilt z. B. von Berliner = Reisebündel der Handwerksburschen (vgl. den Text dieses Buches S. 132), Blitzableiter = Gendarm (siehe den Text S. 99), böhmischer Zirkel = Diebstahl (s. d. Text S. 38 und Anm. 65), Glitscher = Nachschlüsseldieb (vgl. Text S. 113, Anm. 19), Hahn = Unteroffizier (s. d. Text S. 128, Anm. 10), Teigaffe = Bäcker (s. Text S. 86 und 126), tippeln = wandern, zotteln = stehlen u. a. m.

Über die Etymologien selber aber wird man zunächst sagen müssen, daß der Verfasser zwar keineswegs überall, wohl aber doch meistens das Richtige getroffen hat, daß er insbesondere — infolge gründlicherer Kenntnisse auf den Gebieten des Hebräischen (Aramäischen, Neuhebräischen) und des Jüdischdeutschen, als sie die meisten Bearbeiter des Rotwelsch vor ihm besaßen — über manche bisher rätselhaft gebliebene Vokabeln überraschenden Aufschluß zu geben vermocht hat. Infolgedessen fühlt er sich nun aber auch turmhoch erhaben über alle seine Vorgänger, so daß er die von seinen eigenen Ausführungen abweichenden Ansichten gern schlechthin als „Unsinn" oder gar „großen Unsinn" kennzeichnet. Auch gegen einige Erklärungsversuche in meinem „Rotwelsch" usw. ist er zu Felde gezogen, und wenn ich natürlich gern zugeben will, daß diese, noch aus meinen Anfangsstudien über den Gegenstand stammende Schrift nicht ganz frei von Irrtümern und Fehlern ist[8]), so scheinen mir doch gerade die von Bischoff dafür herausgegriffenen Beispiele wenig glücklich

---

haupt bedeutet habe (so daß daraufhin das gut deutsche Wort in seinem ersten Bestandteil mit einer hebräischen Vokabel in Zusammenhang gebracht wird [s. Näh. S. 45 vbd. mit S. 40 unter „k'rach"]), ist quellenmäßig nicht zu begründen.

[8]) Die Kritik hat die Schrift trotzdem seinerzeit im großen ganzen durchaus günstig beurteilt. Demgegenüber muß es aber zu einer falschen Vorstellung über ihren Wert bei Lesern, die sie noch nicht kennen, führen, wenn Bischoff, nachdem er (Vorwort, S. V, Anm. *) das Werk eines anderen Schriftstellers (Ed. Naschér, Buch des jüdischen Jargons, 1910) als „ein Muster von Liederlichkeit" gebrandmarkt hat, sich unmittelbar darauf (ebendas. Anm. **) gegen mich wendet. Daß ich viele meiner, im „Rotwelsch" vertretenen Ansichten später, besonders in den „Beiträgen" in Groß' „Archiv", berichtigt habe, ist ihm entgangen, da ihm diese Arbeiten offenbar überhaupt nicht bekannt geworden zu sein scheinen.

gewählt zu sein[9]). Wer überhaupt so scharf gegen andere polemisiert, der sollte in seinen eigenen Hypothesen doch auch etwas vorsichtiger zu Werke gehen, denn selbst der wohlwollendste Beurteiler von B.s Arbeit wird zugeben müssen, daß sie — neben den bereits erwähnten Vorzügen — auch manche Mängel und Fehler aufweist.

Der Orientalist ist nur zu leicht geneigt, womöglich in allen Gaunerwörtern hebräische Herkunft zu wittern, eine Leidenschaft, die übrigens bekanntlich auch den Juristen Avé=Lallemant beherrscht hat, und zwar in dem Maße, daß er z. B. unseren gut deutschen Kläffer (als Schelte für einen leicht und viel bellenden Hund) auf das hebräische kêleb zurückführen wollte. Ein ganz ähnliches Beispiel liefert aber auch Bischoff (S. 9), wenn er den angeblichen Kundenausdruck Beißer für den Hund statt von dem deutschen Zeitwort beißen — das besonders in Anbetracht des gaunersprachlichen Synonyms Beller (vgl. den Text S. 77) doch so nahe liegt — als „Haushund" gedeutet und zum jüd. baiss (hebr. bajith = „Haus") in Beziehung gesetzt wissen will. Dieser Fall aber steht durchaus nicht vereinzelt da. So ist doch sicher auch Bammler = Schmied viel einfacher als eine deutsche mundartliche Bildung (vgl. Schmeller, Bayr. Wörterb. I, Sp. 391 unter „pampern") zu erklären denn als eine Verunstaltung des — aufs Hebräische (barzel = Eisen) zurückgehenden Barsler u. ä., und Bedenken wird man auch hegen dürfen gegen den hebräischen Ursprung des Zeitworts petzen, des Adjektivs schnodderig (beide übrigens als jüdischdeutsche Vokabeln angeführt) und der Redensart die Platte putzen = ausreißen (siehe Näheres S. 67, 68 und 77). Wenigstens pflegten bisher diese drei — sämtlich ja auch in unserer allgemeinen Umgangssprache gebräuch=

[9]) Er bemängelt (a. a. O.) nämlich die Erklärung der Ausdrücke Dirach (= Weg, Landstraße, Bettelbezirk), Schlamassel (= Unglück), makkeln (= prügeln) und Ede (= Freund, Genosse). Was sich für die von mir (im „Rotwelsch", nicht schlechthin später) vertretenen Etymologien von Schlamassel und Ede sagen läßt, habe ich in vorliegendem Buch auf S. 87, 88, Anm. 16 und S. 121/22, Anm. 4 näher ausgeführt, worauf hier, um Wiederholungen zu vermeiden, verwiesen sei. Bei Dirach oder Tirach (nach Bischoff vom hebr. dîrâh = „bewohnte Stelle, Bezirk") hat mein Kritiker verschwiegen, daß ich („Rotwelsch", S. 47 u. Anm. 46) die Auffassung des Wortes als eine Art Transposition des älteren rotw. Terich = Erde, Land (das doch wohl sicher zu latein. terra zu stellen ist [s. darüber z. B. schon Friedr. Zarncke, Sebastian Brants Narrenschiff, Leipzig 1854, S. 403]) nur für „möglich" erklärt und ausdrücklich hinzugefügt habe, daß es „vielleicht ebenso nahe" liege, an eine Ableitung aus dem Hebräischen zu denken. Es bleibt mithin eigentlich nur das „Kapitalverbrechen" übrig, daß ich das Zeitwort makkeln nicht unmittelbar vom rabbin. makkêl = „Stock, Prügel", sondern vom hebr. makkâh = „Stoß" hergeleitet habe.

lichen — Ausdrücke in den deutschen Wörterbüchern ganz anders erklärt zu werden (s. z. B. Weigand, Deutsch. Wörterb., 5. Aufl., bearb. von H. Hirt u. a., Gießen 1909/10, Bd. II, Sp. 401, 438 und 769). Zu gesucht erscheinen mir ferner die Ableitungen aus dem Hebräischen bei Siesel (S. 25), Schücker = Gendarm (S. 81), Schupper = Falschspieler u. dgl. (ebendas.), und verschütt gehen = verhaftet werden (S. 91), die sämtlich recht wohl auch aus deutschen Stammwörtern erklärt werden können (s. auch den Text S. 15, 95 und Anm. 9, 107 und Anm. 11). Und ebenso ergeben meines Erachtens die Ausdrücke Dolch = gerichtliches Verhör, Frosch = Monat (in Gefängnissen usw.), Fürwitz = Arzt, Bader, Hanf = Brot und Kitt = Geld, nach den in unserer Gemeinsprache damit verbundenen Begriffen genommen, schon einen ganz guten Sinn (vgl. dazu den Text S. 49, 83 u. Anm. 111, 115 u. Anm. 23, 127 u. Anm. 7), während Bischoff auch sie — in mehr oder weniger gezwungener Weise — zu volksetymologischen Umgestaltungen aus dem Hebräischen stempeln will (s. das Nähere bei Bischoff, S. 20, 25, 27, 31, 42). Umgekehrt scheint mir die (von Avé-Lallemant vertretene) Ableitung aus hebräischen Vokabeln bei Kahn = Gefängnis und Lampe = Wächter u. dgl. — die Bischoff (S. 37 u. 47) im wesentlichen nach ihrer gemeinsprachlichen Bedeutung erklärt hat — das Richtigere zu sein (vgl. den Text S. 23, Anm. 35, 105 und 126/27). In anderen Fällen, wo gleichfalls das Hebräische die Quelle für das Rotwelsch gewesen ist, hat Bischoff näher liegende Erklärungen übersehen und dafür weit zweifelhaftere vorgezogen, so z. B. bei Kalches = abgeändertes Geständnis (S. 37; s. dazu Groß' „Archiv", Bd. 46, S. 291, Anm. 2; vgl. auch O. Meisinger in der „Zeitschr. für deutsche Mundarten", Jahrg. 1917, S. 384), kess = schlau, gerieben (S. 40; s. dazu Avé-Lallemant, I², S. 19 und IV, S. 530 unter „chess"), Purim (S. 70, Nr. 2; s. dazu Groß' „Archiv", Bd. 46, S. 30, Anm. 3), wohl auch noch bei schwächen = trinken (S. 81; vgl. den Text S. 124) und Schurf = ein Jahr Zuchthaus (S. 81; vgl. den Text S. 113, Anm. 20). Die gleiche Erscheinung zeigt sich bei vielen, zwar richtig als einheimisches Sprachgut betrachteten, jedoch durchweg ziemlich künstlich erklärten Bezeichnungen, so z. B. bei Buz oder Putz = Polizist (S. 13 und 70; s. dazu den Text S. 95 u. Anm. 7 sowie „Nachträge" usw., S. 205), Draht = Geld (S. 20; s. dazu den Text S. 48 u. Anm. 5), Freier = zu Bestehlender (S. 26; s. dazu Groß' „Archiv", Bd. 49, S. 350ff.), Männer = Taler (S. 53; s. den Text S. 68 u. Anm. 43) u. a. m.; vgl. etwa auch noch Teckel (S. 81 und 19; s. den Text S. 84, Anm. 13).

Auffällig ist in Bischoffs Wörterbuch auch noch die Überschätzung des Englischen, das doch anerkanntermaßen fast gar keinen Einfluß auf unser Rotwelsch geübt hat[10]), und teilweise auch der slawischen Sprachen[11]), die ja allerdings schon stärkere Spuren im Gaunerdeutsch hinterlassen haben, aber meistens doch erst durch Vermittlung des Zigeunerischen[12]). Und hiermit komme ich endlich zu einer der schwächsten Seiten der Arbeit des Verfassers. Die Zigeunersprache, deren Einwirkung auf das Rotwelsch ja zwar lange nicht mit der des Hebräischen zu vergleichen, aber immerhin doch auch durchaus nicht zu unterschätzen ist, scheint ihm nämlich eine völlige „terra incognita" zu sein. Denn nur daraus läßt es sich erklären, daß noch heute ganz allgemein gebräuchliche Gauner- und Kundenwörter unzweifelhaft zigeunerischer Herkunft, wie z. B. Klister oder Glister = Gendarm (s. den Text S. 95), Lowe oder Lob(b)t = Geld (siehe den Text S. 56), Mar(r)o = Brot (s. den Text S. 136), Ratte = Nacht (s. den Text S. 79, 133)[13]) und namentlich auch das Zeitwort (t)schoren u. ä. = stehlen (zu zigeun. tšōr = Dieb)[14]) — wonach

---

[10]) Ich nenne hier nur die mehr oder weniger gekünstelt erscheinenden Etymologien von Ballertmenger = Kesselflicker (S. 6, vom engl. boiler manager), Brawer = Bettler (S. 12), Briske = Bruder (S. 12, vielleicht zu engl. brother), Drallewatsch = Schub, Transport (S. 20), Ginkel = Katze (S. 29, vom engl. ginger = sacht, behutsam), Krummkopf = Brecheisen (S. 46; s. dazu Avé-Lallemant IV, S. 563), monisch = katholisch (S. 60; vgl. „Nachträge", S. 204). Über Krey = Pferd (S. 46) siehe noch den Text weiter unten. Auch Buxe = Hose (S. 13) ist doch schon lange — aus dem Niederdeutschen — bei uns heimisch geworden (vgl. Weigand, Wörterb. I, Sp. 316).

[11]) Besonders auffällig sind z. B. die Ableitungen von Kohldampf = Hunger aus dem Russischen (s. S. 44 und dazu den Text dieses Buches S. 115/16 u. Anm. 24) und von Ruch = Bauer aus dem Tschechischen (S. 73: böhm. rouh = Pferch oder gar hroch = Nilpferd!); vgl. aber auch S. 32 unter „Haunz = Bauer" und „Hausen = Einschleichdieb" a. E., ferner noch S. 62: Netsch = Kreuzer usw. (vgl. dazu den Text S. 37 u. Anm. 60), S. 69: Polterbaiß = Arbeitshaus, Gefängnis (s. dazu den Text S. 103 u. Anm. 6) und S. 81: Schrapf = Kind. Auch Tate = Vater (S. 87) geht in letzter Linie doch wohl noch weiter zurück als auf das böhmische tata. Siehe Grimm, Deutsch. Wörterb. XI, Sp. 160. Über Murke = Katze (S. 60) siehe noch weiter unten im Text.

[12]) Siehe dazu Franz Miklosich, Die slawischen Elemente in den Mundarten der Zigeuner, in den „Denkschriften der kaiserl. Akademie der Wissenschaften", phil.-hist. Klasse, Bd. 21 (Wien 1872), S. 197ff.

[13]) Auch die bekannte Zusammensetzung Rattegänger für einen nächtlichen Dieb fehlt bei Bischoff, dagegen führt er (S. 71) Rat-Geher für „Dieb" oder „Gelddieb" an, das er mit Rat = Taler (s. den Text S. 58) in Zusammenhang bringt.

[14]) Die Schreibung der Zigeunerwörter ist im folgenden (sowie auch im Text des Buches selbst) nach dem kleinen, aber gründlichen „Lehrbuch des Dialekts der deutschen Zigeuner" von Franz Nikolaus Finck (Marburg 1903) wiedergegeben.

man früher wohl geradezu von „Schurersprache" statt von Gaunersprache gesprochen hat —, überhaupt nicht angeführt sind, während andere, die im Vokabular enthalten[15]), dort bezüglich ihres Ursprungs auf das Gründlichste verkannt worden sind. Daß dies nicht zu viel behauptet ist, dürften die folgenden Beispiele beweisen. So soll Gottsche (eine Nebenform zu Gatscho) = Bauer (vom zigeun. gadšo = „Nichtzigeuner", dann auch Mann überhaupt; s. Näheres Groß' „Archiv", Bd. 49, S. 331 ff.) von unserem Eigennamen Gottlieb herstammen (S. 30), Krey = Pferd (vom zigeun. grai; vgl. den Text S. 76) wird mit Krakke = Klepper und dem engl. cray zusammengestellt (S. 46), Manger = Bettler (vom zigeun. Stamm mang- = „bitten, betteln, fordern"; vgl. Groß' „Archiv", Bd. 63, S. 100, Anm. 93) zu niederd. Mank = Mangel in Beziehung gesetzt (S. 53), Murke = Katze (vgl. oben Anm. 15; vom zigeun. múrka oder múrtska, einer Nebenform von mačka, das auch in den slawischen Sprachen weit verbreitet)[16]) ist mit dem böhm. mrk = „Augenblinzeln" oder vrk = „schnurren" in Verbindung gebracht (S. 60), für Schükkel = Hund (vgl. oben Anm. 15; vom zigeun. dšúkel oder dšuklo) ist das hebräische schû'al = „Steppenhund, Schakal" als Quelle betrachtet worden (S. 81), und für Sende = Zigeuner (vom zigeun. sínto) muß endlich — in Ermangelung eines Besseren — gar das ganz seltene deutsche Wort Sende = Binse (so wohl jetzt veraltet; s. Weigand, Wörterb. II, Sp. 846 unter „Semde") herhalten (S. 82).

Wenn ich zum Schluß bemerke, daß mit diesem „Sündenregister" die Zahl der unsicheren Etymologien bei Bischoff noch keineswegs völlig erschöpft ist, so wird man dem Verfasser doch wohl kaum zustimmen können, wenn er meint, daß in seinem Wörterbuch „endlich einmal" die „wirklich zuverlässige" Herkunftsableitung aller Jargonausdrücke ... des Rotwelsch und der Kundensprache" gegeben sei (Vorwort, S. VI). Vielmehr steht das Erscheinen eines allen Anforderungen genügenden Wörterbuchs der Geheimsprachen, das — wenn es die Kulturhistoriker ebenso wie die Sprachforscher

---

[15]) Von den beiden nur als jüdisch bezeichneten Ausdrücken Murke = Katze und Schükkel = Hund (S. 60, 81) ist der erste noch im 19. Jahrhundert auch gaunersprachlich gewesen, der zweite ist es sogar noch heute, wenn auch die Formen etwas anders (meistens wohl Schuckel) lauten (vgl. Groß' „Archiv", Bd. 64, S. 182, Anm. 172). Auch die Bezeichnung Glitscher = Nachschlüsseldieb (S. 29) hat Beziehungen zur Zigeunersprache (vgl. den Text S. 113, Anm. 19).

[16]) Siehe Erich Berneker, Slawisches etymologisches Wörterbuch, Teil II (Lieferung 11), Heidelberg 1914, S. 1, wonach mačka sich als eine Koseform des Eigennamens Marie darstellt, also geradeso wie auch unser volkstümliches Mieze (= Mariechen) für die Katze.

und Kriminalisten befriedigen soll — auch die Vokabeln des älteren Rotwelsch und die so wichtigen Krämer- oder Hausierersprachen mit behandeln müßte, nach wie vor noch in ungewisser Ferne. Wenn ich nun hier verrate, daß ich selbst, schon von Prof. Hans Groß wiederholt dringend dazu aufgefordert und von Friedrich Kluge und anderen Sprachforschern dazu ermuntert, mich seit Jahren mit dem Plan der Herstellung (oder Herausgabe) eines deraritgen Werkes trage, auch bereits wichtige Vorarbeiten dafür vollendet habe, so muß ich doch sogleich hinzufügen, daß es ein mit großen Schwierigkeiten (bei den jetzigen Zeitverhältnissen auch schon solchen mehr äußerlicher Art) verbundenes Unternehmen ist, für dessen endgültigen Abschluß ich gegenwärtig einen bestimmten Zeitpunkt noch nicht in Aussicht stellen kann. Nur als eine geringe „Abschlagszahlung" hierfür kann das am Schluß dieses Büchleins hinzugefügte Verzeichnis über die in ihm besprochenen rotwelschen und sonstigen geheimsprachlichen Wörter gelten. Es verfolgt — gleich den übrigen Wörterverzeichnissen — hauptsächlich den Zweck, solchen Lesern, die nicht Lust dazu verspüren, das Ganze genau durchzustudieren, wohl aber sich über Sinn und Ursprung einer einzelnen Vokabel rasch einmal unterrichten möchten, die Erfüllung dieses Wunsches zu erleichtern.

Gießen, Anfang Juni 1919.

Prof. Dr. L. Günther.

I. Deutsche Gaunersprache (Rotwelsch) und verwandte Geheimsprachen.

1. Geographisches [1]).

Der Begriff des Gaunertums hat in Deutschland etwa innerhalb der letzten hundert Jahre nicht unerhebliche Wandlungen erfahren. Darin stimmt zwar die moderne Definition eines „Gauners" (im juristischen Sinne) noch völlig mit der bei älteren Schriftstellern überein, daß zu dieser besonderen Gruppe oder „Zunft" des Verbrechertums nur solche Personen gehören, die gewisse Eigentumsdelikte — namentlich Diebstahl, Raub und Betrug — gewerbsmäßig begehen; die Art und Weise aber, wie das „Gaunergewerbe" heutzutage betrieben wird, unterscheidet sich in mehr als einem Punkte von der zur Zeit unserer Großeltern üblich gewesenen. Ganz abgesehen z. B. auch von der so ungeheuren technischen Vervollkommnung der Diebeswerkzeuge u. a. m. sind gewisse, früher für den Begriff des Gaunertums als wesentlich betrachtete Merkmale allmählich nicht nur in Wegfall gekommen, sondern fast in ihr Gegenteil verwandelt worden, so besonders das gemeinsame bandenmäßige Auftreten der Gauner und ihr unstetes, zigeunerartiges Umherziehen von Ort zu Ort.

Einige Zitate aus der älteren Literatur, verglichen mit solchen aus der Neuzeit, werden diese Behauptung sofort bestätigen. So umschreibt z. B. Johann Ulrich Schöll, der Verfasser des 1793 zu Stuttgart anonym erschienenen vortrefflichen „Abrisses des Jauner- und Bettelwesens in Schwaben", in der Einleitung (S. XV, XVI) die Gauner als Leute, „die vom Stehlen Profession machen, ... dabei Landstreicher sind und in gesellschaftlicher Verbindung mit anderen ihresgleichen leben". Auf beide Momente legt entscheidendes Gewicht auch der Großherzoglich hessische Hofgerichtsrat und Kriminalrichter in Gießen Friedrich Ludwig Adolf v. Grolman in seiner „Akten-

[1]) Erschienen unter dem Titel „Die Geographie in der deutschen Gauner- und Kundensprache" zuerst in der „Beilage zur (Münchner) Allgemeinen Zeitung", Jahrg. 1905, Nr. 257ff., in erweiterter Form sodann abgedruckt in den Zeitschriften „Die Polizei" und „Der Gendarm", Jahrg. 1906/7, Nr. 2—8.

mäßigen Geschichte der Vogelsberger und Wetterauer Räuberbanden" (Gießen 1813), wo er (Einleitung, S. 2) die Gauner als „herumziehendes Volk" bezeichnet, das „ überall (wo es seinesgleichen findet) und nirgends zu Hause ist". Ja, selbst noch A. F. Thiele hielt es in seinem bekannten Werke über „Die jüdischen Gauner in Deutschland" (zwei Bände [1. Auflage, Berlin 1840; 2. Auflage, ebenda 1842]) für nötig, einen ausdrücklichen Protest gegen die — damals immer noch vorherrschende — Ansicht zu erheben, daß nur „bandenmäßiger Raub und Einbruch den Gauner charakterisiere", und daß man sich „einen Gauner mit eigenem Herde (d. h. also mit festem Wohnsitze) gar nicht als möglich denken" könne (a. a. O., Bd. 1, S. 1 und Anmerkung*).

Seitdem ist das alles längst anders geworden. Der moderne Gauner „arbeitet" gar nicht ungern ganz allein, um die Beute ungeschmälert für sich behalten zu können; wo aber, wie gewöhnlich, ein gemeinschaftliches Vorgehen mehrerer stattfindet, da hat es doch zum Teil früher ganz unbekannte Formen angenommen[2]). Namentlich hat auch das ehemalige, von einem gewissen romantischen Schimmer verklärte Wanderleben der Gauner einer größeren Seßhaftigkeit Platz gemacht. Das heutige Gaunertum „zieht nicht mehr offen auf der Landstraße. Es ist zurückgedrängt in die Schlupfwinkel und Spelunken der Großstädte, wo es lichtscheu seine wühlende Arbeit verrichtet" (Richard Schmidt, a. a. O., S. 264). Den einmal gewählten Schauplatz ihrer Taten aber pflegen die gewerbsmäßigen Eigentumsverbrecher von heute — abgesehen natürlich von einigen internationalen Kasseneinbrechern und Hochstaplern, die in ganz Europa gleich gut zu Hause sind — nur selten und höchst ungern zu verlassen. Recht charakteristisch dafür ist z. B. was der verstorbene Hof- und Gerichtsadvokat Dr. Max Pollak in Wien (in Groß' Archiv für Kriminalanthropologie usw., Bd. 15, 1904, S. 173) in dieser Beziehung von den Wiener Berufseinbrechern, den sogenannten „Schränkern", zu berichten weiß. „Die meisten Angehörigen dieser Gilde sind in Wien geboren oder doch aufgewachsen und haben diese Stadt nur verlassen, wenn sie die Strafanstalt bezogen oder auf den ‚Schub' kamen (d. h. zwangsweise in ihre Heimatgemeinde transportiert wurden), von wo sie schon nach einigen Tagen, ja Stunden . . . wieder nach Wien zurückkehren."

Nach diesen Vorbemerkungen wird es gewiß niemand wundernehmen, daß in den neueren Vokabularien der Gaunersprache be-

---

[2]) Vgl. unter anderem darüber etwa Richard Schmidt, Die Aufgaben der Strafrechtspflege, Leipzig 1895, S. 243ff., 263ff. und Anm. 3.

sondere Ausdrücke für geographische Begriffe (wie Fluß-, Berg-, Länder-, Städtenamen usw.) in spärlicherem Maße anzutreffen sind als in den älteren, noch aus den Zeiten des vagabundierenden Gaunertums herrührenden Wörtersammlungen. Daß in diesen jedoch nun — wie man meinen möchte — das Geographische gerade einen besonders hervorragenden Platz einnähme, kann man im großen Ganzen auch nicht behaupten; vielmehr treten derartige Vokabeln in größerer Menge etwa erst gegen Ende des 18. und zu Beginn des 19. Jahrhunderts auf, also in der Blütezeit der großen Räuberbanden, um dann in den 40er und 50er Jahren des verflossenen Jahrhunderts allmählich wieder seltener zu werden, ohne freilich ganz zu verschwinden. Die besonderen Bezeichnungen für einzelne Strafanstalten an bestimmten Orten bilden im wesentlichen sogar erst eine Spezialität der neueren Glossare. Aus der Sammlung von Friedrich Kluge, durch die jetzt in dankenswerter Weise bisher selbst weniger bekannte rotwelsche Quellen weiteren Kreisen zugänglich gemacht worden sind[3]), verdienen u. a. etwa die Nummern 111 (Becker, 1804), 113 (Mejer, 1807), 118 (Pfister, 1812) 124 (Falkenberg, 1818), 125 (Hermann, 1818), 126 (Pfullendorfer Jauner-Wörterbuch, 1820), 128 (Schwenken, 1820), 129 (Krünitz' Enzyklopädie, 1820), 135 (Wenmohs, 1823), 136 (Stuhlmüller, 1823) und 145 (Schlemmer, 1840) eine besondere Hervorhebung als Fundgruben geographischer Bezeichnungen in unserer Gaunersprache[4]), ferner von dort nicht abgedruckten, sondern nur dem Titel nach angeführten Werken noch die Nummern 133, 142, 143 und 144. Es sind dies: v. Grolmans „Wörterbuch der Gaunersprache" (Gießen, 1822), das manche sonst nicht vorkommenden Ausdrücke, namentlich für hessische Ortschaften, enthält, das (in 3. Aufl. zu Meißen 1833 erschienene) sehr umfangreiche, dafür aber leider auch unkritische und oft fehlerhafte „Chochemer Loschen" oder „Wörterbuch der

[3]) Fr. Kluge, Rotwelsch. Quellen und Wortschatz der Gaunersprache und der verwandten Geheimsprachen. I.: Rotwelsches Quellenbuch, Straßburg 1901.

[4]) Die im folgenden hin und wieder zum Vergleiche mit herangezogenen Vokabularien der dem Rotwelsch noch nahe verwandten sogenannten „Kundensprache" der Handwerksburschen (siehe besonders Kluge, a. a. O. I, Anhänge, A, S. 421—434) enthalten — in Anbetracht des bekannten Wanderlebens unserer „Stromer" — im ganzen nicht gerade allzu viel Geographisches. — Das Wort Kunde im Sinne von „wandernder (und ‚fechtender') Handwerksbursche" gehört übrigens zu unserem deutschen Zeitwort „kennen", bedeutet also — ebenso wie ursprünglich Kunde im heutigen geschäftlichen Sinne — eigentlich „Bekannter" (schon früh Anredeform der Landstreicher unter sich). Vgl. dazu Näheres besonders bei Franz Söhns, Wort und Sinn (Begriffswandlungen in der deutschen Sprache), Leipzig 1911, S. 118, 119.

Gauner- und Diebes- (usw.) Sprache" des bayrischen Hauptmanns K. J. v. Train, des oberösterreichischen Amtssyndikus Cajetan Karmayer ganz eigenartiges sog. „Gaunerglossar der Freistädter Handschrift" (verfaßt 1835 und neuerdings von Hans Groß in seinem „Archiv für Kriminalanthropologie" usw., Bd. 2, 1899ff. abgedruckt), das besonders an österreichischen Gebiets- und Städtenamen reich ist, und das von A. F. Thiele in seinem schon oben erwähnten Werke (2. Aufl., Bd. 1, S. 222ff.) veröffentlichte „Wörterbuch der jüdischen Gaunersprache". Dieses erscheint insofern von allgemeiner Wichtigkeit, als gerade für die geographischen Bezeichnungen der Gauner das Jüdisch-Deutsche, das ja überhaupt in unserem Rotwelsch bekanntlich eine bedeutende Rolle gespielt hat[5]), oft unmittelbar vorbildlich gewesen ist. Liegt somit für die angegebene Periode ein immerhin nicht ganz unbeträchtliches Quellenmaterial vor, so ist dazu freilich noch zu bemerken, daß nur ganz ausnahmsweise die geographischen Gaunerwörter in zusammenhängender Weise aufgezählt sind, wie namentlich z. B. von dem bayrischen Polizeikommissar Karl Stuhlmüller, der einer im Jahre 1823 veröffentlichten Schrift über Gaunersignalements u. dgl. m. am Schluß auch ein „Verzeichnis der Benennung mehrerer (im ganzen 28) Länder und Städte in der Gaunersprache" in alphabetischer Ordnung hinzugefügt hat (vgl. Kluge a. a. O., S. 361), dann auch von v. Train, S. 141/42 und 251/52. In der Regel befindet sich dagegen auch das Geographische völlig ungesondert unter der großen Masse der übrigen Vokabeln, aus der es herauszusuchen eine ziemlich mühsame Arbeit ist. Daher mag es sich denn wohl auch erklären, daß die bisherigen Darstellungen des Gegenstandes in der Fachliteratur — unter denen die von Friedrich Christian Benedikt Avé-Lallemant in seinem berühmten „Deutschen Gaunertum" (besonders im Bd. IV, S. 303ff.) gegebene wohl noch die ausführlichste ist — schon ihrem Umfange nach zu wünschen übrig

[5]) Siehe darüber sowie auch über das Verhältnis des Judentums zum Gaunertum im allgemeinen u. a.: Avé-Lallemant, Das deutsche Gaunertum usw., Leipzig 1858ff. (siehe über die neue Ausgabe durch Max Bauer das Vorwort), Bd. III, S. 196ff. vbd. mit M. Steinschneider in der (von ihm herausgegebenen) „Hebräischen Bibliographie", Bd. VII (Berlin 1864), S. 128 ff. und Anm. 1, Günther, Rotwelsch, S. 25, 26, Hans Stumme, Über die deutsche Gaunersprache und andere Geheimsprachen, Leipzig 1903, S. 8ff. und E. Kleemann in Groß' Archv, Bd. 30, S. 253. Zu vgl. auch (zum Teil besonders gegen Kleemann): J. Dienstfertig, Das hebräische Element in der Gaunersprache, in der Zeitschrift „Im Deutschen Reich" (Zeitschr. des Zentralvereins deutscher Staatsbürger jüdischen Glaubens), Jahrg. XV, Nr. 7/8 (Aug. 1909), S. 420ff. und S. 424 (Anm. der Redaktion).

lassen. Befremdlicher noch erscheint es, daß z. B. auch Avé-Lallemant es verschmäht hat, dem Stoff eine bessere systematische Gliederung zu geben, denn daß, wie er (a. a. O., S. 304) meint, das Gaunertum „aus der raffiniertesten Vorsicht" auf „stabile technische Bezeichnungen nach einem schlüssigen System" verzichtet habe, um dadurch nicht „die Möglichkeit der Offenbarung des Geheimnisses darzubieten", kann man gerade für das geographische Wortmaterial wohl am wenigsten zugeben; vielmehr drängt sich jedem einigermaßen aufmerksamen Sammler dessen systematische Ordnung gleichsam schon von selbst auf.

Im folgenden ist nun versucht worden, den Stoff in der Weise übersichtlich zu gruppieren, daß zuerst die geographischen Wörter im engeren Sinne (Namen der Flüsse, Gebirge, Länder, Völker, Städte und kleineren Ortschaften) in gesonderter Reihenfolge aufgezählt sind, wobei sich namentlich in den größeren Gruppen „Länder" und „Städte" mit Rücksicht auf die sprachliche Behandlungsweise der Ausdrücke wieder manche Unterabteilungen ergeben. Sodann ist aber auch noch der mannigfachen (von Avé-Lallemant im Zusammenhange fast gar nicht berücksichtigten) Verwendung geographischer Bezeichnungen für Begriffe gedacht worden, die an sich zur Erdkunde nur in mehr oder weniger loser Beziehung stehen, wie z. B. des Gebrauchs von substantivierten und zu Gattungsbegriffen umgestalteten geographischen Eigenschaftswörtern für Personen, Tiere und Sachen, von Zeitwörtern, die von Länder- oder Städtenamen abgeleitet wurden, von allerlei merkwürdigen, meist humoristisch gefärbten geographischen Wortspielen usw. Ja, diese Seite des Themas dürfte für die meisten Leser wohl noch interessanter sein als die zuerst erwähnte, die im ganzen schon mehr dem Gebiete der vergleichenden Sprachwissenschaft angehört.

Unter den geographischen Wörtern im eigentlichen Sinne möchte ich die Ausdrücke für Flüsse und Gebirge an die Spitze stellen, weil sie nur recht selten vorkommen und daher am kürzesten erledigt werden können. Von Flüssen wird — abgesehen von einigen seltsamen Gebilden in der Sammlung des Österreichers Karmayer[6]) — eigentlich nur der Rhein öfter erwähnt, dessen Ufer ja längere Zeit hindurch den Schauplatz der Untaten vieler Räuberbanden gebildet haben. Daher bezeichnen ihn denn auch die Gauner schon im

[6]) S z. B. Leberlschwäch, die Moldau (zu Leberl, Geistlicher, wohl wegen Prag mit seinen vielen Kirchen), Spranzzuflosser, die Traun, Winkeleis, die Enns, Stierwadi, die Steyr, eigentlich „steyerisches Wasser", zu Wadi, Wasser, aus dem Polnischen, wo woda = Wasser ist.

18. Jahrhundert — in einer an die Anschauungen der Naturvölker erinnernden Weise — schlechthin als Flossert oder Majum (vom hebr. majîm), d. h. „das Wasser" oder „der Fluß", oder später meist ein wenig genauer als godel (oder kohdel) Majum, d. h. „das große Wasser", „der große Fluß" (vom hebr. gâdôl = groß). Ein Seitenstück hierzu findet sich, nebenbei bemerkt, noch heute in der Krämersprache von Breyell (Regierungsbezirk Düsseldorf), dem berühmten „Hennese Flick", wonach der Rhein „den henese Poy" d. i. „das große, schöne Wasser (Fluß)", heißt zum Unterschiede von der Maas, die hier dem Rhein gegenüber als „den locke Poy", d. i. „das kleine, schlechte Wasser (Fluß)", erscheint (vgl. Kluge, a. a. O., S. 451, 449, 456). Auch rotwelsche Bezeichnungen für Gebirge finden sich in den Quellen nur ganz vereinzelt. Zu nennen sind hauptsächlich zwei Ausdrücke für den Vogelsberg, die zuerst v. Grolman in seinem „Wörterbuch" verzeichnet und daraus sodann auch Karmayer in sein Glossar (Abteilung „Gaunerisch-Deutsch") übernommen hat, nämlich die Verdrehung Vogelsgörg und das (besonders in seinem ersten Bestandteil) etymologisch unklare Nachums-Gehain (als Übersetzung gebildet von Nachum, angeblich = Vogel [?] und Gehain oder Gehah = Berg, Gebirge). Heutzutage bezeichnen unsere „Kunden" diese Gebirgsgegend als die Vogelei, während der Schwarzwald bei ihnen sowie auch bei den Gaunern (in Schwaben) schwarzer Kracher heißt (zu rotw. Kracher[t] = Holz, Gehölz, Wald).

Bedeutend reichhaltiger ist schon die Gruppe der Ländernamen im Rotwelsch vertreten, so daß man gut tut, sie der Übersicht wegen von vornherein in verschiedene — und zwar nach sprachlichen Gesichtspunkten gesonderte — Unterklassen zu zerlegen. Den unmittelbarsten Anschluß an den neuhebräischen bzw. jüdisch-deutschen Sprachgebrauch zeigen hier einige ganz sonderbare — zuerst wohl durch jüdische Mitglieder von Räuberbanden den Gaunern bekannt gewordene — Bezeichnungen, die auf bestimmte Stellen des Alten Testaments zurückgehen und dann später auf europäische Länder übertragen worden sind, ohne daß man jedoch mit völliger Sicherheit anzugeben vermöchte, warum dies geschehen sei. Dahin gehören Aschkenas für Deutschland, Zarfes (-ves) oder Zerfes (-ves) für Frankreich und Sefard für Spanien. Aschkenas (hebr. Aschkenaz) kommt bei Jeremias 51, 27 (neben Ararat und Meni) als Name eines nordasiatischen Königreichs vor, während es in Genesis 10, 3 als Personenname, nämlich für den ältesten unter den Söhnen Gomers, gebraucht ist, den einst der Grammatiker Schottel ein seiner „Ausführlichen Arbeit von der Teutschen Haupt-

Sprache" (Braunschweig, 1663, S. 34) zum „Altvater der Teutschen" erhoben hat, „der die alte Celtische oder Teutsche Sprache von Babel gebracht" habe (!). Es ist für Deutschland in jüdischen Kreisen schon im 11. Jahrhundert bezeugt und im 12. den spanischen Juden sogar ganz geläufig. Zarfes (Zerfes u. ä.) geht auf das hebräische Zarpâth (im Ev. Luk. 4, 26: Sarepta) zurück, das u. a. im ersten Buch der Könige 17, 9 als phönizische Stadt erwähnt ist, während Sefard (hebr. Sĕfârad) bei dem Propheten Obadja (20) — neben Zarpâth — als eine Gegend in Kleinasien genannt wird, in der israelitische Verbannte lebten.

Leichter zu deuten sind andere aus dem Hebräischen entlehnte Ländernamen, wie Erez Jowen für Griechenland und Jowen Malchus für Rußland, die sich beide im wesentlichen als Übersetzungen darstellen. Denn Erez (hebr. erez) bedeutet Erde, Land; Jowen gehört zu dem hebräischen jâwân, d. h. Griechenland, eigentlich Jonien, das aber im Jüdischen (ausgesprochen jôwan oder jôwen) auch für dessen Bewohner, die Griechen, gebraucht und dann wieder auf die Russen als Bekenner des griechisch-katholischen Glaubens übertragen worden ist; Malchus endlich ist aus neuhebräisch malkûth, Königreich (zu melek, jüd. melech, meilach, König) entstanden. Avé-Lallemant (a. a. O., IV, S. 308) hat für beide erwähnte Länder auch noch die Verbindung Jowen Matine angeführt, wofür ich keinen Beleg in älteren Quellen finde. Andere auf diese Weise gebildete Ländernamen sind dagegen nicht nur häufig, sondern bilden sogar die Regel. Auch Matine (Matina, Mahdine), Medine, (Mettine), Märtine (Mert[h]ine, Martine, Martini, auch als Demin. Märtinche usw.) stammt aus dem Hebräischen, in dem medînâh etwa „Landschaft, Provinz" bedeutet, und ist im Rotwelsch zu einer der beliebtesten Vokabeln, besonders in Zusammensetzungen, geworden, wie z. B. Medinespecht = Landjäger (zu Specht = Jäger, nach dessen grünem Rock), Medinegeier = Landhausierer (der „auf der Medine geht" [jüdd.: Geier = „Geher, Wanderer"]), Martinifleppen = Zeitung, Duckes-Medine = Herzogtum, Fürstentum (vom latein. dux), Godel Duckes-Medine = Großherzogtum u. a. m. (vgl. Avé-Lallemant, IV, S. 572). Überaus mannigfaltig sind sodann die mit dieser Vokabel gebildeten Ausdrücke für die einzelnen Länder, denen jedoch gemeinsam ist, daß Medine usw. fast ausnahmslos dem die nähere Bezeichnung des Landes enthaltenden Worte nachgesetzt wird. Zunächst ist der — mehr oder weniger freien — Übersetzungen zu gedenken, zu denen (außer dem schon erwähnten Jowen Matine) z. B. das — übrigens hauptsächlich wohl auf die jüdischen Gauner beschränkt gebliebene, eigentlich pleonastische — Zarfes Medine für Frankreich[7]) sowie Schoger Martine für Schwarzburg (zu jüdisch schochor, hebr. schâchôr, schwarz) gehört. Zuweilen hat man damit zugleich auch Wortspiele verbunden, indem man den ersten Bestandteil des deutschen Namens eines Landes in einem von der gewöhnlichen Bedeutung abweichenden Sinne faßte und für diesen wieder eine andere, ungefähr gleichwertige Vokabel substituierte. Als Beispiele hierfür können namentlich zwei sonderbare Bezeichnungen für Württemberg dienen: Käfer-Märtine (=Medine), oft auch noch genauer: grillische (d. h. protestantische, lutherische) Käfer-Märtine und Ringelches-Matina (=Medine). Über die Entstehung des ersteren Ausdrucks sind zwar die Ansichten nicht ganz einig, da manche darin nur eine dialektische Abart von Kaffer-Märtine, d. i. „Bauernland" (von Kaffer, Bauer [Mann], zu rotw. Kfar, Gfar, Gefahr, später auch Kaff, Dorf, aus dem gleichbed. hebräischen kâfâr bzw. kefar) oder aber eine Verunstaltung von Ganfer-Medine (=Märtine), d. h. „Diebes- oder Gaunerland" (von rotw. Gannef, Dieb, ganfen, stehlen, aus dem hebräischen gannâb [Dieb] bzw. gânab [stehlen]) haben erblicken wollen, eine Umschreibung, die tatsächlich in den Quellen für das Schwabenland — als sozusagen klassische Stätte der Gauner- und Räuberbanden — vorkommt[8]). Am ungezwungensten erscheint es jedoch wohl, in der angeführten Verbindung den ersten Bestandteil („Käfer") in seinem gewöhnlichen Sinne zu nehmen, indem man sich dabei der doppelten Bedeutung des Wortes „Schwabe" — einmal der Württemberger, sodann ein bekanntes Insekt (richtiger eigentlich Schabe) — erinnert[9]). Weniger Schwierigkeiten bereitet das andere Wortspiel. Man machte aus Württemberg zunächst ein „Würstenberg" oder „Würstelberg", also Wurstland — ein naheliegender Vergleich, der z. B. auch unserer modernen deutschen Soldatensprache nicht

---

[7]) Vgl. auch im Jüdischen (überhaupt): Maim-Medine = Holland, eigentlich „Wasserland" (zu hebr. majim; Bischoff, Wörterb., S. 51).

[8]) Vgl. Hans Stumme, Über die deutsche Gaunersprache usw., S. 20.

[9]) Vgl. auch Jak. Grimm, Kleinere Schriften, IV (Berlin 1869), S. 166. Wie grillisch = protestantisch zu erklären ist, bleibt zweifelhaft. Ein dem Adj. entsprechendes Hauptwort Grille ist im Rotwelsch sehr selten (siehe jedoch z. B. v. Train, Chochemer Loschen, S. 49, 203, 212: der Grille = Lutheraner, Protestant). Wäre hier nicht das Wort als masc. gen. angeführt, könnte man an den Insektennamen denken. Vgl. Fischer, Schwäb. Wörterb. III, Sp. 836, wonach noch jetzt die katholische Bevölkerung Schwabens in gewissen Gegenden die Protestanten die Grillen nennt. Nach Bischoff, Wörterb., S. 30 soll dagegen bei grillisch eine Verunstaltung aus gillisch vorliegen, das mit dem rabbin. âwen gillâjôn = „Urteilsoffenbarung" (spöttisch für Evangelium gebraucht) in Verbindung gebracht ist (?)

fremd geblieben ist[10]), — sodann hat man dies wieder ins Rotwelsch als Ringelches-Matina zurückübertragen, da hier Ringling, Ringler u. ä. auch für Wurst vorkommt. Die schwäbischen Gauner und Kunden bezeichnen ihrerseits das Königreich Preußen wohl einfach als Nordmärtine.

Sehr versteckt erscheint dagegen der Ursprung des Ausdrucks kirrische Matina (Kirrischmedine) für Österreich. Er bedeutet so viel wie „kaiserliches Land" (mit Bezug auf dessen Herrscher als früheren Träger der deutschen Kaiserwürde) und gehört zu dem rotwelschen Kihr (Kier) oder Kehr u. ä. = „Herr (Amtmann)" u. dgl., das sich bei genauerer Betrachtung darstellt als eine etwa seit dem 16. Jahrhundert im jüdischen Leben üblich gewordene Abkürzung: Kiroh oder Kirah (auch Kihr u. ä., am genauesten eigentlich Kjrh) für den Kaiser, gebildet nach dem Silbenanfang in der herkömmlichen Formel kaisar jârûm hôdô, d. h. etwa „der Kaiser" dessen Majestät erhaben sei"[11]).

Zuweilen nehmen die geographischen Zusammensetzungen mit Medine usw. Bezug auf die Landeswappen, so bei Büffel-Martine für Mecklenburg (nach dessen bekanntem Ochsenkopf), bei Löwches-Märtine für das Großherzogtum Hessen (nach dem Wappenlöwen) — womit auch Löwches Endegrü (wohl eine Transposition von „Grün Ende" oder „Grünende") für die „hessendarmstädtische Grenze" (bei v. Grolman) übereinstimmt — und vielleicht auch noch bei Stangen-Matina (=Medine) für Baden, dessen Wappen einen roten „Pfahl" in goldenem Felde zeigt. Daran reihen sich Bezeichnungen von Ländern nach Farben, wobei man teils an die Landesfarben gedacht hat (wie offenbar bei Gelbmatine für Baden nach den gelbroten, Blaumertine für Bayern nach den blauweißen Grenzpfählen, und allenfalls auch noch bei der weißen Märtine für Sachsen mit Weiß-Grün als Landesfarbe), teils bestimmte in den Uniformen des Militärs vorherrschende Grundfarben berücksichtigt zu haben scheint; so namentlich bei der Umschreibung von Österreich auch durch weiße Märtine oder genauer Godle (große) weiße Märtine (Medine) im Gegensatze zu dem

[10]) „Die Württemberger" waren (schon) 1870/71 bei den Sachsen die „Würstelberger". Paul Horn, Die deutsche Soldatensprache, Gießen 1899 (2. Aufl. 1905), S. 41. Für die Neuzeit s. z. B.: O. Maußer, Deutsche Soldatensprache usw. (Straßburg 1917), S. 18 (noch heute: Würschtelberger); vgl. auch Th. Imme, Die deutsche Soldatensprache der Gegenwart und ihr Humor (Dortmund 1917), S. 59.

[11]) S. Günther, Rotwelsch, S. 32 und Anm. 31 und Groß' Archiv, Bd. 38, S. 287; vgl. auch Mitteilungen der Gesellschaft für jüdische Volkskunde, Bd. 7 (1901), S. 105 Anm. 2.

kleineren Sachsen[12]). Schon im Siebenjährigen Kriege hießen die (bis 1866 bekanntlich weiß uniformierten österreichischen) Soldaten allgemein „Weißröcke", und selbst Friedrich der Große soll sie so genannt haben. Dem entsprechen als Gaunerwörter Weißmatiner für den österreichischen Infanteristen und Lo(h)wene Ballmacker oder Balmachomess für österreichisches Militär überhaupt (eigentlich: „weiße Soldaten", vom hebräischen lâbân, jüd. lôwen, weiß und ba'al milchâmâh, Soldat, wörtlich „Herr des Krieges")[13]). Eine gleiche Bewandtnis scheint es mit der älteren Bezeichnung Preußens als blaue Mertine oder Medine (Blau-Martine) zu haben, da sich auch ihr Ausdrücke wie blaue Balmachomess, Ballmaker oder Machome für preußische Soldaten (ähnlich den „blauen Jungen" Friedrich Wilhelms I.) zur Seite stellen lassen; ja vielleicht darf man zu dieser Gruppe auch noch Rot-Martine für Hannover zählen, dessen Militär — zur Zeit des Königstums — ja viel rote Röcke aufwies, nach dem Vorbilde Englands, in dessen Slang daher auch die Soldaten mit (gekochten) Hummern (lobsters) verglichen worden sind. Welchen Umständen dagegen die Ausdrücke grüne Mertine für Böhmen, schwarze Mertine für Polen und Gelb-Martine für „das ehemalige Schwedisch-Pommern" (nach Wenmohs, die zwei ersten auch bei v. Train mit der Form Medine), ihre Entstehung verdankt haben mögen, wage ich nicht bestimmt zu entscheiden[14]).

Eine letzte, deutlicher hervortretende Gruppe der Zusammensetzungen mit Medine usw. stellen endlich die nach den Haupterzeugnissen eines Landes gebildeten dar. Dahin gehört vor allem Bore(s)- oder Po(h)re(s)-Medine für die Schweiz, eine fast poetische Schöpfung der Gaunersprache; denn es bedeutet wörtlich das „Land der Kühe" (vom jüd. pôres, hebr. pârôth, Mehrzahl von pôre, hebr. pârâh = „Kuh"). Zuweilen findet sich dafür auch bloß die Bores oder Pohres (also mit Weglassung von Medine)

---

[12]) Die Wiedergabe von Weißmertine durch Preußen bei Hans Ostwald („Rinnsteinsprache", Berlin 1906), S. 166 dürfte dagegen wohl auf einem Irrtum beruhen.

[13]) Im sog. Wörterb. von St. Georgen 1730 (218) findet sich Weiß-Leininger, d. h. weißer Soldat (Etymol. unsicher; vgl. Stumme, a. a. O., S. 23, Groß' Archiv, Bd. 42, S. 27 und Bischoff, Wörterb., S. 48), schlechthin für „Soldat zu Fuß". In der modernen Wiener Gaunersprache heißt dagegen der Soldat nach den österreichischen Landesfarben Schwarzgelber, was übrigens auch noch einen Denunzianten sowie überhaupt jeden, der „es mit der Obrigkeit hält", bedeutet.

[14]) Als eine halbe Übersetzung erscheint Schwarze Märtine = Schwarzburg (bei v. Train, im Gegensatze zu Schwarze Medine [siehe oben]). Über Schwarzmertine = Böhmen und Österreich siehe noch unten S. 13, Anm. 18.

oder der (oder das) Bomm, Bum(m) oder Pum, worin Avé-Lallemant (IV, S. 527, 586) wohl nicht mit Unrecht eine Abbreviatur von den Anfangsbuchstaben B (P) und M (+ o oder u) hat erblicken wollen[15]). Das Königreich Bayern erscheint im Munde der Gauner als Chasser-Matina (Chassermedine), d. h. „das Schweineland (vom hebr. chäzîr, Eber, Wildschwein) mit Rücksicht auf seine starke Schweinezucht, die schon ziemlich früh für die Bewohner der benachbarten Länder ein Gegenstand verkappter Spöttereien gewesen ist (s. darüber Avé-Lallemant, IV, S. 308)[16]). Auch Hasen-Märtine für Frankreich (in einem handschriftlich überlieferten schwäbischen Gauner-Vokabular des 18. Jahrhunderts) kann hier vielleicht noch eingereiht werden, wenn man es (mit Fischer, Schwäb. Wörterb. III, S. 143, 146) nämlich als „Land der Kaninchen" ausdeutet. Als Krahle Märtinche bezeichneten die Mitglieder der hessischen Räuberbanden zu Beginn des 18. Jahrhunderts die Wetterau, was nach v. Grolman (Wörterbuch) — der freilich über die Etymologie des Wortes keinen Aufschluß gibt — soviel wie „Fruchtländchen" bedeutet haben soll[17]). Daß der Wohlstand dieser obst- und getreidereichen Gegend von den Gaunern jedenfalls hoch geschätzt worden ist, beweist der gleichbedeutende Ausdruck dufte Märtinche, d. h. das gute, schöne Ländchen (von duft, dof, tof, aus hebr. τôb, jüd. toff u. ä. = gut, bzw. hebr. τûb, = „das Gute"). Wenn endlich Hessen (überhaupt, nach Thiele: Kur-

[15]) Bischoff, Wörterb., S. 12 denkt dagegen an einen etwaigen Zusammenhang des Wortes mit „Bund, Bund-Märtine". — Ob auch Bumser oder Pumser für Hirt (mit A.-L., a. a. O.) von Bum(m) oder Pum abgeleitet werden darf, so daß sich hier also der Begriff der Nation (Schweizer) zu dem eines bestimmten Berufs verengert hätte, mag dahingestellt bleiben. S. Bischoff, S. 12, der den Ausdruck als eine Verdrehung des rabbin. bâhâm, jüd. bôhm = „Viehhirt" erklärt.

[16]) Auch daß „der Eber, das Schwein in verschiedenen deutschen Mundarten Ber, Beier, Peier heißt (plattdeutsch Bier, der Eber und Bär, der junge Eber, vgl. altenglisch bar, mittelenglisch boor, neuenglisch boar)" hat wohl zur Verbreitung von Ausdrücken wie „Bayersäue" und ähnlichen beigetragen. Vgl. Georg M. Küffner, Die Deutschen im Sprichwort, ein Beitrag zur Kulturgeschichte (Heidelberg 1899), S. 47, 48, Nr. 240.

[17]) Da das Wort Krahl (Kraël) oder Grahl (Gral, Grael) u. ä. für „Korn" oder „Frucht" seit Anfang des 18. Jahrhunderts häufig in rotwelschen Sammlungen wiederkehrt, wird man wohl an der Auslegung v. Grolmans schlechterdings festhalten müssen, so verlockend es auch wäre, der Bezeichnung Krahle-Märtinche eine andere, weitere Bedeutung beizulegen (siehe darüber Näheres in der Zeitschr. „Polizei", Jahrg. 1906/7, Nr. 3, S. 52, Sp. 2, Anm. 12). Die Etymologie jener rotwelschen Vokabel aber ist auch heute noch nicht befriedigend festgestellt worden. Siehe auch Fischer, Schwäb. Wörterb. III, Sp. 786.

hessen) im Rotwelsch Schleha-Matina (Schlehamedine) heißt, so ist auch darin wohl ein Hinweis auf ein Hauptprodukt des Landes, die Pflaumen oder Zwetschen, hier unter dem Sammelnamen „Schlehen" (dial.: Schleha) zusammengefaßt, zu erblicken.

Viel seltener sind rotwelsche und kundensprachliche Gebietsbezeichnungen statt mit dem jüdischen Medine usw. mit dem deutschen Worte „Land" zusammengesetzt worden, so z. B. Plattland für Hannover, das seinem Sinne nach ohne weiteres klar ist, blaues Ländle (bei den Kunden) für Bayern (entsprechend der Blaumertine), das gelobte Land für das an Obst und Wein reichgesegnete Tirol, das Jakobinerland (oder -ländle) für Württemberg (Kundenausdruck zu Jakobiner = Württemberger, Schwabe, wohl Weiterbildung nach dem im Schwabenlande häufigen (Spott-) Namen Jockel(e), Kurzform von Jakob, der auch zum Typus des dummen, unbeholfenen Menschen geworden (vgl. den bekannten Neckruf „Jockele, sperr" für die Flößer an der Neckarbrücke bei den Tübinger Studenten; s. auch Fischer, Schwäb. Wörterb. IV, Sp. 97, 98). Für das sonderbare Verteschlandl für Krain bei dem Österreicher Karmayer hat mir der verstorbene Grazer Kriminalist Prof. Hans Groß die folgende Erklärung gegeben: Die Krainer, welche im Sommer öfter als wandernde Krämer, Ziegelarbeiter usw. in die deutschen Erblande Österreichs kommen, pflegen am Ende jeder, in gebrochenem Deutsch vorgebrachten Phrase ein „Vertesch?" anzubringen, was „Verstehst du?" heißen soll; sie werden daher im Volk allgemein die „Vertesch" (oder auch „Verteschmanndl") genannt, wonach dann auch das Verteschlandl bei den ja stets zur Spottlust geneigten Gaunern leicht aufgenommen sein könne. Ob und inwieweit Stillerlindchen für Schwarzburg (z. B. bei v. Train, etwa für „stilles Ländchen"?) noch hierher gezählt werden darf, mag dahingestellt bleiben.

Unter den sonst noch vorkommenden Formen für Ländernamen kann eigentlich nur noch eine Gruppe Anspruch auf systematische Bedeutung erheben, obwohl sie fast ausschließlich auf das Glossar der Freistädter Handschrift beschränkt geblieben ist. Es ist die Erhebung von Eigenschaftswörtern (mit geographischer Bedeutung) zu Hauptwörtern. So heißt z. B. Frankreich das Fränkische oder das Servische (zu Zerves), Bayern das Bavarische (aus dem Lateinischen), Württemberg das Grillisch-Käferische (vgl. oben S. 8 und Anm. 9), Österreich das Weiße oder Weißerische — entsprechend der weißen Märtine — während sich bei den Benennungen: das Blaue für Ungarn, das Schwarze für Illyrien und das Schwarzerische für Böhmen eine von den oben angeführten

Farbennamen abweichende Terminologie zeigt[18]). Als bloße im ganzen leicht erkennbare Entstellungen der gewöhnlichen deutschen Namen dürften aufzufassen sein das Ditscherische für Deutschland, das Ilterische für Italien, das Prisische für Preußen, das Schwepperische für „das Schwabenland", das Stierische für Steiermark; das Oberstierische bedeutet Tirol, das Ober- und Unterkanzerische Ober- und Unterösterreich (von kanzerisch, kaiserlich, zu Kanzer, Kaiser). Das Plederische oder Pleterische für Sachsen könnte allenfalls aus „das Pleißerische" (zu dem Flüßchen Pleiße) entstanden sein, das Schnautzerische für Kroatien und das Bausschnautzerische für Ungarn zu Schwauze = Schnurrbart (bzw. ungar. bajusz, ebenfalls = Schnurrbart) gehören und das Trummlerische für die Türkei auf die türkische Trommel anspielen.

Alles noch übrige steht so vereinzelt da, daß es sich kaum mehr klassifizieren läßt. Eine Umstellung der Silben nach Art des Anagramms zeigt sich in Steinholz für Holstein (im sog. „Vaganten-Hospital" von 1668; Kluge, Rotw. I., S. 163); Planche für Polen darf man wohl mit Avé-Lallemant (IV, S. 308) als eine Zusammenziehung der Verkleinerung „Polenche" oder des lateinischen Polania = Polonia auffassen, und ähnlich ist vielleicht auch Päserche für Preußen zu erklären. Dem Gebiete des Humors gehört es an, daß in der Kundensprache die Thüringischen Staaten als Brummochsenviertel, der bayrische Schwabenkreis als Krautgarten und das Großherzogtum Oldenburg — mit Bezug auf den Namen des früheren, lange an der Regierung gewesenen Landesherrn — gar als „Petern sein Tiergarten" umschrieben zu werden pflegen (vgl. etwa auch noch: Groß Oberamt = Preußen bei schwäbischen Händlern).

Die in der Gaunersprache seltener vorkommenden Bezeichnungen einzelner Völker oder Stämme schließen sich meist eng an die Ländernamen an, ja die drei schon erwähnten jüdischen Formen Aschkenas, Sefard und Zarfes scheinen im Rotwelsch auch für die Bewohner jener Länder in Gebrauch gewesen zu sein. Der Franzose heißt außerdem auch Server oder Servone, ferner Waldscho (eigentlich: der Welsche), was offenbar von den Zigeunern herstammt (vgl. zig. wálšto), und gleichfalls durch deren Vermitt-

[18]) Auch in der modernen Kundensprache soll übrigens (nach Ostwald 141) Schwarzmertiner für den Böhmen (nach anderen für den Österreicher schlechthin) vorkommen, was doch eine Schwarzmertine als Landesbezeichnung voraussetzt. Für die Bedeutung „Österreicher" (überhaupt) könnte dabei allenfalls wieder an die Landesfarben (Schwarz-Gelb) gedacht werden.

lung scheint das sich an das Ungarische (szász, gesprochen sâs) anlehnende Sasos (zig. sáso) für den Deutschen eingedrungen zu sein; es bedeutet eigentlich den „Sachsen", wie ja noch heute bekanntlich unsere Landsleute in Siebenbürgen allgemein genannt werden. Käfer und Jakobiner für Schwabe, Württemberger sind schon oben erläutert worden. Auf die Bezeichnungen der Länder nach Farben gehen zurück der Weißе für den Österreicher, der Schwarze für den Böhmen in der Sammlung Karmayers sowie die unmittelbar von den (schon früher angeführten) Zusammensetzungen mit Mertine abgeleiteten Bezeichnungen Blaumertiner für den Bayern, Schwarzmertiner für den Böhmen (oder Österreicher schlechthin) und das (kaum richtige) Weißmertiner für den Preußen (vgl. oben S. 10, Anm. 12). Zur Gelbmatine aber ist wohl das (gleichfalls kundensprachliche) Gelbfüßler für den Badener zu stellen[19]), der übrigens sonst auch noch als Kuhhorn verspottet wird.

Welche Bewandtnis es mit dem kundensprachlichen (aber auch sonst beim Volk, z. B. namentlich in Berlin, gebräuchlichen) Usinger für einen Schlesier hat, ist zwar noch nicht völlig aufgeklärt, jedoch dürfte die Annahme viel für sich haben, daß „dieser Spottname von den Nassauern (den Nassau-Usingern)" herstamme, „die 1806/07 einen Teil der französischen Besatzung in Berlin bildeten und bei der Berliner Bürgerschaft wegen ihrer Roheit höchst unbeliebt gewesen wären. Da (nun) der Schlesier auch Schlesinger genannt wird und in Berlin gut bekannt ist, während dem Berliner die Grafschaft Nassau-Usingen etwas ganz Fremdes . . . war, so sei der . . . bereits eingebürgerte Schimpf- oder Spottname . . . allmählich auf die Schlesier durch Volksetymologie übertragen worden."[20]) Auch bei Hupfer (oder Hupser), ebenfalls einem Kundenausdruck, und zwar für den Rheinpfälzer oder auch — allgemeiner — den Rheinländer, kann man vielleicht (mit Bischoff, Wörterb., S. 33) an eine scherzhafte Übertragung, nämlich „von dem (bekannten) Namen des Tanzes auf den aus dem Rheinland Stammenden" denken. Wie der Holländer bei unseren „Walzbrüdern" zu dem Spitznamen

---

[19]) So Fischer, Schwäb. Wörterb. III, Sp. 265. Dagegen führt Th. Imme, Die deutsche Soldatensprache usw., S. 59, 60 den Ausdruck als soldatisch sowohl für den Badener als auch für den Württemberger an, sieht darin eine der „sechs Unterabteilungen", die „der Volkswitz" unter den Schwaben nach ihren „Gewohnheiten" unterscheidet, und gibt demnach eine andere, sehr spezielle Erklärung dafür. Auch nach Küffner, Die Deutschen im Sprichwort, S. 82, Nr. 394 sind Gelbfüßler die Schwaben, und zwar mit Bezug auf die im Mittelalter von ihnen getragenen „engen, gelben hirschledernen Hosen".

[20]) Schlesische Geschichtsblätter (Mitteilungen des Vereins für Geschichte Schlesiens), Jahrg. 1916, Nr. 1, S. 23ff.

Mynherr gekommen ist, bedarf natürlich ebensowenig eines Kommentars wie die von ihnen vorgenommene Ausdehnung des — im Bayernlande höchst beliebten — Eigennamens Seppel (Kurzform von Josef) zu dem Begriffe „Bayer" schlechthin (vgl. das oben über Jockel Bemerkte), und auch Fritzchen für den Preußen ist leicht zu deuten, wenn man sich an das häufige Vorkommen des Namens Friedrich bei den Herrschern Brandenburg-Preußens und vor allem an „den alten Fritz" erinnert[21]). Eine geschichtliche Reminiszenz steckt gewissermaßen auch in dem von Rabben[22]) als Gaunerwort gebrauchten Knickerbacker als „scherzhafte Bezeichnung des Amerikaners" (richtiger und genauer wäre wohl: Knickerbocker = Nordamerikaner zu lesen). Denn der Ausdruck, ein zuerst jenseits des Ozeans aufgekommener Spottname für die Yankees, bezieht sich auf die Beinbekleidung ihrer Vorfahren, der schwerfälligen Neu-Amsterdamer mit ihren tuchenen Kniehosen (knickerbockers) nebst glänzenden Schnallenschuhen, und ist demnach eigentlich eine sog. pars pro toto. Das höchst merkwürdig klingende süddeutsche Kundenwort Miktepik (auch Mükidipik) für den Italiener endlich — wofür das (von Fischer, Schwäb. Wörterb. IV, Sp. 1664 herangezogene) italienische (non) mica = „gar nichts" doch keinen passenden Sinn ergibt — ist vielleicht einfach aufzufassen als eine Verspottung des das Deutsche radebrechenden Welschen oder als eine Verbindung von Silben, die nur den uns Deutschen auffälligen Sprachrhythmus der Italiener nachahmen soll (für letzteres: Dr. A. Landau, Wien).

Nur eine Besonderheit des Karmayerschen Glossars ist es, die Volks- oder Stammeszugehörigkeit zu kennzeichnen durch ein geographisches Adjektiv (oder substantiviertes Adjektiv) in Verbindung mit dem Hauptworte Fisl (Fisel), d. h. Bursche, Mann, das sonst namentlich zur Bezeichnung von Berufsarten verwendet wird (zur Etymologie s. Groß' Archiv, Bd. 50, S. 137ff.), so z. B.: der stierische Fisl, der Steiermärker, der oberstierische Fisl, der Tiroler, der Ripserfisl, der Schweizer, der Schwepperfisl, der Schwabe, usw. Dasselbe Vokabular enthält auch noch mehrere sonderbare Völkernamen, von denen sich nur ein Teil ohne größere Schwierigkeiten deuten läßt, wie etwa Eiskrauter für den Russen

---

[21]) Auch die französischen Soldaten sollen im Weltkriege von 1914—18 unsere Feldgrauen als Friederick oder Fritz bezeichnet haben, wogegen diese ihrerseits Lulu für „Franzose" (doch wohl auch mit Rücksicht auf den französischen Kaisernamen Louis) kannten. Siehe Gust. Hochstetter, Der feldgraue Buchmann (Geflügelte Kraftworte aus der Soldatensprache), Berlin (o. J. [1916]), S. 71.

[22]) Ernst Rabben, Die Gaunersprache (chochum loschen), Hamm i. W. 1906, S. 75.

als Bewohner kalter Gegenden, Schnurbart(e)l für den Preußen — vielleicht mit Rücksicht auf dessen, dem geschmeidigen Österreicher leicht barsch oder „schnauzbärtig" erscheinendes Wesen — und Verpaschbuxer für den Kroaten, das wohl auf den Schleichhandel dieser Grenznachbarn Österreichs hindeutet (wohl zu rotw. paschen, verpaschen, zunächst = kaufen, verkaufen, dann besonders Schleichhandel treiben, schmuggeln, und Buxen = Hosen; vgl. ebenda: Verpaschbuckler = Schleichhändler, Schmuggler). Die nicht substantivierten geographischen Eigenschaftswörter bieten durchweg nichts Besonderes, da sie meistens schlechthin den schon besprochenen Namen der Länder, Nationen oder Stämme entsprechen. Nur das Pfullendorfer Jaunerwörterbuch von 1820 enthält einige sonst nicht überlieferte Vokabeln, so — abgesehen von käferisch für „österreichisch", das wohl auf die schwäbisch-österreichischen Vorlande Bezug genommen haben dürfte — husisch für badisch und jocklisch für württembergisch. Letzteres (als jaklisch [bzw. substantiviert: Jaklischer = Württemberger] auch in modernen Sammlungen als kundensprachlich angeführt) gehört natürlich zu Jockel(e) (worüber das Nähere schon oben bei Jakobiner); dagegen macht die Ausdeutung von husisch einige Schwierigkeiten. Allzukühn erscheint es, dabei an den einst zu Konstanz in Baden als Ketzer verbrannten böhmischen Reformator Johann Hus zu denken, dagegen könnte es vielleicht aus „hotzisch" entstanden sein, als dem Eigenschaftswort zu den Hotzen, wie einst die Beiwohner des „Hotzenwaldes", eines Teils des südlichen Schwarzwaldes, genannt wurden, was sich dann später zu einem Spottnamen für die Badener überhaupt verallgemeinert haben dürfte[23]).

Die rotwelschen Städte- oder Ortsbezeichnungen treten in den Quellen später auf als die der Flüsse, Länder usw. Während z. B. in den (mancherlei geographische Bemerkungen enthaltenden) „Schmusereyen oder Gesprächen", die dem sogenannten Wörterbuche des Ko(n)stanzer Hans von 1791 angehängt sind, der Rhein schon durch Flossert oder Majum und Württemberg durch Grillische-Käfermärtine wiedergegeben sind, erscheinen die hier erwähnten Städte- und Ortsnamen (wie Alpirsbach, Herrenberg, Stein am Rhein, Sulz am Neckar, Zürich) noch ganz unverändert auch in dem

---

[23]) Th. Imme, Soldatensprache, S. 60 führt Hotzenwälder als soldatischen Spitznamen für die Badener an. Über den Zusammenhang des Namens Hotzen mit dem alten rotwelschen Houtz oder Hutz u. ä. = „Bauer" (sowie dessen etymol. Erklärung) siehe jetzt A. Götze, Familiennamen im badischen Oberland, Heidelberg 1918 (Neujahrsblätter der bad. hist. Kommission, N. F. 18), S. 52. Vgl. auch unten Abschn. IV, 2 („Personennamen als Standes- und Berufsbezeichnungen").

rotwelschen Text. Im 19. Jahrhundert mehren sich dagegen die besonderen gaunersprachlichen Städtebezeichnungen rasch, so daß sie an Zahl bald sämtliche übrigen geographischen Wörter überflügeln. Die Hauptgruppe der eigentlichen Städtenamen bilden die im einzelnen sehr mannigfachen Zusammensetzungen mit dem Worte Mokum (Mockum, Mokkum, Mogum [Demin. Mogumle]), Mokom, Mokem (Mokhem, Mokkem, Mokchem), Mackum (Macken) usw., das sich als Môgum auch in der Pfälzer Händlersprache, als Maucken in der Sprache der Winterfelder Hausierer (im Sauerlande) bis in die Gegenwart erhalten hat. Es stammt (wie Medine usw.) aus dem Hebräischen (mâqôm = „Ort") und wird in der Regel schlechthin gleichbedeutend mit „Stadt", zuweilen aber auch überhaupt für „einen mit Mauern umgebenen Ort" gebraucht, von wo aus es sich dann vereinzelt wieder zu dem Begriffe „Strafanstalt", insbesondere „Zuchthaus", verengert hat; ja bei den Berliner Gaunern hat der gleiche Anlaut von Moabit mit seiner bekannten Strafanstalt zu einer nochmaligen Spezialisierung des Begriffs, nämlich: Mochum = „Strafanstalt Moabit" geführt, ähnlich wie die Heidelberger Studenten zu Anfang des vorigen Jahrhunderts die Stadt Mannheim — offenbar gleichfalls des Anlauts wegen — als Mokum bezeichneten (s. John Meier, Hallische Studentensprache, Halle a. S. 1894, S. 8, Anm. 21).

Auch bei den mit Mokum gebildeten Städtenamen der Gaunersprache hat sich (wie bei den Ländernamen mit Medine) hebräischer bezw. jüdischer Einfluß stark bemerkbar gemacht. Wie bereits Avé-Lallemant (IV, S. 303) näher ausgeführt hat, finden sich „schon in den ältesten hebräischen Dokumenten jüdischer Gemeinden in Deutschland . . . Städtenamen, vorzüglich solcher Städte, welche sich durch eine angesehene Gemeinde oder Rabbinerschule auszeichneten, nur mit dem Anfangsbuchstaben ausgedrückt", zu dem man dann wohl auch noch das Wort Mokum (oder dessen Abbreviatur) hinzuzufügen pflegte. Diese eigentümliche Methode haben dann die Gauner „lebhaft aufgegriffen und ausgebeutet", so daß von ihnen in der Regel „die deutschen Ortsnamen mit ihrem bloßen deutschen, jedoch hebräisch oder jüdisch-deutsch ausgesprochenen Anfangsbuchstaben bezeichnet und von der Zahlengeltung der Buchstaben durch die Verbindung mit Mokom . . . unterschieden" werden (a. a. O., S. 303, 304).

Dabei pflegt das Wort Mokum in der Regel der Buchstaben-Abbreviatur nicht nach-, sondern vorangesetzt zu werden. Demgemäß sind z. B. folgende, in den Glossaren zum Teil öfter anzutreffende Städtenamen zustandegekommen: Mokum[24]) Beiß, Berlin (vom jüdischen Bess oder Beiss, hebr. Bêth, dem zweiten Buchstaben des Alphabets)[25]), Mokum Dollet, Dresden (zu dem hebr. Dālĕth, jüd. Dollet oder Dôles), Mokum Hey oder He, Hannover (zu dem hebr. und jüd. Hê), demgegenüber das größere Hamburg meist als godel oder grannig (vom romanischen grand[e]) Mokum Hey bezeichnet wird[26]), Mokum Kes (Mokumkes), Küstrin[27]), Mokum Lam(m)et, Leipzig (zu hebr. Lāmĕd, jüd. Lammed), Mokum Pey oder Pe, Frankfurt a. M. (zu hebr. Pê, jüd. Pe[h], hier = F), Mokum Kuf(f), Kassel (zu hebr. Kôph [Qôph], jüd. Kuf), Mokum Reesch, Regensburg (zu hebr. Rêsch, jüd. Re[e]sch), Mokum Schin (Mokumschin), Spandau oder Stuttgart (zu hebr. und jüd. Schîn) u. a. m. Besonders hervorzuheben ist noch Mokum Zaddik für Celle in Hannover (zu hebr. Zādē, jüd. Zaddik), das zugleich ein Wortspiel zu enthalten scheint. Da nämlich Zaddik (hebr. zaddîq) auch der „Gerechte" bedeutet, so könnte wohl der Name Mokum Zaddik zugleich als die gerechte Stadt, „urbs justitiae", aufgefaßt worden sein, und zwar wegen des Sitzes eines berühmten (früheren Appellations-, jetzigen) Oberlandesgerichts[28]). Wie Jos. Maria Wagner (in Herrigs Archiv für das Studium der neueren Sprachen usw., 18. Jahrg., Bd. 33, [1863], S. 244) nach Angaben von Professor de Vries in Leiden mitgeteilt hat, ist die erwähnte Art der Städtebezeichnungen zu Anfang des 19. Jahrhunderts auch in einem — mit dem Rotwelsch nahe verwandten — jüdisch-holländischen Jargon gebräuchlich gewesen. In diesem bedeutete z. B. Mokem Ollef Amsterdam (zu hebr. Alĕph, jüd. Ollef oder Ollif), Mokem Dollet Delft (im Gegensatze zu Maajem Mokem Dollet, Dordrecht als „Wasserstadt" oder „Flußstadt" an der Merwede), Mokem Hey Haag, Mokem Ges (= Chess) Gouda, Mokem Lammert

[24]) Im folgenden ist auf die sehr verschiedene Schreibart von Mokum bei den einzelnen Fällen in der Regel nicht Rücksicht genommen, sondern der Einfachheit halber stets die gewöhnlichste Form gebraucht worden.

[25]) Bei den ungarischen Gaunern ist Mokembeh Budapest, während Wien Mokemwoof heißt (zu den hebr. Buchstaben Wāw, jüd. Woof).

[26]) Nach Avé-Lallemant, IV, S. 304 soll innerhalb des Königreichs Hannover Mokum He Hildesheim und godel Mokum He Hannover als Residenzstadt gewesen sein.

[27]) Diese Bildung erscheint insofern auffällig, als das hebr. Chêth, jüd. Chess (ח), ein harter Kehllaut, nicht recht zu der Aussprache von Küstrin paßt.

[28]) Nach Mitteilung von Prof. Dr. M. Brann, Breslau, soll bei den schlesischen Juden Mokum (oder Mokoum)-Beiß = Breslau, Mokum-Lammed = Lissa in Posen, Mokum-Reisch = Rawitsch, Mokum-Zaddik = Zülz (in Schlesien) bedeuten.

Leiden und Mokem Rys Rotterdam. Viel seltener finden sich — wie bereits bemerkt — die Namen der Anfangsbuchstaben an die Spitze der Verbindungen gestellt (so z. B. bei v. Train: Behsmokum, Berlin, Dohletmokum, Dresden, Hehmokum, Hannover, Kufmokum, Kassel, Lametmokum, Leipzig, Rehschmokum, Regensburg, Schinmokum, Stuttgart, Zaddigmokum, Celle) oder auch gar ganz allein (ohne den Zusatz Mokum) für bestimmte Städte gebraucht, wie Olof oder Jolof (Jolef) für Augsburg, Kuf für Kassel oder Köln[29]), Kof (zu hebr. Kaph, jüd. Koof oder Koff) für Karlsruhe, Mem(m) (zu hebr. Mêm, jüd. Mem[m]) für München.

Nur als eine etwas neuere Abart der bisher betrachteten Städtebezeichnungen erscheint es, wenn statt des bloßen Anfangsbuchstabens die ganze erste Silbe (eines zweisilbigen Namens) in ihrer (gewöhnlichen oder mundartlich verunstalteten) deutschen Form beibehalten, die zweite dagegen durch Mokum ersetzt wird, ohne Rücksicht darauf, ob sie auch im Deutschen „Stadt" lautet oder wenigstens bedeutet. Dahin gehören Frey-Mokum für Freiburg, Span-Mokum für Spandau und Stroh-Mokum für Straßburg, das wohl lediglich aus der schlechten (mundartlichen) Aussprache: Stroßburg zu erklären sein dürfte[30]). Auch Mokum-Bär, das Avé-Lallemant (IV, S. 308) in erster Linie für Berlin, dann aber auch für Bern und Bernburg anführt[31]), darf vielleicht noch zu dieser Gruppe gerechnet werden (Bär = Ber); bei Berlin und Bern könnte man allerdings auch an den Bären im Wappen dieser Städte denken, zumal auch sonst zuweilen bei den rotwelschen Städtenamen (ebenso wie bei den Ländern) darauf Bezug genommen ist, wofür Löwche(n)s Mokum für Darmstadt, das einen Löwen im Stadtwappen führt, und Glocke(n)-Mokum für Basel (wohl nach dem glockenförmigen Zeichen, eigentlich dem Knauf eines Bischofsstabes in Verbindung mit dem Schifferstachel als Wappen des Kantons Basel) genannt sein mögen.

---

[29]) Für Köln bei Becker 1804 (275). Die von diesem Schriftsteller auch angeführte Bezeichnung Dollert für Aachen scheint auf einem Irrtum zu beruhen, und auch an der Richtigkeit von Gudolef für Neuwied darf man wohl Zweifel hegen; wenigstens ergibt die Gleichsetzung mit dem jüdischdeutschen Judolef (nach Bischoff, Wörterb., S. 94: jüd-ollif), das die Zahl 11 bedeutet, keinen rechten Sinn.

[30]) Auch solche Ortsbezeichnungen finden sich wohl im Jüdisch-Deutschen, so z. B. Alt-Mokum für Alt-Strelitz in Mecklenburg; siehe Mitteil. der Ges. für jüd. Volksk. VII, S. 105, Anm. 2.

[31]) Das Vorkommen desselben Ausdrucks (bei v. Train: Bärmokum) auch für Frankfurt a. d. O. ist wahrscheinlich nur als eine Andeutschung von Pe-Mokum zu erklären.

Wie bei den mit Medine usw. gebildeten Ländernamen finden sich auch unter den Verbindungen mit Mokum für die Städte eine ganze Reihe von Übersetzungen, die übrigens meist nur in der Weise vorgenommen sind, daß die erste deutsche Silbe durch eine rotwelsche Vokabel oder auch (seltener) durch ein gleichbedeutendes anderes deutsches Wort wiedergegeben ist, die folgenden dagegen (ohne Rücksicht auf ihre Bedeutung) schlechthin Ersatz durch Mokum gefunden haben. So erklären sich Bachkatze-Mokum für Steinau an der Straße (Regierungsbezirk Kassel, Kreis Schlüchtern) aus rotwelsch Bachkatze, Stein, Chassir- (oder Chasser-) Mokum für Schweinfurt aus rotwelsch Chasser, Schwein (vom hebr. chăzîr), Kraut- oder Grod-Mokum für Würzburg nach dem älteren deutschen Sprachgebrauche, der „Wurz" (Würze) auch für „Pflanze, Kraut" (dialektisch: Grod) kannte (daneben vielleicht auch „wegen des starken Gemüsebaues in der Umgegend" [Avé-Lallemant, IV, S. 308]), endlich Zelem-Mokum, Kreuznach aus rotwelsch Zelem, Zeilem und ähnlichem für Kreuz, Kruzifix (vom hebr. zelem, eigentlich „Bild, Abbild"), das sich in der Form Zênem-môgum noch heute in der Sprache der Pfälzer Händler aus der Gegend von Türkheim erhalten hat (Kluge, Rotw., I, S. 439)[32]). Dieser stark mit Judendeutsch durchsetzte Jargon enthält ferner die halb als Wortspiel, halb als Übersetzung erscheinende Bezeichnung Barrach-môgum für Grünstadt (in der bayrischen Pfalz, Bezirksamt Frankenthal). Man machte nämlich wahrscheinlich zunächst aus Grünstadt das dialektische Grinstadt, daraus sodann eine „Grindstadt", gleichsam als wenn sie mit Grind (Aussatz) etwas zu tun hätte, und substituierte dafür endlich das in diesem Krämerlatein dafür gebräuchliche Fremdwort Barrache, das wie das rotwelsche Bar(r)ach (Baruch, Parrach = Grind, Aussatz, Krätze; vgl. Barresch = Grindkopf u. ä.) aus dem Hebräischen stammt[33]). Auch die Gaunersprache selbst hat solche Wortspiele mit einzelnen Ortsnamen vorgenommen, so z. B. aus Schaffhausen über „Schafhausen" ein Bock-Mokum, aus dem hannoverschen Städtchen Peine über die dialektische Aussprache „Beine" hinweg ein Mokum Knochen (oder Knochen-Mokum), auch bloß Knochen gemacht (unter Zugrundelegung des älteren

[32]) Bemerkt sei auch noch, daß für den Ort Deutsch-Kreutz in Ungarn Zelem im Jüdischen gebräuchlich ist; vgl. The Jewish Encyclopaedia, XI (1905), S. 236, Sp. 1 unter „Sheba kehillot".

[33]) Und zwar (nach Bischoff, Wörterb., S. 7) von pârăch = ausschlagen". Da die Grundbedeutung dieses Zeitworts eigentlich „blühen" (oder „grünen") gewesen ist, so könnte Barrach-môgum = Grünstadt allenfalls auch unmittelbar davon (also ohne den Umweg über „Grindstadt") hergeleitet werden.

Sprachgebrauchs, wonach „Bein" auch für Knochen vorkommt; vgl. „Elfenbein"). Fast möchte man danach weiter geneigt sein, auch in der Bezeichnung Knak, Mokum Knak (oder Knakmokum) für das (Peine ja unmittelbar benachbarte) Braunschweig nur die niederdeutsche Form für Knochen (Knaken) zu erblicken, die ja vielleicht infolge einer Verwechslung auf die größere Stadt übertragen sein könnte, wäre das Wort etwa nur bei süddeutschen Sammlern verzeichnet. Da es jedoch schon 1807 auch bei dem hannoverschen Amtsschreiber Mejer vorkommt, erscheint es wohl richtiger, irgend eine, später ihrem Sinne nach allmählich in Vergessenheit geratene Abbreviatur anzunehmen.

Ziemlich unbestimmt erscheint die Wiedergabe von Augsburg durch Mokum Matina (oder Medinemokum), was entweder als „Landeshauptstadt" ausgelegt werden kann oder als „Landstadt", indem man „Land" hier im Sinne von flachem Land nimmt wegen der Lage der Stadt inmitten der schwäbisch-bayrischen Hochebene, ähnlich wie umgekehrt He(e)rings-Mokum für das an den Ausläufern des Harzes gelegene Hildesheim als „Bergstadt" zu deuten ist. Denn natürlich hat diese Bezeichnung nichts mit unserem deutschen Worte Hering zu tun, sondern ist nur eine Art volksetymologischer Bildung, die höchstwahrscheinlich, wie schon Thiele (a. .a O., I, S. 255) meinte, auf das rotwelsche Harr = Berg, Gebirge (vom hebr. har, Plur. hârîm) zurückgeht; allerdings würde ja diese Umschreibung auf viele andere Städte ebensogut, ja besser passen. Nur den Gaunern in bestimmten Gegenden kann wohl auch die Charakterisierung eines einzelnen Ortes als „große Stadt" (nach Art des „godel Majum" für den Rhein) verständlich gewesen sein. So findet sich z. B. Großmokum für Breslau (bei Falkenberg, 1818) und — was auffälliger ist — Grannig Mokum für das kleine Gießen im Munde der Vogelsberger Räuberbanden zu Anfang des 19. Jahrhunderts (nach v. Grolman). Wenn demgegenüber — beiläufig bemerkt — im sogenannten „Waldheimer Lexikon" von 1726 die damals doch immerhin schon nicht mehr ganz unbedeutende Stadt Leipzig durch „kleines Dörffgen" umschrieben wird, so möchte man versucht sein, hierin eine sogenannte Enantiosemie (ironische Umkehrung ins Gegenteil) zu erblicken; es soll sich der Ausdruck aber daraus erklären, daß alles unsichere Gesindel in damaliger Zeit außerhalb Leipzigs in dem kleinen Vororte Naundörfchen unterzukommen pflegte (Mitteilung von Prof. Hans Stumme in Leipzig). Ironisch ist es dagegen zweifelsohne gemeint, wenn unsere „Stromer" in ihrer Sprache die Millionenstadt Berlin als „großes Dorf" bezeichnen. Nur mit der (schon erwähnten) engeren Bedeutung von Mokum für „Strafanstalt" hängen die einst bei den jüdischen Gaunern in der Mark üblich gewesenen Namen Groß-Mokum für (die Festung) Spandau und Klein-Mokum für (die Strafanstalt) Brandenburg zusammen. Eine genauere Bezeichnung ist schon Grannig Hesse-Mokum für Kassel, wovon das kleinere Hanau als Hesse-Mokumche unterschieden wurde (nach v. Grolman). Die Wiedergabe von Mainz durch Servisch-Mokum (d. h. „die französische Stadt") erinnert an die mehrfache Okkupation dieses wichtigen Festungsplatzes durch die Franzosen, deren Reich er von 1801 bis 1814 ja sogar völlig einverleibt gewesen ist. Eine für uns Deutsche erfreulichere historische Erinnerung steckt in Melachs- (oder Meilechs-) Mokum (d. h. wörtlich Königs- oder Kaiserstadt, zu hebr. melek, jüd. melech, meilach, König) für Frankfurt a. M. mit Rücksicht auf die in seinen Mauern zur Zeit des alten deutschen Reichs stattfindende Kaiserkrönung[34]). Der Ausdruck Kalle-Mokum für dieselbe Stadt nimmt zweifelsohne auf die Frankfurter Messe Bezug, hängt aber nicht sowohl mit dem hebr. kallâh, „Braut, Mädchen" zusammen (wie Avé-Lallemant, IV, S. 553 meinte, der an die Übertragung: Messe = „Geliebte", die den Gaunern „Genuß darbietet", dachte), als vielmehr mit dem Namen der in Babylonien zur Zeit des Talmuds zweimal jährlich abgehaltenen Lehrversammlungen (kallah), einer Art gelehrter Messen (vgl. The Jewish Encyclopaedia, VII, [1904], S. 473 unter „Kallah"). Endlich sei noch Wohnisch- (oder Wahnisch-) Mokum für Fulda erwähnt, womit jedenfalls hingewiesen ist auf den dortigen Bischofssitz (vor 1752 Benediktinerabtei); denn es bedeutet „die katholische Stadt", zu rotwelsch wohnisch oder wahnisch = katholisch, dessen Grundbedeutung allerdings nicht einwandfrei feststeht. Doch scheint es nicht sowohl deutschen Ursprungs zu sein (wahnisch etwa [von Nichtkatholiken] für „wahngläubig, irrgläubig" gebraucht) als vielmehr aus dem Jüdischen zu stammen, und zwar als eine, zugleich mit einem Wechsel des Anlauts vorgenommene Abkürzung von dem gleichbedeutenden doflemonisch oder toflemonisch u. ä., das seinerseits wohl hergeleitet werden dürfte vom jüd. tôfel = „alt" (rabbin. thâphêl = „altersschwach") und emone oder emune = „Glaube" (hebr. emûnâh), so daß rotw. Dofle Amune, Tofle-Nemone, Doflemone u. ä. den „alten Glauben" bedeutet hat, wie man nach der Reformation die katholische Religion — im

[34]) Der Gebrauch des Ausdrucks für „Residenz" schlechthin, namentlich aber für Berlin (in der modernen Gauner- und Kundensprache) behauptet Carl Kahle, Die fahrenden Leute und ihre Sprache (Gera 1889), S. 31.

Gegensatze zum Protestantismus, dem „neuen Glauben", rotw. C(h)ad(d)isch-Amune, C(h)ad(d)isch-Nemone u. ä., zu jüd. chôdosch, oder chôdesch, hebr. châdâsch = „neu") — nannte (vgl. auch Avé-Lallemant, IV, S. 329 und 367 vbd. mit Bischoff, Wörterb., S. 16, 22, 88).

Durch jüdische Mitglieder von Gaunerbanden scheint die vereinzelt vorkommende nähere Kennzeichnung einer Stadt durch den Zusatz „Kühle" ins Rotwelsch eingedrungen zu sein. Auch Kühle ist nämlich, trotz seinem anscheinend ganz deutschen Aussehen, ein Wort hebräischen Ursprungs, und zwar entstanden aus neuhebr. q^ehillâh, d. h. „Gemeinde, Versammlung". Nur in der Berliner Gaunersprache um die Mitte des vorigen Jahrhunderts (Zimmermann, 1847) scheint es sich — ähnlich wie aus Mokum auch „Zuchthaus" wurde — zu dem Begriffe „Kriminalarrest" (eigentl. Genossenschaft der dort gefangen Sitzenden) verengert zu haben[35]; bei geographischen Verbindungen bedeutet es dagegen in der Regel einen Ort mit einer eigenen (größeren) Judengemeinde und steht daher im Gegensatz einerseits zu Jischuf, Jüschuf u. ä. (vom neuhebr. jischschûb, jüd. jischüw [-schow] = „bewohnte Gegend, Ansiedlung", zu jâschab, „sich niederlassen") als Ort (Stadt, Dorf), wo nur einzelne Juden ohne eigentlichen Gemeindeverband leben, andrerseits auch zu Mokum als der Christengemeinde. So erklärt sich z. B. die Terminologie: s'Hikels-Kühle (bei v. Train noch richtiger -Kille geschrieben) für Fürth (bei Nürnberg) mit seinen vielen jüdischen Bewohnern und s'Hikels-Mokum für die größere, vorwiegend christliche Nachbarstadt (Nürnberg); nur die Bedeutung des ersten Bestandteils dieser Bezeichnungen bleibt etwas dunkel, doch könnte vielleicht das hebr. hêjkâl = „Tempel (Synagoge)" zur Erklärung herangezogen werden.

Eine nicht unbedeutende Rolle hat bei den als Zusammensetzungen erscheinenden Städtenamen das rein deutsche, humoristisch gefärbte Gaunerwort Steinhaufen (Steinhauf[f]e[n]) gespielt, das auch schon die alten Raubritter als verächtlichen Spottnamen gebraucht haben. Es bedeutet in älteren rotwelschen Quellen zuweilen auch „Haus" (so z. B. bei Daniel Schwenter, 1620), schon seit Mitte

---

[35]) Die Arrestanten sitzen „im Kühlen", zum Unterschiede von den im „Polizeiarrest" befindlichen, die in den „Kahn" (wohl zu spätheb. kan = „in loco") wandern. Vgl. dazu Näheres noch unten im Abschn. 5 („Gefängniswesen"). — Übrigens ist die im Text gegebene (auch von Bischoff, Wörterb., S. 46 vertretene) Ableitung von Kühle = Gefängnis nicht ganz unbestritten, da andere an das hebr. kele' gedacht haben, das zwar schon bei den Israeliten die Bedeutung „Gefängnis" hatte, aber zu der rotwelschen Form weniger gut paßt.

des 18. Jahrhunderts dagegen durchweg die „Stadt", wie wir ja auch wohl in unserer heutigen Umgangssprache noch ironisch eine Großstadt, etwa Berlin, als einen „großen Steinhaufen" bezeichnen[36]). Aus dem gewöhnlichen deutschen Sprachgebrauch ist es ferner bekannt, daß man in gewissen Gegenden (besonders in der Nähe einer größeren Stadt) schlechthin von „der Stadt" zu sprechen pflegt, statt ihren Namen zu nennen (also z. B.: ich gehe in die Stadt, d. h. nach Hamburg, Berlin usw.). Gerade bei „Steinhaufen" ist nun diese Sitte auch in der Gaunersprache nachweisbar. Wenigstens hat sie v. Grolman in seinem „Wörterbuch" für die alte Reichskammergerichts- und Goethe-Stadt Wetzlar überliefert, und noch heute heißt in einer Art von „lebendem Rotwelsch", das in der Umgegend von Regensburg gesprochen wird, diese Stadt schlechthin der „Steinhaufen" (neben Rapesbo; vgl. Kluge, Rotw. I, S. 490), während die Gauner zur Zeit Karmayers Österreichs Hauptstadt an der blauen Donau schon ein wenig deutlicher als „grandigen (die großen) Steinhaufen" umschrieben. In diesem Gaunerglossar sind dann auch noch viele andere, besonders österreichische und bayrische Städte in — genauer durch Zusätze charakterisierte — Verbindungen mit „Steinhaufen" gebracht worden, und zwar derart, daß man auf den ersten Blick fast meinen könnte, ein förmliches mineralogisches oder geologisches System vor sich zu haben. Dabei ist die Grundbedeutung dieser merkwürdigen Gebilde nur teilweise herauszubringen, während sie zum größeren Teile in Dunkel gehüllt bleibt. Einen leidlichen Sinn ergibt aber z. B. Pegleberlsteinhaufen, d. h. etwa „die Stadt der toten Geistlichen" (zu Pega oder Peger, Tod [Mord] bzw. pegern, sterben [töten], vom hebräischen peger, Leichnam, und Leberl, bei Karmayer = Geistlicher) für Prag, wenn man sich des dortigen berühmten Judenfriedhofs mit seinen zahlreichen Grabmälern hervorragender Rabbiner erinnert, ferner Pegerpalmsteinhaufen, d. h. „die Stadt der toten oder getöteten Soldaten" (zu pegern und Palm, Soldat, Verkürzung des hebräischen ba'al milchâmâh) für Neuhaus in Böhmen. Nimmt der Ausdruck, wie zu vermuten ist, auf eine Schlacht Bezug, dann würde es allerdings besser für Neuhäusel in Ungarn passen, eine frühere Festung, um die in den Türkenkriegen öfter Kämpfe getobt haben. Vielleicht liegt daher eine Übertragung von diesem Ort auf

---

[36] Vgl. rotwelsch: der grimmige (d. h. große, zu ahd. grim) Steinhaufen, große Stadt, Steinhäufle oder Steinhäuf(e)l, kleine Stadt, Marktflecken, Dorf, aber auch Stadt schlechthin (so in schwäb. Quellen), dazu vielleicht auch: Häufelspringer, Bürgermeister, Stadtrichter, Häufelspringerei, Magistrat, Stadtgericht (bei Karmayer).

die böhmische Stadt vor, falls es sich nicht bloß um eine Verwechslung handelt. Bei Rollsteinhaufen für Klagenfurt könnte man wohl an eine ganz freie, wortspielartige und ziemlich gekünstelte Übersetzung denken, da Roll im Freistädter Glossar für „Leiche“ vorkommt, bei deren Begräbnis man zu „klagen“ pflegt, woran wieder Klagenfurt anklingt. Schlingkantisteinhaufen für Wiener-Neustadt, eine der schönsten Städte Niederösterreichs, weist wahrscheinlich hin auf die Bauart der dortigen Häuser (Landhäuser, Villen usw.), denn es bedeutet ungefähr „die Stadt mit den Häusern mit Gattertüren“ (Kanti = Haus, Schlinge = Gattertür), während Verpaschersteinhaufen für Wels in Oberösterreich (zu verpaschen = verkaufen) sich vermutlich aus dem lebhaften Handel dieses Städtchens erklärt. Endlich ist auch Verleglöcksteinhaufen für Freistadt in Oberösterreich, den Sitz eines Bezirksgerichts, an dem einst der Verfasser des Vokabulars selber als Amtssyndikus und Untersuchungsrichter tätig gewesen ist, auszudeuten, nämlich als der Ort, wo die Gauner ins Verhör („Verleg“) genommen, darin überführt („verlegt“) und schließlich ins Gefängnis (Leck [= Löck]; vgl. zur Etymologie Abschn. 5: „Gefängniswesen“) gebracht wurden.

Eine weitere Spezialität des Karmayerschen Glossars sind die mit Thuma gebildeten Ortsnamen. Dieses Wort (mit den Nebenformen Duma oder Dumm), dessen Ursprung noch nicht völlig aufgeklärt ist[37]), bedeutet „Kirche“, woraus es sich leicht erklärt, daß es überwiegend zur Kennzeichnung berühmter österreichischer Wallfahrtsorte verwandt worden ist, so z. B. Alsingthuma für Maria Taferl (in Niederösterreich, Bezirkshauptmannschaft Amstetten), Stierachssträußlthuma für Maria Kulm (in Böhmen, Bezirkshauptmannschaft Falkenstein) und Verlanggoithuma für Maria Zell (in Steiermark, Bezirkshauptmannschaft Bruck a. Mur), das etwa zusammengesetzt sein könnte aus verlangen, „ansprechen“ (beten) und Goje oder auch Goi, das „Weib“ (jüd. goie = „Nichtjüdin, Christin, fem. zu gôj [pl. gôjîm] = „Heide, Nichtjude, Christ“, danach hier wohl Christin = Jungfrau Maria)[38]). Außerdem findet sich nur

---

[37]) In der „Polizei“, Jahrg. 1906, Nr. 6, Sp. 122 habe ich Thuma = Kirche — das übrigens auch schon v. Train, Chochemer Loschen, S. 33 in der (gleichsam angedeutschten) Form: die Dumme kennt — als eine Verquickung des oberdeutschen Thum (gleichfalls fem. gen.), der Dom, mit dem roman. doma (latein. domus) aufgefaßt. Mit Rücksicht auf die gleich weiter unten (nach Bischoff) gegebene Etymologie des rotw. Synon. Tifle u. ä. dürfte es aber vielleicht richtiger sein, auch Thuma als ein zuerst in jüdischen Kreisen aufgekommenes Wort anzusehen und zu hebr. Tum^{e}âh = „Unreinheit“ (vgl. jüd. tôme, hebr. Tâmê' = „unrein“) in Beziehung zu setzen.

[38]) Vermutlich liegt übrigens bei den beiden zuletzt erwähnten Namen eine

noch Alferethuma für die niederbayrische Stadt Landshut, wohl mit Rücksicht auf ihre Kirchen, insbesondere die herrliche Martinskirche[39]). Dagegen läßt sich eine verwandte Erscheinung vielleicht noch in einer dem Rotwelsch nahestehenden Krämersprache, dem sogenannten Bargunsch oder Humpisch der nordwestfälischen Händler („Tiötten") nachweisen. Hier finden wir nämlich den Ausdruck Fîdel für Stadt und als Zusammensetzungen damit z. B. die Namen Willemfîdel für Berlin (offenbar mit Bezug auf Kaiser Wilhelm I. und II.) und die (gleich Frey-Mokum, Span-Mokum usw. im wesentlichen die Anfangssilben der deutschen Städtenamen enthaltenden) Verbindungen Hamfîdel für Hamburg, Lübfîdel für Lübeck, Gripenfîdel für Greifswald, Stintfîdel für Stettin u. a. m. Dieses sonderbare Fîdel ist aber höchstwahrscheinlich[40]) zu erklären als Buchstabenumstellung des — auch der Gauner- und Kundensprache ganz geläufigen — Wortes Difel (Diffel, Diffele, Düfle, Tifle usw.), d. h. Kirche (vgl. jüd. tiffle = christliche Kirche), das nach Avé-Lallemant (IV, S. 615) aus dem jüdischen t'fille = „Gebet(buch)" (hebr. t^{e}fillâh = „Gebet") entstanden sein soll, nach Bischoff (Wörterb., S. 88) dagegen von dem rabbinischen tiphlâ = „Unreines" herzuleiten wäre. In Anbetracht der hervorragenden Rolle, die die Kirchen fast überall in der Geschichte des Städtewesens gespielt haben, können ja solche Umschreibungen nicht sonderlich befremden.

In dieselbe Kategorie von Städtenamen, der Hamfîdel, Frey-Mokum u. ä. angehören, fallen übrigens auch noch einige in v. Grolmans Wörterbuch erwähnte Bezeichnungen, namentlich kleinerer Orte. Zweimal findet sich hier die Zusammensetzung der deutschen Anfangssilben mit dem rotwelschen Fennche, d. h. „Stück, Stückchen", wodurch also wohl eine gewisse Geringschätzung zum Ausdrucke gebracht werden sollte, nämlich bei Lauterfennche für

---

Verwechslung zugrunde, da „Stierach-" an das „Stierische" für Steiermark erinnert, also besser zu Maria Zell als zu Maria Kulm in Böhmen paßt. — Der bekannte bayrische Wallfahrtsort Altötting heißt — beiläufig bemerkt — bei Karmayer: Faustpaternei (von paterneien oder paternollen, beten, aus dem lat. pater noster).

[39]) Alferethuma kann zugleich auch als eine Art Übersetzung gedeutet werden, da bei Karmayer Alfera (neutr. g.), für Landsmann (also mit Anklang an Landshut), Alferfisl (m. g.) für Bayern verzeichnet ist. Wahrscheinlich sind jedoch auch diese Vokabeln umzustellen, da die Zusammensetzungen mit Fisl sonst durchaus auf Personenbezeichnungen (Nationen, Berufe usw.) beschränkt sind.

[40]) Der verstorbene Prof. Reifferscheid (Greifswald) dachte allerdings hierbei lediglich an die übertragene Bedeutung des deutschen Wortes Fiedel (Geige) (siehe Greifswalder Tageblatt vom 5. September 1905).

Lauterbach (in Oberhessen) und Markfennche für Marburg (wobei noch die Einschiebung des k zu beachten ist). Ferner gehört hierher Runswill oder Ronspel für Ronstal, dessen zweiter Bestandteil wohl als „Weiler" (ahd. wilari, mhd. wîlaere, aus mlat. villare, Gehöft, zu lat. villa) ausgelegt werden darf, und auch an Rumline oder Rum(m)el()ine für Rummelsburg, eine Neubildung der Berliner Gauner, könnte noch erinnert werden.

Wohl ziemlich vereinzelt steht der Fall da, daß sich im Rotwelsch die ursprüngliche Bedeutung eines Ortsnamens noch reiner erhalten hat als in seiner gewöhnlichen Form. Als Beispiel kann das (von v. Grolman überlieferte) Schimmeldewoge für ein jetzt amtlich Schönmattenwag heißendes Dorf im Odenwalde genannt werden. Mit „schönen Matten" hat nämlich der Ausdruck jedenfalls nichts zu tun, ebensowenig allerdings mit „Schimmel"; vielmehr hat er eigentlich wohl „den Ort zu der schäumenden Woge" (d. h. Wasser, Fluß) bedeutet, woran das Gaunerwort doch noch einigermaßen erinnert[41]). Viel häufiger ist natürlich die schlechte dialektische Aussprache einzelner Ortsnamen in bestimmten Gegenden einfach auch von den Gaunern übernommen worden. So steht es z. B. mit den (ebenfalls bei v. Grolman verzeichneten) Namen Kalmich für Kalbach (aus Kaltenbach > Kaltembach > Kaltemech > Kalemech > Kalmich) und Ulmich für Ulmbach (aus Ulmenbach > Ulmech > Ulmich), ferner mit Hendesse für Handschu(c)hsheim (nördlich von Heidelberg)[42]) und Mulstah (d. h. Mulstein) für Ulrichstein (in Oberhessen, Kreis Schotten), einem Doppelnamen des Ortes, der wohl am richtigsten zu erklären ist aus der schon im Mittelalter (etwa um 1400) nachweisbaren Benennung „zume Ulrichsteine" (nicht: auf'm Ulrichstein), die später infolge einer auch sonst üblichen Methode der Zusammenziehung von Präposition und Artikel — über 'Mulrichstein (= „'m'Ulrichstein") hinweg — zu Mulstein geworden ist (wie z. B. auch Mottgers [bei Fulda] aus

---

[41]) „In alten Urkunden ... ist die Rede vom schümechten waage, vom ‚schäumenden Woog', was eine lateinische Urkunde von 1012 in stagnum spumosum übersetzt." Im Volksmunde heißt das Dorf noch heute Schimedewoog. Vgl. Wilh. Horn, Über Orts- und Flurnamen, in den „Blättern für hessische Volkskunde", Jahrg. 1899, Nr. 6, S. 21. Nach Mitteilung des Verfassers dieses Aufsatzes soll sogar die scherzhafte volksetymologische Umbildung „Schimmelchewoogs" (= wag's), vorkommen.

[42]) Im Dialekt dieses Ortes selbst: Hentese. Nach Phil. Lenz, Der Handschuhsheimer Dialekt, I. Teil (Wörterverzeichnis), Progr., Konstanz 1887, S. 16 läßt sich übrigens die mundartliche Form „nicht ohne weiteres aus Handschuhsheim erklären".

„zume Ottokares", Meckerts [bei Eschenrod in Oberhessen] aus „zume Eckehardes")[43]).

Aus einer mundartlichen Aussprache dürfte auch das komische Miau für Mainz zu erklären sein, das allerdings wohl erst auf einem Umwege zustandegekommen ist. Wie nämlich im Dialekt der Mainzer heute noch der Name ihrer Vaterstadt wie „Meenz" oder „Moinz" klingt, so wird er auch bei den Gaunern in dortiger Gegend, insbesondere bei den jüdischen, etwa wie „Minz" gelautet haben (vgl. Avé-Lallemant, IV, S. 303). Da nun „Minz" (neben „Mietz[e]") mundartlich auch für die Katze vorkommt, deren Laute allgemein durch „Miau" ausgedrückt zu werden pflegen, so war dadurch wieder die Übertragung dieses „tonmalenden" Ausdrucks auf den Städtenamen gegeben. Auch eine wörtliche Übersetzung aus dem Deutschen ins Rotwelsch treffen wir bei den nicht (mit Mokum usw.) zusammengesetzten Ortsnamen an, nämlich Dofle Düfle für den Flecken Altenkirchen (Regierungsbezirk Koblenz), das zu den schon besprochenen Vokabeln: dofel = „alt" und Düfle = „Kirche" gehört. Viel freier erscheint schon die Übersetzung von Reichenau durch Kiraskiß (bei Karmayer), das in seinem zweiten Teil unzweifelhaft auf Kies (Kis, Kiß), Geld, Reichtum (zu hebr. kîß, eigentlich [Geld-]Beutel; vgl. Näheres noch in Abschnitt 2), zurückgeht, während Kiras entweder mit jüd. kirjo, hebr. qir^{e}jâh = „Stadt" oder auch mit dem schon oben (S. 9) erwähnten Kier = Herr, Kaiser zusammenhängt, so daß das Wort etwa „des Kaisers Geldbeutel" bedeutet hat, dann freilich weniger für die böhmische Stadt als für die gleichnamige Insel im Bodensee mit ihrer reichen Benediktnerabtei passen würde (dafür: W. Bacher in der „Beilage zur Allg. Ztg.", 1905, Nr. 281, S. 439, Sp. 1). Eine interessante, jedenfalls auf den gleichen Anlaut zurückzuführende Übertragung einer Länderbezeichnung auf einen Ortsnamen ist — bei den Kunden — Spanien für das durch seine Hopfenzupfer- (oder „Zupfianer"-) Zusammenkünfte in jedem Herbste weitberühmte bayrische Städtchen Spalt (bei Nürnberg), dessen „Vorstadt" dementsprechend zu Portugal erhoben ist.

Ziemlich selten haben die Gauner bei den Ortsnamen von der sonst mehr beliebten Wortentstellung durch allerlei künstliche Mittel

---

[43]) So nach Pfarrer Dr. G. Schöner in Eschenrod, der 1891 in der „Darmstädter Zeitung" eine Monographie über den Doppelnamen Mulstein und Ulrichstein veröffentlicht hat. Dort auch über andere Ausdeutungen des Namens, wie z. B. die von Prof. Weigand vertretene: Mulstein = Mullstein = Mollesstein = Mollestein, d. h. der Fels, auf dem sich der Molch (mhd. mol oder molle) aufhält.

Gebrauch gemacht. Eine genaue Umstellung sämtlicher Buchstaben eines Wortes (von hinten nach vorn) fand ich nur einmal: Lieck für Kiel (im „Vaganten-Hospital“ von 1668). Durch Metathese ist aus Heldenbergen (einem Ort in der Wetterau, um 839 Helidaberga, im 13. Jahrhundert Heldebergin) Helbringen gemacht worden (bei v. Grolman; vgl. Daubringen bei Gießen aus Debirgin [Tagebergen, d. h. „zu den Bergen des Dagobert“]). Eine Veränderung des Anfangsbuchstabens und einiger Buchstaben in der Mitte des Wortes zeigt sich bei Pöllendorf für die Strafanstalt zu Göllersdorf (bei den heutigen Wiener Gaunern). Als Abbreviaturen in der Form der sogenannten Apokope erscheinen die im Jargon der Berliner Berufsverbrecher gebräuchlichen Ausdrücke Sonne für das Zuchthaus in Sonnenburg, Brand für die Strafanstalt in Brandenburg und Plötze für diejenige in Plötzensee (vgl. auch das süddeutsche Pläß für das Zuchthaus auf der Plassenburg bei Kulmbach u. dgl. m.), während bei ihren Kollegen in Wien das Gegenstück, die Aphärese, mit Dörfl für die Strafanstalt in Wiener-Neudorf vertreten ist; ihre Sprache hat aber auch die Verlängerung eines Wortes durch Anhängung eines mehrsilbigen anderen aufzuweisen, indem aus der Strafanstalt Stein a. Donau ein Steinhausen gemacht worden ist.

Auch sonst noch bieten gerade die neueren (etwa seit Mitte des vorigen Jahrhunderts öfter auftretenden) Bezeichnungen der Gaunersprache für bestimmte Strafanstalten (Zuchthäuser, Gefängnisse, Arbeitshäuser) oder Arrestlokale in mehrfacher Hinsicht Bemerkenswertes[44]). Zunächst sind besonders in der Ausdrucksweise des großstädtischen Verbrechertums, und vor allem wieder in Wien und Berlin, eine Menge zum Teil euphemistischer, zum Teil humoristisch-satirischer Umschreibungen anzutreffen, von denen einige jetzt zwar veraltet, andere aber noch gegenwärtig im Gebrauche sind. Dabei erscheinen die Berliner Gaunerbezeichnungen solcher Art im wesentlichen nur als eine Abart der Sarkasmen, die der bekannte Volkswitz der Spree-Athener auch auf diesem Gebiete geschaffen hat. (Mancherlei hierher Gehöriges bei Hans Meyer, Der richtige Berliner in Wörtern und Redensarten, 6. Aufl., Berlin 1904 [7. Aufl. 1911].) Bei den Gaunern führte um die Mitte des vorigen Jahrhunderts z. B. das „Polizeigefängnis Nr. 1“ (in das in der Regel „nur die aus dem Kriminalarrest nach dem Polizeiarrest translozierten Gefangenen . . .

---

[44]) Vgl. hierzu (sowie schon zu den vorhergehenden Fällen) auch den Abschnitt 5: „Gefängniswesen“, wo auf das hier Ausgeführte nochmals in anderem Zusammenhang zurückzukommen ist. Dort auch noch einige weitere, hier nicht angefügte Beispiele.

versetzt" wurden, „welche bereits kriminell bestraft" waren, den Spitznamen „Pollackenkrug", die Stadtvogtei aber hieß „Gasthof zum goldenen Strauß", worauf der Spottvers gemünzt war: „Schnell kommt man herein, aber schwer wieder heraus" (Zimmermann [1847] bei Kluge, Rotw. I, S. 372, 378, 384). Neuerdings wird dieses Gebäude im Gaunermunde als Riesenburg bezeichnet, während unter Ochsenkopf — ursprünglich das Berliner Arbeitshaus — jetzt speziell das in Rummelsburg verstanden wird (zur Erklärung des Ausdrucks siehe noch Abschnitt 5 [„Gefängniswesen"]). Aus Wien lassen sich diesen Beispielen u. a. das heute veraltete Antoniklosterl für das Zuchthaus (Avé-Lallemant, IV, S. 518) und das moderne St. Theobald für das Polizeigefangenhaus in der St. Theobaldsgasse (sechster Bezirk) zur Seite stellen[45]).

Zuweilen haben ferner einzelne satirische Bezeichnungen, die für Strafanstalten im allgemeinen gebräuchlich sind oder waren, dadurch noch eine speziellere geographische Bedeutung erlangt, daß man sie auch für einzelne Anstalten in bestimmten Orten verwendet hat. So hieß früher bei den Berliner Gaunern Keile (d. i. wohl so viel wie „Prügel") zunächst überhaupt „die Strafsektion für Militärpersonen", sodann aber „in specie: die Zitadelle in Spandau" (Zimmermann, 1847), während im Wiener Gaunerdeutsch Hungerturm zwar auch für „Strafanstalt" schlechthin, besonders aber für diejenige in Göllersdorf vorkommt. Das gleiche zeigt sich bei den euphemistischen Ausdrücken Schule, Gymnasium und Hochschule; sie werden also einmal — wie auch anderswo — im allgemeineren Sinne, sodann aber zur näheren Charakterisierung der drei Strafanstalten in Göllersdorf, Garsten und Stein an der Donau gebraucht (vgl. Pollak in Groß' Archiv XV, S. 215, 217, 230)[46]). Es läßt sich aber auch die umgekehrte Erscheinung beobachten, daß der Name einer bestimmten Strafanstalt sich zu einem allgemeineren Begriffe (nämlich Strafanstalt u. dgl. überhaupt) erweitert. Dies ist z. B. der Fall bei dem schon oben erwähnten, ursprünglich auf die Anstalt in Wiener-Neudorf beschränkt gewesene Abkürzung Dörfl (s. Pollak, a. a. O., S. 209). Auch Ochsenkopf (s. oben) scheint (in Preußen) eine Zeitlang für „Arbeitshaus" schlechthin üblich gewesen zu sein, und dieselbe Bedeutung hat wohl auch jetzt noch die Bezeichnung Graudenz (so z. B. schon

[45]) Über die Erklärung des Ausdrucks Echetel = Zuchthaus siehe Näheres im Abschn. 5.

[46]) Nach C. Kahle, Die fahrenden Leute, S. 34 soll Schule auch speziell für das „Arrestlokal auf dem Molkenmarkt zu Berlin" gebräuchlich gewesen sein.

bei Zimmermann, 1847). Wenn dabei nun vielleicht auch der Anklang an den synonymen, ebenfalls der älteren Berliner Verbrechersprache entstammenden Ausdruck „graues Elend" mit eingewirkt haben mag, so ist doch zweifelsohne hauptsächlich die Stadt Graudenz selbst hierfür Pate gewesen, da sich schon seit 1845 in ihr ein bald zu Ansehen gelangtes Arbeitshaus befindet (weitere Beispiele siehe noch im Abschnitt 5). Ebenso dürfte — beiläufig bemerkt — das (demselben Quellengebiet angehörende) Wort Rowitsch für Arbeit (und besonders die schwere Arbeit in den Strafanstalten), als dessen Stamm schon Avé-Lallemant (IV, S. 593) richtig das aus dem Slawischen eingedrungene Robot (tschech.-poln. robota), d. h. „Frondienst", erkannt hat, doch wohl auch zugleich noch auf die große Strafanstalt zu Rawitsch in Posen (deren Reglement 1835 auf alle preußischen Straf- und Korrektionsanstalten ausgedehnt wurde) bezogen worden sein.

Weniger klar erscheint auf den ersten Blick die bei Karmayer verzeichnete Redensart Maria Taferl fahren für „ins Strafhaus kommen", da der Ort Maria Taferl hauptsächlich durch eine berühmte Wallfahrtskirche bekannt ist; aber nur etwa eine halbe Bahnstunde davon entfernt liegt die große Zellenstrafanstalt Stein an der Donau, auf die jene Wendung anspielt, indem sie zugleich den benachbarten Wallfahrtsort zum Vergleiche heranzieht. Wie nämlich ein schon bestrafter Gauner etwa bei Maria Zell leicht an seine Gefängniszelle denken wird, so mag ihm auch bei Maria Taferl die Erinnerung an das sogenannte „Taferl" aufgestiegen sein, d. h. das mit einer Nummer versehene Täfelchen, das jeder Sträfling an seiner Bluse angenäht tragen muß; auch kommt wohl noch die Vorstellung hinzu: wer den steilen Berg zur Wallfahrtskirche Maria Taferl emporsteigt, büßt seine Sünden ab, wer in die benachbarte Strafanstalt Stein gebracht wird, sein Verbrechen. Einen lokalen Ursprung hat jedenfalls auch der Gebrauch des Wortes Berg für „Gefängnis" schlechthin gehabt. In der Mitte des vorigen Jahrhunderts nannten es nämlich die Berliner Gauner „über den Berg bringen", wenn sie nach Spandau transportiert wurden[47]); das verallgemeinerte sich allmählich dahin, daß schon gegen Ende desselben Jahrhunderts „über'n Berg gehen" ins Zuchthaus kommen bedeutete, von wo aus man dann wieder leicht zu dem erwähnten Sinn von Berg

[47]) Ein Seitenstück dazu enthält der Kopenhagener Verbrecherjargon, in dem man statt at komme i Horsens tugthus (nach Horsens [Stadt in Ostjütland] ins Zuchthaus kommen) at komme over vandet (über's Wasser gebracht werden) sagt. Kr. Nyrop, Das Leben der Wörter, übers. aus dem Dänischen von R. Vogt (Leipzig 1903), S. 24.

gelangen konnte (vgl. das sachlich ähnliche moderne wienerische: ins Gebirge gehen für „in die Strafanstalt kommen").

Das Gebiet der Geographie in der Gaunersprache ist mit der Aufzählung der rotwelschen Bezeichnungen für geographische Begriffe im eigentlichen Sinne (Länder, Städte, Örtlichkeiten usw.) noch keineswegs völlig erschöpft; vielmehr läßt sich den bisher betrachteten Ausdrucken noch eine ganze Reihe interessanter Wortbildungen zur Seite stellen, die irgend einer, bald näheren, bald entfernteren Beziehung zur Erdkunde ihre Entstehung zu verdanken haben. Zum Teil haben dabei unsere Gauner nur Erscheinungen weiter ausgebildet, die in gleicher oder ähnlicher Weise sowohl in fremden Geheimsprachen als auch in der gewöhnlichen Redeweise bei uns Deutschen wie bei anderen Kulturvölkern anzutreffen sind. Dies gilt u. a. namentlich von der Erweiterung der Namen von Völkern oder der Bezeichnungen der Einwohner eines Landes, einer Provinz, ja wohl gar einer einzelnen Stadt, zu Gattungsbegriffen. Sehr häufig werden nämlich solche Namen „autonomastisch als Appellativa gebraucht, indem sie zu einem Ausdruck der Eigenschaften werden, die man dem Träger des Namens beilegt" (Nyrop-Vogt, Das Leben der Wörter, S. 184). Dabei sind es im ganzen genommen „seltener die guten Eigenschaften der Menschen, die so in einer neuen Bedeutung zum Niederschlag kommen" (wie z. B. bei attischem Salz, lakonischer Kürze, spartanischer Abhärtung), als diejenigen, die „zu Tadel und Spott" Veranlassung geben (Nyrop-Vogt, a. a. O., S. 105); man denke nur an die Böotier, die Vandalen und Hunnen, die Sybariten, Sodomiten u. a. m.[48]). Auch die Gaunersprachen haben, namentlich auf Grund wirklicher oder vermeintlicher Nationalfehler, solche Begriffsverallgemeinerungen vorgenommen. Im italienischen Gergo heißt z. B. — wie Lombroso in seinem „L'uomo delinquente" usw. (deutsche Bearbeitung von Fraenkel, Hamburg 1887, S. 386/97) mitteilt — der Trinker franzoso oder francese, der Faulenzer spagnolo, der Falschspieler greco[49]). Mit dem zuletzt genannten Ausdruck, der aus dem Französischen übernommen ist[50]),

---

[48]) Weitere Beispiele außer bei Nyrop-Vogt a. a. O., S. 104—108 besonders auch bei G. Krüger, Eigennamen als Gattungsnamen (Progr., Berlin 1891), S. 5.

[49]) In der spanischen Gaunersprache („Germania") kommt murcio für „Dieb" vor, „weil die Provinz Murcia von Dieben wimmeln soll" (Lombroso-Fränkel, a. a. O., S. 387). — Über Zeitwörter dieser Art s. noch weiter unten.

[50]) S. C. Villatte, Parisismen (8. Aufl. Berlin 1912), S. 194 unter „grec, grecque"; vgl. ebd.: la Grèce = a) die Welt der Falschspieler, b) die Kunst des Mogelns; tomber dans la Grèce = Falschspieler werden.

hat es übrigens seine besondere Bewandtnis. Zwar haben die Griechen von jeher bei anderen Völkern in schlechtem Rufe gestanden, und schon die alten Römer hielten diese Nachbarn für falsch (vgl. fides graeca = Treulosigkeit), aber an dem Aufkommen der Bezeichnung Grec für einen gewerbsmäßigen Betrüger im Spiele dürfte das griechische Volk als solches unschuldig sein, denn sie soll zurückgehen auf eine einzelne Persönlichkeit namens Apoulos, einen vornehmen Kavalier von griechischer Herkunft, aber mit französischer Erziehung und Bildung am Hofe Ludwigs XIV., dessen begünstigter Genosse beim Kartenspiel er lange Zeit hindurch war, bis er dann eines Tages als ärgster Falschspieler entlarvt, vor Gericht gestellt und zu zwanzigjähriger Galeerenstrafe verurteilt wurde[51]). Wahrscheinlich durch Vermittlung des Wiener Dialekts (vgl. Kluge, Rotwelsch I, S. 346) ist der Grec oder Greck (zuweilen mit der engeren Bedeutung „fein er[er] Falschspieler") auch in das neuere Rotwelsch eingedrungen[52]).

Daß sich die Bezeichnung Pole — wie Avé-Lallemant (IV, S. 621) wenigstens behauptet — einst bei unseren Gaunern zu dem Begriffe „Kamerad, Genosse" erweitert hatte, mag vielleicht mit dem rotwelschen Fachausdruck Polengänger oder Polenhändler für eine besondere Art von Betrügern (mit wertlosen, aber für wertvoll ausgegebenen Schmuckgegenständen) zusammenhängen, der sich wiederum daraus erklären soll, daß diese Hochstapler sich „besonders seit den französischen Kriegen gern für flüchtige Polen" ausgaben. Wenn in der älteren Kundensprache Wallon für Gendarm vorkommt, so wollte man damit offenbar nur in einer etwas anderen Form auf die Herkunft des Gendarmeriekorps von unseren welschen Nachbarn hinweisen, als es schon der gewöhnliche Ausdruck tut. Auch an Haiduck (ursprünglich ein ungarischer Volksstamm) für „Gefangenaufseher" (in Wien) und Kuli (eigentlich besonders chinesischer Taglöhner) oder Tintenkuli für einen Schreibergehilfen (letzteres auch soldatisch) mag hier noch erinnert sein.

---

[51]) Siehe besonders Signor Domino (Cohnfeld), Das Spiel, die Spielerwelt und die Geheimnisse der Falschspieler usw. (Breslau 1886), S. 15, 16; vgl. auch Groß, Handbuch für Untersuchungsrichter, 6. Aufl. (München 1914), Bd. II, S. 1078, Anm. 4.

[52]) Von den Unterarten des Grec (siehe Signor Domino, a. a. O., S. 93ff.; Groß, a. a. O., S. 1079) hat einen geographischen Anstrich allenfalls noch der Nomade, der seine betrügerische Tätigkeit weder (wie der sog. Philosoph) in den allerfeinsten Kreisen noch (wie der Bauernfänger) unter dem gewöhnlichen Volke ausübt, sondern „sich in mittleren Berufsklassen herumtreibt"

Auch einzelne Städte und deren Bewohner haben sich allerlei, meist nicht gerade schmeichelhafte Verallgemeinerungen bei den Gaunern gefallen lassen müssen. So deutet das aus dem Jüdischen eingedrungene (von Avé-Lallemant und Groß erwähnte) Nossi von Babel (Babylon), d. h. eigentlich der Fürst, Vorstand (neuhebräisch nâsî, jüd. nôsi), das Oberhaupt der babylonischen Judenschaft, das die Eintreibung der Steuern zu besorgen hatte, — in dem Sinne von „Großtuer, Prahler"[53]) — wohl zugleich auch hin auf die üppige Pracht jener Stadt der Paläste („Turm zu Babel") und hängenden Gärten. Zweifelhafter erscheint die von Avé-Lallemant (IV, S. 160, 293) versuchte Auslegung des zuerst im Hildburghauser Wörterbuche von 1753ff. verzeichneten Wortes Drehwiner für „Leiermann" als Wiener Drehorgelspieler, indem diese besonders häufigen Erscheinungen des Straßenbildes schließlich nicht mehr als Unterart, sondern gewissermaßen als Typus betrachtet worden seien und so die Veranlassung zu der Wortbildung gegeben hätten. Demgegenüber muß darauf hingewiesen werden, daß sich einmal in der rotwelschen Vokabel ursprünglich kein e befunden hat — (-winer, nicht -wiener), und daß im Hildburghauser Wörterbuch noch zwei Ausdrücke mit ganz derselben Endung enthalten sind, nämlich „Wirwiner, ein Balsamträger" (wohl von Wirz, Würze) und „Heerwiner, ein Fürst", zu denen die obige Interpretation doch nicht recht passen will. Eher schon dürfte es vielleicht erlaubt sein, in der — zuerst gleichfalls im demselben Wörterbuch vorkommenden — Wendung „Wi(e)ner (genauer: Winere) machen müssen = das Land verschweren müssen", d. h. des Landes verwiesen werden, eine Bezugnahme auf den im 18. Jahrhundert üblich gewesenen sog. „Wiener Schub" zu erblicken, durch den zweimal im Jahre alle aus den Reichslanden nach Österreich eingedrungenen und dort aufgegriffenen Landstreicher und Gauner unter militärischer Bedeckung zunächst an die bayrische Grenze und von da aus weiter nach Schwaben geschafft zu werden pflegten. Jedoch steht dieser Ansicht — abgesehen von der Schreibweise des Wortes „Winere" (ohne e) — auch der Umstand entgegen, daß jener Wiener Schub erst gegen das Ende des 18. Jahrhunderts recht in Aufnahme gekommen sein soll (vgl. Avé-Lallemant, IV, S. 621)[54]). Unklar bleibt auch die Bezeichnung Ham-

---

(Groß, a. a. O.); denn der Ausdruck könnte vielleicht nach der wenig seßhaften Lebensweise dieser Glücksritter gebildet worden sein.

[53]) Nach Bischoff, Wörterb., S. 63 hat auch schon das einfache nôsi im Jüdisch-Deutschen diese Bedeutung.

[54]) Vgl. jedoch auch Thiele, Die jüd. Gauner I, S. 323, Anm. *). — Nach

burger für den Handwerksburschen, trotzdem sie der Neuzeit schon viel näher liegt[55]). Mit Sicherheit läßt sich dagegen der Ursprung des Ausdrucks Potsdamer in der (neueren) Gauner- und Kundensprache feststellen. In der Zeit nämlich, wo die Eisenbahn von Berlin nach Potsdam noch neu war, erschienen die Potsdamer dem Reichshauptstädter als die in Berliner Dingen Unerfahrenen. Man bildete daher Wortspiele wie Potsdorf für Potsdam und potsdämlich (mit Anklang an dämelig, d. h. dumm) und das Sprichwort: „Der Potsdamer bezahlt und hat nichts davon" (H. Meyer, Der richtige Berliner, 7. Aufl., S. 106). Danach fand das Wort auch leicht Eingang in den Jargon der Berliner Dirnen, die darunter einen Mann verstehen, der trotz reichlicher Zahlung zum Besten gehalten wird (siehe Zeitschr. f. d. ges. Strafrechtswiss., VI, 1886, S. 26), während es sich bei den Gaunern allmählich zu dem allgemeineren Begriffe des „Dummen, der geprellt werden soll", ausgestaltet hat. Eine merkwürdige Übertragung Berliner Lokalverhältnisse auf die einer anderen Großstadt, nämlich Hamburgs, enthält der bei den dortigen Gaunern gebräuchliche Ausdruck Friedrichstädter für die feinere Sorte von Zuhältern, auch „Offiziere" genannt (vgl. Roscher in Groß' Archiv, Bd. 3, S. 277). Er soll von dem Berliner Stadtteil „Friedrichstadt" herkommen, wo jene Personen tätig sind, weil sich dort auch die Wohnungen ihrer „Spinnen" (Frauenzimmer) befinden.

Zuweilen sind Volksnamen usw. nicht bloß auf einzelne Gattungen von Menschen, sondern auch wohl auf Tiere übertragen worden. Sofern es sich dabei um wirkliche Vergleiche handelt, sind freilich solche Fälle schon in unserer Umgangssprache ziemlich selten, und dies gilt im wesentlichen auch von den Gauner- und sonstigen Geheimsprachen. Jedoch läßt sich z. B. der gemeinsprachlichen Bezeichnung gewisser Insekten als Franzosen oder (kleine) Russen (bei unseren Feldgrauen sogar: russische Kriegsfreiwillige)[56])

Ansicht von Prof. Schwally (Königsberg) könnte es sich bei dieser Redensart vielleicht um eine allmähliche Andeutschung des hebräischen Zeitwortes pânâh (jüd. pônô), „sich wenden, weggehen," oder auch des Subst. pinnâh, „Ecke, Winkel" (vgl. „um die Ecke bringen") handeln.

[55]) Vgl. z. B. Pfullendorfer Jauner-Wörterbuch von 1820 (340) und Karmayer 1835 (80). Da „Hamburger" in der Kundensprache die Wachstuchrolle des wandernden Handwerksburschen bezeichnet, so könnte man an eine Übertragung dieses Begriffs auf die Person (als pars pro toto) denken, wäre nicht eben die Sachbezeichnung unzweifelhaft erst jüngeren Ursprungs.

[56]) Der Ausdruck Schwabe für Insekten ist dagegen eigentlich nur eine volkstümliche Umbildung von Schabe; vgl. auch schon oben S. 8.

eine eigenartige Terminologie bezüglich des Ungeziefers (insbesondere der Läuse) in der neueren Kundensprache zur Seite stellen. Hier teilt man nämlich diese Tiere („deutsche Reichskäfer" oder „Bismarckkäfer") ein in Pommern und Brandenburger, je nachdem sie — nach dem Kundenglauben — ein schwarzes Kreuz (den „Sattel") auf dem Rücken (daher auch soldat.: = Kreuzritter) oder einen schwarzen Fleck (den „Maulkorb") an den Freßwerkzeugen haben (W. Schütze in Groß' Archiv, Bd. 12, S. 64, 65, 84). Ein Seitenstück dazu enthält die Umschreibung der Läuse im englischen Gaunerjargon (Cant) als Scotch greys, d. h. eigentlich schottische Kavallerie in grauer Uniform (H. Baumann, Londinismen, 2. Aufl., Berlin 1902, S. 197). Aber auch unserem Kundenausdruck Österreicher für die Gans dürfte ein solcher militärischer Vergleich zugrunde liegen, denn vermutlich stammt er her von dem weißen Gefieder des Vogels, das man mit der (bis 1866) weißen Uniform der österreichischen Soldaten (vgl. oben S. 10) in Zusammenhang gebracht hat. Ein (auch allgemeiner bekanntes) geographisches Wortspiel — ebenfalls in der Kundensprache — ist endlich noch Schwarzburger für den (dunkelfarbigen) Floh.

Häufiger sind in fast allen Sprachen Benennungen nicht nur von Tieren, sondern namentlich auch von Sachen (Erzeugnissen) anzutreffen, die sich auf den Ort (das Land, die Stadt) der Herkunft beziehen. „Man muß (dabei) ausgehen von Ausdrücken wie Sheffield wares, fromage de Brie, Bielefelder Leinen, aber allmählich bleibt das als bekannt vorausgesetzte Appellativum weg, und nur der Ortsname oder das von ihm gewonnene Adjektivum erhält sich" (G. Krüger, a. a. O., S. 13). So sprechen wir z. B. von „Neufundländern und Bolognesern" (Hunden), von „Wallachen und Trakehnern" (Hengsten), von einem „Römer" (Weinglas), einem „Landauer" (Wagen), ja neuerdings sogar von einem „echten Perser" (Teppich), wir tragen einen „Panama" (Hut) und trinken „Champagner" (Wein) und „Selters" (Wasser), „Lichtenhainer", „Pilsener" oder „Erlanger" (Bier). Diesen Beispielen aus unserer täglichen Umgangssprache, die sich schier ins Endlose vermehren ließen, hat auch das Rotwelsch einiges zur Seite zu stellen. Für Tiere kommen solche geographischen Bezeichnungen hier allerdings kaum vor, man müßte denn das bei Schlemmer 1840 (370) verzeichnete Sparnier für Jagdhund als „Spanier" auffassen dürfen, was einigermaßen zu unserem „Spaniel" (aus dem engl. spaniel, französ. épagneul [aus espagnol] = langhaariger Jagdhund) passen würde. Beliebt aber ist jener Sprachgebrauch auch bei den Gaunern von jeher für allerlei Gegenstände (Produkte, Münzen usw.) gewesen[57]). Schon in der ältesten Hauptquelle unseres Rotwelsch, dem sog. Liber Vagatorum (um 1510 [54]) begegnen wir z. B. der merkwürdigen Personifikation **Hans von Geller** für grobes Brot[58]), in der es sich bei „Geller" um das Land dieses Erzeugnisses, Geldern, handelt, dessen Reichtum an Getreide, insbesondere Roggen, die Veranlassung zu der Umschreibung gegeben haben mag. Ähnlich erscheint die Wiedergabe des Mais (türkischer Weizen) durch „**Türk**" (z. B. bei **Karmayer**)[59]). Ferner verdanken dem Lande oder Orte der Herkunft (bzw. Geltung) ihre Entstehung ohne Zweifel auch der **Böhm** oder **Behma** (auch zigeun. **bêma** und noch jetzt allgemein berlinerisch: Behm), d. h. der Groschen (als Abkürzung von „böhmischer Groschen"), der **Breslauer**, d. h. der „Silberzwanziger" (was übrigens nach **Avé-Lallemant**, IV, S. 527 auch noch zwei andere Bedeutungen gehabt hat) und der **Reichsdeutsche**, d. i. das Einpfennigstück (besonders auch in der Kundensprache)[60]).

Schon oben (S. 35, Anm. 55) erwähnt wurde der Kundenausdruck **Hamburger** für das Reisebündel der Handwerksburschen. Die Synonyme **Charlottenburger** (besonders auch für die Umhängetasche) und **Potsdamer** (wenn nur klein) gehören dagegen insofern nicht hierher, als sie bloß Weiterbildungen von dem ebenfalls gleichbedeutenden **Berliner** sind, dieses sich aber bei genauerer Betrachtung nur als volksetymologische Andeutschung eines Fremdworts entpuppt (worüber das Nähere noch gleich weiter unten)[61]).

---

[57]) Über fremde Gaunersprachen vgl. u. a. **Lombroso**, L'uomo delinquente (ital. [4.] Ausg., Turin 1889) I, S. 470, Anm. 1 (besonders über Frankreich), S. 475 (bei den spanischen Gaunern: **milanes** = Pistole, mit Anspielung auf die alten Mailänder Waffenfabriken).

[58]) Gedruckt steht eigentlich: „rauch rot"; schon ein Vergleich mit dem niederdeutschen Liber. Vagat. (ebenfalls um 1510 [176]), der dafür „grof brot" hat, läßt aber die richtige Bedeutung sofort erkennen. Über Personifikationen von leblosen Dingen durch menschliche Eigennamen (besonders gerade auch durch **Hans**) im Rotwelsch überhaupt siehe Näheres im Abschn. IV, 3 („Über Vornamen als Sachbezeichnungen").

[59]) Wenn dagegen die spanischen Gauner **Turco** für den Wein gebrauchten, so ist das eine ironische Umkehrung ins Gegenteil nach Art des „lucus a non lucendo", da ja den Türken das Weintrinken verboten ist.

[60]) Weitere Beispiele dieser Art noch im Abschn. 2 („Das Geld und die Münzen"). Dort auch über die (nicht unbestrittene) Erklärung von **Etsch**, **Netsch** (**Nedsch**), **Netscher** u. ä. = Kreuzer als geographische Bezeichnung.

[61]) Ob in dem (zuerst im Berliner Gaunerdeutsch um die Mitte des vorigen Jahrhunderts auftretenden) Ausdruck **Tiroler** für den großen Stuhl, auf dem die Berliner Prostituierten — und dann auch die weiblichen Gefangenen — in der Stadtvogtei ärztlich untersucht wurden („Spekuliersessel"), wirklich eine geographische Beziehung steckt, oder ob es sich dabei auch nur um Andeutschung irgendeines Fremdwortes handelt, vermochte ich nicht festzustellen.

vorwiegend der Kundensprache, dann aber auch wohl dem neuesten Gaunerdeutsch gehören (nach W. Schütze) ferner an die Bezeichnungen Bielefelder für weiße Wäsche, namentlich Vorhemd[62]) und Kragen (die sogar selbst dann so heißen, wenn sie nicht von Leinen sind, sondern etwa aus einer „Papierwäsche"-Fabrik stammen sollten) und Pariser für Filzschuhe, das übrigens auch sonst, besonders in der Zusammensetzung „Filzpariser", im Deutschen gebräuchlich ist. Gleichfalls nicht nur bei den Kunden, sondern auch in der Sprachweise weiterer Kreise begegnet man wohl der humoristischen Redensart: mit einem Fuß auf deutschem Reichsboden gehen für „Stiefel mit durchgelaufenen Sohlen haben" (als Parallele zu: auf englisch Leder gehen für „barfuß laufen"), und vollends sind die Umschreibungen: hinter schwedischen Gardinen (d. h. im Zellengefängnis) sitzen (C. Kahle)[63]) und polnischen Urlaub nehmen für „weglaufen, besonders vom Wehrdienst (nach Polen), desertieren" (W. Schütze), auch längst Gemeingut unseres ganzen Volkes[64]). Dagegen dürfte die jetzt in Südwestdeutschland auch bei unseren Soldaten gebräuchliche Wendung: den böhmischen Zirkel brauchen für „etwas stibitzen" oder „mausen" (siehe Imme, a. a. O., S. 124) wohl zuerst in Gauner- und Kundenkreisen aufgekommen sein[65]).

Noch interessanter als diese Redensarten sind für den Sprachforscher völlige Neubildungen von Zeitwörtern, die auf die Weise

---

[62]) Auch dem nordwestfälischen Bargunsch ist Bilefelder für Hemd bekannt. (Kluge, Rotwelsch I, S. 445.)

[63]) Nach Grimm, D. Wörterb. IX, Sp. 2388 soll hierin noch eine Erinnerung an die Grausamkeiten der Schweden im Dreißigjährigen Kriege (vgl. den „Schwedentrunk") stecken.

[64]) Neben „polnischen Urlaub nehmen" spricht man bekanntlich häufig auch von „französischen Urlaub nehmen" oder „sich französisch (oder englisch) empfehlen" und versteht darunter „die unhöfliche Art, eine Gesellschaft ohne Abschied zu verlassen". G. Krüger, a. a. O., S. 8. Vgl. auch im Engl.: french leave, im Franz.: congé à l'anglaise. Die moderne Soldatensprache kennt (bei der Marine) die Redensart: englisch an Land gehen für „ohne Urlaub ausgehen". Hochstetter, Der feldgraue Büchmann, S. 67.

[65]) Vgl. bei Ostwald (26) und anderen: Böhmischer Zirkel = Diebstahl. Nach gefälliger Mitteilung von Dr. A. Landau (Wien) handelt es sich bei dem Ausdruck um eine Gebärde, durch welche in Wien (und wohl auch anderwärts) die Tschechen als diebisch verhöhnt werden. Diese Gebärde ahmt das Kreisschlagen mit einem Zirkel nach. Der rechte, senkrecht nach unten gerichtete Daumen stellt den im Mittelpunkt eingesetzten Zirkelschenkel vor, die übrigen vier Finger beschreiben, dem anderen Schenkel entsprechend, einen Kreisbogen und schließen sich mit den Spitzen an die Handfläche, wie um etwas einzustreichen.

vorgenommen sind, daß man unmittelbar an den Stamm eines geographischen Wortes (z. B. eines Länder- oder Städtenamens) eine verbale Endung anhängt — eine Erscheinung, die ebenfalls nicht auf das Rotwelsch beschränkt geblieben ist, sondern sowohl in unserer Gemeinsprache als auch in der volkstümlichen Redeweise und dem Verbrecherjargon anderer Nationen mehrfach wiederkehrt. So nennen wir u. a. schweizern das Zubereiten des Käses nach Schweizer Art, holländern heißt Milchwirtschaft betreiben (oder auch mit Schlittschuhen Bogen laufen), und lombardieren Geld auf Unterpfand leihen; die Franzosen haben von dem Gascogner (Gascon) ein Verbum gasconner im Sinne von „geschickt stehlen" hergeleitet (Lombroso-Fränkel, a. a. O., S. 387, Anm. 1), in ihrem Argot von Chypre (Cypern) chyprer für „mausen, stibitzen" gebildet (mit Bezug auf die Besitzergreifung der Insel durch die Engländer im Jahre 1878), von dem (schon oben besprochenen) Substantiv Grec (bzw. Grèce) auch ein Zeitwort grécer für „im Spiel betrügen, mogeln", geformt (Villatte, Parisismen, S. 86, 194), und von den italienischen Gaunern wurde auf die Bewohner von Bologna der Ausdruck bolognare für lügen und stehlen gemünzt. Kein Wunder daher, daß auch unser Rotwelsch ein Beispiel dafür enthält. Schon im Hildburghauser Wörterbuch von 1753 findet sich nämlich — als eine Art Seitenstück zu dem „Wiener machen müssen" — die Umschreibung auspepreuscht werden für „ausgeliefert werden", wozu später noch die aktive Form auspreuschen, ausliefern, und das Hauptwort der Auspreusch, die Auslieferung, hinzutreten — Bildungen, die ohne Zweifel sämtlich auf Preußen als Stammwort zurückzuführen sind. Dagegen ist die (zuerst bei v. Grolman [Wörterb. 44, 108] angeführte) Verbindung Märtine verkasselt für „landesverwiesen" nicht (mit Avé-Lallemant, IV, 572) zu (der Stadt oder dem früheren Kurfürstentum) Kassel in Zusammenhang zu bringen, sondern mit dem jüdischdeutschen Zeitwort gassern = verordnen, bestimmen (zu hebr. gâzar = „entscheiden, beschließen" (siehe A. Landau in den Mitteilungen zur jüd. Volkskunde, Jahrg. X [1908], S. 35, 36). Auch der Ableitungsversuch des Zeitwortes fehmern in der (namentlich bei den „Kunden" weit verbreiteten) Bedeutung „(sich etwas) selbst kochen" von der Ostsee-Insel Fehmarn, weil die Leute, die im Sommer dorthin in die Ernte gehen, in eigenem Geschirr kochen (W. Schütze in Groß' Archiv, XII, S. 67), hat nicht gerade allzu viel Wahrscheinlichkeit für sich, vielmehr dürfte es näher liegen, zu der Vokabel, die im älteren Rotwelsch durchweg für „schreiben" vorkommt, das Hauptwort Fe(h)me (Föhme u. ä.) = Hand heranzuziehen, das seinerseits wieder nach der herrschenden Ansicht auf das schwedische fem = „fünf“ (mit Beziehung auf die 5 Finger der Hand) zurückgehen soll (siehe auch Bischoff, Wörterb., S. 24 unter „febern“, der jedoch diese Nebenform in erster Linie zu dem latein. vibrare stellen will). Ein einwandfreies Beispiel solcher Neubildungen ist aber das Eigenschaftswort bitzisch für protestantisch, gebräuchlich in dem Ort Hausen im hohenzollernschen Killertal nach der als „Pleißlen“ bezeichneten Händlersprache, denn sein Ursprung stammt einfach her von dem nächsten bei Hausen gelegenen protestantischen Dorfe namens Bitz (R. Kapff in der Zeitschr. für deutsche Wortforschung, X, S. 212).

Konnte bei den soeben betrachteten Wörtern und Redensarten ein wirklicher Zusammenhang mit der Geographie nachgewiesen oder doch vermutet werden, so steht es wesentlich anders mit einer Reihe von Vokabeln, die ich als pseudo-geographische bezeichnen möchte, weil sie entweder nur durch eine ganz gekünstelte Auslegung eine bestimmte geographische Beziehung erhalten oder aber mit der Erdkunde überhaupt gar nichts zu tun haben, sondern lediglich Verunstaltungen einzelner Formen, besonders auch Andeutschungen gewisser Fremdwörter, sind, die nur auf den ersten Blick wie geographische Namen erscheinen können[66]).

Als ein Musterbeispiel für eine gesuchte Interpretation erscheint die in früheren Zeiten von manchen verteidigte Herleitung des Wortes „Rotwelsch“ von dem schwäbischen Städtchen Rottweil („Rottweilisch)“, weil die Juristen am dortigen kaiserlichen Hofgericht einst ein so entsetzlich schlechtes, mit Fremdwörtern gespicktes Deutsch geschrieben hätten, daß es kein Mensch mehr recht habe verstehen können. Im übrigen hat ja allerdings der Ausdruck „Rot-

[66]) Vgl. zu dem Folgenden auch den Abschn. 6 („Volksetymologisches“). Für die gleichsam umgekehrte Erscheinung, die Verdrehung wirklicher (aber dem gemeinen Mann zu fremdartig klingender) geographischer Bezeichnungen zu Wörtern mit einem andern Sinn, enthält besonders die ältere und neuere Soldatensprache mancherlei sonderbare Beispiele. Siehe schon Horn, Deutsche Soldatensprache, S. 139 (hier z. B. Marschretour aus Mars la Tour) und Karl Bergmann, Wie der Feldgraue spricht (Gießen 1916), S. 31, 32 (z. B. Bärenschiß aus Parenchis, Schwitzloch aus Swisloscz); vgl. auch Imme, a. a. O., S. 146/47 und Hochstetter, a. a. O., S. 49. — Noch leichter begreiflich ist es, daß die schwer auszusprechenden fremden Ortsnamen vielfach zu bekannteren umgewandelt wurden, wie z. B. Quesnoy zu Genua, St. Etienne zu Stettin u. dgl. m. Vgl. (außer Bergmann, Imme und Hochstetter, a. a. O.) dazu auch John Meier, Deutsche Soldatensprache, in „Mein Heimatland“ (Bad. Bl. für Volkskunde), 3. Jahrg. (1916), S. 7.

welsch" in seiner letzten Hälfte insofern doch noch eine gewisse Beziehung zur Geographie, als „Welsch" (aus walhisch), ursprünglich soviel wie keltisch (mhd. walch, Kelte, vgl. das engl. Wales), später romanisch, besonders aber italienisch und französisch bedeutete und sich erst von da aus allmählich zu dem Begriffe „fremd, unverständlich klingend" erweiterte, während das „Rot" nichts mit unserer Farbenbezeichnung zu tun hat, sondern — wie jetzt feststeht — schon in der Gaunersprache des 16. Jahrhunderts den „Bettler" bezeichnet hat (Rotwelsch also eigentlich = unverständliche Bettlersprache). Jede Beziehung zur Geographie fehlt dagegen bei zwei anderen Ausdrücken der Gauner für ihren Jargon, nämlich bei der „jenaischen" (oder [öfter] auch: „jenischen [jänischen, jähnischen]) Sprache, einer gleichfalls älteren, besonders in Süd- und Mitteldeutschland üblich gewesenen Bezeichnung, bei der man an die Stadt Jena denken könnte, und bei dem „Pesterspruchel", das bei den heutigen Wiener Gaunern gebräuchlich ist und daher leicht den Gedanken einer Beziehung zu Pest (Budapest) wachrufen dürfte. Allein beides sind nur Verunstaltungen hebräischer Formen. Denn „jen(a)isch" usw. geht auf das alte rotwelsche Joner, Juonner (wovon dann Jauner, Gauner), d. h. eigentlich „Betrüger im Spiel", und dieses wieder auf das neuhebr. jânâh, „übervorteilen, betrügen" (Partizip. Präs. jônêh) zurück, während „Pesterspruchel" mit peste oder beste für zwei (aus dem hebr. bêth, jüd. bês, beiß, dem zweiten Buchstaben des Alphabets) zusammenhängt und daher so viel wie die „zweite Sprache" bedeutet. Mehr oder weniger leicht erkennbare Pseudogeographie liegt ferner auch vor bei den nur zufällig wie Städtenamen klingenden Ausdrücken Linz für die Spur (zu rotwelsch linzen, sehen, horchen [deutsch. Ursprungs]), Basel für „die Springer" oder Fußkette (aus hebr. barzel, Eisen), München für Gold (so z. B. in Krünitz' Enzyklopädie 1820 [351]), das gleichfalls auf jüdische Verhältnisse zurückzuführen ist (siehe das Nähere in Groß' Archiv, Bd. 33, S. 256, Anm. 2), bei der nichts mit dem römischen Fluß gemeinhabenden Form Tiber (seltener Form statt Dibber u. ä.) für Rede, Sprache (vom rabbin. dibbûr, vgl. hebr. dibbêr = „redend", wovon jüd. und rotw. dibbern = reden, schwatzen), bei dem vermeintlichen Ländernamen Hol(l)and (aus Hohland, zu hohl) u. ä. für einen Kamin sowie den scheinbaren Personifikationen Seeländer für einen „Schreibsekretär" (aus Zylinder [s. Avé-Lallemant, IV, 607]) und Berliner für das Reisebündel der „Kunden" (aus pellina, zu latein. pellis = Fell [s. Kleemann in Groß' Archiv, Bd. 30, S. 272, Anm. 1] — also gleichsam ein Gegenstück zu unserem „Felleisen" aus dem französ. valise), wonach man dann, wie schon oben

(S. 37) bemerkt, auch noch die im wesentlichen gleichbedeutenden Namen Charlottenburger und Potsdamer gebildet hat.

Während es sich nun in allen diesen Fällen in der Hauptsache doch um einen nur zufälligen geographischen Gleichklang handelt, kommt es endlich auch vor, daß eigentlich einem ganz anderen Gebiet angehörenden Wörtern absichtlich eine anscheinend geographische Bedeutung gegeben wird. Auch hierfür standen den Gaunern schon frühzeitig reichhaltige Vorbilder in unserer Muttersprache (auch in der Literatur, z. B. bei Fischart, Abraham a Sancta Clara, Luther) zur Verfügung, die solche verblümten, meist humoristisch klingenden und nicht selten auch euphemistischen Wendungen besonders dazu gebraucht, um irgend ein ominöses Wort zu vermeiden. Man substituiert dafür ein anderes, das an sich „damit in keinerlei Verbindung steht (also eben namentlich einen wirklichen oder erdichteten Länder- oder Städtenamen), auf Grund einer gewissen lautlichen Gleichheit aber den Gedanken doch leicht mehr oder weniger diskret nach einer gewünschten Richtung lenkt" (Nyrop-Vogt, a. a. O., S. 209). So sagen wir z. B. von einem „bornierten" Menschen, sein Vaterland sei Borneo, eine angebrannte Suppe ist in Brandenburg gewesen, wer davonläuft, appelliert nach Laufenburg, wer sich erbricht, nach Speier, der Schwerhörige ist in Taubach zu Hause, der Dieb in Tragsheim oder Nimmsmit, der Müde muß nach Bethlehem oder Bettingen, der Sparsame gehört zu dem Stamme derer von Anhalt, der Geizige zu den Habsburgern[67]); unsere Kaufleute nennen den (mit „Lappen" handelnden) Manufakturisten scherzhaft einen Lappländer, und unsere Soldaten den Kammerunteroffizier einen Kameruner, den sog. „Armierungssoldaten" einen Armenier, das Genesungsheim ein Chinesenheim (vgl. Horn, a. a. O., S. 84 und Hochstetter, a. a. O., S. 48) usw. Gleiche Wortscherze kehren auch bei anderen Kulturvölkern wieder, sowohl in deren populärer Ausdrucksweise im allgemeinen[68]) als namentlich auch im Gaunerjargon. Um aus diesem einige Parallelen zu unserem Rotwelsch vorweg zu nehmen, seien (nach Lombroso-Fränkel, S. 387) er-

---

[67]) Über weitere Fälle dieser Art in unserer Gemeinsprache siehe u. a. Wilh. Wackernagel, Kleinere Schriften, Bd. III (Leipzig 1874), S. 122ff., 125ff. und jetzt besonders Emil Terner, Die Wortbildung im deutschen Sprichwort (Gießener Diss.), Gelsenkirchen 1908, S. 26ff. (dort S. Vff. auch noch weitere einschl. Literatur).

[68]) Beispiele dafür (besonders aus dem Dänischen, Französischen und Italienischen) bei Nyrop-Vogt, a. a. O., S. 210, 211. — Über die Entstehung eines besonders merkwürdigen geographischen Calembourg der Franzosen (Schaffouse [d. h. Schaffhausen] = „der Hintere") siehe Villatte, Parisismen, S. 347 und Vorwort (zur 1. Aufl.), S. VI.

wähnt: das italienische andare a Legnago für Prügel (legnata, zu legno, Holz) bekommen und die französischen Sarkasmen aller à Niort für nier, leugnen, aller à Rouen für se ruiner, aller à Montretout für montrer tout bei der ärztlichen Untersuchung der Prostituierten. Ganz ähnlich haben dann auch unsere deutschen Gauner ihren Witz leuchten lassen. Leicht erklären sich die — übrigens hauptsächlich in der älteren Wiener Gaunersprache gebräuchlich gewesenen — Umschreibungen Lichtenstein sein für Geld haben, bei Kasse sein, und Schwarzenberg sein für den gegenteiligen Zustand; denn wie Schwarz bei uns das Symbol der Trauer, so ist das Weiße, Helle, Lichte die Farbe der Freude, weshalb denn auch geradezu der mit Geldmitteln wohl Versehene und deshalb meist Vergnügte als „schneeweiß", der Mittellose, Arme und daher in der Regel Traurige dagegen als „schwarz" bezeichnet wird (vgl. Näheres noch im Abschn. 2: „Das Geld und die Münzen)". Nach dem neueren Wiener Gaunerjargon residiert der Obdachlose, der genötigt ist, nachts im Freien (in Berlin: „bei Mutter Grün") zu schlafen, in Francavilla (Francavilla, wörtlich „Freistadt", Name mehrerer italienischer Städtchen). Auch von Wortspielen, die sich auf Namen von Nationen oder der Bewohner gewisser Provinzen, Städten usw. beziehen[69]), hat unser Gaunerdeutsch mehrere Beispiele aufzuweisen. Der schon vorhin erwähnte Habsburger z. B. hat hier eine etwas engere Bedeutung angenommen, indem man darunter speziell den (ja stets gewinnsüchtigen) Falschspieler versteht; dagegen kommt der Nassauer umgekehrt eher in einem etwas weiteren Sinne vor. In unserer gewöhnlichen Umgangssprache versteht man darunter bekanntlich einen Menschen, der irgend einen Vorteil genießt, ohne dafür zu bezahlen („nassauert"), insbesondere aber den Zechpreller in den Wirtshäusern, und man leitete das Wort bis vor kurzem in ziemlicher Übereinstimmung auf die nassauischen Studenten in Göttingen zurück, die im „Schinden" der Kollegien sich dort früher ganz besonders hervorgetan haben sollen (vgl. O. Behaghel in der Zeitschr. für deutsche Wortforschung, I, S. 3)[70]). Neuerdings

[69]) Als ein Mittelglied zwischen diesen und den oben behandelten pseudogeographischen Ausdrücken erscheint die — offenbar absichtliche — Veränderung des rotw. Wortes Gallach, Geistlicher, Pfarrer (eigentlich der „Geschorene", Tonsurierte, rabb. gallâch, vom aram.-neuhebräischen gelach = scheren), zu einem Wallach, das schon 1823 bei Wenmohs als Witz erwähnt wird, aber auch noch den heutigen Wiener Gaunern bekannt ist.

[70]) R. Sprenger in derselben Zeitschrift II, S. 346 denkt an die frühere, 1654 errichtete Universität Herborn in Nassau, die „zuletzt so wenige Studenten" zählte, „daß alle von Kollegiengeldern befreit waren und reichliche Stipendien hatten".

hat jedoch O. Weise (in derselben Zeitschr., I, S. 273) nachgewiesen, daß es sich hierbei wohl kaum um einen wirklichen, sondern nur um einen scheinbaren geographischen Ausdruck handelt, unter Hinweis auf den Gebrauch des Wortes „naß" in der älteren deutschen Literatur (Fischart, Hans Sachs, Sebastian Frank), wo z. B. „nasser Knabe" für verschmitzter Gesell vorkommt. Am besten würde aber vielleicht zu der heutigen Bedeutung des Ausdrucks „Nassauer" (bzw. „nassauern") der Sinn passen, den er in der Gaunersprache hat. Hier versteht man nämlich unter „naß" soviel wie „ohne Geld" und daher unter „nasser Hanne" (zu Hans), „nasser Kober" oder „Nassauer" zunächst (besonders in der Dirnensprache) den Liebhaber, der (den Dirnen) nichts (oder nur wenig) zahlt, dann aber weiter bei den Gaunern auch überhaupt einen „Mann ohne Geld" [71]).

Da frank im modernen Wiener Verbrecherjargon für „ehrlich, unbescholten" gebraucht wird, hat man dazu auch sogleich ein geographisch klingendes Hauptwort, den Frankfurter, für einen ehrlichen Menschen geschaffen. Ebendort ist aus dem sog. Schottenfeller, d. h. dem Ladendieb, der vor den Augen des Verkäufers stiehlt [72]), ein Schottenfelder geworden, gleichsam als stamme er aus dem Wiener Vorort Schottenfeld. Als Erlauer (wie wenn es sich um einen Bewohner der durch seinen Wein bekannten ungarischen Stadt Erlau handle) bezeichnen die Kunden in ihrer Sprache den Drechsler (weil er aus den Masern des Erlenholzes Dosen und Pfeifenköpfe anfertigt [Syn. Erlkönig]) und als Pappenheimer den Buchbinder, der ja viel zu kleben („pappen") hat, jedoch soll anderswo dieser Ausdruck auch für Schaftstiefel gebräuchlich sein (W. Schütze). Damit wären wir wieder bei den Personifikationen lebloser Dinge angelangt, für die sich auch auf diesem Gebiete noch einige andere Fälle anführen lassen, so insbesondere abermals

---

[71]) Hierzu sei noch erwähnt, daß auch in der Sprache der sogenannten „fahrenden Leute" der Gegenwart (Zirkus-, Menagerie-, Karussellbesitzer usw.) die Wendung: einer Vorstellung „für naß", d. h. umsonst, zuschauen bekannt ist. Vgl. Rob. Thomas, Unter Kunden, Komödianten und wilden Tieren, Leipzig 1905, S. 44.

[72]) Die Etymologie des Ausdrucks ist bestritten. Avé-Lallemant (II, S. 192 [N. Aufl., S. 155, 156] vbd. mit IV, S. 603/4) hatte an das jüd. (bzw. rotw.) Schote, Schaute u. ä. (vom hebr. schôTêh) = „Narr, Dummkopf)", und dem latein. fallere = betrügen gedacht, so daß der Sinn „Narrenbetrüger" wäre; siehe dagegen aber Steinschneider in der „Hebr. Bibliographie", Bd. VIII (Berlin 1865), S. 113. — Bischoff, Wörterb., S. 80 will den ersten Bestandteil des Ausdrucks zu dem deutsch Schotte = „umschlossener Raum, Verschlag" stellen, während er den zweiten vom altd. fillan = „Fell abziehen, berauben" herleitet.

Nassauer in der (gleichfalls bei den Kunden vorherrschenden) Bedeutung „Regenschauer" (von naß im gewöhnlichen Sinn) und Straßburger für auf der Straße liegende Zigarrenstummel, die gesammelt, zerschnitten und dann als Tabak aus der Pfeife geraucht zu werden pflegen.

2. Das Geld und die Münzen[1]).

Die Gaunersprachen sind nach der richtigsten Auffassung zwar in erster Linie wohl als Geheimsprachen, jedoch zugleich auch als Standes- und Berufssprachen anzusehen. Alle Berufssprachen aber erscheinen erklärlicherweise mehr oder weniger einseitig. Denn in ihnen werden ja „nicht für jede beliebige Vorstellung Wörter geschaffen", sondern ihre „Lexika" enthalten „vorwiegend" solche Vokabeln, die sich — unmittelbar oder mittelbar — auf den betreffenden Beruf beziehen, weil der Mensch für das, „womit er sich am meisten beschäftigt, . . . auch die meisten Wörter zur Verfügung" hat (E. Kleemann in Groß' Archiv für Krim.-Anthrop., Bd. 30, S. 264 vbd. mit S. 258).

Gerade auch unser Rotwelsch bildet für diese Behauptung ein treffendes Beispiel. Es ist bekanntlich ziemlich arm an Ausdrücken für abstrakte Begriffe, an Bezeichnungen aus dem Gebiete der Wissenschaften und Künste, besitzt dagegen einen sehr reichen Wortschatz für alle jenen konkreten und realen Dinge, die im Gaunerleben eine Rolle spielen. Dazu gehört vor allem natürlich auch das Geld, das sich besonderer Hochschätzung erfreut als das Mittel, wodurch man sich die Freuden dieses irdischen Daseins am sichersten und ausgiebigsten verschaffen kann. Schon aus den älteren Zeiten lassen sich dafür nach den in Kluges „Rotwelschem Quellenbuch" abgedruckten Stücken einige direkt beweisende Stellen erbringen; es ist aber auch mittelbar daraus zu entnehmen, daß schon eines der ältesten rotwelschen Vokabularien, dasjenige des Züricher Ratsherren Gerold Edlibach (um 1490) nicht nur ein rotwelsches Wort für „Geld" enthält, sondern in systematischer Folge auch die gaunerischen

---

[1]) Gekürzte Fassung des ersten Beitrags der in H. Groß' „Archiv für Kriminal-Anthropologie und Kriminalistik" veröffentlichten „Beiträge zur Systematik und Psychologie des Rotwelsch und der ihm verwandten deutschen Geheimsprachen" (Beitr. 1 dort: Bd. 33 [1909], S. 232—322). — Für die das Münzwesen im allgemeinen berührenden Bemerkungen dieses Abschnitts vgl. Ferd. Friedensburg, Die Münze in der Kulturgeschichte, Berlin 1909, bes. Abschn. 7, S. 206ff.

Namen für die damals gebräuchlichsten einzelnen Münzen aufzählt, die auch in dem (alphabetisch geordneten) Liber Vagatorum (1510) und anderen späteren Wörtersammlungen wiederholt worden sind. Daß sich dann jene Vokabeln im Laufe der Zeiten mit der zunehmenden Kompliziertheit des Münzwesens stattlich vermehrt haben, erscheint leicht begreiflich; und wenn auch auf diesem Gebiete die gewöhnliche Umgangssprache mancher Völker vielleicht noch schöpferischer gewesen ist als unsere Gauner, so lohnt es sich doch immerhin, die wichtigsten Ausdrücke für das Geld und die einzelnen Münzsorten im Rotwelsch und den ihm verwandten Geheimsprachen einmal zusammenzustellen und etwas näher zu betrachten. Findet sich hier doch auch noch die Besonderheit, daß die Bezeichnungen, mit denen in den älteren Glossaren die rotwelschen Vokabeln im „Deutschen" wiedergegeben sind, selber häufig kaum minder interessant erscheinen. Denn sie geben uns ja Kunde von einer Menge der verschiedensten Münzsysteme, von jener unendlichen partikularen Zerrissenheit unseres Vaterlandes, die gerade auf diesem Gebiete leider so lange geherrscht hat. Wie altertümlich muten doch den modernen Staatsbürger z. B. schon die „Carolinen", „Dublonen", „Ortstaler", „Mariengroschen", „Mat(t)hier", „Weißpfennige" usw. an, und wer von uns Kindern des zwanzigsten Jahrhunderts weiß vollends etwa noch, was einst ein Blappart (Blaphart, Blaffert Plap[p]hart[er] oder Plappert) bedeutet hat? Während aber dieses Wort, das z. B. der Liber Vagatorum als damaligen deutschen Ausdruck für eine kleine Münze (Dickpfennig, Groschen) gebraucht hat (siehe zur Etymol. Groß' Archiv, Bd. 33, S. 236, Anm. 1), inzwischen fast gänzlich aus unserem Srachschatze verschwunden ist, lebt die ihm entsprechende rotwelsche Bezeichnung Blech, die später zu dem Begriffe „Geld" erweitert wurde, in dem davon wieder abgeleiteten — besonders auch bei den Studenten beliebt gewesenen — Zeitworte blechen (d. i. Blech [= Geld] geben) für „zahlen, bezahlen" noch heute in unserer Umgangssprache weiter. Das aber führt uns hinüber zu der allgemeineren Tatsache, daß überhaupt gerade die gauner- und kundensprachlichen Ausdrücke für das Geld und die Münzen in ganz besonders großem Umfang aufgenommen worden sind von unserer volkstümlichen Redeweise, in die sie teils unmittelbar (z. B. durch den Tausch- oder Handelsverkehr mit den Gaunern), teils indirekt durch Vermittelung anderer Standessprachen (insbesondere die der Soldaten und Studenten) eingedrungen sein mögen, und zwar jedenfalls wohl ziemlich mühelos; hat doch überhaupt das Volk seine Anschauungen von dem so viel begehrten, täglich durch jedermanns Finger gleitenden Verkehrsmittel in ganz ähnlichen Bezeichnungen und Redensarten niedergelegt, wie es die Gauner, Bettler und fahrenden Gesellen getan.

Wie nun aber diese im Grunde ihrer Seele eigentlich über das Geld denken, das spiegelt sich in ihrer Sprache keineswegs überall so deutlich wieder, wie man zunächst wohl annehmen möchte; lieben sie es doch auch sonst, ihre wahre Meinung über Personen, Dinge und Ereignisse dieser Welt zu verschleiern. So finden wir denn in der Tat eine Reihe von Wörtern, die eine erkünstelte Gleichgültigkeit gegen das Geld, ja geradezu eine Verachtung des „schnöden Mammons" bekunden sollen; daneben aber stehen gleichzeitig Wörter und Wendungen, die unschwer erkennen lassen, daß das leichtlebige, gewissenlose Völkchen der gewerbsmäßigen Eigentumsverbrecher und der „fechtenden" Kunden tatsächlich von dem Gelde nicht nur gleich dem römischen Kaiser Vespasian denkt: „non olet", sondern es sogar mit dem weisen Pater Abraham a Sancta Clara für „das Wichtigste in der Welt"[2]) hält oder — um noch ein „geflügeltes Wort" zu gebrauchen — in ihm den „nervus rerum" erblickt. Ist doch diese Phrase für das Geld in den (absichtlich oder aus Mangel an philologischen Kenntnissen) etwas sonderbar verunstalteten Formen Nervus Peking oder Nervus Plenny in den neuesten Sammlungen der deutschen Gaunersprache anzutreffen[3]).

Sehr drastisch, dabei zum Teil aber poetisch gefärbt erscheinen weiter verschiedene Wendungen älterer und neuerer Zeit, die den Besitz des Geldes als etwas höchst Erfreuliches, den Zustand der Geldlosigkeit dagegen als etwas recht Beklagenswertes hinstellen. Dieser wird z. B. Kohlmarkt (d. i. wohl = Kohlenmarkt) genannt, so daß der an ihm Leidende Kohlen hat, wobei offenbar deren schwarze Farbe, das Symbol der Trauer, hauptsächlich das tertium comparationis gebildet hat[4]), wie sich denn wohl auch

---

[2]) Siehe dazu Hans Strigl in der Zeitschr. für deutsche Wortforschung, Bd. VIII (1906/7), S. 234 und Anm. 8.

[3]) Vielleicht könnte man bei dem ersten dieser Ausdrücke (der doch mit Chinas Hauptstadt kaum etwas zu tun haben kann) an eine Bezugnahme auf das latein. pecunia denken, das ja z. B. in dem pek'n für „zahlen" im allgemeinen Wiener Volksdialekt „noch deutlich herauszuhören" ist (so: Schranka, Wien. Dial.-Lex., Wien 1905, S. 126. Vgl. auch unser Fremdwort „pekuniär".) Der zweite Ausdruck, Nervus Plenny, erinnert an das englische plenty = „Fülle, Überfluß" (im engl. Slang: plenty o' brads = „Geld wie Heu").

[4]) Wenn die neuere Kundensprache gerade umgekehrt Kohlen wohl auch für Geld gebraucht (z. B. Kohlen schaffen = Geld herbeischaffen), so liegt hierbei natürlich ein anderer Gesichtspunkt, nämlich wahrscheinlich der Gedanke an die Heizkraft der Kohlen, zugrunde, die mit der Kaufkraft des Geldes in Vergleich gestellt worden ist.

Schwarzenberg oder schwarz sein im gleichen Sinne gebraucht findet. Andere Synonyme sind: jungmäßig sein, d. h. gleich einem kleinen Lehrbuben nichts in der Tasche haben, leer, naß oder (im) Dalles (auch bedallest) sein (aus dem Jüdischen, vom nhbr. dallûth = „Armut, Geldverlegenheit“, zu hebr. dal = „arm“), zu denen noch aus neuerer Zeit hinzuzufügen sind die beiden ironischen Wendungen: Mangel an Überfluß leiden und kalte Füß' haben, ferner klamm sein (vgl. in der Klemme sitzen) und endlich das am stärksten übertreibende tot sein. Dagegen heißt das reichliche Besitzen von Geldmitteln — im Hinblick auf das helle, lichte Weiß als Farbe der Freude (und in zweiter Linie wohl auch als die des Silbers und der Silbermünzen) — im Gaunermunde Lichtenstein sein, und der in dieser angenehmen Lage Befindliche erscheint als weiß, geweißigt oder schneeweiß (vgl. oben S. 43). Auch sagt man wohl, er sei in Form. Ja selbst der Kunde, der sich die geringen Gaben aus milder Hand zusammen „schnorrt“ und froh sein darf, wenn ihn dabei nicht der „Putz“ erwischt, gebraucht dafür hochtrabende Euphemismen; er holt sich nämlich — wie ein vermöglicher Rentier — Zinsen oder zieht Miete, und wenn das Geschäft gut geht, sogar schwere Miete — gleich einem wohlbestellten Hausbesitzer.

Andere gauner- und kundensprachliche Ausdrücke, die auf die schätzbaren Eigenschaften des Geldes hindeuten, zeigen uns einen gleichen Gedankengang, wie gewisse volkstümliche Bezeichnungen, die auf dem „goldenen Boden“ des Handwerks entstanden sind Wie Oskar Weise in seiner preisgekrönten Schrift über „unsere Muttersprache“ (7. Aufl., 1909, S. 77, 78) ausführt, greift das Volk für seine bildlichen Ausdrücke „gern zu den nächstliegenden Beispielen“, so daß der Handwerker „das Geld oft nach dem Hauptbindemittel benennt, das er (bei seiner Arbeit) verwendet“, also z. B. der Schneider von Zwirn, der Bürstenbinder von Draht, der Tischler von Leim spricht. Von diesen Benennungen finden sich die beiden ersten auch in der Gauner- und Kundensprache. Der Draht (= Geld)[5]) ist aber ferner auch in den Krämerjargons verschiedener deutscher Gegenden anzutreffen und hat sich überhaupt in dem allgemeinen Sprachgebrauch unseres Volkes ganz eingebürgert, derart, daß hier ein bekanntes Sprichwort in der Form der Parodie „Kommt Zeit, kommt Draht“ hat auftreten und neuerdings der

[5]) Die Ansicht Bischoffs (Wörterb. S. 20), in dem gaunersprachl. Draht = Geld in erster Linie nur „ein Mißverständnis von Rat“ (= Taler, vgl. Näheres unten S. 58) zu erblicken, erscheint mir zu gesucht.

witzige Berliner von „drahtloser Telegraphie" in doppeltem Sinne hat sprechen können. Da das Wort Draht (ahd. u. mhd. drât, zu drehen, mhd. draejen, draen, ahd. drâen), bei dem wir heute fast ausschließlich an Metalldraht denken, ursprünglich einen aus Flachs und dergleichen gedrehten Faden bezeichnet hat, so entsprechen ihm dem Sinne nach ziemlich genau die beiden in der neueren Wiener Gaunersprache für Geld gebräuchlichen Ausdrücke Flachs (was in Deutschland, besonders bei den Kunden, spezieller das Markstück bedeutet) und Spagat (aus dem italienischen spaghetto, zu spago), d. h. „Bindfaden". Ebenfalls in Österreich ist auch zuerst das (einigermaßen an den Leim des Tischlers erinnernde) Wort Gips (oder Gyps, Lehnwort aus dem latein. gypsum, griech. γύψος) als gaunerische (und kundensprachliche) Bezeichnung für das Geld aufgekommen. Nur mag es freilich in dieser Bedeutung — auf die wohl auch die weiße Farbe jener Bindemasse von Einfluß gewesen (vgl. oben) — zunächst hauptsächlich daraus entstanden sein, daß man es nach Art der Volksetymologie zu dem Zeitworte „geben" (Imperativ: „gib") in Beziehung setzte und dabei namentlich an die Freigebigkeit wohlhabender Leute dachte[6]), bis dann später dieser Zusammenhang allmählich wieder aus dem Gedächtnisse entschwunden. Erst jüngeren Ursprungs ist das bei den Kunden, namentlich in Sachsen, gebräuchliche Kitt.

Der offenherzigen Anerkennung von dem Werte des Geldes, die uns in den bisher betrachteten Ausdrücken mehr oder weniger deutlich entgegentrat, steht nun eine nicht geringe Menge von Wörtern gegenüber, die von einem völlig anderen Standpunkt aus gebildet sind. Wenn Lombroso zur Charakterisierung des „Gergo" unter anderem bemerkt, daß die Gauner „alles ins Niedrige" herabzuziehen lieben[7]), so geht diese Behauptung in ihrer Allgemeinheit ja wohl entschieden zu weit, wie z. B. schon die vielen Euphemismen in den Gaunersprachen beweisen. Daß jedoch der Ausspruch in gewisser Begrenzung richtig ist, das zeigen z. B. die im folgenden aufzuzählenden verächtlichen Bezeichnungen der Gauner für das Geld, dasselbe Geld, das ihnen in der Tat doch für so wichtig gilt,

---

[6]) Siehe dazu Hans Strigl in der Zeitschrift für deutsche Wortforschung, Bd. 7 (1905/6), S. 164 mit Belegstellen aus den Schriften des P. Abraham a Sancta Clara. Vgl. auch sprichwörtl. Redewendungen in unserer Gemeinsprache mit geographischen Namen wie Gebenhausen, Gebersdorf, Gebweiler, Gibenach, Gibichenstein u. ä. bei E. Terner, Die Wortbildung im deutschen Sprichwort, S. 27.

[7]) Lombroso-Fränkel, Der Verbrecher usw. (Hamburg 1887), S. 391 (ital. Ausg. I, S. 476).

daß sie sich nicht scheuen, es sich auf gesetzwidrige, nicht selten mit Lebensgefahr verbundene Weise anzueignen. Am auffälligsten tritt dieser merkwürdige Widerspruch ohne Zweifel im englischen Gaunerjargon („Cant") hervor, in dem das Geld geradezu muck, d. h. „Dreck", genannt wird, wozu als eine Art Seitenstück aus unserem Rotwelsch die Benennung Sefelgräber, d. h. wörtlich „Kotgräber" (zu dem jüd. sewel, hebr. zebel = „Mist, Kot", vgl. schon Liber Vagat. [53]: Sefel = „Dreck"), für die (betrügerischen) Schatzgräber angeführt werden kann[8]). Die sonst hierher gehörigen Ausdrücke sind zwar nicht ganz so grob, lassen aber doch die affektierte Geringschätzung gegenüber den innerlich so heiß begehrten Metallstückchen noch deutlich genug hervortreten, indem sie meistens zugleich andeuten, daß es sich dabei um etwas Flüchtiges, leicht Vergängliches handelt, was allerdings der Tatsache entspricht, daß die Gauner den Erlös aus ihren „Unternehmungen" regelmäßig in wenigen Augenblicken sinnlichen Genusses zu verprassen pflegen. Daher wohl die Vergleiche mit leichten, wenig gewichtigen Dingen, die ein Windstoß nach allen Richtungen zerstreuen kann, wie z. B. mit dem schon im Baseler Glossar von 1733 (200) vorkommenden Heu — bei dem wir unwillkürlich auch an die Redensart „Geld wie Heu haben" erinnert werden. Erst aus neuerer Zeit stammen sodann das (besonders einst in Wien für das „Kleingeld" beliebt gewesene) Wort Staub und die ähnliche, auch unserem Volke noch in vielen Gegenden geläufige Bezeichnung Asche, während die modernste Schöpfung dieser Art wohl Qualm sein dürfte. In die gleiche Kategorie können aber ferner etwa noch gerechnet werden: Pulver (das ja genau genommen zunächst dasselbe wie Staub bedeutete; dazu: loses Pulver = in der Tasche getragenes Geld, Kleingeld, und Pulver abladen = Geld hergeben; [Geld] verpulvern [auch volkstüml.] = vergeuden), Zimmt (wegen seines leichten Gewichts), Schiefer (ahd. scivaro, mhd. schiver[e], ursprünglich = „kleiner Splitter von Stein, besonders aber von Holz"), namentlich in der modernen Wiener Gaunersprache für „Kleingeld" gebraucht), Schotter (dialekt. Schoder, Schoda, eigentlich „zerbröckeltes Gestein, Geröll")[9]), besonders für „Kleingeld, Scheide-

[8]) Als interessante Gegenstücke dazu erscheinen in unserer allgemeinen Volkssprache: Goldmühle für „Abort" und besonders im Mhd. goltgreber für einen „Kanalräumer"; siehe O. Weise, Ästhetik der deutschen Sprache, 4. Aufl. (1915), S. 80.

[9]) Der (mit Schutt verwandte) Ausdruck ist vielleicht eine Weiterbildung von dem Synon. Kies (worüber gleich weiter unten). Vgl. auch Bischoff, Wörterb., S. 80 sowie Näheres noch in Groß' Archiv, Bd. 33, S. 254, Anm. 2.

münze", allenfalls auch das (seltene) kundensprachliche Schrot (ahd. scrôt, mhd. schrôt, eigentl. „Hieb, Schnitt", „[ab]geschnittenes, abgesägtes Stück", zu schroten, mhd. schrôten, ahd. scrôtan = „hauen, schneiden, abschneiden, zerhauen"), wenn man nämlich von dessen sehr verschiedenen Bedeutungen aus späteren Zeiten die (noch jetzt bekannte) von „grob gemahlenem Getreide für Viehfütterung", also von etwas ziemlich Geringwertigem für maßgebend dabei betrachtet[10]). Im Anschluß hieran kann dann wohl noch an die — auch studentisch gewesenen — Linsen (für „Kreuzer", „Geld"; Linsen haben = „Geld haben") erinnert werden, insofern als ja diese Hülsenfrüchte ein wenig kostspieliges Volksgericht bilden, wie denn z. B. analogerweise auch die italienischen Gauner von polenta, die englischen von beans (d. h. Bohnen) sprechen, wenn sie das Geld meinen[11]). Jedoch mag bei den Linsen (ähnlich wie bei den noch später genauer zu betrachtenden „Knöpfen") zugleich die kleine, runde und platte Form (vgl. rotwelsch Plättling oder Hülseplättling = „Linse") zu der Entstehung des Vergleichs mitgewirkt haben, während endlich bei der Metapher Schnee nicht sowohl die Eigenschaft des raschen Dahinschmelzens (die der Vergänglichkeit von Geldschätzen in den Händen von Gaunern ja allerdings entsprechen würde) als vielmehr die weiße Farbe den Ausschlag gegeben hat, da es u. a. hauptsächlich wohl für Silbergeld gebräuchlich zu sein scheint. Von verächtlichen Bezeichnungen für die besondere Gattung des Papiergeldes (Banknoten usw.) sind schließlich noch zu erwähnen aus der österreichischen Gaunersprache die schon älteren Bezeichnungen Flepperl (d. h. eigentlich etwa nur ein Stückchen Papier) und Kreuzfetzen (für „Wertpapier, Obligation") sowie das neuere Leintuch. In Deutschland sind den Gaunern alle Banknoten schlechthin Lappen, wovon der blaue Lappen, d. h. der Hundertmarkschein, und der natürlich noch begehrtere graue Lappen (volkstüml. jetzt: brauner Lappen), d. i. die Tausendmarknote, nur Unterarten bilden.

Nach allen diesen Beispielen möchte man nun wohl sehr geneigt sein, auch die für „Geld" verwendeten Gaunerwörter Torf, Kies

---

Ebendas. über den Ausdruck Klamotten (eigentl. [in Berlin] „zerbrochene Mauersteine") für Geld. Über Staner (wienerisch = Steine) siehe noch am Schluß dieses Abschnitts.

[10]) Denkt man bei Schrot an die „Bleikügelchen zum Schießen", so fällt das Wort natürlich aus dem im Text behandelten Zusammenhang heraus und muß vielmehr (ebenso wie Pulver für Geld als „Schießpulver" aufgefaßt) zu den Bezeichnungen gerechnet werden, die auf die Kraft und Leistungsfähigkeit des Geldes hinzielen. Vgl. oben Anm. 4 betr. Kohlen.

und Moos (von denen die beiden letzteren bekanntlich durch Vermittlung der Studentensprache auch in die Redeweise unseres täglichen Lebens übergegangen sind) gewissermaßen als Seitenstücke zu Heu, Schiefer u. dgl. zu den verächtlichen Ausdrücken für das Geld zu zählen[12]), jedoch gehören sie insofern nicht hierher, als sie sich alle drei bei genauerer Untersuchung nur als Andeutschungen aus hebräischen (bzw. jüdisch-deutschen) Vokabeln darstellen, die ganz andere Bedeutungen hatten als jene anscheinend deutschen Wörter. Damit sind wir aber überhaupt bei der Frage angelangt, in welcher Weise der Einfluß der fremden Sprachen auf unser Rotwelsch — der im allgemeinen bekanntlich als ziemlich bedeutend bezeichnet werden muß — sich innerhalb des hier zu betrachtenden engeren Gebiets geltend gemacht hat.

Was zunächst das Hebräische als die zweifelsohne wichtigste Quelle für Wörter fremden Ursprungs anbelangt, so findet sich zwar in den rotwelschen Glossaren (besonders aus dem achtzehnten Jahrhundert) eine ziemliche Menge von Ausdrücken hebräischen Stammes für Geld und Münzen, die teils durch jüdische Mitglieder der Räuberbanden, teils durch den Verkehr mit jüdischen Händlern und Wechslern bei den deutschen Gaunern in Aufnahme gekommen sein mögen[13]), sie dürften aber meistens doch kaum über ein örtlich begrenztes Gebiet hinaus in praktischem Gebrauche gewesen sein, wie z. B. Domim (oder Domin) für Geld (zu hebr. dâmîm)[14]), Kall, ebenfalls für „Geld", besonders „Kleingeld" (zu dem aramäisch. qal = „gering", im Hebräischen mehr „leicht, hurtig"), und

---

[11]) Siehe H. Baumann, Londonismen (2. Aufl., Berlin 1902), S. 10, der jedoch in der Einleitung, S. CVII das Wort auch mit dem französ. bien = gut in Zusammenhang gebracht hat.

[12]) Tatsächlich ist dies bezüglich Moos und Kies auch geschehen bei Lombroso-Fränkel, Der Verbrecher, S. 391, obwohl hier zugleich auf den hebräischen Ursprung der beiden Wörter hingewiesen ist. — Übrigens gestatten sie — in ihrer deutschen Bedeutung genommen — beide auch noch eine abweichende Auffassung, wenn man nämlich bei Kies an dessen hellen, weißen Glanz (vgl. Kies speziell auch „Silbergeld") denkt, und sich bei Moos daran erinnert, daß das weiche, schwellende Moos im kühlen Walde zur heißen Sommerszeit auch ein angenehmes Lager bildet. Bei Torf endlich kann (wie bei Kohlen [siehe oben S. 47, Anm. 4]) auch an die Heizkraft gedacht werden.

[13]) Vgl. dazu die schon zu Abschn. 1, S. 4, Anm. 5 angebene Literatur. Näheres über das jüdische Münzwesen findet sich in dem Werke von Leopold Zunz, Zur Geschichte und Literatur, Berlin 1845, Abschn. 7, S. 535ff.

[14]) Nach Bischoff, Wörterb., S. 18 ist der Ausdruck die Mehrzahl vom hebr. dâm = „Blut".

Peruto oder Pruto für Pfennig (zu neuhebr. perûtah, jüd. pruto[h], d. h. „Scheidemünze", Pfennig")[15] u. a. m.[16]).

Als wichtige und interessante Ausnahmen von dem Gesagten erscheinen jedoch einige ältere Gaunerwörter hebräischen Ursprungs, die uns übrigens zum Teil auch aus unserer gewöhnlichen Umgangssprache bereits geläufig sind. Der allbekannte Ausdruck Mammon für „viel Geld, Reichtum" (vom hebräisch. mâmôn = „Geld") gehört zwar zu denjenigen Fremdwörtern, die schon aus der Bibelsprache Luthers in unseren Wortschatz übergegangen sind; jedoch ist es gewiß von Interesse, festzustellen, daß sich das Wort — und zwar zunächst für den Begriff „Geld" schlechthin, erst später für „vieles Geld, Schatz" u. dgl. — etwa seit Beginn des achtzehnten Jahrhunderts auch in den Vokabularien und sonstigen Quellen der deutschen Gaunersprache findet, allerdings meist in verunstalteten Formen, die sich an die jüdisch-deutsche Aussprache (mômon, mômaun, mômen, mumen) anlehnen, wie Mum, Mume, Mumun, Mumme(n), Momen, Momon u. a. m. Einen mehr unmittelbaren Einfluß dürfte (neben dem Judendeutsch) die Gaunersprache geübt haben bei dem Eindringen des Wortes Mesumme für Geld in unsere volkstümliche Ausdrucksweise, in der es, besonders in solchen Kreisen die dem Judentume nahe stehen, nicht selten noch zu hören ist. Es stammt her von dem hebräischen mesummân, d. h. „vorbereitet, bar", bedeutete also zunächst speziell das „Bargeld", dann „Geld" überhaupt. In unserem Rotwelsch, wo es etwa seit der Mitte des achtzehnten Jahrhunderts in den verschiedensten Formen — wie z. B. Mesum, Mes(s)um(m)e(n), Mas(s)umme(n), Massum(e), Missum(m)e(n), Mesümpe, Mesime — vorkommt, ist es namentlich auch in allerlei Zusammensetzungen mit anderen Vokabeln recht beliebt gewesen. Die Bezeichnung schofle Massumme (zu hebr. schâfêl, jüd. schôfêl = „schlecht, gemein") für „falsches Geld" hat in dem englischen Cant-Worte shofelpitcher für „jemand, der falsche Münzen unter die Leute bringt", ein beachtenswertes Seitenstück.

Hebräischen bzw. jüdischen Ursprungs sind auch weiter — wie bereits oben kurz bemerkt worden — die drei unserem Ohre so gut „deutsch" klingenden Gaunerwörter Torf, Kies und Moos als allgemeine Bezeichnungen für Geld. Torf geht nämlich zurück

[15]) Auch in der Sprache der Winterfelder Hausierer im Sauerlande (439) findet sich Prutten für „Pfennige".

[16]) Weitere Beispiele dieser Art sind noch in Groß' Archiv, Bd. 33, S. 256/57, Anm. 2 zusammengestellt; vgl. auch ebendas. S. 267.

auf das hebräische Tĕrĕf (in der sog. Pausalform Târef, jüd. tôref), das eigentlich „Raub, Beute" bedeutet und von den Gaunern für „Diebstahlsobjekt", insbesondere den „Geldbeutel" verwendet ist — weshalb denn auch die Taschendiebe Torfdrücker (-drucker) oder Dorfdrücker (-drucker, zu niederdeutsch trecken = „ziehen", also wörtlich „Beutelzieher") genannt werden —, und hat sich dann von da aus erst hier und da zu dem Begriffe „Geld" erweitert. Einen ganz ähnlichen Bedeutungswandel hat auch das hebräische kîß, die Quelle des rotwelschen — und dann auch studentischen sowie allgemein volkstümlichen — Kies (Kis, Kieß, Kiß, Kieschen, Kiesel usw.) durchgemacht; denn es bezeichnete zunächst ebenfalls nur den (Geld-)Beutel, dann erst auch dessen Inhalt, das Geld. Übrigens mag hierbei zugleich auch eine Anlehnung an das — gleichfalls aus dem Hebräischen (keßef) entlehnte — Wort Kisow oder Kisof(f) u. ähnl. für „Silber" (Silbergeld) mit eingewirkt haben. Über die Etymologie von Moos sind sich die Sprachforscher zwar noch nicht ganz einig, jedoch nehmen die meisten heute wohl an, daß sich das Wort aus der neuhebräischen Pluralform mâ'ôth = „(kleine) Münzen" (in jüd. Aussprache moos, môs) entwickelt habe.

Wie Mesumme und Kies ist auch Moos (ältere Formen noch: Me[e]s, Mäß, Meß, Ma[a]ß, Moß usw.) von den Gaunern zu verschiedenen interessanten Zusammensetzungen verwendet worden, von denen hier z. B. Ort(hs)maaß für den sog. „Ortstaler", Flormees (oder -moos) für den Gulden (zu Florin) und die modernen Wiener Bezeichnungen Weißmoß oder Schimmelmoß für Silbergeld, Pflanzmoß für falsches Geld (zu Pflanz = Schwindel, Lüge) angeführt sein mögen. Vor allem aber ist hervorzuheben, daß uns diese Gaunervokabel, die bekanntlich (in noch stärkerem Maße als Kies) auch bei den Studenten und schließlich bei jedermann sehr beliebt geworden ist, den Schlüssel zum Verständnisse gewisser Redensarten unserer Umgangssprache liefert, die zwar viel gebraucht werden, deren wahrer Sinn jedoch wohl den meisten dunkel ist. So handelt es sich nachgewiesenermaßen bei der — zuerst bei den Studenten aufgekommenen (und auf das Lukas-Evangelium Kap. 16, Vers 30 hindeutenden) — Umschreibung „Moses und die Propheten haben für „über Geld verfügen" um ein Wortspiel, in welchem „Moses" (anfangs noch als Neutrum genommen) aus dem rotwelschen Moos zurecht gemacht ist, „nicht ganz ohne Bezug darauf, daß die Leute, welche Moses und die Propheten haben, die Juden, vielfach auch mit Moos gesegnet sind"[17]). Das-

[17]) John Meier, Hallische Studentensprache, S. 9 (und Anm. 25 [S. 74]).

selbe Wort steckt aber höchstwahrscheinlich auch in der sonderbaren Wendung „wissen, wo Bartel (den) Most holt“ für „sich auf alle Kniffe verstehen“, die man wohl mit dem besonderen Einfluß des Bartolomäustages (24. August) auf die Weinernte, ja sogar mit dem berühmten italienischen Juristen Bartolus (14. Jahrh.) in Verbindung gebracht hat[18]), auf die aber das richtige Licht doch wohl erst durch Heranziehung der Gaunersprache fällt. Da nämlich die Formel „ins Dorf (Torf) gehen und Moos holen“ für „einen Taschendiebstahl verüben“, wörtlich „in die Tasche oder den Geldbeutel (Torf, Dorf) eines anderen greifen und Geld herausholen“, mehrfach in rotwelschen Wörtersammlungen bezeugt ist, so braucht man nur noch den „Bartel“ in jener Redensart nicht als Eigennamen, sondern als eine Abkürzung von dem rotwelschen Schaberbarthel (oder Schoberbarthel), d. h. „Brecheisen, Stemmeisen“ (zu hebr. schâbar, „brechen“ und barzel, „Eisen“) aufzufassen, um so auf ziemlich einfache Weise das Rätsel zu lösen.

Unter den aus dem Hebräischen stammenden rotwelschen und kundensprachlichen Bezeichnungen für einzelne Münzarten, denen eine weitere Verbreitung zuteil geworden ist, verdient noch der Poscher oder Boscher eine besondere Hervorhebung. Es handelt sich hier nämlich um ein Wort von ehrwürdigstem Alter. Schon in dem „ältesten Zeugnisse für eine abendländische Gaunersprache“, in „lateinischen Predigten, die um 1140 in (dem berühmten Wallfahrtsorte) Santiago de Compostela ... entstanden sind“, findet sich passut als Name einer Münze bei den spanischen Gaunern erwähnt[19]). Das aber ist nichts anderes als das neuhebräische (talmud.) pâschût (jüd. pôschut oder pôschit), d. h. „Kleingeld“[20]). In Deutschland tritt es als Gaunervokabel zuerst um die Mitte des achtzehnten Jahrhunderts auf in der Form Posch und mit der Bedeutung „Pfennig“ (vgl. aber schon im Niederl. Lib. Vag. 1547 [94] Vosch = „einen gouden pennincck“). Als Poschen, Poscher (Pooscher) Boscher (Bauscher), auch Polscher (Polcher) oder Purscher ist es dann, in neuerer Zeit namentlich auch in der Kundensprache, sehr beliebt geworden, und zwar in der Regel (wie

---

[18]) Näheres siehe bei Wilhelm Feldmann in der Zeitschrift für deutsche Wortforschung, Bd. IX (1907/8), S. 307.

[19]) Siehe Fr. Kluge, Unser Deutsch, 4. Aufl., Leipzig 1919, S. 78.

[20]) Siehe Zunz, a. a. O., S. 540ff. Zur Grundbedeutung des Wortes siehe noch Groß' Archiv, Bd. 33, S. 269, Anm. 1 vbd. mit Bischoff, Wörterb., S. 69 (pâschût = „einfach“); hier wird übrigens auch noch eine Herleitung des Wortes Poscher usw. vom rabb. pâsch (jüd.-deutsch pôsch) = „Übrigbleibendes, Rest“ zur Wahl gestellt.

ursprünglich) als Name für den Pfennig, seltener für das Kupfergeld überhaupt, nur ausnahmsweise auch für den „Groschen" (das Zehnpfennigstück). Es hat ferner in die deutschen Krämersprachen (im Sinne von Pfennig) Eingang gefunden und ist endlich in einzelnen Mundarten (wie z. B. in der Leipziger für „Groschen") sogar noch heute allgemein gebräuchlich.

Viel seltener findet sich eine so weite Verbreitung bei den rotwelschen oder kundensprachlichen Wörtern für Geld oder Münzen, die ursprünglich aus der Zigeunersprache entlehnt wurden. Als ein Beispiel dafür könnte allenfalls das (wegen seiner Grundbedeutung bei den Zigeunern übrigens später nochmals in anderem Zusammenhange zu erwähnende) hauptsächlich von den Kunden gebrauchte Wort Zaster für „Geld" (zigeun. sáster = „Eisen"; schon altind. śastra = „telum", śastraka = „ferrum") angeführt werden, da es in manchen Gegenden (wie z. B. in Berlin und in der Provinz Sachsen) auch der gewöhnlichen Umgangssprache angehört[21]); doch sei dazu noch bemerkt, daß andere überhaupt an eine Herkunft dieser Vokabel aus dem Lateinischen (sextarius) gedacht haben[22]). Sonstige Wörter unseres Gebiets, die von den Zigeunern herstammen und in früheren rotwelschen Sammlungen häufiger zu finden sind, wie besonders z. B. Loby (Lobi) oder Lowi (auch Lowe, Loi, Labe, Lab[e]l) u. a. m.) für Geld (zu zigeun. lówo = „Münze, Geldstück", plur. lówe = „Geld") oder Tromme (Tromne), Drommeine für „Taler" (seltener wohl auch für „Geldstück" schlechthin, zu zigeun. drómin = „Taler") sind anscheinend neuerdings bei den Gaunern mehr und mehr in Vergessenheit geraten. Nur das von Hans Groß (in seinem „Handbuch für Untersuchungsrichter" usw., 6. Aufl., München 1914, Bd. I, S. 454ff.) mitgeteilte Vokabular enthält noch eine größere Reihe ursprünglich zigeunerischer Ausdrücke, besonders für einzelne Münzarten[23]).

---

[21]) Über die Soldatensprache siehe schon Horn, a. a. O., S. 97 (Zaster = „Löhnung"); auch noch heute (nach Imme, a. a. O., S. 96) allgemein = „Geld" (bei Offizieren), dazu die Ableitung zastern = „(be)zahlen".

[22]) So z. B. W. Schütze in Groß' Archiv, Bd. 12, S. 100. — Nach gefälliger Mitteilung von Dr. A. Landau (Wien) könnte vielleicht auch das z. B. in einer oberhessischen Geheimsprache (der sog. Vogelsberger Maurersprache) in der Bedeutung „Geld" vorkommende Zässares (siehe Hess. Bl. für Volkskunde, XI [1912], S. 192) als Quelle betrachtet werden, das sonst (auch in der Form Sasseras u. ä.) in den deutschen Mundarten spezieller für „(Makler-)Lohn" anzutreffen ist und auf das späthebr. ßaßrût = „Provision des Maklers" (zu spätthebr. ßarßûr = „Makler", rotw. S[s]asser, Sasserer, Sarser u. ä. ([vgl. Groß' Archiv, Bd. 43, S. 35]) zurückgeht.

[23]) Siehe die Zusammenstellung in Groß' Archiv, Bd. 33, S. 271/72, Anm. 2.

Von Bezeichnungen der lateinischen Sprache für Geld hat das Hauptwort der klassischen Periode, pecunia (zu pecus, also eigentlich „Viehgeld"), welches sich im Argot der Franzosen in einem sonst unbekannten pécune erhalten, in unserem Rotwelsch zu keinen Weiterbildungen Veranlassung gegeben, da man wohl nach richtiger Ansicht weder Pech oder Pich usw. für Geld noch das sonderbare Pun (ebenfalls = „Geld") als direkte Abkürzungen der lateinischen Vokabel wird auffassen dürfen[24]). Dagegen ist der Ausdruck moneta, der eigentlich zunächst die Münzstätte, dann erst das dort geprägte Geld bedeutete und bekanntlich die Quelle unseres Lehnworts „Münze" (ahd. múnizza durch die Vorstufe múnita) gewesen ist, auch bei den Gaunern und Kunden in verschiedener Gestalt rezipiert worden, so schon im Niederländischen Liber Vagatorum von 1547 (93) als Monye (= „Geld"; vgl. das. engl. money), in neueren Quellen als Monnee oder (im Plural) Moneten, die ja auch unserer Studenten- und Soldatensprache geläufig sowie überhaupt ganz allgemein volkstümlich sind.

Im Verhältnis zu dem nicht unbedeutenden Einfluß, den im allgemeinen die romanischen Sprachen, insbesondere das Französische, auf unser Rotwelsch ausgeübt haben, erscheint die Zahl der daraus entlehnten Wörter für Geld und Münzen nur sehr gering. Denn außer dem schon bei dem lateinischen Stammwort moneta erwähnte Monnee, das ja auch unmittelbar zu dem französischen monnaie gestellt werden könnte, wäre höchstens das erst ganz moderne Billon (französ. billon) für „schlechte Silbermünze, verrufene Scheidemünze" zu nennen. Doch verdient im Anschluß hieran der Merkwürdigkeit wegen noch erwähnt zu werden das in der Sprache der schwäbischen Händler (in Pfedelbach) für Geld vorkommende Bokup, in dem jeder leicht das französische beaucoup wieder erkennen dürfte (wohl weil man für Geld ja so vieles haben kann).

So gut wie gar nichts hat auffälligerweise die Sprache des größten Handelsvolks, das Englische, für unser Gebiet geliefert[25]). Zwar könnte man geneigt sein, bei dem um die Mitte des achtzehnten Jahrhunderts auftretenden Gaunerworte Casch oder Kasch für das Zwanzigkreuzerstück an das englische cash = „Bargeld" (oder

---

Vgl. dazu (über die wichtigsten Münznamen der Zigeunersprache) auch F. Pott, Die Zigeuner in Europa und Asien, Bd. I (Halle 1844), S. 52, 53.

[24]) Näheres über beide Ausdrücke noch weiter unten. — Über (das vielleicht ebenfalls zu pecunia zu ziehende) Nervus Peking siehe schon oben S. 47 Anm. 3.

[25]) Über Nervus plenny vgl. oben S. 47, Anm. 3.

auch an die ebenso bezeichnete kleine chinesische Münze) zu denken[26]), jedoch liegt hier nur eine zufällige lautliche Übereinstimmung vor. In Wahrheit handelt es sich vielmehr um eine der — in unserem Rotwelsch nicht seltenen — sog. „Abbreviaturen", d. h. nach einem bestimmten Schema vorgenommenen Abkürzungen von längeren, aus mehreren Bestandteilen zusammengesetzten Wörtern, und zwar im vorliegenden Fall um die des Ausdrucks „Kopfstück", von dem man die Anfangsbuchstaben seiner beiden Teile (K von „Kopf" und Sch von Stück nach der [bes. südd.] Aussprache: Schtück) vokalisch (durch a) verbunden hat. Da nun das Kopfstück meist den Wert von zwanzig Kreuzern hatte, so hat man wohl auch noch weiter hierin nur die Andeutschung einer jüdischen Bezeichnung: „Kofstück" erblicken wollen, der von dem jüd. Buchstaben Ko(o)f(f), hebr. Kaph mit dem Zahlenwert 20, gebildet sei. Indessen stehen dieser Ansicht (die z. B. auch noch Bischoff, Wörterb. S. 45 vertritt) nicht unerhebliche Bedenken entgegen[27]). Nach derselben Methode wie Kasch sind auch noch zwei andere wichtige rotwelsche Münzbezeichnungen geschaffen worden, nämlich Rad (eigentlich Rat oder Ratt) für den Taler (nach Bischoff, Wörterb. S. 71 neuerdings auch = Mark [?]) und Pag oder Bag für den Groschen. Obwohl schon 1716 Rad — mit d geschrieben — vorkommt und man später bei dieser rotwelschen Vokabel wohl nur noch an das gleichlautende deutsche Wort, also etwa an ein Wagenrad gedacht hat, so haben wir es doch auch hier eigentlich mit einer Abbreviatur zu tun, und zwar von „Reichstaler" (R und T + a = Rat). Fast noch schwieriger ist die „Entstehung von Pag (Pach) oder Bag (Bach), Bachen u. ähnl. für „Groschen" zu erraten. Es soll nämlich nach Avé-Lallemant (IV, S. 522 u. 581) eine Verkürzung (P oder B

[26]) Bischoff, Wörterb., S. 40 führt nur Kesch = „Geld, Bargeld" als gauersprachlich an und leitet das Wort in der Tat aufs englische cash zurück. Doch dürfte es in der angebenen Form und Bedeutung wohl mehr in kaufmännischen als in Gaunerkreisen gebräuchlich sein. Vgl. auch Groß' Archiv, Bd. 33, S. 276, Anm. 5.

[27]) Kopfstück wird nämlich in dem (für die Gauner vorbildlich gewesenen) Jüdischdeutschen abgekürzt durch ש״ק, also mit dem Buchstaben ק (nach der jetzt vielfach üblichen Transskription = q), im hebr. Alphabet Koph oder Qôph, jüd. Kuf genannt, der den Zahlenwert 100 hat, nicht mit כ, hebr. Kaph (jüd. Ko[o]f[f]) mit dem Zahlenwert 20. Die jüdische Abkürzung hat also keine Beziehung zur Zahl 20 und muß daher aus der deutschen, einem „Münzstück mit einem Kopf als Bild" entsprechenden Benennung (siehe Grimm, D. Wörterb. V, Sp. 1780, Nr. 3) entstanden sein. Überdies hatten nicht alle Kopfstücke schlechthin den Wert von 20 Kreuzern, es gab viel mehr auch solche zu 24 und zu 17 oder 18 Kreuzern. Siehe D. Wörterb., a. a. O., vgl. auch Kluge, Studentensprache, S. 102 (nach gefl. Mitteilungen von Dr. A. Landau).

und G [oder Ch] + a) sein von „Polnischer Groschen“ oder „Böhmischer Groschen“ (vgl. auch „Prager Groschen“, wie die zuerst in Prag um 1300 geschlagenen Münzen genannt wurden). Vielleicht darf man aber weiter mit demselben Schriftsteller auch in dem schon früher gelegentlich erwähnten Pech (besonders in Schlummerpech = Schlafgeld) oder Pich (Picht, Pichte, Bicht usw.) — in Ermangelung einer besseren Erklärung — lediglich eine Abart der Abbreviatur Pach erblicken[28]) sowie das sonderbare Tarrenbecker für „Groschen“ als eine Verbindung von Becker = Bag und dem zigeunerischen tarno oder terno, d. h. „jung“ (vgl. Terne = „Jungfer“ [zig.] im Waldheim. Lex. 1726 [188]) auffassen, so daß es zunächst spezieller den „Mariengroschen“ (mit dem Bildnis der Jungfrau Maria) bezeichnet hätte. Nicht immer erscheinen übrigens die gauner- und kundensprachlichen Abkürzungen für Münzen so kompliziert. Wenn z. B. schon frühzeitig unter einem Stickle oder Stück(e)l schlechtweg ein „Gulden“ verstanden wird, so bedarf es nicht gerade viel Scharfsinn, um darin sofort eine kürzere Form von „Goldstückel“ zu erkennen (vgl. auch im englischen Slang: pieces, d. h. „Stücke“ = „Geld“), und daß das Kosewort Emmchen für unsere Reichsmark — das hier erwähnt werden muß, weil es auch in den neuesten Sammlungen der Gauner- und Kundensprache anzutreffen ist — nur die Verkleinerungsform des amtlichen Abkürzungszeichens M (gesprochen: Emm) ist, dürfte allgemein bekannt sein.

Wer sehr viel Geld hat, den nennen wir wohl „schwer reich“, teuere Dinge kosten uns „schweres“ (oder „eine schwere Menge“) Geld, und der Kunde „macht“, d. h. erbettelt sich, wenn ihm das Glück hold ist, „schweren Draht“ oder „zieht schwere Miele“, ähnlich wie auch nach der Soldatensprache den Unteroffizieren „schwere Löhnung“ gezahlt wird. Alles das sind — uns zum Teil freilich nicht mehr bewußte — Anklänge an ursprüngliche Zeiten, in denen die Schwere, das Gewicht des Geldes seinen Wert bestimmte, wie ja denn auch die älteren Münznamen vielfach eigentlich

---

[28]) Daß auch bei Schlummerpech wohl kaum an Pech im gewöhnlichen Sprachgebrauch (etwa nach Art von Gips, Kitt u. dgl. [vgl. oben S. 49]) zu denken ist, zeigt u. a. der älteste Beleg des Wortes (bei A. Hempel 1687 [168, 170]), wo es Schlummerpicht lautet. — Über Zall u. ä. = Kreuzer als Abbreviatur siehe unten S. 67, Anm. 37. Als eine neuere jüdische Abbreviatur führt Bischoff, a. a. O., S. 70 Ram für Mark aus „R(eichs-)M(ark)“ an. Fraglich ist, ob auch rotw. Dag, „Mariengroschen“ bei Schlemmer 1840 (368) etwa als eine Abkürzung von „D(rei) a(lte) G(roschen)“ ausgelegt werden darf. Siehe dazu Näheres in Groß' Archiv, Bd. 33, S. 299, Anm. 1.

zunächst Gewichtsbezeichnungen gewesen sind (vgl. dazu auch Friedensburg, Die Münze in der Kulturgesch., S. 207), so im Altertum z. B. das Talent (talentum vom griech. τάλαντον, eigentlich „Wage"), das in der sonderbaren doppelsinnigen Berliner Redensart „Talente haben" noch heute fortlebt, weiter bei den Engländern das Pfund (sc. Sterling) und bei uns Deutschen die Mark (mhd. marc oder marke), die ursprünglich nur ein bestimmtes Gewicht für edle Metalle (halbes Pfund), sodann ein Geldstück bedeutete, das dieses Gewicht („Feingehalt") hatte (wie es die Prägungs-„Marke" andeutete), und erst zuletzt auch für andere weniger schwere Münzen gebraucht worden ist. Über Pfund und Mark ist nun auch aus unserer Gaunersprache etwas zu bemerken. Während in älterer Zeit ein Pfund wohl den Gulden schlechthin oder auch (etwa später) den Betrag von fünf Gulden, ein „gutes" Pfund dann das Doppelte dieser Summe bezeichnete, soll es neuerdings für ein (erbeutetes) Zwanzigmarkstück gebraucht werden. Der Mark aber hat man ein orientalisches Gewand übergehängt, indem man sie ins Hebräische (bzw. Jüdische) übersetzte. Nur geschah dies wiederum nicht direkt, sondern auf einem merkwürdigen Umwege. Das rotwelsche Wort Schuck oder Schock, das hier und da für die Mark vorkommt, geht nämlich auf das hebräische schûq zurück, das eigentlich nur „Markt (Jahrmarkt)" bedeutet hat. Außer dem Gleichklange von „Mark" und „Markt"[29]) (auf dem viel Geld umgesetzt und — gestohlen zu werden pflegt; vgl. Schockgänger = „Marktdieb"), dürfte übrigens auf die Entstehung des Wortes auch der Umstand mit eingewirkt haben, daß, wie das deutsche Wort Schock (mhd. schoc) — das vielleicht ursprünglich gerade von Münzen gebraucht worden — als Körpermaß 60 Stück umfaßte, die Mark in älterer Zeit wohl zu 60 Groschen gerechnet wurde, ebenso wie ja der alte (rheinische und süddeutsche) Gulden 60 Kreuzer hatte (vgl. dazu auch Zunz, a. a. O., S. 563). Als die Übertragung eines Längenmaßes erscheint Meter für Mark in der Gauner-, Kunden-, Krämer- und allgemeinen Volkssprache, wofür der Anfang mit dem gleichen Konsonanten mitbestimmend gewesen sein mag.

Beim Aufzählen gibt das Geld einen hellen Klang von sich, ein Umstand, den sich auch die Sprache nicht hat entgehen lassen. Recht eigentlich als „klingende Münze"[30]) erscheint z. B. der altehrwürdige,

---

[29]) Nach Jak. Gerzon, Die jüdischdeutsche Sprache usw. (Köln 1902), S. 95, Nr. 105 lautet im Jüdischdeutschen das Wort „Markt": Mark. „Der Ausfall des t fand nach D. Wörterb. VI, 1644, 2 bei diesem Wort nicht selten statt."

[30]) Vgl. im französ. Argot: „avoir de ce qui sonne" = „Geld haben, reich sein". C. Villatte, Parisismen (8. Aufl. 1912), S. 355.

einst in ganz Deutschland weit verbreitet gewesene Schilling (ahd. scilling, mhd. schillinc, engl. shilling), da man ihn nach einer noch weit verbreiteten Ansicht wohl zu dem Stammworte schellen (= schallen, altgerm. skëllan = „tönen") in Beziehung setzen darf, während als ähnliche volkstümliche Bildungen der neueren Zeit die Pimperlinge (wohl zu pimpern, d. h. „durch [Stoßen, Klopfen,] Fallen einen hellen Schall hervorbringen") und das tonmalende Bims erscheinen. Diesem letzteren, das sich auch in einzelnen deutschen Geheimsprachen findet, kann vielleicht auch noch das — meist von der Gebärde des Herzählens des Geldes begleitete — Pinkepinke in der neueren Kundensprache zur Seite gestellt werden[31]).

Eine große Bedeutung hat erklärlicherweise in den verschiedenen Sprachen bei der Entstehung der Ausdrücke für Geld und Münzen die Beschaffenheit des zur Prägung verwendeten Metalls gehabt (vgl. im französ. Argot: métal = Geld). Zuweilen hat man sogar eine einzelne, besonders häufig gebrauchte Metallart schlechthin zu dem Begriffe „Geld" erhoben, so bekanntlich im Französischen das Silber (argent = „Geld", eigentl. „Silber", vom latein. argentum, eingedrungen in der Verunstaltung Caschon [„l'argent"] = Geld auch in die schwäb. Händlersprache). Ein ähnliches Beispiel aus der neueren Gauner- und Kundensprache wäre das Wort Zaster für Geld, falls man es von dem zigeunerischen sáster, d. h. „Eisen", herleitet (siehe dazu oben S. 56 u. Anm. 22), und weitere Analogien bieten die englischen Slang-Wörter brass, d. h. eigentl. „Messing", und tin, d. h. eigentl. „Zinn", dann beides = „Geld", ferner im Cant: pewter, eigentl. „Zinn(gerät)", dann ebenfalls „Geld", und im französischen Argot: zinc, d. h. „Zink" = „Geld".

In unserer gewöhnlichen deutschen Umgangssprache ist man zwar nicht ganz so weit gegangen, hat aber doch z. B. den Ausdruck Gulden (Güldiner, Güldner), eigentlich nur die Substantivierung eines oberdeutschen Eigenschaftswortes (mitteld.: gülden) mit der Bedeutung „der goldene" (nämlich: Groschen [-Pfennig], mhd. guldinpfenninc), allmählich derart verallgemeinert, daß man später

---

[31]) Das einfache Pinke, das ebenfalls für „Geld" in verschiedenen neueren Sammlungen als gauner-, kunden- oder dirnensprachlich angeführt wird, auch den Soldaten (Offizieren) geläufig (siehe Imme, Soldatensprache, S. 96) und sonst (z. B. in der Provinz Sachsen und in Berlin [hier auch für Geldbeutel]) allgemeiner bekannt ist, hat dagegen (nach H. Meyer, Der richtige Berliner [7. Aufl., Berlin 1911], S. 104) eigentlich „die gemeinschaftliche Kasse bei gewissen Spielen" bedeutet und stammt wohl aus jüdischen Kreisen (jüd. pinke = Geldbüchse, vom rabbin. pinkâ = „Schüssel"; siehe Bischoff, Wörterb., S. 68).

auch von „Silbergulden", ja von Papiergulden" (im Gegensatze zu dem pleonastischen „Goldgulden") sprechen konnte, ohne sich des eigentlichen Widersinnes bei dieser Ausdrucksweise noch im geringsten bewußt zu sein (vgl. auch Friedensburg, a. a. O., S. 208). Von solchen nach der Metallsorte für eine einzelne Münzgattung geschaffenen Namen (die dann zum Teil später gleichfalls eine Bedeutungserweiterung erfuhren) hat auch unsere Gauner- und Kundensprache manches aufzuweisen. So entspricht dem Gebrauche unseres deutschen „Gulden" ziemlich genau das aus dem Jüdischen übernommene rotwelsche Wort Sohof (Sohuf[f], Soof, Sof[f], Sof[f]t, Diminut.: Söf[e]l usw., zu dem hebräisch. zâhâb, in poln.-jüd. Aussprache: sôhôf[f], d. h. „Gold", Grundbedeutung eigentl. „das Gelbe [Glänzende]"), das sehr verbreitet gewesen ist, während sich Kesef (Kessef, Kessev, Kesof[f], Käsof[f], Kesuv, K[h]ssov, Kisof[f], Kiehsoff, Kissohf u. a. m., zu hebr. keßef „Silber") seltener auch ausdrücklich für das „Silbergeld" angeführt findet. Daß Blech (Bläch, Bleck, Plech) in der ältesten Gaunersprache zunächst etwa einen „Dickpfennig" oder ähnliche kleinere Münzen, dann aber bald auch das „Geld" im allgemeinen bezeichnete, ist schon eingangs in anderem Zusammenhang erwähnt worden. Nur wenig später erscheint auch die Nebenform Blechling (im Liber Vagatorum noch: Blechlin), die meist durch „Kreuzer", zuweilen aber gleichfalls allgemeiner durch „Geldstück" oder „Geld" wiedergegeben wird. Die im Rotwelsch überhaupt sehr beliebte Endung -ling (-linger bzw. -ing[er]) findet sich übrigens — in Übereinstimmung mit unserer Gemeinsprache — auch sonst noch gerade für Münzbezeichnungen nicht selten[32]). Von Namen dieser Art, die nach der Metallgattung gebildet worden, seien hier noch erwähnt der veraltete Silberling für den „Silbergroschen" oder „Silbersechser" (uns geläufig aus Luthers Bibelübersetzung) und der moderne Nickering für „Nickelgeld(stück)", wofür übrigens auch wohl das einfache, auch im Volksmunde übliche Nickel vorkommt. Das Zehnpfennigstück heißt, besonders bei den Kunden, auch Blei oder Bleier.

---

[32]) Die Ausdrücke Helli(n)g = Geld, Spältling = Heller, Weißling für verschiedene kleinere Münzen, Zwilling = Zweipfennigstück und Bisinger = „Zwanziger" werden gleich weiter unten noch näher erläutert werden. Noch nicht sicher etymologisch gedeutet ist Stettinger (Stelinger, Stättinger) = Gulden. Nach gefl. Mitteilung von Prof. Kluge könnte es vielleicht als Abkürzung eines nach einem Ortsnamen (wie Freistadt, Freudenstadt, Ingolstadt) gebildeten substantivierten Adjektivs betrachtet werden, ähnlich wie einst Taler aus „Joachimstaler" entstanden (siehe Näheres unten).

Zu einer großen Zahl von teils volkstümlichen, teils sogar amtlich anerkannt gewesenen Ausdrücken für Münzen hat in den Sprachen fast aller Völker die äußere Gestalt der Geldstücke, ihr größerer oder kleinerer Umfang, ihre runde Form u. dgl. Veranlassung gegeben. Auch die Geheimsprachen der deutschen Gauner, Kunden, Krämer usw. sind darin recht reichhaltig, jedoch sind gerade die interessantesten solcher Bezeichnungen hier zunächst noch deshalb auszuscheiden, weil es sich dabei um allerlei Begriffsübertragungen (Metaphern) handelt, die der besseren Übersicht wegen erst am Ende des Aufsatzes in zusammenhängender systematischer Folge betrachtet werden sollen. An dieser Stelle wären daher nur die mehr oder weniger abstrakten Ausdrücke der genannten Gruppe aufzuführen. Zu den Bezeichnungen, die (wie ursprünglich ja auch die Fremdwörter Kall, Moos, Poscher u. a.) auf die Kleinheit der Geldstücke hinweisen, ist z. B. als eine Bildung rein deutscher Wurzel hinzuzufügen das schon sehr alte rotwelsche Wort Speltling oder Spältling für den „Heller". Es gehört zu dem Zeitwort „spalten (spälteln)" und bezeichnete demnach ursprünglich ein abgehacktes kleines Stück (Metall). Umgekehrt bezieht sich das Wort Godel oder Gotel für den „Groschen" (wohl auch in der Zusammensetzung Kes[s]ef-Godel für Silbergroschen und — vereinzelt — als Deminutiv Götelchen für den „Dreier" gebraucht), das aus dem hebräischen gâdôl, „groß" (jüd. god'l u. ä.) gebildet ist, auf die Größe oder vielmehr die Dicke der Münze, wie ja denn auch unser schon im Mittelalter weit verbreiteter „Groschen" (Grosch, Groß, sc. Pfennig, mhd. gros, grosse, mniederd. grote) lediglich aus dem spätlateinischen Adjektiv grossus, „dick" (wohl einer Nebenform zu crassus [sc. denarius]) entstanden ist und demnach den „Dickpfennig" bezeichnet hat. Ganz sachgemäß nennen daher auch unsere Kunden (und Gauner) das Zehnpfennigstück (also den früheren Groschen) ein Dickchen. Auf eine andere äußere Eigenschaft, die besonders bei den wertvolleren (Gold- und Silber-)Münzen hervortrat, nämlich deren platte Form, dürften möglicherweise schon die älteren Ausdrücke Bläte oder Blete (Bleite, Blatte) u. ähnl. für Goldstücke („Dublone", „Carolin", „Louisdor" usw.) hindeuten, und jedenfalls sind die neueren Bezeichnungen Platte(n) oder Platt(e)l für das Zwanzigkreuzer- (oder -heller)stück und Platten oder Platen für „Geld, Geldstücke" schlechthin (auch soldatisch für „Löhnung, Sold") wohl hierher zu ziehen. Dabei mag es jedoch dahingestellt bleiben, ob diese Benennungen unmittelbar an das Eigenschaftswort platt (aus französ. plat, „flach") angeknüpft haben oder an das Hauptwort: die Platte(n) (mlat. platta oder plata, „Flachstück", in welcher

Form die edlen Metalle zuerst als Geld erschienen; vgl. das spanische plata = „Silber" und die Metallart Platina, d. h. eigentl. „Silberchen").

Auch die Farbe der verschiedenen Metallgattungen hat bei den Münznamen erklärlicherweise eine sehr bedeutende Rolle gespielt und namentlich zu einer Reihe interessanter Vergleiche geführt, die noch weiter unten näher zu betrachten sind. Aber auch an mehr abstrakten Bezeichnungen fehlt es hier nicht. Den „Weißpfennig" z. B., der auch in latinisierter Gestalt als „Albus" (sc. denarius) einst eine amtlich anerkannte deutsche Münzbezeichnung gewesen, finden wir bei den Gaunern als Lobon, Loben oder Lohwen wieder (zu hebr. lâbân, jüd. lôwon oder lôw'n, rotwelsch meistens lo[h]wen, „weiß"), während der rein deutsche Weißling für das Zwanzigkreuzer- (oder -pfennig)stück, neuerdings auch einerseits für „Silberstück" schlechthin, andererseits für das Fünfpfennigstück vorkommt (vgl. whites = „Silbermünzen" im englischen Cant). Ein Blauer bedeutet bei den Wiener Gaunern die Fünf- (oder Zehn-) guldennote, bei den reichsdeutschen dagegen den Hundertmarkschein (vgl. oben S. 51: blauer Lappen, und noch moderner: Blauscheck bei schwäbischen Händlern). Im englischen Cant heißt zunächst das Gold, dann aber auch das Geld ochre, d. i. „Ocker", nach dem bekannten gelbbräunlichen Farbstoffe (vgl. auch yellow stuff, eigentl. „gelber Stoff" für „[falsches] Gold", im Slang. the yaller [= yellow] = „Geld", im französ. Argot: jaunet = „Goldstück, Zwanzigfrankstück") und auch in dem berühmten „Hennese Flick" von Breyell (Reg.-Bez. Düsseldorf, unweit der holländischen Grenze) ist der „Carolin" (Goldstück) als Gehl, d. i. „der Gelbe", verzeichnet.

In ähnlicher Weise, wie hier mehrfach auf Farben hindeutende Adjektive als Geldbezeichnungen zu Hauptwörtern erhoben worden, ist dies in der Sprache öfter auch mit geographischen Eigenschaftswörtern geschehen, die sich beziehen auf den Ort oder das Land, wo die Münzen zuerst geschlagen wurden oder auch ihre weiteste Verbreitung fanden[33]). Dahin gehört z. B. aus unserer Muttersprache unser alter lieber, seit 1907 als gesetzliches Zahlungsmittel abgeschaffter Taler (dessen Name übrigens immer noch für die „Dreimarkstücke" im Volke weiterlebt). Denn „Taler" ist ja nur eine Abkürzung von „Joachimstaler" (nämlich: Gulden), weil er in der nordböhmischen Stadt Joachimstal in den Münzstätten der Grafen von Schlick 1519 zuerst in größeren Mengen geprägt worden. In die gleiche Kategorie fällt ferner der noch ältere Heller (Häller oder

---

[33]) Vgl. darüber kürzer auch schon Abschn. I, 1 („Geographisches"), S. 37.

Haller, näml.: Pfennig), der zuerst etwa um 1228 in der Reichsstadt Schwäbisch-Hall das Licht der Welt erblickt haben soll. Da nun diese kleinsten Kupfermünzen zu solcher Volkstümlichkeit gelangten, daß sie in unserem Sprachgebrauch noch heute in gewissen allgemeinen Redensarten fortleben (wie „keinen roten Heller" für etwas geben, jemanden „bei Heller und Pfennig" bezahlen, „wer den Heller nicht ehrt, ist des Talers nicht wert"), so könnte man wohl geneigt sein, auch für das rotwelsche Hellig oder Helling u. ä. für „Geld" (schlechthin) nur den alten Heller als Quelle zu betrachten, jedoch erscheint es richtiger und einfacher, Helling (das auch schon im Mhd. als hellinc, im Althd. als halling bezeugt ist) als eine Kürzung von mhd. helb(e)linc, d. h. „halber Pfennig", aufzufassen. Dagegen knüpft in der Tat an den Heller an das sehr alte (jetzt ungebräuchliche) Gaunerwort Hellerrichter oder Hellerrichtiger (noch früher [15. Jahrh.]: richtigen häller) für den Gulden (im Gegensatze zu den nicht goldenen, mithin nicht richtigen, rechten oder echten Hellern). Die Kreuzer, die zuerst im 13. Jahrhundert in den Münzstätten von Verona und Meran geschlagen wurden, führten anfänglich — nach der Lage beider Städte an der Etsch — u. a. den Namen „Etschkreuzer". Man kann daher wohl Avé-Lallemants Vermutung (IV, S. 578 vbd. mit S. 133, Anm. 5) beipflichten, daß die rotwelschen Ausdrücke Etsch (Ehtsch), Netsch (Nedsch, Neetsch) oder Netscher (Nedscher) für Kreuzer aus „Etscher" bzw. „n'Etscher" (= Abkürzung von „ein Etscher", nämlich: Kreuzer) entstanden seien[34]). Ganz ähnlich verhält es sich mit dem Worte Böhm (Behma) für den Groschen, das sicher als Abkürzung für den „böhmischen (oder Prager) Groschen" aufzufassen ist. Es ist (als běma) auch von den Zigeunern aufgenommen worden, hat sich bis in die Gegenwart hinein in der Kundensprache (für das Zehnpfennigstück) erhalten und ist sogar wohl hier und da (wie besonders in Berlin und in Schlesien) auch in der gewöhnlichen Redeweise noch zu hören (vgl. auch Friedensburg, a. a. O., S. 208 mit Hinweis auf das Andenken an die Münzreform König Wenzels II. von Böhmen). Direkt aus dem Zigeunerischen dürfte Rinkosch für Gulden (eigentlich: „Rheinischer", sc. Gulden) in unser Rotwelsch eingedrungen sein. Mit Breslauer bezeichneten die Gauner früher den „Silberzwanziger", während der noch jetzt für das Fünfpfennigstück gebrauchte Brummer (d. i. wohl „Bromberger") ursprünglich der Name für „eine in Bromberg geschlagene polnische Kupfermünze" gewesen sein

[34]) Bischoff, Wörterb., S. 62 leitet dagegen den Ausdruck vom böhm. nečo = „ein wenig" ab.

soll[35]). Auf die schwäbische Stadt Ulm geht zweifelsohne der Ulmer zurück, wie bei den Händlern des benachbarten hohenzollerschen Killertales der Pfennig heißt (Kluge, Rotw. I, S. 436), dem unsere modernen Kunden den patriotischen Namen Reichsdeutscher verliehen haben.

Eine nicht geringe Zahl von Münzausdrücken steht bekanntlich in Beziehung zu den verschiedenen, den Geldstücken aufgeprägten Zeichen, Wappen usw. (vgl. dazu Friedensburg, a.a.O. S. 209). So bezeichnete man mit Krone (jetzt u. a. der Name für den halben Gulden in Österreich und amtlich auch für das Zehnmarkstück in Deutschland) ursprünglich nur eine wirklich mit dem Bilde einer solchen versehene Münze (vgl. Kronentaler u. dgl.), den Kreuzer (zu ergänzen: =Pfennig, mlat. [denarius] cruciatus oder cruciger[us]) zierte ein Kreuz, der Rappe(n) — der noch heute in der ganzen Ostschweiz die kleinste Scheidemünze umfaßt — soll seinen Ursprung von einer zuerst im 14. Jahrhundert aufgekommenen Münze mit dem Kopfe eines spöttisch als Raben (oberdeutsche Nebenform: Rappe) bezeichneten Adlers herleiten[36]), und der Batzen (mhd. batze, mlat. bacio, bacius, bacenus), der zuerst um 1492 in Bern geprägt worden, nach dem darauf befindlichen Wappen dieser Stadt, einem Bären (mhd. betz, nhd. Kosename Bätz oder Pätz, Petz) benannt worden sein. Der Gulden endlich hat zwar — wie bereits ausgeführt — seinen Namen vom Golde, aber sein, auch heute noch allgemein bekanntes Abkürzungszeichen fl. erklärt sich aus der fremdländischen Bezeichnung Florin (spätmhd. flôrîn, mlat. florinus oder florenus, ital. florino oder fiorino, französ. florin), die wieder zurückführt auf die Lilie (Blume, ital. fiore, lat. flos, floris) im Stadtwappen von Florenz, von wo aus diese Goldstücke, die sich im Laufe der Zeiten fast über ganz Mitteleuropa verbreiteten, zuerst in den Verkehr gelangten.

Alle diese Münznamen haben nun auch in unserem Rotwelsch mehr oder weniger deutliche Spuren hinterlassen. So ist z. B. der Florin in den Vokabularien nicht nur als Flor (Flohr) oder Flörl (sowie auch in der schon früher erwähnten eigenartigen Zusammensetzung Flormees) anzutreffen, sondern liegt vielleicht auch der deutschen Form (Übersetzung) Bleaml (d. i. Blümchen) zugrunde,

---

[35]) Siehe Rabben, Die Gaunersprache, S. 28.

[36]) „Nach E. Schröder ursprünglich eine spöttische Bezeichnung der schlechten Pfennige, die der Herr von Rappoltstein bei Kolmar 1291 unbefugterweise prägte." Weigand, Deutsch. Wörterb. (5. Aufl., Gießen 1910) Bd. II, Sp. 528. Vgl. übrigens auch noch Friedensburg, a. a. O., S. 209 (Rappe = „Schwarzpfennig").

die in der älteren Wiener Gaunersprache für den Dukaten (also gleichfalls ja für ein Goldstück) vorkommt. Der Kreuzer ist als Psalmer, Zalmer (Zalme, Zall), Salmer (Salmen, Salem, Sal[l] u. a. m.) ins Jüdische übertragen worden (aus dem hebr. zelem „Abbild, Kreuz, Kruzifix")[37]), außerdem in der Form Kritzer (vgl. zigeun. kritzâri) in Karmayers Glossar für „Carolin, Louisd'or" anzutreffen, ähnlich wie der Batzen in der älteren Wiener Gaunersprache den Taler bedeutet hat (vgl. das volkstüml. Donnerbatzen für das unförmliche Fünfmarkstück), während sich umgekehrt vereinzelt die Krone eine Erniedrigung zum Kreuzer hat gefallen lassen müssen (vgl. auch das wienerische Schustertaler für das alte dicke Vierkreuzerstück). Der Rappe(n) aber — bei schwäbischen Händlern in der Koseform Räpple zur Mark erhoben — hat Veranlassung gegeben zur Bildung des Zeitworts berappen (oder berabbeln u. ä.) für „bezahlen" (eigentl. „Rappen geben"), dessen Gebrauch sich heute bekanntlich weit über den Kreis der Gauner und Kunden hinaus erstreckt.

Das zuerst bei dem Österreicher Castelli 1817 (392) verzeichnete Schwandl für eine „Silbermünze (von) ca. 30 Kreuzer(n)" ist vermutlich zu erklären als Verkleinerung von Schwan, was wohl wieder auf den Vogel (Adler) als Münzzeichen hindeuten würde (vgl. im französ. Argot cygne [= Schwan] für das Zwanzigfrankenstück). Dagegen ist es noch bestritten, ob auch die Münzbezeichnung Spieß (Plur. Spieße) schlechthin nach ihrem Gepräge entstanden ist[38]). Zu einem Spieß — als Waffenname — würde ja die Tatsache gut passen, daß der Ausdruck nachgewiesenermaßen schon sehr früh in der alten „Feldsprache" der Landsknechte — und zwar vermutlich für größere Geldstücke — gebräuchlich gewesen ist[39]), lange bevor ihn auch die Studenten benutzten. Bei diesen bedeutete (nach Kluge) Spieß zunächst das „Sechspfennigstück", dann überhaupt etwas Geringwertiges („nicht einen Spieß für etwas geben"), die Mehrzahl Spieße (auch wohl Spießigkeiten) aber Geld („Gelder")[40]).

---

[37]) Nach Bischoff, Wörterb., S. 92 handelt es sich bei Zall u. ä. um eine „aus euphemistischen Gründen" vorgenommene Bildung aus den zwei ersten Konsonanten von zelem (Z, l) mit dem Bindevokal a.

[38]) Dafür z. B. Weigand, Wörterb. II, Sp. 917. Über andere Erklärungen siehe Ausführlicheres in Groß' Archiv, Bd. 33, S. 273ff. und Anm. 6ff.; vgl. auch noch Friedensburg, Die Münze usw., S. 92.

[39]) Siehe dazu Horn, Soldatensprache, S. 96 und Anm. 12 (Beleg vom Jahre 1548). Über die heutige Soldatensprache siehe Imme, a. a. O., S. 96 (Spieße = Geld).

[40]) Siehe Kluge, Deutsche Studentensprache (Straßburg 1895), S. 127 und K. Konrad in der Zeitschr. für deutsche Wortforschung, XII, S. 290 (mit Be-

Heute kennt selbst der Bruder Studio das Wort wohl höchstens noch aus einigen alten Kommersliedern, und auch der Gaunersprache, in der es übrigens erst etwa zu Beginn des 19. Jahrhunderts für den „Sechser" erscheint, ist es jetzt ziemlich fremd geworden, während es in der Sprache der Kunden für das Fünfpfennigstück noch beliebter erscheint[41]). Eine Erinnerung an den ursprünglich wohl höheren Wertbegriff von Spieß scheint sich endlich in einer — an das Rotwelsch anklingenden — volkstümlichen Sprachweise in der Umgegend von Regensburg erhalten zu haben, da das Wort dort für „Gulden" vorkommt (s. Kluge, Rotw. I, S. 490).

In neuerer Zeit wurden den größeren (bzw. wertvolleren) Münzen in der Regel die Bildnisse der bei ihrer Ausgabe regierenden Landesherren aufgeprägt. Darauf deutet höchstwahrscheinlich der (moderne) Ausdruck stumme Monarchen für das „Goldgeld"[42]) in erster Linie hin, während außerdem dabei auch noch der Umstand mit berücksichtigt sein könnte, daß jene wertvollste Geldsorte die Sinne der meisten Menschen sozusagen „monarchisch" beherrscht. Ferner ist die Bezeichnung Männer oder Männchen für die Taler (geputzte Männchen für „falsche Taler") wohl gleichfalls von diesem Gesichtspunkt aus zu betrachten[43]); ja vielleicht ließe sich auch das bisher noch nicht befriedigend erklärte merkwürdige (übrigens seltene) alte rotwelsche Pun für „Geld" in denselben Zusammenhang bringen, wenn man es nämlich auffaßt als eine Abbreviatur des jüdischen melech punem, wörtlich „Königsgesicht" (von melech, hebr. melek, „König", und pônîm, hebr. pânîm, „Angesicht"), d. h. die Abbildung des Landesherrn auf den Münzen (vgl. king's picture, „Geldstück", im engl. Cant) — eine Meinung, die durch das Vorkommen des Wortes Pûnem im Sinne von „Geld" in der sogenannten „Tjöttensprache (Bargunsch oder Humpisch)" nordwest-

---

legen aus dem 18. Jahrh.). Nach Fabricius, ebendas. Bd. III, S. 100 soll aber auch der Sing. Spieß schon 1647 für „Geld" gebraucht worden sein.

[41]) Die Bedeutung „Fünfzigpfennigstück" bei Bischoff, Wörterb., S. 83 dürfte wohl auf einem Irrtum beruhen, da sie sich in keiner der bekannteren Sammlungen der Kundensprache findet.

[42]) Monarchen ist für „Gelder" (Mitte des vorigen Jahrhunderts) auch studentisch gewesen; siehe Kluge, Studentensprache, S. 108 und Konrad in der Zeitschr. für deutsche Wortforschung, Bd. XII, S. 284. Vgl. auch im französ. Kokotten-Argot: monarque = „Fünffrankenstück; Geld" (Villatte, a. a. O., S. 250) sowie das engl. sovereign = Pfund Sterling, im Slang auch (zur Zeit der Königin Viktoria) the Queens gold medal genannt (Baumann, a. a. O., S. 175).

[43]) Siehe Rabben, Gaunersprache, S. 88. Bischoff, Wörterb., S. 53 ist dagegen für eine Herleitung von den sog. „Wildemanns-Talern".

fälischer Kaufleute (in der Gegend von Ibbenbüren) eine gewiß beachtenswerte Unterstützung erfährt[44]).

Bekannt ist, daß unsere Sprache in dieser Richtung zum Teil noch weiter gegangen ist und einzelne (bes. Gold-) Münzen geradezu mit dem Namen der auf ihnen dargestellten oder genannten Herrscher belegt hat, so z. B. den Louisd'or (oder Napoleond'or), den Friedrichd'or (auch Charlesd'or, Maxd'or; vgl. im französ. Argot: philippe = „Fünffrankenstück" [bes. mit dem Bildnis Louis Philipps] und guillaume = „[deutsches] Zwanzigmarkstück"). Dagegen hat die deutsche Gaunersprache, die ja sonst solche Personifikationen sehr liebt, nichts dergleichen aufzuweisen. Denn der Ausdruck Kaschparl (Deminut. zu dem Eigennamen Kaspar), der für eine Münze im Werte von 34 Kreuzern bei den Wiener Gaunern früher üblich gewesen, findet eine andere Erklärung. Es war nämlich jene Summe nach Castelli 1847 (391) der Eintrittspreis, den man im Leopoldstädter Kasperletheater für das Parterre zu bezahlen hatte. Außerdem wäre als Übertragung eines weiblichen Vornamens auf das „Geld" überhaupt noch die sonderbare Bezeichnung Marie zu erwähnen, die gleichfalls aus Wien stammt, wo sie bei den Gaunern (und wohl auch sonst im Volke) heute noch gebräuchlich sein soll. Ihr Ursprung scheint noch nicht völlig klar zu sein, doch hat unlängst ein Spezialforscher der Wiener Mundart, Dr. E. M. Schranka, in seinem „Wiener Dialekt-Lexikon" S. 110, die — freilich etwas kühn erscheinende — Vermutung aufgestellt, daß sie wohl daher komme, „weil die Marien (d. h. die Mädel, also Eigenname zum Gattungsnamen erhoben) den Soldaten, wenn sie mit ihnen ausgehen, das Geld zustecken" (vgl. auch Marie[dl] = „Brieftasche" und bei den österreichischen Soldaten Maria Empfängnis, bei den schweizerischen Mariahilf für den Zahltag der Löhnung)[45]).

Bei den kleineren Geldstücken, die für Bildnisse nicht genügend

---

[44]) Ich verdanke den Hinweis auf diese Auslegung des Wortes — die ich übrigens nur mit Vorbehalt wiedergebe — einem Wiener Sprachgelehrten, der sich leider in Pseudonymität gehüllt hat. Bedenken dagegen könnte zunächst schon das erstmalige Vorkommen des Wortes bei Andr. Hempel 1687 (168) erregen, der sonst gerade wenig rotwelsche Vokabeln gebräischer Abstammung hat, sodann auch die Form punem, da dies Aussprache der polnischen Juden ist, während die der deutschen Juden — und meist auch der Gauner— ponim oder ponem gewesen ist (siehe über die rotw. Belege: Groß' Archiv, Bd. 33, S. 307, Anm. 3); immerhin kommt jedoch als gaunerisch vereinzelt auch Punim (= „Antlitz, Aussehen, Gesicht, Miene, Mund") vor, so z. B. bei v. Train, Chochemer Loschen, S. 95, 149, 153, 181, 205, 206.

[45]) Siehe Horn, Soldatensprache, S. 97 und Hans Bächtold, Aus Leben und Sprache des Schweizer Soldaten (Basel und Straßburg 1916), S. 62.

Raum besitzen, treten mehr die Zahlzeichen in den Vordergrund, weshalb denn auch häufig ihre Benennungen an Zahlen anknüpfen. Besonders interessant ist in dieser Hinsicht z. B. der alte römische denarius (sc. nummus, zu decem, also eigentl. „Zehner", weil ursprünglich 10 asses umfassend), nicht nur, weil er auch in die Sprachen vieler anderer Völker Eingang gefunden (so z. B. ins Griechische [δηνάριον], Hebräische [dênâr], Arabische [dînār], Angelsächsische [dinor]) und auch im mittelalterlichen Deutschland als Bezeichnung für den Pfennig gedient hat (worauf noch unser heute gebräuchliches Abkürzungszeichen ₰ zurückgeht), sondern auch, weil er sich im Italienischen und Spanischen (als danaro oder denaro bzw. dinero) sogar zu dem allgemeinen Begriffe „Geld" entwickelt hat. Auch in der Gaunersprache scheint er vorübergehend — und zwar in der sonderbaren Andeutschung Diener (gleichsam, als handle es sich um eine Person, die dem Geldbesitzer „dient") und mit der Bedeutung „Schilling" — bekannt gewesen zu sein. Sowohl Form wie Begriff sind offenbar aus dem Judendeutsch übernommen, das natürlich wieder auf das Hebräische (talmud. dinar) zurückgeht (vgl. dazu auch Zunz, a. a. O., S. 539, 564). Welche Rolle ferner die „Dreier" und „Sechser", die „Fünfer", „Zehner", „Zwanziger" usw. in unserer Volkssprache gespielt haben, ja zum Teil noch jetzt spielen, ist allbekannt. Seltener finden sich solche Zahlennamen auch bei den größeren (oder wertvolleren) Münzen, doch fehlen sie auch hier nicht ganz, wie u. a. die Dublone (span. dublon oder doblon, zu lat. duplus, „doppelt") beweist. Dieser heute veraltete Münzausdruck ist hier deshalb besonders zu erwähnen, weil er auch in unserem Rotwelsch ziemlich getreu wiedergegeben ist durch das aus dem hebr. kiflajîm, d. h. „Verdoppelung", zurechtgemachte Wort Gefleim (oder Kehfleim, Kaflaim, Caflaim), eine Pluralbildung — für den Begriff „mehrere Goldstücke (Louisd'ors, Carolinen)", neuerdings auch wohl für „(viel) Geld" schlechthin — zu dem als Singular gebrauchten Kehfel (Kefel oder Keifel [zu hebr. kefel, nhebr. kiphlâ = „doppelt"] = „Carolin, Louisd'or"). Ihm sind als ähnliche, jedoch leichter verständliche Namen noch der Doppelschuß für die Zweiguldennote (zu Schuß = Gulden) sowie das neuere einfache Doppel oder Doppler für die Zehngulden- (Zwanzigkronen-) Note oder das Zehnguldenstück zur Seite zu stellen. Auch der Zwickel für das Zweipfennigstück in der älteren Kundensprache ist natürlich deutschen Ursprungs und gehört — wie das gleichbedeutende modernere Zwilling — zu „zwei"; das schon ältere (und seltene) rotwelsche Trip(p)ser, d. h. „Dreier" (oder auch wohl „Kreuzer"), gebildet vom rotwelschen trips, tribis (oder dribis) = drei, stammt dagegen in letzter Linie vermutlich aus dem Lateinischen[46]). Der Ausdruck Achthalber für 25 Pfennige (2½ Silbergroschen), der in Westpreußen wohl noch bei den Kunden gebräuchlich ist (und nach Schütze in Groß' Archiv, Bd. 12, S. 62 „angeblich" ein „Recht der alten polnischen Guldenwährung" sein soll), bezieht sich (nach H. Frischbier, Preußische Sprichwörter und volkstümliche Redensarten, 2. Sammlung [Berlin 1876], S. 225) auf die 7½ Kupfergroschen oder Vierpfennigstücke, deren einst 90 auf den Taler gerechnet wurden. Der Bisinger (für einen „Zwanziger") ist auf bišengero in der Zigeunersprache zurückzuführen, wo biš zwanzig bedeutet. Sämtlich aus dem Hebräischen hergeleitet sind endlich der Dauwer, d. h. (in der älteren Kundensprache) der „Sechser" (zu dem hebr. Buchstaben Wāf, jüd. Woof [Wôf], als Zahlenwert = 6), der Jider, d. h. (bei den modernen Wiener Gaunern) der „Zehner" (zu den hebr. Buchstaben Jôd, jüd. Jud oder Jüd, als Zahlenwert = 10), das Koferl, d. h. das Zwanzigkreuzerstück (zu dem hebr. Buchstaben Kaph, jüd. Koof oder Koff, als Zahlenwert = 20), der Kaftalleser, d. h. (in der älteren Kundensprache) das Vierundzwanzigkreuzerstück (aus hebr. Kaph = 20 und Dāleth, jüd. Dollet oder Dôles = 4) sowie der Elefer (oder Elever), d. h. (bei den modernen Wiener Gaunern) die Hundert- oder Tausendguldennote (zu hebr. eleph, jüd. ellef oder ellif = 1000)[47]).

Grundsätzlich von der Betrachtung ausgeschaltet blieben im wesentlichen bisher noch die Bedeutungsübertragungen, an denen die deutschen Geheimsprachen überhaupt sehr reich sind und wovon sie auch auf unserem Sondergebiete mancherlei Bemerkenswertes aufweisen. Zustandegekommen sind hier diese sogenannten Metaphern in der Regel auf Grund von allerlei Vergleichen des Geldes und namentlich der einzelnen Münzarten mit anderen Gegenständen, mit Tieren oder gar mit Menschen, zu denen hauptsächlich die äußere Erscheinung (Form, Gewicht, Farbe usw.), seltener auch eine ihnen

---

[46]) Vgl. Näheres dazu bei Kluge in der Zeitschr. für deutsche Wortforschung II, S. 50.

[47]) Fraglich bleibt, ob auch das moderne Wienerische Beserl für das Zwanzighellerstück zu dem hebr. Buchstaben Bêth (jüd. Bês oder Beiß, als Zahlenwert = 2) gestellt werden darf (wie Pollak in Groß' Archiv, Bd. 15, S. 207, Anm. 1 will). Es könnte z. B., besonders mit Rücksicht auf die Bedeutung, recht wohl auch als eine Weiterbildung des oben genannten Bisinger aufgefaßt werden oder als eine Nebenform zu dem älteren (gleichfalls Wienerischen) Biesel für das „Siebzehnkreuzerstück" (bei Castelli 1847 [391]), das seinerseits wieder zu dem deutsch. mundartl. (elsäss.) Büsel (Biesel u. ä.) für ein kleines Geldstück (aus dem französ. pièce) gehören dürfte. Vgl. Grimm, D. Wörterb. II, Sp. 563 vbd. mit I, Sp. 1159 unter „Batz".

nachgerühmte innere Eigenschaft Veranlassung gegeben hat. Gerade bei diesen, mehr oder weniger humoristisch anmutenden Wortgebilden tritt auch die Übereinstimmung zwischen den Anschauungen der Gauner oder Kunden und der Phantasie unseres Volkes meist deutlich hervor.

Zu Vergleichen mit anderen Sachen forderte zunächst schon die bei uns ja durchweg runde Gestalt der Münzen heraus. Dahin gehören z. B. die Ausdrücke Kranzel oder (im älteren Wiener Dialekt) Granzel (zu Kranz, Rand) für den (geränderten, unbeschnittenen) Dukaten und (das noch ältere) Kränzchen für ein Zwanzigkreuzerstück (vgl. in der böhmischen Gaunersprache [Handthierka]: krouzek, eigentl. „kleiner Kreis, Ring" für den Taler). Daß Rad für den Taler seiner Entstehungsgeschichte nach zwar eigentlich nicht hierher gehört, wurde bereits dargelegt, jedoch ist an dieser Stelle nochmals zu wiederholen, daß man dabei bald nur noch an die Bedeutung des gleichlautenden deutschen Wortes gedacht hat, wie u. a. die Pluralform Räder und die Verkleinerung Rädchen beweisen. Die süddeutsche Deminutivform Radel soll übrigens (nach Avé-Lallemant, IV, S. 589) für eine Münze von geringerem Werte, den „Siebzehner", gebraucht worden sein. An das Bild vom Wagenrade, das sich auch in der englischen Gaunersprache für größere Münzen findet (vgl. bes. coach-wheel, d. h. Kutschenrad, für „große Silbermünze"), hat möglicherweise auch der alte Ausdruck Näbgen für den Pfennig angeknüpft, wenn man nämlich darunter die Verkleinerungsform von „Nabe" begreift, d. h. von dem im Verhältnis zum Radreifen entsprechend kleineren Mittelstück des Rades, durch das die Achse geht und worin die Speichen befestigt sind. Ebenfalls auf die Rundung, mehr aber wohl doch noch auf die Größe oder Schwere des alten Talers bezieht sich ohne Zweifel die dafür in Daniel Schwenters „Steganologia" um 1620 (132, 137) angeführte alte rotwelsche Bezeichnung Mühlstein, wozu als Bildungen aus neuerer Zeit das einfache Stein (dialektisch: Stoahn) für den Gulden (in der schwäbischen Händlersprache für Markstück) und der Plural Steiner (wienerisch: Staner) für „Münzgeld" schlechtweg hinzugefügt werden können. Doch mag vielleicht hier auch die — eingangs besprochene — Neigung der Gauner zu verächtlichen Geldbezeichnungen, insbesondere die Analogie mit Kies, Schotter und dgl., mit eingewirkt haben. Ein Spottname der Kunden für das wegen seiner Größe allgemein unbeliebt gewesene Fünfmarkstück war Schleusendeckel. Von Ausdrücken ähnlicher Art für kleinere Münzen sind die — auf die runde Form hindeutenden — Linsen für „Kreuzer" (als Mehrzahl für „Geld") schon in anderem Zusammenhange besprochen, während Knopf für „Kreuzer" oder „Pfennig" (vgl.

dazu bei den Kunden: Knopf steigen = tüchtig fechten gehen), in der Mehrzahl (Knöpfe oder Knöppe) ebenfalls für Geld gebraucht, nur kurz gestreift worden ist. Hier sei deshalb zu dieser Bezeichnung noch bemerkt, daß wohl auch der Umstand auf ihre Verbreitung in der Volkssprache (und bei den Studenten) beigetragen haben dürfte, daß früher ja die reichen Bauern vielfach Silbermünzen als Knöpfe trugen (daher auch die Redensart „Knöpfe springen lassen")[48]. In der Kundensprache, wo Knopf wohl auch noch spezieller nur das Zweipfennigstück bedeutet, steht dann im Gegensatze dazu der noch kleinere Tupf, d. i. das Einpfennigstück (schon ahd. topf, mhd. topfe oder tupfe, d. h. „kleiner Fleck" oder „Punkt"; vgl. das „Tüpfelchen" auf dem i). Mit Schuppe, d. i. ein kleines flaches Plättchen (vgl. Fisch- und Panzerschuppe), ist in demselben Jargon das frühere kleine silberne Zwanzigpfennigstück bezeichnet worden.

Daß sich der Ausdruck Schnee für das Silbergeld vorwiegend auf dessen helle Farbe bezieht, haben wir schon gesehen. Zu dem ebenfalls bereits erwähnten Vergleiche des Geldes (im allgemeinen) mit Asche aber ist noch nachzutragen, daß dieses Wort, besonders in der Kundensprache unter Hinzufügung bestimmter, auf Farben hinweisender Adjektive auch zur Unterscheidung der verschiedenen Metallarten des Geldes verwendet worden ist. Nur scheint sich dabei die Einteilung im Laufe der Zeiten etwas verändert zu haben. Während nämlich die ältere Kundengeneration unter blanker Asche das Silbergeld, unter weißer das Nickelgeld und unter roter das Kupfergeld begriff (vgl. unseren „roten Heller", den red cent der Amerikaner und im Zigeunerischen lólo lŏwo, d. h. „rotes Geld", für Kupfergeld), soll neuerdings die rote Asche für das Goldgeld gebraucht werden (vgl. unser älteres „rotes Gold" und im engl. Cant: ruddy, d. i. „rötlich", für Gold[stück], Sovereign), wogegen dann das Kupfergeld als schwarze Asche erscheint. Von den — nach ihrer Grundfarbe benannten — blauen und grauen Lappen (d. h. Hundert- und Tausendmarkscheinen) ist gleichfalls schon die Rede gewesen.

Wenden wir uns nun zu den Vergleichen, die in den deutschen Geheimsprachen für Geld und Münzen aus dem Tierreich entnommen sind, so wäre hier zunächst das — bei den Gaunern übrigens wohl erst neuerdings in Aufnahme gekommene, unserer Umgangssprache dagegen (durch Vermittelung des Studentendeutsch) schon länger geläufige — Wort Mops oder häufiger (im Plural) Möpse für Geld, „Gelder" zu nennen, insofern man ja dabei wohl denken

---

[48]) Vgl. John Meier, Hallische Studentensprache, S. 18, 19. Auch das französische Argot kennt bouton für „Louisdor, Goldstück" (Villatte, S. 50).

darf an jene schwerfällige Hundeart, die einst gerade bei reichen und vornehmen Leuten sehr beliebt gewesen. Wenn jetzt die Kunden weiter von Kröten (Kreten) statt von Geld(ern) sprechen, so ist das ebenfalls keine Besonderheit ihres Jargons, da dieser Ausdruck auch sonst (namentlich in Berlin) bekannt ist[49]). Dagegen ist auf Kundenkreise beschränkt geblieben die ironische Bezeichnung Silzlaus für das frühere kleine silberne Zwanzigpfennigstück, zu der sich eine Analogie in der Wanze für den Pfennig in der schwäbischen Händlersprache findet[50]).

Zu den Tiernamen, die man nach der Farbe der Münzen gebildet hat, kann man allenfalls auch den (schon früher erwähnten) Weißling rechnen, da so in der Naturgeschichte auch der Weißfisch und der gewöhnliche weiße Schmetterling („Kohlweißling") heißen[51]), womit das volkstümliche Bläuling (auch Bezeichnung eines kleinen blauen Tagfalters) und das moderne gaunerische Blauflügel oder Bauernschmetterling (in Schwaben) für den Hundertmarkschein zu vergleichen sind. Ganz ohne Zweifel gehört hierher ferner die alte rotwelsche Metapher Fuchs nebst ihren Nebenformen für das (zur Farbe des Fuchspelzes in Vergleich gesetzte) Goldstück. Sie ist schon 1620 für den Dukaten nachweisbar, dann auch für andere Goldmünzen (z. B. den „Friedrichd'or", „Louisd'or" und neuerdings auch für das Zehn- und Zwanzigmarkstück) gebraucht worden; schon 1733 (und dann öfter) findet sie sich ferner für „Gold" im allgemeinen, seltener (jedoch ebenfalls schon sehr früh) endlich auch für „Geld" schlechthin. Sie ist — besonders in der Form Goldfuchs — auch in der älteren Studentensprache beliebt gewesen und dann in unsere Umgangssprache übergegangen, wo sie selbst heute noch bekannt ist, jedoch schon einen etwas altfränkischen Anstrich hat. Bei den Gaunern findet sich zuweilen (so z. B. in Wien) wohl auch noch eine genauere Kennzeichnung des Goldes als Altfuchs, des Goldstücks als Rot- oder Gelbfuchs, demgegenüber dann das Silber als Weißfuchs erscheint. Vielleicht kann man auch bei dem schon besprochenen Mops (Möpse) das Vorliegen einer „Analogie" zu Fuchs (Füchse) vermuten, indem nämlich „auch der Mops wegen seiner silbergrauen Farbe den Namen für Silbermünzen habe hergeben

---

[49]) Auch der bekannte Gauner-, Kunden- (und Berliner Volks-) Ausdruck Padde = Geldbeutel ist nichts anderes als ein niederdeutscher Name der Kröte.

[50]) Dieser Tiername ist (nach Friedensburg, a. a. O., S. 209) schon in früheren Zeiten ein allgemeiner Spottname für „schlechte, kupfrige Geldsorten" gewesen.

[51]) Friedensburg, a. a. O., S. 209 erwähnt „Molkendieb und Flinderich, die volkstümlichen Namen des weißen Schmetterlings", als populäre Bezeichnungen für Münzen (mit Bezug auf deren Farbe).

müssen"[52]). Wo die Bezeichnung Eisbär(en) — was freilich nur vereinzelt (z. B. in Schwaben) der Fall ist — sich auf den Begriff „Silbergeld" beschränkt, wird man dabei ebenfalls an das Fell des Tieres denken dürfen (vgl. im übrigen zu diesem Ausdruck noch Näheres in dem folgenden [3.] Abschnitt). Ob es sich dagegen bei dem neuwienerischen Schimmelmoß für das Silbergeld (vgl. oben S. 54) um eine unmittelbare Herleitung von dem „Schimmel" als weißem Pferde handelt oder nur um einen Hinweis auf die ältere, allgemeinere Bedeutung jenes Wortes, mag dahingestellt bleiben. Der in früheren Zeiten in unserer Sprache sehr beliebt gewesene Vergleich der (dem Eigentümer nur zu oft recht schnell wieder „davonfliegenden") Goldstücke mit gelben Vögeln (Gelb- oder Goldvögeln; vgl. im engl. Cant canary[-bird], d. h. „Kanarienvogel") lebt noch in der Geheimsprache der schwäbischen Händler weiter (Gelbvögel = Goldstücke).

Wirkliche Personifikationen endlich, d. h. unmittelbare Vergleiche von Geld und Münzen mit Menschen (wie z. B. im engl. Cant yellowboy [= „gelber Junge"] für „Goldfuchs, Sovereign") finden sich in unserer Gaunersprache nur vereinzelt, wie denn z. B. die schon angeführten (zunächst auf die Bildnisse der Landesherrn auf den Geldstücken bezüglichen) Ausdrücke „stumme Monarchen", „Männer" oder „Männchen" nur in weiterem Sinne hierher gerechnet werden können[53]). Dagegen weist offenbar hin auf die Leistungsfähigkeit eines völlig gesunden, kräftigen Mannes die Bezeichnung ganzer Mann für die Hundertguldennote, im Vergleich zu der die kleinere, auf die Hälfte jenes Betrages lautende Note zu einem halben Mann herabsinkt. Jedoch ist diese Terminologie nicht überall ganz gleichmäßig verbreitet. In Wien sollen z. B. die Gauner die Hundertguldennote einen Mann schlechthin oder auch einen kleinen Mann nennen, wofür dann die ja noch bei weitem kaufkräftigere Tausendguldennote zum großen Mann, Riesenmann oder Ries' (Riesen) aufgerückt ist.

---

[52]) So Herm. Schrader, Der Bilderschmuck der deutschen Sprache usw. (6. Aufl., Berlin 1901), S. 157.

[53]) Der alte rotwelsche Ausdruck Müller für den Reichstaler (bei Wencel Scherffer 1652 [156, 158]), der einst (auch in der Feldsprache) besonders in der Wendung „Füchse und Müller", d. h. Dukaten und Reichstaler, gebräuchlich gewesen, darf wohl zu dem schon besprochenem Mühlstein für Taler gestellt werden. In welcher Weise die Bezeichnung Diener für den Schilling zu erklären ist, wurde bereits gleichfalls auseinandergesetzt. Recht wohl als Personifikationen könnten aber Ausdrücke wie Zwilling und die geographischen Bezeichnungen Böhm, Reichsdeutscher usw., allenfalls auch noch der Eigenname Marie aufgefaßt werden.

3. Rotwelsche Zoologie[1]).

Das Rotwelsch der Gauner enthält — gleich der nahe verwandten Ausdrucksweise der wandernden Handwerksburschen („Kundensprache") und der Hausierer („Krämersprachen") — eine nicht unbedeutende Anzahl von Vokabeln für die Tiere, namentlich unsere Haustiere, das „liebe Vieh", das begreiflicherweise von Dieben und Vagabunden stets als begehrenswertes Objekt ihrer „geschäftlichen Unternehmungen" betrachtet worden ist. Auch aus den fremden Sprachen, die auf unser Gaunerdeutsch usw. eingewirkt haben, sind solche Tierbezeichnungen entlehnt worden, und dabei ist es wohl mehr als bloßer Zufall, daß das Zigeunerische — dessen Einfluß sonst (besonders im Vergleich zum Hebräischen) mehr zurücktritt — gerade hier deutlichere Spuren hinterlassen hat; sind doch die braunen Söhne des Ostens als schlaue und kühne Viehdiebe von jeher berüchtigt gewesen. So erklären sich Ausdrücke wie Grei oder Krey = Pferd (zig. grai), Balo = Schwein, Bakro = Schaf, Gachni oder Kachni = Huhn (zig. káchni[n] oder káchli), Pabing oder Babing = Gans (zig. pápi[n]) u. a. m. in unserer Gaunersprache. Die Mehrzahl der rotwelschen Tiernamen ist indes rein deutschen Ursprungs. Nicht selten sind diese nach besonders in die Augen fallenden Teilen der äußeren Erscheinung gebildet worden (sog. partes pro toto, die ja auch unsere Gemeinsprache in Bezeichnungen wie Nashorn, Rotkehlchen, Neunauge, Tausendfuß usw. kennt). So heißt z. B. die Gans oder Ente Breitfuß oder Plattfuß, die Katze (und vereinzelt auch: der Hirsch) Schmalfuß, die Ziege Spitzfüßl, der Hase Latschfuß (Langfuß) oder Langohr, genauer noch kleines Langohr (bei Eifeler Hausierern: Langöhrl) im Gegensatz zum großen Langohr, dem Esel, während Langlöffel für Maulesel vorkommt. Langschwanz ist der Hammel — bei schwäbischen Händlern dagegen Langwedel der Fuchs —, Stumpfschwanz (selten) das Reh (z. B. bei v. Train), Langschnabel der Storch oder die Schnepfe, Rotmaul das „welsche Huhn", Warmbuckel das Schaf (vgl. Schmalbuckel = Katze in einem mit Rotwelsch durchsetzten Jargon bei Regensburg [Kluge, Rotw. I, S. 482]) usw. Verwandt damit sind Tierbenennungen nach einzelnen charakteristischen Tätigkeiten wie Zwackohr oder Raubart (zu mundartl. rauen oder rau[n]eln = „miauen" oder auch „schmeichelnd

[1]) Unter gleichem Titel erschienen in der „Kölnischen Zeitung" vom 28. Juli 1912, Nr. 846. — Die Anmerkungen sind (ebenso wie in allen folgenden Abschnitte [mit Ausnahme von II]) neu hinzugefügt worden.

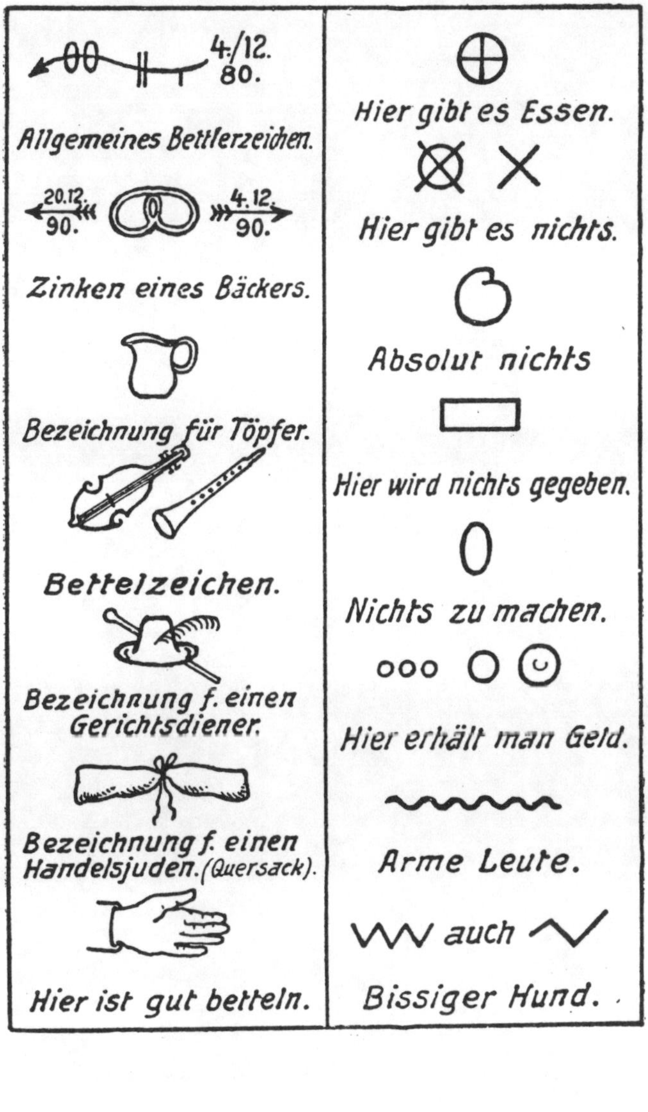
4./12.
80.
Allgemeines Bettlerzeichen.
20.12.
90.
4.12.
90.
Zinken eines Bäckers.
Bezeichnung für Töpfer.
Bettelzeichen.
Bezeichnung f. einen Gerichtsdiener.
Bezeichnung f. einen Handelsjuden. (Quersack).
Hier ist gut betteln.
Hier gibt es Essen.
Hier gibt es nichts.
Absolut nichts
Hier wird nichts gegeben.
Nichts zu machen.
Hier erhält man Geld.
Arme Leute.
auch
Bissiger Hund.

schnurren") für die Katze, Wurfrüssel für den Elefanten (zuerst bei Karmayer 1835) oder — bei den Kunden — Kratzfuß für das Huhn, auch Hohlaus für die Krähe, das freilich nicht mehr zu den eigentlichen partes pro toto gehört. Beliebt erscheint auch der Gebrauch bestimmter Endungen, wie -ling (z. B. bei Rieling = Sau [schon im Lib. Vagat; zu mundartl. (bayrisch) rüheln u. ä. = grunzen]), Schwimmerling = Fisch, Schwimmling = Hering [Kundenspr.], Flätterling = Vogel, Taube, Brummerling = Wespe; vgl. Hupferling oder Hüpperling = Floh in Krämersprachen), -hart oder -ert (z. B. bei Fluckhart = Huhn [zu „fliegen"], Trappert = Pferd [zu „traben"], Rankert = Maulesel [wohl zu mhd. ranken = „wie ein Esel schreien"], Bissert = Schaf [zu „beißen", vgl. dafür Bählert im „Hennese Flick" von Breyell, nach dem Naturlaut: „Bäh"], Brummert = Ochse, Rauert = Katze [vgl. oben Raubart]), oder -es (z. B. bei Schwimmes oder Schwämmes = Fisch und Meckes = Ziege [zu „meckern"]). In neuerer Zeit sind jedoch diese Endsilben durch das modernere -er verdrängt worden. So findet sich Beller (oder Biller) für den Hund, Schnurrer für die Katze, Grunzer für das Schwein, Schnatter für Ente, Quaker für Frosch u. a. m. (vgl. Kraller = Marder und Schreier = Hahn bei schwäbischen Händlern). Fast noch häufiger sind längere Zusammensetzungen dieser Art, wie Kleebeißer = Schaf (oder Pferd), Strohbeißer, Strohbohrer oder -putzer = Gans, Mißkratzer(l) = Huhn, Hahn, Schundkratzer, Dreck- oder Lachenpatscher = Ente, Wurzelgraber = Schwein, Flosserfahrer = Fisch. Schon die beiden letzteren Umschreibungen, vollends aber Teichgräber für die Ente und Schwarzreiter für den Floh können schon zu den sogenannten Personifikationen der Tiere gerechnet werden, wie sie uns noch deutlicher z. B. in den kundensprachlichen Bezeichnungen schwarzer Dragoner für den Floh[2]) und Seesoldat oder Seekadett für den Hering entgegentreten[3]). Sie bilden gleichsam das Gegenstück zu dem Ge-

[2]) Unsere Soldaten sprachen (nach Horn, Soldatensprache, S. 106) ganz ähnlich von braunen Husaren oder leichter Infanterie (= Flöhe) im Gegensatz zur schweren Kavallerie, d. h. den Wanzen, Vergleiche, die jedoch heute nicht mehr recht gebräuchlich zu sein scheinen; siehe die Schriften über die Soldatensprache von Imme (S. 93) und O. Maußer (S. 82, Anm. 38). Dafür sind jetzt andere Personifikationen, besonders für die Läuse, aufgekommen, wie blinde Passagiere, Nachtenbummler, Schnelläufer, Überläufer, Schleichpatrouille usw.; vgl. K. Bergmann, Wie der Feldgraue spricht, S. 29 vbd. mit G. Hochstetter, Der feldgraue Büchmann, S. 80. Über Schwarzburger = Floh (in der Kundensprache) und sonstige geographische Personifikationen siehe Näheres schon Abschn. I, 1, S. 36.

[3]) Weitere Beispiele siehe noch in meinem „Rotwelsch", S. 74 und Anm. 78.

brauche der Tiernamen für Eigenschaften, Stände oder Berufe der Menschen[4]), der seinerseits wieder nur eine, wenn auch sehr wichtige Gruppe in dem weiteren Gebiete der sogenannten metaphorischen, d. h. auf Vergleichen beruhenden Verwendung der Tierbezeichnungen, bildet.

Dieses interessante Thema ist in bezug auf unsere allgemeine Umgangssprache vor einigen Jahren von Th. Imme unter dem Titel „Sprachliche Zoologie" für weitere Kreise (in der Zeitschrift des Allgemeinen Deutschen Sprachvereins, 1908, Sp. 350ff.) behandelt worden[5]), nachdem schon Friedrich Kluge in seiner „Deutschen Studentensprache" (Straßb. 1895) der „burschikosen Zoologie" einen besonderen Abschnitt gewidmet hatte. Sehr ähnlich dieser letzteren

---

Bei dem Ausdruck Korporal für den Hahn handelt es sich wohl in erster Linie nicht um einen Vergleich, sondern um eine volksetymologische Ausdeutung eines jüdischen Wortes, womit auch die Umkehrung Hahn = Korporal oder Unteroffizier zusammenhängen dürfte. Das Nähere siehe (um Wiederholungen zu vermeiden) noch im Abschn. I, 6 („Volksetymologisches"). Dagegen bezieht sich Korporal für Bock (zuerst 1812) wohl auf den Leitbock („Leithammel"). Eine wirkliche (schon dem Rotwelsch des 18. Jahrhunderts bekannte) Metapher ist auch noch Schneider für den Krebs (wegen seiner „Scheren"), während Schneider für Ziege (im Regensburger Rotwelsch [490]) offenbar erst durch das (umgekehrte) allgemein volkstümliche Bock (d. h. Ziegenbock) = Schneider (vgl. den Text weiter unten) vermittelt sein dürfte. Schon aus der älteren Wiener Gaunersprache (1847) stammt Hutterergesellen (d. h. Hutmachergesellen) für die Filzläuse. Vgl. Groß' Archiv, Bd. 56, S. 48, 49. Ebendas. S. 48, Anm. 1 auch über Beispiele von Personifikationen der Tiere in unserer Gemeinsprache (wie Zaunkönig, Dompfaffe, Mönch, Ackermännchen für Vögel, Zimmermann oder Weberknecht für langbeinige Spinnen usw.). Hierher gehört auch die Verwendung von menschlichen Eigennamen für die Tiere, die ja bei unserem Volke von jeher sehr beliebt gewesen (vgl. den „Reineke Fuchs"), in den Geheimsprachen dagegen im ganzen seltener zu finden sind. Als Beispiele könnten etwa genannt werden: Hans Walter = Laus (schon in Lib. Vagat., später dafür auch bloß Walter), Steffen (= Stephan?) für die Henne (schon bei A. Hempel 1687), Hansel für Pferd (bei Karmayer 1835) und Merten (= Martin) für die Katze (im sog. Hennese Flick von Breyell) — vermittelt vielleicht (da der Name sonst auch volkstümlich für den Hasen ist) durch den Begriff „Dachhase" = Katze —, ferner noch die Zusammensetzungen Grun(n)ickel, Kronickel u. ä. m. = Schwein (aus „Grunznickel") und Hor(n)nickel (auch Hannickel u. ä.) = Ochse, in denen Nickel als Kurzform von Nikolaus zu betrachten ist. Vgl. dazu Groß' Archiv, Bd. 51, S. 157, Anm. 2 vbd. m. Bd. 43, S. 32, Anm. 1 und S. 33, Anm. 2 vbd. mit O. Meisinger, Die (männlichen) Appellativnamen in den hochdeutschen Mundarten, Progr. (Lörrach 1909), Teil II („Nachträge"), S. 15, 19.

[4]) Siehe ausführlich darüber Groß' Archiv, Bd. 54, S. 332ff.

[5]) Weitere Literaturangaben (betr. unsere Gemeinsprache) siehe noch in Groß' Archiv, Bd. 54, S. 328/29; vgl. auch Behaghel, Die deutsche Sprache (6. Aufl., Wien und Leipzig 1917), S. 364 (zu S. 143). Hervorzuheben besonders:

erscheint auch die „Schülerzoologie", über die jetzt das Schriftchen von Rud. Eilenberger, „Die Pennälersprache" (Straßb. 1910, S. 28ff.) Aufschluß gibt, während uns der Reichtum der militärischen Ausdrucksweise an solchen Bildern schon in Paul Horns „Soldatensprache" (1899, 2. Aufl. 1905), vollends aber in den neueren Schriften über diesen Gegenstand (von Bergmann, Hochstetter, Imme, Maußer u. a. m.) fast auf jeder Seite entgegentritt. Auch unser Rotwelsch (nebst seinen Verwandten) steht hierin nun hinter jenen Standessprachen durchaus nicht zurück (wie unlängst Hugo Cohn, „Tiernamen als Schimpfwörter", Schulprogr., Berlin 1910, S. 11 behauptet hat), ja, man könnte sogar fast meinen, daß es den „Rekord" auf diesem Gebiete erreicht hat. Einschränkend zu bemerken ist allerdings, daß es sich bei den zahlreichen Tiernamen, die uns in den Vokabularien aus allen Zeiten für die mannigfachsten Begriffe entgegentreten, nicht immer um wirkliche Metaphern, sondern recht häufig nur um eine Art „Pseudo-Zoologie" handelt. Dahin gehören z. B. die Andeutschungen von Fremdwörtern an unsere Tierbezeichnungen, die oft ziemlich sinnlos erscheinen (wie z. B. Kappmaus = Verräter, vom latein. capere und hebr. mâßar = „verraten", Ratz [mundartl. = Ratte] = Läufer, Bote, vom gleichbed. hebr. râz, Ratte = Nacht, und Bock = Hunger aus gleichbed. zigeun. rat und bok', Gemsel = Hemd aus französ. camisole)[6]), oder auch ähnliche Ableitungen von rein deutschen Zeitwörtern, wie z. B. die — wie Vogelnamen klingenden — Bezeichnungen Sper(r)ling für einen Knebel (zu „sperren", früher in Süddeutschland auch volkstümlich), Stieglitz für eine Leiter (zu „steigen") und Medinegeier für den Landhausierer (Gegensatz: Mokumgeier = Stadthausierer; zu Geier, jüd. = „Geher", Wanderer [vgl. schon Abschn. I, 1, S. 7 und weiteres noch im Abschn. 6 [„Volksetymologisches"]); ferner allerlei Wortspielereien, wie der bekannte (auch studentische) Spottname Polyp, zurechtgeformt aus „Polizist" (mit Anspielung auf die langen „Fangarme" jenes Seeungeheuers), Käfer für den Württemberger, vermittelt durch die Bezeichnung „Schwabe" (richtiger: Schabe) für ein käferartiges Insekt, oder Kuckuck für einen Konsul (Kundenspr.), das vermutlich auf den (preußischen) Wappen-

---

Rich. Riegler, Das Tier im Spiegelbild der Sprache (= Heft 15/16 der Neusprachl. Abhandlungen, aus dem Gebiete der Phraseologie usw., hrsg. von Cl. Klöpper), Dresden und Leipzig 1907.

[6]) Weitere Beispiele dieser Art siehe auch noch im Abschn. I, 6 („Volksetymologisches"). Über Affe = Bäcker vgl. noch unten Anm. 15; über Rabe = junger Gauner Anm. 19.

adler an seinem Hause sowie auf seinen Stempeln Bezug nimmt[7]), und dergleichen mehr[8]).

Aber auch nach Ausscheidung derartiger Fälle bleibt noch ein solcher Reichtum an — wirklich metaphorischen — Tiernamen übrig, daß an dieser Stelle nur die wichtigsten Beispiele dafür angeführt werden können. Es lassen sich dabei drei Hauptgruppen unterscheiden: Übertragungen von Tiernamen auf andere Tiere, auf Sachen oder abstrakte Begriffe und auf Menschen, für die sämtlich auch unsere Gemeinsprache zahlreiche Parallelen enthält. So ist die Übertragung von Namen gewisser Tiere auf solche, die davon bald weniger, bald mehr verschieden sind, teils ja sogar wissenschaftlich anerkannt (vgl. Nilpferd, Seehund, Meerschweinchen, Grasmücke), teils wenigstens im Volksmunde gebräuchlich, wie z. B. bei Rappe (oberd. = Rabe) für ein schwarzes, Fuchs für ein rotbraunes Pferd, Grauschimmel für den Esel, Dachhase für die Katze, Heupferd für den Grashüpfer u. a. m. Ganz wie bei diesen Fällen wechselt auch bei den gauner- (kunden- und krämer-) sprachlichen Seitenstücken bald nur die Art, bald auch die Gattung des Tieres. Ersteres finden wir z. B. bei Hornbock für die Kuh, bei dem (kundenspr.) spöttischen Schneiderkarpfen und dem grotesken Haifisch, beides für den Hering (als Speise), sowie bei dem gleichfalls kundensprachlichen (früher auch soldatischen und schon in Grimmelshausens „Simplizissimus" [1669] anzutreffenden) Müllerflöhen für die Läuse (nach der mehlweißen Farbe), die auch Reichskäfer oder Bismarckkäfer heißen (vgl. dazu: Herrgottskäferchen = Wanzen bei den Soldaten); und auch, wenn diese Art von Ungeziefer von den (Wiener) Gaunern und den Kunden als Bienen (von den Soldaten ebenso oder auch noch spezieller als russische Reichsbienen, von den schwäbischen Händlern als Staudefalter [zu Staude = Hemd]) bezeichnet wird, so ist sie dadurch doch nur in die anmutigere Gruppe der geflügelten Insekten hinaufgerückt. Dagegen liegen bei den Ausdrücken Flosserkatz für die Fischotter (Katze, also ein Haustier für ein Raubtier), Höcklingsvogel für die Wespe (zu bayr.-österreich. höcken = stechen)

---

[7]) Für Österreich könnte man dabei auch an die Aufschrift im Schild und Siegel: „K. u. k. Konsul", d. h. kaiserlicher und königlicher Konsul, denken.

[8]) Sehr beliebt sind solche Wortscherze auch in der Soldatensprache; vgl. etwa (früher schon): Federvieh = Spielleute (nach ihren früheren Federbüschen), Wirbeltier = Trommler (nach dem Trommelwirbel), Hornvieh und Schmetteling (zu „schmettern") = Hornist; dazu ferner jetzt noch: Zuaffe = Zuave, Haubenlerche = Haubitze, Nachtigall = Pferd, das „schlägt" u. a. m. Vgl. Horn, a. a. O., S. 34, 35 vbd. mit Bergmann, a. a. O., S. 25, Hochstetter, a. a. O., S. 34 und Bischoff, Wörterb., S. 108.

und Süßling- oder Spitzvogel für die Biene Fälle eines wirklichen Gattungswechsels vor, von denen uns jedoch die beiden letzteren nach ähnlichen Namen in unserer Volkssprache (wie Sommer- oder Buttervogel für den Schmetterling) nicht allzu auffällig erscheinen werden. Befremdlicher mutet es dagegen an, daß Spitzvogel bei den schwäbischen Händlern auch für den Floh gebraucht wird und Schmunckvogel, d. h. „Fettvogel", bei den Gaunern sogar für das Schwein vorkommt. Mehr oder weniger sonderbar sind ferner auch Padde (niederd. = Kröte) für die Gans, Saihund oder -katte (d. h. Seehund, -katze) für den Hering bei den sauerländischen, Hase für den Floh bei den schwäbischen Händlern und Sackratten für Filzläuse, Trichinen für Läuse schlechthin in der Kundensprache (ersteres — neben Beutelratten — auch soldatisch).

An Bezeichnungen für Sachen, die auf Vergleichen aus dem Tierreiche beruhen, ist das Rotwelsch usw. entschieden unserer Gemeinsprache noch überlegen, obwohl auch diese davon weit mehr enthält, als es auf den ersten Blick hin wohl scheinen mag; es sei hier z. B. nur an den Gebrauch von Hahn (am Fasse, Flintenschloß usw.), Bock (als Kutscher-, Säge-, Messerbock), Katze (in Geldkatze, Weidenkätzchen) und Hund (als Gerätbezeichnung bei den Bergleuten und in verschiedenen Gewerben) erinnert (vgl. auch Kran, eigentl. = Kranich, Ramme, eigentl. = Widder u. a. m.)[9]. Die soeben erwähnten vierfüßigen Haustiere sind auch von den Gaunern bildlich verwandt worden. Der — stets wachsame — Hund verkörpert bei ihnen das Vorhängeschloß, die Katze den Ranzen, Bachkatzen bedeuten Steine. Der Bock[10]) erscheint in den Phantasieschöpfungen: Grünlingbock = Klee, Rauschetbock = gedörrter Klee (beides nach Karmayer) und Windbock = Mühle (Kundenspr.), der Hammel in Schneidhammel für die Schere. Von den Raubtieren ist zwar nur der Bär, dieser jedoch mehrfach vertreten, nämlich einmal (früher) für „Laib Brot" (wohl nach der braunen Farbe), sodann (jetzt in Wien) für eine „feuerfeste Kasse", wobei die „Bärenstärke" als Vergleichspunkt zu betrachten sein dürfte. Auch das Kundenwort Eisbär für den „Sparpfennig"

[9]) Auch die neuere Soldatensprache hat zahlreiche derartige Benennungen, namentlich für Geschütze (wie z. B. Dackel, Bulldogge, dicker Mops, Spitzerle) und für Geschosse (wie Igel, Frösche, Taschenkrebse, Schildkröten für die Handgranaten, Stinkwiesel für Sprenggranaten oder gar betrunkene Störche für englische Flatterminen) geschaffen. Vgl. u. a. die Schriften von Bergmann (S. 14), Hochstetter (S. 42, 44) und Imme (S. 134, 136, 138, 140).

[10]) Bock ist auch der Name eines bayrischen Arbeitshauses; vgl. Abschn. I, 5 („Gefängniswesen").

mag aus einer ähnlichen Ideenverbindung entstanden sein; wo es dagegen (wie in Schwaben) spezieller das Silbergeld bedeutet, dürfte die Farbe des Fells den Vergleichspunkt gebildet haben (s. auch schon Abschn. I, 2, S. 75). Eine alte rotwelsche, nach der Farbe gebildete Metapher ist Fuchs für das Goldstück (seltener auch = Gold oder Geld schlechthin; vgl. unser „Goldfuchs" und das französische renard = Trinkgeld). Noch genauer unterscheiden besonders die Wiener Gauner heute zwischen Altfuchs, d. h. Gold, und Rot- oder Gelbfuchs, d. h das einzelne Goldstück, wogegen Weißfuchs das Silber bedeutet (vgl Abschn. I, 2, S 74). Nur vereinzelt findet sich Sauerhase (oder Surhase) für die Zwiebel. Der Ausdruck Igel für einen Koffer erklärt sich aus dessen rauhem Fellüberzug in älteren Zeiten. Wenn noch heute bei den Kunden Fledermaus für Brief gebraucht wird, so hat dieser Vergleich recht alte studentische Seitenstücke aufzuweisen (schon um 1600: weiße Fledermäuse = „billets doux", um 1700: [papierne] Fledermäuse = „Mahnzeltel [Rechnungen] der Handwerker").

Viele Übertragungen auf Sachen sind der Gruppe der Vögel entnommen, so — nach der Farbe — Gelbvögel für die Goldstücke (bei den schwäbischen Händlern, früher allgemeiner beliebt) und Finken für die Sommersprossen (mit Beziehung auf das „bunte" Gefieder (bei Karmayer); nach der kleinen Gestalt: Spatz (Kundensprache) für die Fleischportion in Gefängnissen und sonstigen Anstalten (auch soldatisch, in der Schweiz Sperling; vgl. die schwäbischen „Spätzle"); weiter die recht anmutige Umschreibung: die Glucke mit den Kücken für den großen Suppenlöffel und die kleineren Eßlöffel; das Hühnervolk ist ferner vertreten in Fetzenhahn = Zunder (Karmayer) und (bei den Kunden) Feldhühner = Kartoffeln, wofür auch Erdtauben vorkommt; seltener ist Bachstelzen für Bohnen oder Linsen. Als eine Zusammensetzung mit „Fisch" ist zu nennen Funkenfisch = Lunte (Karmayer). Von den Kriechtieren erscheinen: Kröten für Gelder (Kundensprache), Padde für den Geldbeutel, Unke für die Branntweinflasche (Kundensprache). Die sich in Windungen fortbewegende Schlange bietet ein passendes Bild für Ketten jeder Art (daher z. B. Zwiebelschlängchen = Uhrkette); bei den schwäbischen Händlern wird aber wohl auch die Wurst als Schlang(e) bezeichnet. Als alter rotwelscher Name ist sonst dafür (seit dem Liber Vagatorum) Regenwurm gebräuchlich gewesen, in der Mehrzahl bedeutet dieses Wort heute aber bei den Kunden (und ebenso bei den Soldaten) die Fadennudeln (vgl. [gekochte] Bandwürmer in der Soldatensprache und im Schülerjargon; s. dazu auch noch Abschn. II). Weitere Verbindungen mit Wurm sind noch Füllwurm für den Trichter und Hitzwurm für den Tragbalken an der Zimmerdecke (zu Hitze = Stube). Weshalb Krebs für Schere gebraucht worden, ist leicht erklärlich, weniger, warum die Birne auch Baumkrebs heißt. Von Insektennamen finden wir unter anderen: Raupe für den Ranzen, Spinne für Gitter, Weißling (als Schmetterling) für kleinere Silber- (oder Nickel-) münzen, Filzlaus für das frühere kleine silberne Zwanzigpfennigstück in der Kundensprache (die auch Filzlaussuppe für Griessuppe kennt), endlich Wanze für den Pfennig bei den schwäbischen Händlern (vgl. Abschn. I, 2, S. 74).

Weit seltener erscheinen Tierbezeichnungen auch für abstrakte Begriffe, doch können dafür — außer (den auch allgemein gebräuchlichen) Affe = Rausch und Vogel = Verrücktheit — aus dem Gaunerglossar Karmayers von 1835 z. B. Löwe für Jähzorn und das ganz sonderbare Brummbär für Frieden (vgl. dazu mein Rotwelsch, S. 21, Anm. 14) angeführt werden. Noch heute geltendes Gaunerdeutsch sind die Ausdrücke Würmer für die Jahre und Frösche für die Monate der Zuchthaus- oder Gefängnisstrafe. Nach Bischoff (Wörterb., S. 92) soll die erste dieser Metaphern andeuten, daß solche Jahre in Strafanstalten ebenso „langsam schleichen" wie die Würmer, während er dagegen die Frösche als eine bloße Andeutschung aus dem Hebräischen betrachtet[11]). Es erscheint aber doch viel einfacher — vorausgesetzt, die Erklärung der „Würmer" sei überhaupt richtig —, mit Beziehung darauf auch in den „Fröschen" wirklich die sich zwar ebenfalls noch immer langsam, aber gleichwohl doch etwas schneller als die Würmer (durch Kriechen oder Hüpfen) fortbewegenden Tiere selbst zu erblicken.

Alles bisher Erwähnte tritt schließlich in den Hintergrund gegen die überraschende Fülle von Übertragungen, die dem Tierreich zur Kennzeichnung menschlicher Eigenschaften, Zustände oder Tätigkeiten entnommen sind. Die deutschen Geheimsprachen stehen in dieser Beziehung völlig in Übereinstimmung mit der Phantasie unseres Volkes überhaupt, die sich in immer neuen Schöpfungen solcher Art gefällt, so daß zu dem älteren Bestande (wofür namentlich auf den oben erwähnten Aufsatz Immes verwiesen sei) in den letzten Jahren noch mancherlei hinzugetreten ist. So hat ein spöttischer Hochtourist die nicht zu seiner speziellen Gattung gehörigen Alpenreisenden in Talschlangen, Jochfinken und Hüttenwanzen

---

[11]) Und zwar soll der Singular Frosch aus dem hebr. p(h)ârasch = „in Abschnitte zerlegen" entstanden sein, wohinter wohl mindestens ein großes Fragezeichen zu setzen wäre. — Über den Ausdruck Schurf = „ein Jahr Zuchthaus" und seine eventuelle Beziehung zur Zoologie siehe noch Abschn. I, 5, S. 113, Anm. 20.

eingeteilt; der Radfahrsport zeitigte den Chausseefloh, dem später noch die Chausseewanze (= Motorfahrer) und endlich die Benzinwanze (= Automobilist) zur Seite traten; mit der Ausbreitung weiblicher Berufsarten entstanden unter anderen die Bezeichnungen Malhühner für junge Malerinnen und Klapperschlange für das „Tippfräulein" an der Schreibmaschine, und die schwere Kriegszeit mit ihrer Lebensmittelknappheit endlich bescherte uns die allbekannte unerfreuliche Erscheinung des Hamsters (so besser als [das erst davon abgeleitete] „Hamsterer"), um ganz zu schweigen von den Neubildungen unserer Feldgrauen auf diesem Gebiete, die von dem grimmigen Kettenhund (für den Feldgendarm nach seiner um den Hals hängenden Kette) oder den spaßigen Stachelschweinen (für die Pioniere, weil sie den Stacheldraht herstellen) an bis herab zu den anmutigen Karbolmäuschen (= Krankenschwestern) in einer schier unabsehbaren Fülle zutage getreten sind. Im Rotwelsch treffen wir zunächst die Namen vieler unserer Haustiere in solchem übertragenen Sinne an, so ganz besonders den Hund, dessen Wachsamkeit und feiner Spürsinn ja zum Vergleich mit den Polizeibeamten förmlich herausfordert; hat doch z. B. schon Ludwig Börne vom „Polizeihund" (im Gegensatz zu „Polizeiwild") in bildlichem Sinne gesprochen, also lange bevor Hunde im Polizeidienst praktisch verwendet worden sind. Bei den Gaunern ist übrigens für den Polizisten der Ausdruck Hund — ohne weiteren Zusatz — weniger gebräuchlich als die nähere Bezeichnung nach einzelnen Hundearten. Dahin gehören blauer Jagdhund für den Schutzmann mit seiner dunkelblauen Uniform, Spitzel (das aus Wien stammt) für den Polizeispion (der gleichsam „wie ein Spitz mit gespitzten Ohren wachsam auf der Lauer liegt oder unruhig umherspioniert")[12]), dann auch für den verräterischen Genossen u. dgl., sowie das — besonders in der Kundensprache beliebte — Teckel oder Dackel für den Gendarmen. Man hat diese Bezeichnung mit den krummen Beinen des berittenen Gendarmen in Zusammenhang bringen wollen, allein da sie auch für den Fußgendarm gebräuchlich ist, stammt sie doch wohl von der — aus den „Fliegenden Blättern" genugsam bekannten — „Schlauheit" des Dackels her[13]). Die Benennung Spiel-

[12]) So nach Fr. Seiler, Die Entwicklung der deutschen Kultur im Spiegel des deutschen Lehnworts, Bd. IV (Halle 1912), S. 422, wo noch Näheres über das erste Auftreten und die weitere Verbreitung des Wortes in unserer Gemeinsprache. Andere haben übrigens (mit Avé-Lallemant) eine unmittelbare Ableitung von dem Adj. spitz (= „stechend, schlau, listig"; vgl. „Spitzbube") befürwortet. Vgl. Groß' Archiv, Bd. 55, S. 149/50.

[13]) Nach Bischoff, Wörterb., S. 87 soll freilich die Beziehung überhaupt

möpse für die Musiker ist eine Entlehnung aus der Soldatensprache. Für das weibliche Geschlecht kommt zwar (bei den Kunden) Hunderl als Kosewort vor, aber auch das mundartliche Töle (Teele) als Schimpfwort — für „Dirnen", in deren Kreisen auch Sau und Kuh (sowie Zusammensetzungen damit) in ähnlicher Weise verwandt werden. Die Wiener Gauner kennen Katze für „Frauenzimmer" schlechthin; das halbhebräische Zehkemkatze ist Schelte für einen Verräter (vgl. zur Etymol.: Groß' Archiv Bd. 51, S. 146, Anm. 1). Der sehr beliebte Gebrauch des Wortes Hengst in Personenbezeichnungen bei den Gaunern und Kunden stammt von den Studenten her, und zwar aus jenen Zeiten, wo unsere Musensöhne noch ihre Ausflüge regelmäßig hoch zu Roß unternahmen (vgl. Näheres bei Kluge, Studentensprache, S. 71). Während einige dieser Ausdrücke (wie Perückenhengste = Perückenmacher, Mahnhengste = Gläubiger, Bierhengst = starker Trinker) wieder in Vergessenheit gerieten, sind andere erhalten geblieben, so Pomadenhengst für einen Stutzer und Pechhengst für den Schuster, das auch noch gauner- und kundensprachlich ist. Dazu treten als selbständige Nachbildungen des Rotwelsch: Bihengst = Bienen- oder Wäschedieb, Garnlinghengst = Weber, Schefferhengst = Schieferdecker, Scherblinghengst = Glaser, Schmierlinghengst = Seifensieder, Staubhengst = „Griesler" (1835 in Österreich); Spielhengste (= Spielmöpse) ist wieder der Soldatensprache entnommen, die überhaupt noch eine große Menge ähnlicher Gebilde geschaffen hat[14]). Die Kundensprache hat Hobelhengst für den Tischler und Kleisterhengst für den Buchbinder aufzuweisen, und in einer nordwestfälischen Krämersprache (Kluge, Rotw. I, S. 444) heißen die „feineren Geschäftsreisenden" Stålenhengste (zu Stålen = Warenproben, aus dem Holländischen). Das unedlere „Klepper" findet sich in Kuttenklepper = „gemeiner Dieb" (1820) und Buschklepper,

---

nicht auf den Dachshund hindeuten, sondern nur eine Verunstaltung der (allerdings auch gebräuchlichen) Form Deckel sein, die auf den Helm des Gendarmen zu beziehen wäre (vgl. a. a. O., S. 19), so daß also eine pars pro toto wie bei den Synonymen Blankhut, Pickelhaube u. dgl. m. vorläge. Selbst wenn aber das Wort wirklich so entstanden sein sollte, wird es doch im heutigen Sprachgebrauch der Kunden wohl nur noch als Bezeichnung der Hundeart betrachtet. Vgl. auch noch Abschn. I, 4 („Die Polizei").

[14]) Es seien nur (nach den Schriften von Horn, Hochstetter, Imme und Maußer) unter vielen anderen erwähnt z. B.: Mottenhengst für den Kammerunteroffizier, Misthengste für Kavalleristen oder Fahrer bei der Artillerie, Speckhengste (früher) oder Küchen- oder Gulaschhengste (modern) für die Küchensoldaten (vgl. bei der Marine: Kombüsenhengst = Koch), Blechhengste für die Musiker, Aspirinhengste für die Sanitätssoldaten usw.

früher bekanntlich allgemeine Bezeichnung eines wegelagernden Räubers (vgl. Weigand, W.-B. I, Sp. 312), jetzt noch bei den Kunden für „Landstreicher, die sich besonders in Wäldern aufhalten", gebraucht; als Ortsbullen bezeichnen die Kunden neuerdings die Bürgermeister kleiner Ortschaften, und mit Polsterochse vom Seegrasmetier wird von ihnen wohl ein Tapezier umschrieben. Hammel ist schon 1846 in einem Verzeichnisse Berliner Dirnen- und Diebesausdrücke als Schimpfwort für alte zudringliche Männer angeführt, Schlunzhammel (zu mundartl. Schlunz = dicke Suppe, Mus u. dgl.) ist ein Gaunerwort für den Gefängniskoch (vgl. soldatisch einerseits Schlunzmichel, andererseits wohl auch Küchenhammel für die Küchenmannschaft [s. Horn, S. 54, und Imme, S. 20]). Wie Bock im Volksmunde ganz allgemein den Schneider bedeutet, so bei den Kunden das noch deutlichere Zwirnbock (vgl. das volkstümliche „Meister Zwirn"); das rotwelsche Lämmlinge für kleine Kinder erinnert an das „Lämmerhüpfen" in der Schülertanzstunde.

Von den Raubtieren erscheint zunächst wieder der Bär in der bekannten Zusammensetzung Seebär für Seemann, die auch bei den Gaunern üblich ist, und in Eisbär, das bei den Kunden wohl auch für einen, der viel Geld zusammenfechtet, vorkommt, sodann der Wolf, jedoch nur mit seinem Namen in der Tierfabel, Isegrimm, für den — meist brummigen — Gefängnisaufseher. Von sonstigen „exotischen" Tieren sind noch zu nennen das Kamel (in der aus dem Jüdischen entlehnten Form: Gomol, hebr. gâmâl) als verächtliche Bezeichnung für den Richter, das Trampeltier für den „schweren Reiter" (aus der Soldatensprache) und der Affe, der in mehrfacher Weise Verwendung gefunden hat. So bedeutet Aff(e) bei den Wiener Gaunern einen „Inspektor" (vermutlich im Gefängnis [vgl. singe im französ. Gefängnis-Argot] oder bei der Polizei), bei den Kunden dagegen den Bäcker, was wohl nur eine Abkürzung des längeren (auch mundartlich sehr weitverbreiteten) Teigaffe ist[15]), sei es nun, daß man dabei den im Brot- und Kuchenteig herumknetenden Bäcker wirklich mit einem Affen verglichen hat, oder daß sich der Ausdruck — was wahrscheinlicher ist — zunächst auf ein gewisses Gebäck in Tiergestalt (vgl. das ähnliche „Hornaffe") bezogen hat, das dann später auf seinen Verfertiger (nach Art der pars pro toto) übertragen worden (vgl. Näheres noch in Groß' Archiv, Bd. 55, S. 155, Anm. 1 und 2). Unter einem Äffchen begreift die Kunden-

[15]) Doch könnte es sich hierbei vielleicht auch um eine Andeutschung aus dem hebr. 'ôfeh = „Bäcker" handeln. Vgl. dazu auch noch Abschn. I, 6 („Volksetymologisches").

sprache hauptsächlich einen jungen, noch unerfahrenen Handwerksburschen.

Der Ausdruck Fuchs oder Schulfuchs für den Schulmeister, der auch im Rotwelsch schon in der ersten Hälfte des 18. Jahrhunderts nachweisbar ist, stammt wohl ohne Zweifel aus der Studentensprache, ist im übrigen aber bislang noch nicht ganz befriedigend erklärt worden (s. Näheres bei Kluge, Studentenspr., S. 51). Recht zahlreich ist das Hasengeschlecht (besonders in der Kundensprache) vertreten, so mit Kohlhase = Gärtner, Sandhase = Infanterist (aus der Soldatensprache), Dachhase = Dachdecker, Chausseehase für einen „Kunden, der zum ersten Mal auf der Walze ist". Spinnhase (nach Bischoff, Wörterb., S. 83 zu spinnen = „blöde sein") ist ein (anscheinend aus der Soldatensprache übernommenes) Gaunerwort für einen Feigling (vgl. Hasen machen = davonlaufen und unser allgemein volkstümliches „das Hasenpanier ergreifen" sowie „Furcht-" oder „Banghase"). Mit Hirsch bezeichnen die Wiener Gauner sonderbarerweise den in Einzelhaft befindlichen Sträfling (oder auch einen „Neuling"). Die alte rotwelsche Metapher Iltis für „Stadtknecht" oder „Büttel", moderner gesprochen für den Polizisten oder Schutzmann, enthält eine Anspielung auf die Schlauheit und Raubgier jenes Tieres. Der Vergleich der Pioniere mit Maulwürfen (wie in der Soldatensprache) bedarf keiner weiteren Erklärung, ebensowenig (das auch allgemein bekannte) Wasserratte für den Seemann (Gegensatz: Landratte; vgl. dazu bei den Soldaten: Wasserratten auch = Pioniere, die aber auch als Erdratten erscheinen, wogegen Feldratten die Infanteristen bedeuten; s. Imme, a. a. O., S. 25, 33). Zu dem gaunersprachlichen Wasserratte im Sinne von „Schiffsdieb" sowie zu Stiegenratte für einen „Schleichdieb" ist auf die „diebische" Natur der Ratten und Mäuse hinzuweisen (vgl. auch im engl. Cant: river-rat = Schiffsdieb und im französ. Gauner-Argot rat d'hôtel = nächtlicher Gasthofsdieb).

Sehr häufig sind das Wort „Vogel" und einzelne Vogelnamen auf menschliche Verhältnisse übertragen worden. So finden wir z. B. unseren gemeinsprachlichen „Unglücks-" oder „Pechvogel" als Schlamasselvogel auch bei den (jüdischen) Gaunern wieder[16]),

[16]) Das auch in unserem Volke weitverbreitete Schla(m)massel = Unglück, „Pech" (zu hebr. mazzâl = „Glücksstern, Glück") ist von Bischoff, Wörterb., S. 75 — mit der jetzt herrschenden Ansicht (siehe z. B. auch Weigand, Wörterb. [5. Aufl.] II, Sp. 721; vgl. Groß' Archiv, Bd. 55, S. 169, Anm. 1) — als das aramäische sche-lâ-massâl, d. h. „was nicht Glück (ist)" ausgelegt worden, mit der Hinzufügung, daß „jede andere Ableitung ... Unsinn sei" (vgl. auch ebendas.

während von den Kunden die „Arbeiterkolonisten" als Kolonienvögel bezeichnet werden. Der — von den Studenten übernommene — Strichvogel verschleiert den Begriff „leichte Dirne", die abends — gleich der Schnepfe — „auf den Strich (d. h. den Männerfang) geht" (daher auch für sie gebräuchlich: Schneppe [d. i. niederd. = Schnepfe], ferner Dohle, Möwchen [Kundenspr.] und ähnliche Synonyme). Auch Henne ist eine kundensprachliche Bezeichnung für weibliche Personen (daher u. a.: Staubhenne [zu rotwelsch Staub = Mehl] = Mehlbettlerin). Mit der Eule — oder Nachteule — erscheint dagegen recht passend im Rotwelsch der Nachtwächter, in früheren Zeiten wohl auch der nächtliche Räuber verglichen. Kuttengeier (das wohl von den sonstigen Verbindungen mit Geier = „Geher" [s. oben S. 79] zu trennen ist) kommt in Wien für den Geistlichen vor. Gansel (selten) und Strauß (veraltet) sind gaunerische Spottnamen für den Polizisten und Gendarmen, die beide meist auf die angebliche Dummheit jener Vögel bezogen werden, wofür man sich betreffs des Straußes schon auf die Bibel (Buch Hiob 39, V. 17) berufen kann, wo es heißt, daß „Gott ihm die Weisheit genommen und . . . keinen Verstand zuerteilet" habe[17]). Nach den Farben des Gefieders sind gebildet worden Grünspecht (auch soldatisch) oder Specht schlechthin für einen Jäger, Förster und dergleichen (vgl. auch Medinespecht = Landjäger, Gendarm [oben S. 7]), Rotkehlchen für den Soldaten[18]) und Blaumasl (d. h.

„Vorwort", S. V, Anm. **). Dagegen ist nun aber zu bemerken, daß die ältere (u. a. auch von Avé-Lallemant, IV, S. 571, gegebene) Erklärung des Ausdrucks als „Schlimm-Massel" (vom deutschen Adj. „schlimm") durchaus in Übereinstimmung steht mit seiner Aussprache bei den osteuropäischen Juden, denen sogar die Verstärkung Schlimm-Schlimmasl bekannt ist. Ebenso haben — nach Mitteilung von Dr. A. Landau (Wien) — die älteren jüdischdeutschen Drucke, die die Bestandteile zusammengesetzter Wörter getrennt schreiben, „schlim masl". Nach demselben Gelehrten spricht für die ältere Ansicht weiter das Vorkommen des — als Gegensatz zu Schlamassel gebrauchten — dobry masl (zu poln. dobry = „gut") und des neugriechischen κακομάζαλος, endlich aber auch der Umstand, daß die Zusammensetzung eines Substantivs mit einem verkürzten Relativsatz (sche-lâ = „was nicht [ist]") sehr unwahrscheinlich und ein Beleg dafür bisher nicht erbracht sei (vgl. Groß' Archiv, Bd. 56, S. 181). Will man trotzdem an der herrschenden Ansicht als der allein richtigen festhalten, so müßte man dann wohl in der Form Schlimmasel eine spätere Volksetymologie erblicken.

17) Über eine andere, günstigere Auslegung der beiden Bezeichnungen siehe Näheres noch im Abschn. I, 4 („Die Polizei").

18) Schon 1726 belegt und jedenfalls nach dem ja meist roten Kragen der Uniformen entstanden (ähnlich wie das neuere Blaukragen für Gendarm). — Bei den Seeleuten in Kiel führten auch die Angehörigen des dort in Garnison

kleine Blaumeise) für einen „Polizeiagenten", ursprünglich wohl für den uniformierten Polizisten (s. dazu Näheres noch im Abschn. 4; vgl. Meisen = Stadtsoldaten als Leipziger Studentenausdruck zu Goethes Zeit). Für den Maurer mit seinem nicht sonderlich reinlichen Handwerk sind die groben Spottnamen Dreck- oder Schundschwalbe, in Wien auch Steinschwalbe (oder Kotlerche) gebräuchlich; Nachtschwalben war einst eine Bezeichnung für nächtliche Hauseinschleicher (Schlemmer 1840). Raben heißen noch jetzt die angehenden Diebe und Schwindler (wohl mit Beziehung auf die „diebische" Natur dieser Vögel)[19].

Ein schon ziemlich alter rotwelscher (auch studentischer und soldatischer) Vergleich ist der des (meist grün gekleideten) Jägers mit dem Laubfrosch, während Blindschleiche für einen Bettler mit schlechten Augen erst der neuesten Kundensprache entstammt. Die Ausdrücke Knallhecht für Soldat und (früher) Dreitrefferhecht für den Feldwebel sollen ihren Ursprung (nach Avé-Lallemant IV, S. 534) von einer hechtgrauen Uniform in Österreich herleiten. Es bleibt indessen fraglich, ob in Österreich jemals eine Uniform von solcher Farbe existiert hat. In der Zusammensetzung Dreitrefferhecht bereitet außerdem noch der erste Bestandteil Schwierigkeiten. Nach Avé-Lallemant (a. a. O.) soll er auf das Aufstellen der Soldaten „in drei Treffen" hindeuten. In „Treffen" (d. h. Gefechtseinheiten) werden aber nur größere Truppenteile aufgestellt, nicht die Kompagnie, mit der es der Feldwebel zu tun hat. Da jedoch die Form „Dreitreffer-" als sicher überliefert gelten darf (also nicht etwa „Dreitressenhecht" zu lesen ist), so bleibt dafür nur die Vermutung übrig, daß die den Feldwebelrang bezeichnenden drei Sterne auf dem Kragen mit den Kleeblättern der Kartenfarbe „Treff" verglichen seien (s. Groß' Archiv, Bd. 56, S. 182).

Von Insektennamen sind Mücke für Spion, Leuchtkäfer für Husaren (aus der Soldatensprache)[20]), und (als Wiener Gauner- bzw. Dirnenausdrücke) Bienen oder Bruchbienen, ersteres für weibliche Wesen überhaupt, besonders aber für Prostituierte, letzteres

gelegenen Bataillons des 85. Inf.-Regiments ebenfalls diesen Spitznamen „wegen der roten Kragen" (Imme, Soldatensprache, S. 49).

[19]) Nach Bischoff, Wörterb., S. 70 soll der Ausdruck aber zu dem böhm. rob = Knabe bzw. rab = Knecht gehören, also nur eine volksetymologische Andeutschung sein.

[20]) Bei den Soldaten zunächst = rote Husaren (außerdem neuerdings auch für die Leute der Scheinwerfertruppe gebraucht, die auch Leuchthusaren heißen); siehe Horn, S. 30 vbd. mit Bergmann, S. 40 und Imme, S. 29 und 33. — Auch die schwarzen, grünen, grünweißen und gelbblauen Husaren hatten zoologische Spitznamen; siehe das Nähere bei Imme, S. 29, 30.

noch spezieller für „Soldatendirnen“ (beides auch soldatisch) zu registrieren. Krebs heißt bei den Kunden der Seiler, der sein Gewerbe meist rückwärtsschreitend zu betreiben pflegt, während der Gaunerhumor die Benennung Taschenkrebs für den Taschendieb geschaffen hat, weil er häufig eine „Schere macht“, d. h. mit zwei gespreizten Fingern seinem Opfer in die Taschen fährt. Auch bei den Personenbezeichnungen erfreut sich endlich noch der Wurm einiger Beliebtheit, wofür hier als Beweise genannt seien: das (seltene) rotwelsche Federwurm für einen Advokaten (zu federn = schreiben bzw. Fe[h]m[e] u. ä. = Hand, vermutlich von schwed. fem = 5 [vgl. oben S. 40]), das Kundenwort Holzwurm für den Schreiner und der Spottname Mehlwürmer für die Proviantbeamten, der wieder von den Soldaten entlehnt sein dürfte, die sogar noch den höheren Rang der Obermehlwürmer kennen.

4. Die Polizei[1]).

Seit Jahrhunderten wogt der Kampf zwischen dem gewerbsmäßigen Verbrechertum und den „Hütern der Ordnung“, der „heiligen Hermandad“ (d. h. Brüderschaft), wie wir wohl mit einer aus dem Spanischen entlehnten, etwas spöttischen Umschreibung gern die Gesamtheit der Polizisten benennen. Und noch immer ist bei diesem Kampf um Recht und Unrecht kein Ende abzusehen. Denn so oft etwa durch die Wissenschaft der Kriminalistik wichtige Neuerungen im Polizeidienst vorgenommen wurden, fast jedesmal haben auch gleich die Gauner versucht, sie durch Gegenmaßregeln für sich unschädlich zu machen. So gehen z. B. seit Einführung der Daktyloskopie (d. h. der Verwertung der Fingerabdrücke) die Herren Einbrecher nicht nur fein mit Glacéhandschuhen bekleidet an ihre „Arbeit“, sie haben auch noch verschiedene andere „Methoden“ ersonnen, um jenes wertvolle Hilfsmittel des kriminalistischen Erkennungsdienstes zu paralysieren.

In Anbetracht dieser uralten, in der Natur der Sache liegenden Gegnerschaft zwischen der Polizei und dem Gaunertum begreifen wir es leicht, daß auch seine Sondersprache, das sogenannte Rotwelsch (sowie der damit nahe verwandte Jargon der „Kunden“ oder Landstreicher) förmlich wimmelt von Bezeichnungen für jene

---

[1]) Erschienen unter dem Titel „Die ‚heilige Hermandad‘ im Gaunermunde“ in der „Frankfurter Zeitung“ vom 8. Juli 1915, Nr. 187 (Erstes Morgenblatt), abgedruckt auch in der „Preußischen Schutzmannszeitung“, Sept. 1915.

Beamtenkategorie. Wer aber nun weiter etwa meinte, daß sich in all den vielen Vokabeln lediglich Haß und Verachtung widerspiegele, der wäre in einem starken Irrtum befangen. Während nämlich der Berufsverbrecher dem Richter, dem Staatsanwalt, ja selbst wohl dem Verteidiger mit einem aus Geringschätzung und Mißtrauen gemischten Gefühle gegenüberzustehen pflegt, ist sein Verhältnis zu den Polizeibeamten wesentlich freundlicher. „Man kann natürlich nicht verlangen" — so bemerkt hierüber der vor einigen Jahren verstorbene Hof- und Gerichtsadvokat Dr. Max Pollak, ein gründlicher Kenner des Wiener Gaunertums (in Groß' „Archiv für Kriminal-Anthropologie", Bd. 15, S. 191ff.) — „daß die Berufsverbrecher einer Behörde, die ihre Ausforschung und Bestrafung bezweckt, besondere Liebe und Anhänglichkeit entgegenbringen, aber die Gegnerschaft (zu ihr) ist eine offene, beinahe ritterliche; versteht (der Polizeibeamte) es, ihren Schlichen mit Erfolg nachzuspüren, so bringen sie ihm sogar eine gewisse wohlwollende Anerkennung entgegen, ohne ihm ihre Entlarvung irgendwie persönlich nachzutragen. Wirkliche persönliche Feindschaft bringt der Berufsverbrecher (nur) dem Verräter entgegen, der, selbst Mitglied der Zunft, die Genossen der Behörde ausliefert, seltener (auch) dem Detektiv", da ja „auch dieser" als staatlich angestellter Beamter „nur seine Berufspflicht erfüllt".

Die so verschiedene Beurteilung der amtlichen Tätigkeit der Polizei und der nur vor Gericht — am „grünen Tisch" — auftretenden Personen durch die Gauner hat nun natürlich auch in ihrem Rotwelsch deutliche Spuren hinterlassen. Denn höchst selten finden wir hier für die erstere Gruppe wirkliche Schimpfwörter, wie sie für die zweite doch öfter vorkommen, ja auch die sozusagen „neutralen", d. h. nur ganz trocken auf die äußere Erscheinung oder die Haupttätigkeit der Beamten hinweisenden Ausdrücke, erscheinen dafür seltener im Vergleiche zu einer großen Fülle von eigenartigen Umschreibungen oder Vergleichen, die, zwar häufig durch derben Humor, ja durch Satire gewürzt, doch jene ritterliche Anerkennung des Gegners durchblicken lassen, von der oben die Rede war, während solche Bezeichnungen wiederum für die Gerichtspersonen fast völlig fehlen [2]). Mit der Feststellung dieser Tatsachen dürfte das Interesse des Kriminalpsychologen an diesem Thema im wesentlichen erschöpft sein, wollen wir aber einen näheren Einblick gewinnen in die ungeheuere Mannigfaltigkeit der einzelnen Bezeichnungen, so müssen

[2]) Eine Zusammenstellung der wichtigsten gaunersprachlichen Ausdrücke für den Richter, den Staatsanwalt und den Verteidiger habe ich in Groß' Archiv, Bd. 38, S. 199, 200, Anm. 4 gegeben.

wir den Stoff grundsätzlich vom Standpunkt des Sprachforschers aus betrachten und demgemäß nicht nur die Wörter fremden Ursprungs von den rein deutschen trennen, sondern auch sonst noch unser Augenmerk richten auf mancherlei sprachliche Erscheinungen bald äußerer Art (wie z. B. die sogenannten „Abbreviaturen" nach Buchstaben oder Silben, gewisse Wortwitze u. dgl. mehr), bald mehr innerer Natur (wie namentlich die so interessanten Begriffserweiterungen, -verengerungen oder -übertragungen).

Unter den fremden Sprachen, die auf unser Rotwelsch maßgebenden Einfluß geübt haben, nimmt das Hebräische oder vielmehr das Jüdisch-Deutsche den ersten Platz ein. Aus dieser Quelle stammen auch einige der wenigen Ausdrücke für Polizeibeamte her, die einen schimpfwortartigen Charakter an sich tragen. Doch muß dazu sogleich bemerkt werden, daß die schlimmste dieser Vokabeln, Neve(i)le (vom hebr. nebêlâh = Leichnam, Aas, verwandt auch mit nebâlâh = Narrheit, zu nâbâl = Narr) auch für den Richter vorkommt und außerdem, ebenso wie Kapdon (wahrscheinlich vom neuhebr. kapdân = scharfer Aufpasser), nur für besonders strenge, gefürchtete Beamte gebräuchlich ist, während endlich Mischpoche (vom hebr. mischpâschâh = Geschlecht, Familie, dann verächtlich wie unser Sippschaft) speziell auf die Geheimpolizisten oder gar die Vigilanten beschränkt geblieben ist. Dagegen ist Mauschel oder Moschel (auch Großmauschel) für einen Polizeichef oder -direktor zu den Bezeichnungen zu rechnen, die einen gewissen Respekt bekunden, denn — abzuleiten vom hebr. môschêl = „Herrscher, Gebietender", part. praes. von mâschâl = herrschen — bedeutet es eigentlich überhaupt jemand, der große Gewalt hat, daher auch den Landesherrn, den obersten (Kriminal-) Richter oder den Staatsanwalt. Als eine bloße wörtliche Übersetzung des im süddeutschen Sprachgebiet vielfach für „Gendarm" noch gebräuchlichen „Landjäger" stellt sich der Ausdruck Medine- (oder Mattine-) Zajod (oder Zajid u. a.) dar — vom hebr. medînâh = Provinz, Landschaft und zajjâd = Jäger. Interessant sind als Andeutschungen das freilich sinnlose Schmiere und das für das stets hell leuchtende „Auge des Gesetzes" schon besser passende Lampe. Das erste Wort geht auf das hebr. schemîrâh = Beaufsichtigung, Bewachung zurück und kommt auch im Rotwelsch zunächst für Wache, Wächter im allgemeinen vor (vgl. das „Schmierestehen" der Gauner bei Einbruchsdiebstählen), hat sich dann aber u. a. auch zu dem Begriffe der polizeilichen Wächter, Polizisten verengert, während Lampe — wohl vom neuhebr. lamdân = Gelehrter (vgl. dazu auch Bischoff, Wörterb., S. 47 unter „lamd'n") — erst nach sehr mannigfachen

Bedeutungswandlungen den ungefähr gleichen Sinn angenommen hat[3]). Es wird (in der Form: Lampen) namentlich auch als Warnruf des Schmieresteher bei herannahenden Störungen gebraucht.

Aus der Sprache der Zigeuner haben unsere Gauner zwei Wörter für den Gendarmen übernommen: Benga und Klisto; letzteres (eigentlich etwa „der Berittene, Reiter") erscheint bei den Kunden in der angedeutschten Verkleinerung Kli(e)ßchen, und zwar auch für den Polizisten. Für diesen gibt es dann noch eine dritte Vokabel zigeunerischer Herkunft, Charéngero, d. h. etwa der „Schwertträger" (zu zigeun. cháro = Schwert, Degen).

Aus dem Französischen stammt Karten für eine Polizeipatrouille, das offenbar aus „Garde" (um 1814 im Rotwelsch = Gendarmerie) entstellt ist (vgl. französ. garde municipale = Polizeisoldaten). Die Engländer haben das erst ganz moderne Polismen (so!) geliefert (aus policeman). Fraglich bleibt es endlich, ob Ha(r)datsch, das nicht nur Hatschier, Polizist, Schutzmann, sondern (in Österreich-Ungarn) auch einen Denunzianten bedeutet, vielleicht mit dem tschechischen hadač = Wahrsager in Verbindung gebracht werden darf, oder ob man darunter nur eine Verunstaltung von Hatschier zu erblicken hat, ähnlich wie Husche (Husje, Huschchen u. a. m.), eigentl. = Polizeihusar, d. h. berittener Polizist, Gendarm, wohl aus Husar entstellt ist[4]), oder wie die Fremdwörter Polizei, Polizist von den Gaunern und Kunden umgewandelt worden sind zu Polipee, Pallopeten (auch Paloppen), Pol(l)ente, Pol(l)ende, Po-

---

[3]) Das Nähere habe ich besonders in Groß' Archiv, Bd. 38, S. 246/47 nach Angaben Avé-Lallemants (IV, S. 564/65) ausgeführt, etwas kürzer sind die Hauptstadien der Entwicklung aber auch weiter unten im Abschn. I, 6 („Volksetymologisches") hervorgehoben, worauf hier (um Wiederholungen zu vermeiden) verwiesen sei. Bischoff, Wörterb., S. 47 schweigt ganz über diesen Zusammenhang und erklärt Lampe (das er auch nur durch „Wächter, Nachtwächter" wiedergibt) daraus, daß „dieser eine Laterne u. dgl. trägt". Das erst neuere Lampe ist aber wahrscheinlich dadurch entstanden, daß man die ältere Form Lampen (ursprünglich als Singular gebraucht) als Mehrzahl auffaßte (vgl. Abschn. I, 6). — Übrigens kennt auch das französ. Argot lampion („Lämpchen") für den Polizisten (siehe Villatte, Parisismen, S. 217).

[4]) Denn das mundartliche (besonders in der Rheingegend noch verbreitete) Husje, Hüsje (so z. B. in Köln), Hussieh oder Hissié (so z. B. in der Pfalz) = Gerichtsvollzieher (aus dem franz. huissier) scheint doch nicht so recht zu der Bedeutung zu passen, obwohl ja allerdings der Gerichtsvollzieher, der die Zwangsvollstreckung gegen säumige Schuldner betreibt, diese unter Umständen auch zu verhaften hat. — Auch an das deutsche Zeitwort huschen (= „äußerst leicht und unbemerkt sich fortbewegen", das A. Streich in der „Liller Kriegszeitung vom 18. Febr. 1918 [Nr. 66] als Quelle des Ausdrucks herangezogen) ist wohl kaum zu denken.

lenne, Bolente, Bolende oder endlich zu (dem aus Wien stammenden) Poliquetsch, das dann in der — durch Weglassung der beiden ersten Silben bewirkten — Kürzung Quetsch nochmals unkenntlicher gemacht ist [5]).

Auch „Abbreviaturen" nach den Anfangsbuchstaben eines Wortes oder einzelner seiner Silben finden sich mehrfach gerade auf dem hier zu betrachtenden Gebiet. So ist Schi(e)n — nach dem hebräischen Namen (Schîn) des Buchstabens ש (Sch), mit dem die (deutschen) Ausdrücke Schließer, Schutzmann und — nach der Aussprache — auch Gendarm beginnen, zu einer allgemeinen Bezeichnung für (niedere) Gefängnis- und Polizeibeamte geworden. Speziell für den Gendarmen ist übrigens auch noch das vollere Schiendalled (oder Schindollet) gebräuchlich — nach den hebräischen (jüdischen) Bezeichnungen der Anfangsbuchstaben der beiden Silben jenes Wortes (nach der Aussprache „Schandarm", also Sch, d = Schîn, Dāleth, jüdisch Dollet oder Dôles). Eine ähnliche Bildung ist auch Pei(h)zaddik oder Pezaddik für Polizei, nur daß diese nach den jüdischen Benennungen der Anfangsbuchstaben der ersten und dritten Silbe des Wortes (Pe[h] oder Pei[h], hebr. Pê und Zaddik, hebr. Zādē) vorgenommen worden. Das durch abermalige Kürzung davon entstandene Zaddik für denselben Begriff enthält zugleich ein ironisches Wortspiel, da hebräisch zaddîq so viel wie „der Gerechte" bedeutet [6]). Etwas leichter zu erkennen ist die Entstehung des Synonyms Pezet (nach der deutschen Aussprache der Buchstaben P und Z).

Auch ohne äußere Veränderungen haben viele deutsche Wörter in der Gaunersprache Verwendung gefunden, insbesondere wenn sie in unserem gewöhnlichen Sprachgebrauch etwa bereits veraltet sind. Dies gilt z. B. von Putz oder Butz zur Bezeichnung des Schutzmanns (Polizisten, Gendarmen). Es bedeutet wahrscheinlich eigentlich — wie

---

[5]) Auffällig ist bei dieser Annahme allerdings, daß die kürzere Form des Wortes in den Quellen schon früher (nämlich 1830) auftritt als die längere, die meines Wissens zuerst 1851 belegt ist (vgl. Groß' Archiv, Bd. 38, S. 279 und 282). Bischoff, Wörterb., S. 370 scheint Quetsch für eine selbständige Bildung vom deutschen quetschen (= „heftig in Druck bringen, dingfest machen") zu halten.

[6]) Bischoff, Wörterb., S. 67, der in „Pê-zaddik" übrigens etwas spezieller eine Abbreviatur aus den zwei Konsonnanten P und z des rotwelschen Wortes Pu(t)z (vgl. darüber die folgende Anmerkung) erblickt, legt auch dieser längeren Form einen bestimmten Sinn bei, indem er die erste Silbe mit dem hebr. peh = „Mund" in Zusammenhang bringt. Danach bedeutet der Ausdruck etwa „der Mundgerechte", als Spottnamen für die Polizei, die nur „mit dem Munde", d. h. angeblich, gerecht ist.

schon das mhd. butze — so viel wie eine vermummte Person, ein Schreckgespenst (Popanz) und ist vielleicht zu dem mhd. Zeitwort bôzen = schlagen zu stellen, so daß es zunächst für eine Art klopfenden Kobold gebraucht worden sein mag[7]). Beliebt erscheinen weiter für die Polizeibeamten allerlei von einheimischen Zeitwörtern abgeleitete Substantivierungen (auf -er), die sie nach irgendeiner Haupttätigkeit kurz charakterisieren, wie die schon im 18. Jahrhundert vorkommenden Ausdrücke Niescher und Sicker, die beide ungefähr unserem gemeinsprachlichen „Häscher" entsprechen (vgl. zur Etymol. Näheres in Groß' Archiv, Bd. 42, S. 43 und S. 62, 63), ebenso wie die neueren Bezeichnungen Greifer, Sänger (letzteres auch in den Zusammensetzungen Netzfänger und Kundenfänger) und wahrscheinlich auch Schucker. Denn auch dieses Wort dürfte am richtigsten zu einem mundartlichen schucken für werfen, stoßen, schubsen zu stellen sein, so daß es also gleichfalls auf das Arretieren hindeutet; doch würde es nicht übel auch zu der besonders in Schlesien für das Zeitwort bekannten Bedeutung „verstohlen schauen" passen[8]), als eine Art Seitenstück zu Spanner für den Vigilanten, das zu rotw. spannen = sehen, schauen, scharf (mit „gespanntem Blick") beobachten gehört. Auf das wohl oft laute und derbe Anschnauzen der zu Verhaftenden bezieht sich zweifelsohne der Gauzer (zu rotw. gauzen = lärmen, mundartlich eigentlich = bellen, dann brummen keifen, zanken) und höchstwahrscheinlich auch der Zanker oder Zänker(er) (vgl. rotw. zankern = schimpfen).

In gleicher Weise sind auch von nichtdeutschen Stämmen solche Hauptwörter auf -er gebildet worden, so z. B. Zenserer, bei dem es wohl am nächsten liegt, an die polizeiliche Zensur zu denken. Huscher ist nur eine Nebenform zu Husche, Schmierer eine solche zu Schmiere wie Klister zu Klisto, und überaus mannigfache Veränderungen hat sich auch das aus dem Hebräischen stammende Schoter = Gerichts- oder Polizeidiener (von schôtêr = „Beamter, angestellter Schreiber") gefallen lassen müssen, wie z. B. Schuder, Schauter (-der), Schotter, Schopper, Schapper, ja auch die Formen Schroter und Schucker (s. oben) hat man wohl damit in Zusammenhang gebracht[9]). Einige längere Zusammensetzungen

---

[7]) Bischoff, Wörterb., S. 50 hält Putz für eine Abkürzung, „wie Lutz von Ludwig, Matz von Matthias, Fritz von Friedrich" usw., gibt aber nicht näher an, an welchen Eigennamen hier zu denken wäre.

[8]) Über Ableitungen aus dem Hebräischen siehe die folgende Anmerkung.

[9]) Vgl. Groß' Archiv, Bd. 43, S. 40, 41. Eine andere Ableitung des Wortes Schucker aus dem Hebräischen bei Bischoff, Wörterb., S. 81, der das Zeitwort schâkár = „schauen, aufpassen" für die Quelle hält, so daß es also hiernach ein Seitenstück zu Spanner wäre.

auf -er einheimischen Ursprungs sind Blechreiter für den berittenen Gendarm oder Schutzmann (wobei das „Blech-" auf den Helm hindeutet; vgl. weiter unten: Blechkopp), Fußlatscher für den unberittenen sowie Spinatwächter für Gendarm schlechthin, mit Rücksicht auf die Farbe seines Rockes, wonach auch das substantivierte Eigenschaftswort Blauer für den Schutzmann gebildet ist. Kürzere Ausdrücke dieser Art sind noch Berittener für den Gendarmen zu Pferd, Geheimer, Heimlicher oder Verdeckter für den Geheimpolizisten und Fauler für den Vigilanten (zu rotw. faul = schlecht, feige, verräterisch).

Als Verbindungen mit selbständigen Hauptwörtern erscheinen namentlich solche mit „Mann" nach den gemeinsprachlichen Vorbildern Wachmann (in Österreich) und Schutzmann, der im Volkswitz wohl zum „Schmutzmann" degradiert worden ist. Auch bei dem gaunerischen Putzemann (= Putz, Butz) mag wohl der Anklang an unseren Schutzmann die Verbreitung noch gefördert haben. Unter einem Ordensmann ist ein Kriminalpolizist mit dem sogenannten Orden zu verstehen, d. h. einem mit Wappen und Aufschrift versehenen Metallstern, den er beim amtlichen Einschreiten zu seiner Legitimation sichtbar auf dem Rocke befestigt. Sehr unsicher erscheint die Etymologie von Bolgermann für einen Polizeikommissar (nur Vermutungen s. Groß' Archiv, Bd. 38, S. 266 und Bd. 42, S. 86). Eigentümlich sind endlich die Gauner in Wien mit dem dort allgemeiner bekannten Hemann für den Polizisten (nach seinem Rufe: „He[h]!") umgesprungen, da sie davon nur noch die erste Silbe (Heh oder Höh) übriggelassen haben.

Einen vornehmen Anstrich hat die früher für die Polizeioffizianten gebräuchlich gewesene Benennung die Herren, die wohl im Anschluß an „ces mess" (Abkürzung von „ces messieurs" = die Polizisten) im französischen Argot aufgekommen sein dürfte. Dagegen haftet den (im ganzen seltenen) Zusammensetzungen mit dem rotw. Fi(e)sel (= Bursche, Mann, Knecht u. dgl. [vgl. oben S. 15]) eher etwas Geringschätziges an, so u. a. dem Schnorrerfisel = Bettelvogt, Büttel usw. (zu Schnorrer, Schnurrer = Bettler). Noch tiefer stehen aber einige — freilich nur auf die Vigilanten beschränkt gebliebenen — Kompositionen mit Junge, wie Achtgroschenjunge (nach seinem früheren täglichen Lohn von 80 Pfennigen) oder Spannjunge (s. Spanner; vgl. auch fauler Junge = Verräter, Denunziant).

Dagegen tritt das mehr vertrauliche Verhältnis der Gauner zu den amtlich angestellten Polizeibeamten und Gendarmen wieder besonders deutlich hervor in dem Gebrauche bestimmter volkstümlicher Eigennamen, und zwar sogenannter „Vornamen", für sie[10]), sei es ohne weiteren Zusatz, wie in Wien Schanl aus Jean und Wastl aus Sebastian, oder in gewissen Verbindungen, wie z. B. — besonders für den Gendarmen — blanker (weißer oder gelber) August (je nach der Farbe seines Riemenzeugs), windiger August (schwäb., zu windig, hier etwa im Sinne von „streng, scharf"), August mit der Latte, d. h. mit dem Gewehr oder Säbel, oder (mehr süddeutsch) Lattenseppel (zu Seppel von Josef) und Pickelfritz (nach der Pickelhaube), ferner für Kriminalpolizisten (besonders in Hamburg) Schmiermichel, und für Gendarmen, seltener auch für Schutzleute (besonders bei den Kunden) Klempners Karl, das vielleicht ausgedeutet werden könnte als derjenige (Kerl = Karl), der die Vagabunden usw. „klemmt", d. h. fängt und sie ins Klemms, d. i. das Gefängnis, abführt[11]).

Seltener kommt das Fortleben eines bestimmten Familiennamens als Gattungsbegriff vor, doch hat sich die — zuerst Anfang des 18. Jahrhunderts auftretende — rotwelsche Bezeichnung Fleischmann für Polizisten, Gendarmen (auch wohl Gerichtsdiener, Henkersknechte u. dgl. m.) noch bis zur Neuzeit im Gebrauche zu erhalten vermocht. Sie soll nach einem 1750 von dem Zuchthauspfarrer Riedel in St. Georgen am See bei Bayreuth ausgearbeiteten Verzeichnis von Gaunerwörtern (Kluge, Rotw. I, S. 219) herstammen „von einem Leutnant dieses Namens, welcher um Frankfurt und Darmstadt die Räuber und Diebe verfolgt" hat und „zuletzt von ihnen überfallen und jämmerlich massakriert worden" ist.

Von den sonst bei den Gaunern und Kunden sehr beliebten sogenannten Berufsübertragungen (vgl. Abschn. IV, 1) ist auf unserem engeren Gebiet nicht viel zu finden, höchstens wäre die Standeserhöhung des Polizisten zum Kreuzritter zu erwähnen (vgl. oben: Ordensmann), während die Bezeichnung Federhändler für die österreichischen Gendarmen nur als ein Wortspiel erscheint, das sich auf den Federbusch ihres früheren Tschakos bezieht, und das vereinzelte ältere Schuster für einen Stadtknecht (1726) gar nur eine Verunstaltung von Schuder = Schoter ist.

Eine ähnliche Umgestaltung liegt zunächst auch nur dem (auch studentischen) Wortspiel Polyp statt Polizist (bei den Gaunern wohl vermittelt durch Polipee [s. oben]) zugrunde, doch ergibt dieses zugleich auch einen ganz leidlichen Sinn, wenn man sich nämlich

---

[10]) Vgl. zu dem Folgenden auch Abschn. IV, 2 („Personennamen als Standes- und Berufsbezeichnungen").

[11]) Bischoff, Wörterb., S. 43 bezieht dagegen diesen Namen des Gendarmen auf seinen Helm.

an die Fangarme jenes Meeresungeheuers erinnert; heißt doch aus ungefähr gleichem Gedankengange heraus auch in der polnischen Gaunersprache der Polizeisoldat pajok, d. i. Spinne. Solche unmittelbaren, auf Vergleichen mit Tieren beruhenden Metaphern enthält auch unser Rotwelsch und Kundendeutsch in reichem Maße[12]). Schon im Liber Vagatorum um 1510 findet sich z. B. Iltis für den Stadtknecht, das auch auf den modernen Schutzmann übergegangen ist, während in neuerer Zeit ganz besonders Vergleiche der Polizeibeamten mit dem Hunde bevorzugt erscheinen, dessen Wachsamkeit und feiner Spürsinn ja dazu auch geradezu herausfordert. Meist sind es übrigens noch spezieller die Bezeichnungen einzelner besonders „intelligenter" Hundearten, die so gebraucht werden, wie der Spitz, dem zu Ehren — nach weitverbreiteter Ansicht — der Spitzel (auch Lockspitzel, zuerst wienerisch) für einen Polizeispion (auch verräterischen Genossen usw.) seinen Namen erhalten haben soll, der Jagdhund, der uns in der Umschreibung blauer Jagdhund für den (blau uniformierten) Schutzmann entgegentritt, und der Dachshund, der in den Formen Teckel (Deckel) oder Dackel den Gendarmen bezeichnet, und zwar sowohl den berittenen als auch den zu Fuß, so daß nicht etwa nur die Krummbeinigkeit, sondern allgemeiner die Schlauheit des Tieres den Vergleichspunkt gebildet haben dürfte[13]).

Nicht lobend erscheinen auf den ersten Blick hin die dem Vogelreiche entlehnten Metaphern Strauß (veraltet) = Gendarm und Gansel (neuer, aber selten) = Polizist, sofern man nämlich — wie es meist geschieht — dabei an die vermeintliche Dummheit dieser Vögel (worüber Näheres schon oben S. 88) denkt; man kam indessen beiden Bezeichnungen auch noch eine andere Deutung geben, die der sonst üblichen Bewertung der Fähigkeiten von Polizisten und Gendarmen durch die Gauner besser entspricht: die leicht schnatternde Gans, die Retterin des Kapitols, ist auch ein Symbol der Wachsamkeit, und der Strauß hat sehr feine, scharfe Sinne sowie einen flinken Lauf. Das nur halbdeutsche Medinespecht für den Landjäger ist eine Nebenform zu Medine-Zajod u. a., wobei in „Specht" (sonst auch Grünspecht) = Jäger die Farbe als tertium comparationis erscheint. Ein anderer, offenbar ebenfalls auf einer Farbe beruhender Vergleich, Blaumasl (d. h. kleine Blaumeise), das in Österreich einen Polizeiagenten, in Ungarn dagegen den uniformierten Polizisten bedeutet, macht insofern einige Schwierigkeiten,

---

[12]) Vgl. zu dem Folgenden auch schon Abschn. I, 3 („Rotwelsche Zoologie").

[13]) Über eine andere Auslegung des Wortes (Deckel = Helm) siehe schon oben S. 85, Anm. 13.

als die Polizeiagenten ja überhaupt keine Amtstracht haben und auch die Uniform der ungarischen Polizisten niemals blau gewesen ist. Bei letzteren kann man aber doch an die Buntheit ihrer Kleidung im allgemeinen denken, wie ja auch die Blaumeise mehr bunt als speziell blau gefiedert ist (vgl. in der tschechischen Gaunersprache sykora, d. h. [Kohl]-Meise = Polizeiwächter).

Die Ausdrücke für die Polizisten usw. nach einzelnen unbelebten Dingen sind nur zum Teil wirkliche (auf Vergleichen beruhende) Metaphern. Bei anderen Fällen handelt es sich entweder um gewisse Wortspielereien (wie z. B. bei Schmutzlappen in der bayrischen Kundensprache für den Schutzmann als Weiterbildung von „Schmutzmann", bei dem — aus Berlin stammenden — „blauangestrichenen Abführmittel" für denselben Beamten mit Bezug auf seine Tätigkeit des „Abführens" in den Arrest, und bei dem sonderbaren Mohrrübe = Polizist, das wohl nur als eine Art Umdrehung von Polizeifinger = Mohrrübe zu deuten ist), oder sie gehören zu der eigenartigen Erscheinung, die man pars pro toto zu nennen pflegt; und zwar kommen hierbei fast nur solche Bezeichnungen in Betracht, die sich auf einzelne Bestandteile der Dienstkleidung einschließlich der Bewaffnung beziehen. Hierzu darf man ohne Bedenken auch schon Umschreibungen wie Spitzkopp und Blechkopp (= Gendarm, Schutzmann) rechnen, denn wenn diese auch zunächst auf den Kopf (als Hauptteil des Menschen für ihn selber, wie in unseren gemeinsprachlichen „Graukopf", „Trotzkopf" u. a. m.) hindeuten, so ist doch aus ihren ersten Bestandteilen („Spitz-" und „Blech-") unschwer zu entnehmen, daß es sich eigentlich dabei um die Kopfbedeckung handelt, was noch weitere Bestätigung findet durch die rotwelschen Vokabeln Spitzkapp = (Polizei-) Husar und Blechkappe (auch Blankhut) = Gendarm (Schutzmann) sowie durch den Gebrauch von Spitzhaube für Gendarm bei den österreichischen Soldaten (nach Horn), von Pickelhaube oder Blitzableiter (bei den Soldaten = Helm) in gleichem Sinne bei unseren Gaunern und Kunden (vgl. auch noch Gewittertulpe, zu Tulpe, soldatisch ebenfalls = Helm, das wohl eine Weiterbildung von „Blitzableiter" ist). Auf andere Teile der Uniform beziehen sich Blaukragen und schwarzes (oder auch weißes) Lederzeug, beides für den Gendarmen und ohne weitere Erklärung verständlich, das Synonym Šelo, das aus dem Zigeunerischen übernommen ist, eigentlich Strick, Schnur bedeutet und auf die Fangschnüre der früher in Ungarn zum Gendarmeriedienst verwendeten Reiter zurückgehen soll[14]), sowie endlich

[14]) Vgl. dazu Rich. Liebich, Die Zigeuner in ihrem Wesen und in ihrer Sprache (Leipzig 1863), S. 157 unter „schelléskero".

der auffällige Spottname Mondschein für den Wiener Polizisten. Er steht zunächst für den konkreteren Begriff Mond oder — genauer — Halbmond für den vorne am Halse getragenen halbmondförmigen Ringkragen des Sicherheitswachmanns, was dann als pars pro toto auf den Beamten selber übergegangen ist. Der Ausdruck Spieß für den Gendarmen (wie bei den Soldaten für den Feldwebel) stammt von dessen ebenso bezeichneten langen Säbel her.

Von den metaphorischen Sachbezeichnungen im engeren Sinne geht Klette für den Stadtknecht usw. (wohl weil er sich gleichsam wie eine Klette an die zu Verhaftenden usw. hängt) schon ins 17. Jahrhundert zurück, wozu das neuere Klampfl (eigentlich = Klammer, Haken) für einen Justizsoldaten bei den Wiener Gaunern in Parallele gestellt werden kann. Auf die Wachsamkeit der Sicherheitsbeamten beziehen sich die — wohl im Anschluß an das ältere Lampe(n)[15]) — in neuerer Zeit aufgekommenen Vergleiche Laterne und Licht.

Eine ganz abstrakte Begriffsübertragung ist endlich noch Schlamasse für den Vigilanten. Denn dieses Wort jüdischdeutschen Ursprungs bedeutet ja soviel wie Unglück, „Pech" (vgl. oben S. 87, Anm. 16) und ist dann in leicht begreiflicher Ideenverbindung auf den in concreto ein übles Mißgeschick, nämlich die Verhaftung, bringenden Vigilanten angewandt worden.

5. Das Gefängniswesen[1]).

Zoof gannew lithlio — „das Ende des Diebes ist der Galgen". Dieser Satz aus einem jüdischen Sprichwort gilt zwar jetzt in Deutschland nicht mehr in dem wörtlichen Sinne wie zur Zeit unserer Vorfahren, die nach einem alten Rechtssprichwort gleichfalls meinten, der Dieb gehöre so sicher an den Galgen, wie „der Mönch ins Kloster" oder „die Fische ins Wasser"; wohl aber schwebt auch heute noch die — nur eben humaner gewordene — Strafe sozusagen gleich einem Damoklesschwert über dem Tun und Treiben des berufsmäßigen Verbrechertums. Kein Wunder daher, daß sich auch in den Sammlungen der Gaunersprache von den ältesten Zeiten bis in die Gegen-

[15]) Zur Etymologie siehe Näheres schon oben S. 92/93, Anm. 3.

[1]) Erschienen unter dem Titel „Das Gefängnis im Gaunermunde" in der „Kölnischen Zeitung" vom 29. Juni (Nr. 619) und vom 8. Juli 1917 (Beilage, Nr. 27).

wart hinein eine große Menge von Ausdrücken findet, dir sich auf die Verhaftung und Bestrafung beziehen. Eine Durchforschung des Quellenmaterials nach dieser Richtung hin ist auch nicht ohne rechts- und kulturgeschichtliches Interesse, indem sich in ihm der allmähliche Übergang von den einst beliebten Grausamkeiten gegen Leib und Leben der Missetäter zu der modernen „Universalmedizin" der Freiheitsstrafen recht deutlich widerspiegelt. In einer Beziehung wird allerdings der Rechts- und Kulturhistoriker dabei eine gewisse Enttäuschung erleben. Wer da nämlich weiß, wie der Volksmund vergangener Zeiten die Barbareien der Gesetzgebung durch euphemistische Umschreibungen zu verhüllen bestrebt gewesen, wie namentlich die Todesstrafe des Hängens die Phantasie zu immer neuen, im wahrsten Sinne des Wortes von „Galgenhumor" durchtränkten Vergleichen angeregt hat, dem wird es auffallen, daß jene bunte Fülle eigenartiger Bilder in den älteren rotwelschen Quellenwerken fast völlig fehlt. So ist z. B. erst zu Anfang des vorigen Jahrhunderts Feldglocke für den Galgen als Gaunerausdruck verzeichnet, während dieses Gleichnis — wobei der im Winde hin und her pendelnde Gehängte als Klöppel oder „Galgenschwengel" gedacht ist — in der gemeinsprachlichen Literatur bedeutend früher, nämlich schon in den Schwänken des Hans Sachs, begegnet. Je mehr wir uns dann aber der Neuzeit mit ihren immer gleichmäßiger werdenden Strafen nähern, desto stärker tritt — beachtenswerterweise — in der Gaunersprache der Trieb hervor, nicht nur die schlechten Taten, sondern auch ihre unangenehmen gesetzlichen Folgen durch mehr oder weniger schön klingende Ausdrücke zu verschleiern[2]). Freilich stehen dann unmittelbar neben solchen „Glimpfwörtern" wohl auch „Schimpfwörter", die uns die wahre Ansicht der Gauner über den Strafvollzug unzweideutig erkennen lassen, während endlich eine dritte Gruppe von Bezeichnungen geflissentlich weder Lob noch Tadel enthält, so daß wir sie als „neutral" bezeichnen können. Am deutlichsten zeigt sich diese Dreiteilung wohl in den Namen für die Anstalten, in denen die Freiheitsentziehung zu verbüßen ist, die — entsprechend der Neigung der Gaunersprache, das Konkrete, sinnlich

[2]) Über die Euphemismen für die Strafen im allgemeinen siehe betr. die Gaunersprache: Günther, Rotwelsch, S. 19ff. und in Groß' Archiv, Bd. 33, S. 238, Anm. 2. Ebendas. Literaturangaben betr. unsere Gemeinsprache; dazu besonders auch noch: K. Scheffler, Der verhüllende und euphemistische Zug in unserer Sprache, in den Wissensch. Beiheften zur Zeitschr. des Allgem. Deutschen Sprachvereins, Heft 14/15, S. 134ff.; für die Soldatensprache siehe Horn, a. a. O., S. 123ff. sowie sämtliche neuere Schriften hierüber (z. B. Imme, S. 88, 89).

Wahrnehmbare vor abstrakten Begriffen zu bevorzugen — begreiflicherweise stark in den Vordergrund treten. Auf die Aufzählung und Erläuterung dieser schon recht stattlichen Zahl von Vokabeln im Rotwelsch und in der ihm nahe verwandten sogenannten Kundensprache der „Walzbrüder" soll sich der vorliegende Aufsatz grundsätzlich beschränken; doch sind zum Schluß — zur Vervollständigung des Bildes — auch noch einige Bezeichnungen zusammengestellt, die sich auf die Regelung des täglichen Lebens hinter den Kerkermauern beziehen und in ihrem gleichfalls bald heiteren, bald dunkleren Gewande mancherlei Einblicke in das Seelenleben der Gefangenen gewähren.

Unter den Benennungen für die Strafanstalten lassen sich von vornherein zwei Gruppen unterscheiden, je nachdem sie nämlich unterschiedslos für alle Gefangenhäuser oder nur für einzelne, örtlich näher bestimmte verwandt werden. Zu der ersteren Gruppe aber ist sodann noch ausdrücklich zu bemerken, daß die scharfe Sonderung der einzelnen Freiheitsstrafen nach der jeweiligen Gesetzgebung — also z. B. nach unserem heutigen Recht in Zuchthaus, Gefängnis, Festung, Haft und Arbeitshaus — von den Sammlern des Rotwelsch meist nur wenig beachtet worden ist, so daß man auf die Wiedergabe der Vokabeln im Deutschen kein allzu großes Gewicht legen darf. Betrachten wir — dies vorausgeschickt — nun zunächst die „neutralen" Bezeichnungen der ersten Abteilung, so haben diese trotz ihrer grundsätzlichen „Objektivität" das noch mit den Euphemismen gemein, daß sie den wahren Sinn womöglich doch — besonders Dritten gegenüber — verdecken wollen. So spricht z. B. kein richtiger Gauner vom Zuchthaus, sondern das äußerste Zugeständnis, das er diesem ominösen Worte macht, besteht in seiner Abkürzung nach dem Anfangsbuchstaben, also Z, was namentlich in Hamburg beliebt sein soll, aber auch wohl anderswo vorkommt. Viel öfter jedoch begegnen uns dafür allerlei, meist aus fremden Sprachen zurechtgeflickte längere Namen, die sich bei näherer Betrachtung vielfach als wörtliche Übersetzungen deutscher Wörter entpuppen. Am häufigsten ist dabei der Begriff „Arbeitshaus" zugrundegelegt, der ja für die meisten Anstalten, namentlich auch heute noch für das Zuchthaus, sachlich zutreffend erscheint. Dahin gehört z. B. als ein Ausdruck ganz hebräischer Herkunft Melochebays (Malochebays, -beis) u. ä. — zusammengesetzt aus rotw. Meloche (Maloche) u. ä. = Arbeit, Geschäft, Handwerk, vom gleichbedeutenden hebr. melâ'kâh, und Bays u. ä. = Haus, vom gleichbedeutenden hebr. bajith, wogegen das von Avé-Lallemant (III, S. 326 und IV, S. 600) im wesentlichen gleichfalls lediglich aus hebräischen Wörtern ausgedeutete

Schinnägelsbais u. ä.[3]) nach neueren Ansichten in seinen ersten Bestandteilen entweder slawischer oder gar rein deutscher Herkunft sein soll[4]). Zwei jedenfalls halbdeutsche neuere Synonyme dafür, besonders in der Kundensprache, sind Schenagels- oder Schinegels-Winde (zu Winde = Haus, zunächst eigentlich Tor, Tür — als pars pro toto — vom „Wenden" der Türflügel) und Schuftereibais (zu dem auch mundartlich verbreiteten schuften = hart arbeiten). Das Drillbajis oder Trillerbajis, auch Trillerkantig (-dich u. ä., zu Kandig, Kante u. ä. = Haus, wohl deutschen Ursprungs)[5]) bedeutet so viel wie „Spinnhaus", wie man früher bekanntlich auch das Zuchthaus — nach der Hauptbeschäftigung darin — zu nennen pflegte (zu rotw. drillen oder trillen = spinnen, eigentlich „drehen"). Ebenso wird man auch bei dem ungefähr in gleichem Sinne gebrauchten Radbais an die Spinnräder und bei Polterbais (Bollerbaiß u. ä.) wohl an den ganzen geräuschvollen „polternden" Betrieb eines „Raspelhauses" der „guten alten Zeit" zu denken haben[6]). Bei Keil-Bajis möchte gewiß mancher sofort versucht sein, das uns geläufige „Keile" für Prügel zur Erklärung heranzuziehen, indes liegt offenbar auch hier nur eine Art Übersetzung des älteren Ausdrucks „Stockhaus" vor, d. h. das Haus, worin die Gefangenen in

---

[3]) Avé-Lallemant (a. a. O.) erblickte in dem rotwelschen Schinnag(g)el u. ä. für „Arbeit" u. dgl. — das im Hebräischen freilich kein unmittelbares Vorbild hat — eine von den Gaunern künstlich erdachte Vokabel, die eigentlich so viel wie „Schubkarren", dann die Karren- oder Schanzarbeit auf den Festungen usw. bedeutet haben soll und in zwei Bestandteile zu zerlegen ist: Schin, dem hebräischen Namen des Anfangsbuchstaben von „Schub", und rotw. Agole = „Karren, Wagen", vom gleichbedeutenden hebr. ʿagâlâh.

[4]) Bischoff, Wörterb., S. 78 leitet das rotw. Zeitwort schinegeln oder schenigeln = „arbeiten" vom böhm. činec = „Täter, Wirkender, Arbeiter" ab und erklärt Avé-Lallemants Vermutung — obwohl sie auch von angesehenen Sprachforschern angenommen (vgl. Groß' Archiv, Bd. 46, S. 307) — für „großen Unsinn", was mir um so mehr eine etwas allzu schroffe Ablehnung zu sein scheint, als auch durch Bischoffs Hypothese doch die Endsilbe von Schin-(n)agel usw. noch nicht recht erklärt wird. Fischer, Schwäb. Wörterb. V, Sp. 844 vbd. mit Sp. 851, der auch noch „(slov.) Schinagel = Nachen" heranzieht, hält doch für „weit näher liegend ... die Ableitung aus (dem deutschen) Schi(e)n-nagel", d. h. „Nagel zur Befestigung der Radschiene".

[5]) Anderer Meinung ist auch hierüber anscheinend Bischoff, Wörterb., S. 37. Siehe das Nähere noch gleich weiter unten in Anm. 9 (betr. den Ausdruck Kahn = Gefängnis). Nach Fischer, Schw. Wörterb., IV, Sp. 191 könnte man vielleicht auch an das italienische cantina = Keller als Quelle denken.

[6]) Bischoff, Wörterb., S. 69 geht auch hier wieder seine eigenen Wege und sieht als Quelle des Ausdrucks an entweder das böhm. páluda = „Landstreicher, Vagabund" oder ein „umgedeutschtes poller" (= „Täter, Arbeitender"), vom jüd. polle, pulle = die Tat, zu hebr. pôʿal, pʿullâh.

den „Stock" = Block (Pflock = Keil) gespannt wurden[7]). Doves-Kandich endlich würde wörtlich am besten etwa durch „Gefangenhaus" wiedergegeben (zu Doves = Gefangener, auch Gefangenschaft, vom jüd. tôfes = „Arrest, Gefängnis", rabb. thâphêß, zu hebr. tâfas = „ergreifen, gefangennehmen"; vgl. auch noch Abschn. 6 über die Andeutschung Toback).

Gar nicht mehr auf den Zweck des Gebäudes, sondern lediglich auf die äußere Gestalt bezieht sich der Ausdruck Grannigebais oder Grangenbeis für das Zuchthaus, denn das heißt nichts anderes als das „große Haus" (zu rotw. grandig = groß aus dem roman. grand[e]) und könnte daher auch für jedes andere umfangreichere Bauwerk passen. Von hier aus ist aber dann nur noch ein Schritt dazu, auch das Beiwort wegzulassen und nur vom „Haus" zu sprechen. So dürfen wir wohl die Benennung Bayes oder Beiß (für „Stockhaus", „Zwangsarbeitsanstalt") um so mehr als bloße Verkürzung etwa von Schinnägelsbays oder Grangenbeis auffassen, als auch die vorderen Bestandteile dieser Zusammensetzungen allein, nämlich Schinnagel (für Arbeitshaus) und Granchen (für Zuchthaus) gebraucht werden, und ebenso ist wohl Winde (für Arbeitshaus) auf diese Weise (also aus Schenagelswinde) zustandegekommen. Dagegen ist es nicht nötig, in Kante (z. B. bei den Wiener Gaunern = Zwangsarbeitsanstalt) nur eine Verkürzung von Triller- oder Doves-Kandich u. dergl. zu erblicken, da das Wort auch ohne Zusatz — zwar noch nicht im älteren Rotwelsch, wohl aber in österreichischen Mundarten (in Tirol: Kandi) — für Gefängnis oder Kerker nachweisbar ist, und ganz selbständig hat sich jedenfalls Kittchen oder Gittchen, ursprünglich auch nichts anderes als „Häuschen" bedeutend (Verkleinerung von rotw. Kitte oder Kütte = Haus, schon 1687), zu dem Begriffe „Strafanstalt" („Gefängnis", „Zuchthaus") entwickelt. Denn schon um 1750 begegnet sowohl das unverkleinerte Kitte für Gefängnis als auch das Deminutiv Kittgen für das Zuchthaus. Leider erscheint die Etymologie gerade dieses Wortes, das heute weiteste Verbreitung auch in der allgemeinen Volkssprache gefunden hat, noch ziemlich in Dunkel gehüllt. Während einige Gelehrte noch an der älteren Ableitung vom hebr. kissê' = „Sitz, Sessel" festhalten (was aber wegen Form und Bedeutung dieser Vokabel bedenklich erscheint), haben es andere auf einen deutschen Stamm zurückgeführt (so u. a. auf das mhd. kûte,

[7]) Anders wohl bei dem einfachen Keile = a) „Strafsektion für Militärpersonen", und b) besonders die Zitadelle in Spandau (nach Zimmermann 1847; vgl. schon Abschn. I, 1, S. 30).

auch niederd. Kute [Kaute] = „Loch, Höhle" oder das mittelndd. kitzen = „kleines [angebautes] Gemach")[8]). Ganz allgemein gehalten ist auch der ziemlich seltene Ausdruck Mokum für die Strafanstalt, besonders das Zuchthaus, denn es bedeutet eigentlich nur einen mit Mauern umgebenen Ort (vom hebr. mâqôm = „Ort") und kommt sonst im Rotwelsch besonders für den Begriff „Stadt" vor (vgl. Abschn. 1, S. 17). Wer sich nun an einem solchen Ort befindet, der ist „in loco, da, dort", jüd. und rotw. bekane (zu hebr. beka[â]n, späthebr. kân = „hier") oder volksetymologisch angedeutscht „im Kahne", woraus sich dann weiter Kahn für das Gefängnis (zunächst in Berlin um 1847 für den „Polizeiarrest") entwickelt hat[9]).

Während man neutrale Bezeichnungen mit so allgemeiner Grundbedeutung wie Kittchen, Mokum, Kahn recht wohl schon zu den Euphemismen in weiterem Sinne rechnen kann, deuten andere mehr oder weniger auf die Kleinheit und Enge des unfreiwilligen Aufenthaltsorts hin und vermitteln so den Übergang zu den schlechthin tadelnden Ausdrücken. Dahin gehört z. B. das schon ältere rotw. Klem(m)s u. ä., sofern man es nämlich nicht vom hebr. kele' (Mehrzahl kelâ'îm) = Gefängnis, sondern von unserem deutschen Zeitwort klemmen im Sinne von „einsperren" (vgl. Klemme = „einengender Ort, Einengung", im mhd. klam[m]e u. ä., auch = „Fessel") herleitet, ferner Stube (eigentlich wohl die Gefängniszelle als pars pro toto), Kasten (auch ja sonst volkstümlich für Haus, vgl. „Affen-, Hurenkasten" u. dgl.) oder Kiste, das speziell wienerische

---

[8]) Vgl. O. Weise in der Zeitschr. des Allgem. Deutsch. Sprachvereins, Jahrg. XVI (1901), Nr. 11, Sp. 328 und Günther, Rotwelsch, S. 51; dagegen: Seiler, Lehnwort IV, S. 491, Anm. 1, der noch für die im Text angeführte Herleitung aus dem Hebräischen ist. Ein anderes hebr. Wort, nämlich das rabbin. chêt = „Mauer, Umzäunung", zieht in erster Linie heran Bischoff, Wörterb., S. 42, der jedoch außerdem die Ableitung von Kute oder von Kot(e) (mndd. kote, kate) = „(Wohn-) Hütte, kleines Bauernhaus" (vgl. engl. cot, cottage) zur Wahl stellt und auch noch auf das böhm. kut' = Zuchthaus hinweist. Zu gesucht erscheint mir endlich die (besonders die mundartliche Schreibung: Gittchen zugrunde legende) Annahme einer Entstehung des Wortes aus „Gütchen", weil im Mittelalter auf dem Gute eines Ortes die Gerichtsbarkeit ruhte. Dafür früher O. Weise; vgl. Karl Bruns, Volkswörter der Provinz Sachsen (Ostteil) usw., 2. Aufl., Halle a. S. 1916, S. 36.

[9]) Nach Bischoff, Wörterb., S. 37 ist „die Ableitung vom rabb. kān = ‚hier' . . . erst ein Erzeugnis der neueren Gaunersprache", die dazu in Kante „sogar ein aramäisches Femininum" gebildet habe (siehe dagegen oben S. 103, wo Kante als deutscher Herkunft betrachtet wurde). Im älteren Rotwelsch sei dagegen ganz deutlich (?) der Zusammenhang mit dem altnordischen kani = „Holzbehälter", was nicht nur „Kahn", sondern u. a. auch Kasten (auch im Sinne von Gefängnis) bedeuten könne.

Döse oder Töse, d. h. Dose, Büchse, und vollends das spaßhaft übertreibende Fingerhut (um 1835 in Österreich; vgl. auch das kundensprachliche Wortspiel Schmiertopf für den Polizeigewahrsam, zu Schmiere = Wache, Polizei, vom hebr. schemîrâh). Noch pessimistischer erscheinen die Benennungen Käfig (ursprünglich auch nur die Zelle), wobei wir an die Gefangenschaft von (wilden) Tieren denken, und Keuche, d. h. eigentlich (wie bayr. Keichen, mhd. kîche) ein „Ort, der den Atem benimmt" (zu keuchen = „schwer atmen)[10]). Dagegen enthält das uns heute besonders geläufige Wort Loch für Gefängnis (womit wohl auch die gleichbedeutenden Ausdrücke Locke, Leck, Leckement u. a. m. im älteren Rotwelsch stammverwandt sein dürften) noch nicht ohne weiteres etwas Beschimpfendes, da es (zu mhd. lûchen u. ä. = [zu]schließen gehörig) ursprünglich nur soviel wie „Verschluß, Höhlung" bedeutet hat. Anders natürlich, wenn das rotwelsche Leck auch mit dem ausdrücklichen Zusatz schofel erscheint (schofel Lek = Kerker), denn dann steht es natürlich auf einer Linie mit Schofelbayes oder Schofelkitt (bes. Zuchthaus), d. h. etwa das „schlechte Haus" im verächtlichsten Sinne, da das aus dem Jüdischen stammende schofel (Partiz. des hebr. schâfêl = „niedrig gemacht, gedemütigt werden") im Rotwelsch unter anderem namentlich auch alles das umfaßt, was der Gauner als besonders widerwärtig und unangenehm empfindet, ganz ähnlich, wie das rein deutsche Eigenschaftswort link (als Gegensatz zu recht[s]), weshalb denn auch linke Winde für das Arbeitshaus vorkommt. Ein stark gepfeffertes Schimpfwort aus der Zigeunersprache ist vermutlich auch Manaschwer(e)kö(h)r(e) u. ä. für das Zuchthaus, da es wohl den Sinn von „Galgenhaus" (zu zigeun. manušwari = Galgen, „Richtplatz" und k'ĕr [rotw. Kör, Kehr u. ä.] = Haus) haben dürfte. Mehr humoristische Färbung zeigen dagegen die — im übrigen gewiß auch nicht als „Koseworte" anzusprechenden — Umschreibungen Laushütte (wegen des Ungeziefers), Hungerturm oder Beinfraßinstitut (auch letzteres wohl mit Bezug auf die schmale Kost, zu Bein = Knochen), Knochenmühle (= Arbeitshaus, nach der aufreibenden Arbeit, ähnlich wie in den Fabriken, die wohl auch den gleichen Namen tragen, während bei Schülern und Soldaten besonders die Turnanstalten so heißen), Zwick (= Zwangsarbeitsanstalt, wozu rotw. zwicken = quälen, martern herangezogen

---

[10]) Diese Erklärung des Wortes scheint mir einfacher als darin eine Verkleinerung des mundartlichen (besonders rheinländischen) Kau(e) = Käfig (namentlich für Vögel) zu erblicken. Es müßte dann auch Käuche geschrieben werden. Siehe Näheres, auch über die (nicht unbestrittene) Etymologie dieses Wortes bei Grimm, D. Wörterb.V, Sp. 310, Nr. 2 a. E.

werden kann) oder Drehscheibe, Arbeitshaus (das mehr die Eintönigkeit der Arbeit hervorhebt). Die ganze Fülle des Jammers im Gefangenendasein aber faßt zusammen der abstrakte Begriff „das graue Elend" (ebenfalls für das Arbeitshaus); es verrät uns vorbehaltlos, daß sich die Insassen der Strafanstalten elend oder „krank" fühlen (vgl. krank = gefangen, Krankheit = Gefangenschaft), wie sie sich denn wohl auch gleichsam wie „verschüttet" (vgl. verschütt gehen = verhaftet werden, Verschütt [selten] = Haft) oder gar wie „(lebendig) begraben" vorkommen[11]).

Solchen melancholischen Aufrichtigkeiten gegenüber tritt erst so recht der hohe Grad von Selbstverspottung zutage, der in den Euphemismen für die Gefangenanstalten liegt, gleichsam als ob das Leben darin nur Angenehmes und Erfreuliches enthalte, so wenn z. B. das Zuchthaus mit allen seinen Bitterkeiten — unter gleichzeitiger formeller Übereinstimmung der Anfangsbuchstaben — in ein Zuckerhaus (oder eine Zuckerbüchs) verwandelt wird[12]), oder die Kunden das ihnen so verhaßte Arbeitshaus — noch spezieller — als Kompott oder Himbeer (also gleichfalls etwas recht „süß" Schmeckendes) kennzeichnen. Sehr beliebt ist auch die Übertragung der Bezeichnungen von Lehranstalten auf die Gefangenhäuser bei den Gaunern. Wenn z. B. geradezu von der Schule gesprochen wird, so hat man das zunächst ja wohl ähnlich zu deuten wie bei dem bekannten Ausspruch von Kennern des Gefängniswesens, daß die so nachteilige kurze Gemeinschaftshaft als eine wahre „Schule des Verbrechens" zu betrachten sei, der hier nur eben vom gaunerischen Standpunkt aus gewürdigt ist. Aber auch die scharfe Aufsicht durch den „Direktor" und das übrige Beamtenpersonal bildet einen Vergleichspunkt, daher dann namentlich das noch verächtlicher klingende Kosewort Kleinkinderbewahranstalt neben den mehr hochtrabenden Gymnasium (bzw. Höhere Töchterschule für das Arbeitshaus für Weiber), Seminar, ja gar Hochschule (hohe Schule). Auch außerhalb Deutschlands finden sich übrigens dazu — beiläufig bemerkt — zahlreiche Seitenstücke. So nennen die französischen Gauner das Gefängnis gleichfalls école préparatoire („Vorbereitungsschule"), collège (Schule) oder lycée (Gymnasium); das englische alte „Cant" sprach von boarding school oder college, und das

[11]) Bischoff, Wörterb., S. 91 leitet verschütt gehen aus dem hebr. schûth = „(fest)setzen" ab, so daß sich danach die Redensart als eine Art Volksetymologie darstellen würde (vgl. Abschn. I, 6).

[12]) Vielleicht ist Zuckerhaus nicht ein unmittelbarer Euphemismus, sondern erst in Anlehnung an das hebr. ßûgar = „Kerker" (zu ßâgar = „verschließen") entstanden (Mitteilung von Dr. A. Landau, Wien).

italienische Gergo kennt studi („Hochschule") für die Galere oder das Zuchthaus. Andrerseits haben es unsere Herren „Pennäler" wohl für gut befunden, ihre Unterrichtsanstalten als Strafanstalt, Gefängnis oder gar Zuchthaus zu charakterisieren, was besonders auf der berühmten Fürstenschule Pforta bei Kösen üblich sein soll. Bei den Studenten und Soldaten ist dagegen von jeher der Vergleich des Karzers oder des Arrestlokals mit Gasthäusern im Gebrauche gewesen (vgl. z. B. „Gasthof zur akademischen Freiheit" = Karzer, Kurhotel = Arrestlokal, noch heute beim schweizerischen Militär), und auch diese Auffassung kehrt in den gaunersprachlichen Bezeichnungen für die Strafanstalten wieder, tritt aber im ganzen mehr bei den hier zunächst noch beiseite zu lassenden Namen für einzelne bestimmte Gefängnisse hervor. Doch könnte — abgesehen von der „stillen Penne", bei der es sich eigentlich nur um ein recht hübsches volksetymologisches Wortspiel aus dem zigeunerischen stilepen u. ä. = Gefängnis, Gefangenschaft handelt (vgl. auch Abschnitt I, 6) — das neuerdings (vielleicht unter soldatischem Einfluß) aufgekommene Erholungsheim [13]) allenfalls hierher gerechnet werden. In der Reichshauptstadt schlägt der zu Gefängnis Verurteilte seinen Wohnsitz wohl auch für einige Zeit in einem Berliner Vorort auf, während der Wiener Gauner ins Gebirge oder auf die Sommerfrische geht [14]). Auch kann man hierzu vielleicht noch den älteren Berliner Gaunerausdruck Kühle (für den Kriminalarrest) heranziehen (nach Art des volkstümlichen „kalt gestellt werden" oder „im Schatten sitzen"; auch im französ. Argot: être à l'ombre und bei den Gaunern chateau de l'ombre = Gefängnis), wenngleich hierbei zunächst freilich nur eine Andeutschung aus dem Hebräischen vorliegt (s. das Nähere schon oben im Abschn. 1, S. 23 und Anm. 35, zu vgl. auch noch Abschn. 6). Jenem merkwürdigen „Schattenschloß" der Franzosen aber lassen sich jedenfalls noch mehrere ähnliche schönfärberische Umschreibungen in anderen Ländern zur Seite stellen, so der „Winterpalast" (winter-palace) der englischen, der „weiße Palast" (palacio blanco) der mexikanischen Gauner,

---

[13]) Schon bei Horn, Soldatenspr., S. 120 findet sich: in Erholungsurlaub gehen für „eine Arreststrafe antreten", das auch noch bei Imme, a. a. O., S. 89 wiederholt ist, und nach Bächtold, S. 62 nennen die Schweizer Soldaten das Arrestlokal ironisch Erholungsheim für Schwergeprüfte.

[14]) Auch die (bayrische) Soldatensprache kennt (nach Horn, a. a. O., S. 120) ins Gebirge gehen für „in Arrest kommen". Dazu noch mehrere Seitenstücke, wie z. B. eine Reise in die Schweiz machen (württemb.-hessisch), auf die Alm, zum Edelweißpflücken (beides bayr.) oder zum Alpenröselbrechen gehen; siehe schon Horn, S. 120 (über die drei ersten Redensarten) vbd. mit Imme, S. 89 (der noch die letzte Wendung hinzugefügt hat).

der „Kristallpalast" bei den Mitgliedern der Mafia auf Sizilien. Der deutsche Gauner residiert — etwas bescheidener — im Erdäpfelpalast oder Graupenpalais (= Arbeitshaus) mit Rücksicht auf die Hauptnahrungsmittel (daher auch wohl kürzer Graupien oder Erbsien in gleichem Sinne; vgl. im italienischen Gergo: bola da lenza, d. h. Mehlsuppe, = Zuchthaus). Allgemeiner bekannt ist das Sitzen hinter den schwedischen Gardinen, d. h. eigentlich den eisernen Gitterstäben der Gefängnisse (vgl. Abschn. 1, S. 38 u. Anm. 63). Auch mit Stätten öffentlicher Schauspiele sind die Gefängnisse wohl verglichen worden. In England z. B. gegen die Soldaten, die in Arrest müssen, in das „irische Theater" (the Irish theatre), während bei uns die zum Arbeitshaus verurteilten Frauen dem Besenzirkus eingereiht werden. Den Gipfelpunkt euphemistischer Übertreibungen enthält endlich zweifelsohne die Bezeichnung Paradies (oder Pardes, nhebr. pardêß) für das Gefängnis (Arrest-, Arbeitshaus), wogegen sich — höchst bezeichnenderweise — die Untersuchungsgefangenen (wie hier noch zu den pessimistischen Wörtern ergänzend nachgetragen sei) in der Hölle befinden (vgl. noch in der Soldatensprache: beim lieben Gott sein [früher in Sachsen] oder im Brigadehimmel sein [in Stuttgart] = Arrest haben).

Bei den Sondernamen für einzelne bestimmte Strafanstalten, denen wir uns nunmehr zuwenden wollen[15]), tritt zunächst viel stärker als bei den allgemeinen Ausdrücken die Methode hervor, die gewöhnlichen Ortsbenennungen durch allerlei äußerliche Mittel unkenntlicher zu machen. So haben z. B. die Wiener Gauner mittels Buchstabenveränderung aus Göllersdorf ein Pöllendorf gemacht, während in Preußen die Strafanstalten in Plötzensee und Brandenburg — durch Abhängung der Endsilben (sog. Apokope) — zu Plötze und Brand und das Zuchthaus zu Sonnenburg auf gleiche Weise zu Sonne verkürzt worden sind. Ähnlich gebildet erscheint ferner (die) Pläß für das Zuchthaus auf der Plassenburg bei Kulmbach und Girgl für das Arbeitshaus St. Georgen bei Baireuth. Auch finden sich solche Verkürzungen nach den Straßennamen, in denen die Haftlokale liegen, so Barnim für das Frauengefängnis in der Barnimstraße in Berlin (Dirnenspr.) und St. Theobald für das Polizeigefängnis in der St.-Theobald-Gasse in Wien. Umgekehrt ist durch Weglassung der Anfangssilben (sog. Aphärese) von der Strafanstalt zu Wiener-Neudorf nichts als das Dorf in der Ver-

[15]) Vgl. zu dem Folgenden auch schon den Abschn. I, 1 („Geographisches"), S. 29ff..

kleinerung Dörfl übriggeblieben. In wieder anderen Fällen handelt es sich um eine künstliche Verlängerung des Namens, so wenn aus Stein a. Donau, dem Sitz einer berühmten Zellenstrafanstalt, Steinhausen, aus dem Arbeitshaus St. Georg in Leipzig eine Georgine gemacht worden, oder endlich um eine sonstige Verdrehung, wie z. B. bei Rumline oder Rum[m]el[l]ine für das Arbeitshaus zu Rummelsburg. Wahrscheinlich nach seiner geographischen Lage in der Gegend des sogenannten Donaumooses führt das Zuchthaus zu Kaisheim (Bez.-Amt Donauwörth) den Namen Moos, wogegen in dem scherzhaft klingenden Zipfelhaube für das in Ebrach (Bez.-Amt Bamberg) vielleicht eine historische Erinnerung stecken könnte, nämlich an die Kapuzen der Zisterziensermönche, deren Abtei sich einst in demselben Gebäude befunden. Wenn noch heute das Arbeitshaus zu Rummelsburg der Ochsenkopf heißt, so liegt dabei eine Übertragung von dem alten Berliner Arbeitshaus (ursprünglich in der Belle-Alliance-Straße 11) vor, dessen Gebäude dem Schlächtergewerbe gehörte und daher einen Ochsenkopf als Abzeichen führte. Die moderne Bezeichnung grauer Bär für das Berliner Arbeitshaus könnte vielleicht mit dem Bären im Stadtwappen Berlins zusammenhängen. Während wirkliche Schimpfwörter mit Säg, d. h. die Säge, für das schwäbische Zuchthaus Ludwigsburg vertreten sind, wird man bereits den Polackenkrug als Name eines früheren Berliner Polizeigefängnisses zu den auf Vergleichen mit Herbergen usw. beruhenden Glimpfwörtern zählen dürfen, da man nämlich den Krug hier wohl im Sinne von „Wirtshaus" aufzufassen hat, und jedenfalls gehört in die gleiche Gruppe der „Gasthof zum goldnen Strauß", d. i. die Berliner Stadtvogtei, die aber jetzt mehr unter dem Namen Riesenburg bekannt ist. Einen humoristischen Anstrich hat wohl auch noch der Name Bock für das bayrische Arbeitshaus Rebdorf. Mehr von bitterer Ironie durchtränkt erscheint dagegen wieder die Bezeichnung Taubstummenanstalt für das badische Arbeitshaus Kißlau, wo (um 1904) „trotz allgemeinen Zusammenlebens (der Sträflinge) doch der Geist des Isoliersystems möglichst durchgeführt" war (Jäger in Groß' Archiv, Bd. 17, S. 291).

Gar nicht selten kommt es vor, daß die schon früher erwähnten Ausdrücke für Strafanstalten im allgemeinen auch in örtlicher Beschränkung auf bestimmte einzelne „Häuser" gebraucht werden, so Mochum (= Mokum) für Moabit bei Berlin, wobei der gleiche Wortanfang (Mo-) zu beachten ist, während unter Groß- und Klein-Mokum die Anstalten in Spandau und Brandenburg verstanden werden; in Bayern wird mit Schinegelswinde besonders das Rebdorfer Arbeitshaus bezeichnet, und bei den Wiener Gaunern ist der Spitzname Hungerturm besonders für die Anstalt in Göllersdorf gebräuchlich, die aber auch die Schule heißt[16]), während die Steigerungen Gymnasium und Hochschule denen zu Garsten und Stein a. d. Donau vorbehalten sind[17]). Noch verbreiteter aber ist (nicht nur bei den Gaunern und auch außerhalb Deutschlands) der umgekehrte Sprachgebrauch, die Namen solcher Orte — oder auch Straßen —, in denen sich berühmte Strafanstalten befinden, schlechthin zu den Begriffen „Gefängnis", „Zuchthaus" usw. zu erweitern. So sagt man z. B. in England wohl to go to Bridewell für „ins Zuchthaus kommen", im Pariser Argot ist Mazas, eigentlich das in der Rue Mazas gelegene berühmte Zellengefängnis, schlechthin so viel wie „Gefängnis", und der Berliner verwendet Moabit in gleichem Sinne. Wenn nun schon um 1847 in der deutschen Gaunersprache Graudenz für „das Arbeitshaus" auftritt, so ist es — nach obigen Beispielen — wohl ohne weiteres klar, daß sich dieser Name auf das seit 1845 in der Stadt Graudenz bestehende Arbeitshaus bezieht, das bald — zunächst im Osten der preußischen Monarchie, dann noch darüber hinaus — zu großem Ruf gelangte, so daß man den Gleichklang mit dem Synonym „graues Elend" kaum noch besonders heranzuziehen braucht. Die Bezeichnung Antoniklosterl für das Gefängnis stammt aus Wien, wo eine in der Leopoldstadt gelegene Strafanstalt diesen Namen geführt hat, und wahrscheinlich handelt es sich auch bei dem fremdartig klingenden Ausdruck Echetel für „Zuchthaus" um einen Wiener Lokalausdruck. Avé-Lallemant, der in seinem „Deutschen Gaunertum" (IV, S. 535) diese Vokabel zuerst, nach Angaben der Wiener Polizeidirektion, anführt, hatte wohl richtig hebräischen Ursprung derselben erkannt, war aber bei seinen Auslegungsversuchen des Wortes auf Abwege geraten. Der freundlichen Mitteilung des Wiener Sprachforschers Dr. A. Landau verdanke ich die folgende, höchstwahrscheinlich zutreffende Erklärung des rätselhaften Namens: das Wiener „Kriminalgebäude", heute Landesgericht in Strafsachen — das auch als Gefängnis diente —, trug zu der Zeit, als die Häuser in jeder Vorstadt noch durchlaufend numeriert wurden, die Bezeichnung „Alsergrund Nr. 1"; eins heißt aber im Hebräischen echâd, woraus dann durch Anhängung der süddeutschen bzw. jüdischen Verkleinerungssilbe -el leicht das Echetel entstehen konnte. Auch die oben näher besprochenen geographischen

[16]) Über noch einen anderen lokalen Gebrauch desselben Ausdrucks siehe schon Abschn. I, 1, S. 30, Anm. 46.

[17]) Über die Verengerung der ursprünglich allgemeineren Bezeichnung Keile zu dem Begriff „Zitadelle in Spandau" siehe schon oben S. 104, Anm. 7.

Sondernamen Dörfl und Moos finden sich wohl allgemeiner, nämlich ersterer für „Strafanstalt" überhaupt, letzterer für „Zuchthaus" gebraucht, desgleichen der Spitzname Zipfelhaube für „Gefängnis" schlechthin, wogegen das früher auch für „Arbeitshaus" im allgemeinen üblich gewesene Ochsenkopf (vgl. oben S. 110) jetzt selbst in Preußen wohl veraltet ist[18]).

Unter den Ausdrücken für das Leben in den Strafanstalten, von denen eine kleine Auswahl hier zum Schluß noch angefügt sei, interessieren zunächst die, mit denen die Gefangenen sich selbst und ihre Umgebung (Mitgefangene, Aufsichtsbeamte) zu benennen pflegen. Entsprechend der Auffassung der Gefangenschaft als Krankheit war früher wohl der Ausdruck Kranker gleichbedeutend mit Gefangener, heute ist eine allgemeine Bezeichnung dafür Brummer, von dem Zeitwort brummen = im Gefängnis sitzen, bekannt auch bei den Schülern für das „Nachsitzen". Die enge Zusammengehörigkeit aller Insassen der Strafhäuser ist hervorgehoben durch den Begriff Mischpoche (jüdisch = „Gesellschaft, Familie", vom gleichbedeutenden hebräischen mischpâchâh), der einzelne Gefängnisgenosse heißt dagegen wohl nur unbestimmt Schem(m), d. i. nämlich eigentlich soviel wie der Name (hebräisch schêm), etwa in dem Sinne, wie wir von „dem N. N." sprechen, wenn man jemand nicht näher bezeichnen will. Der älteste Sträfling, dem die Ordnung und Aufsicht über die anderen übertragen ist, führt den vom Militär entlehnten Titel Stubenältester oder auch den mehr familiären Stubenvater, während der, welcher die Dienste eines niederen Wärters (oder sogenannten Kalefaktors) versieht, wohl als Pachulke (vom tschechischen pacholek = „Bursche, Knecht") bezeichnet wird. Jedoch ist dieses Wort heute teils auch auf alle Sträflinge, teils auf die amtlich angestellten niederen Gefängnisbeamten, Aufseher, Wärter usw. übergegangen. Daß für diese außerdem noch eine große Menge rotwelscher und Kundenwörter vorkommt, wird sich jeder leicht denken können. Sie gehören aber — beachtenswerterweise — meistens weder zu den „Schelten" noch zu den euphemistischen Kosewörtern, sondern zeigen ein ganz neutrales Aussehen, so z. B. das deutsche Kittchenboos o. ä. (zu niedd. Baas = „Meister, Herr"), das aus dem Hebräischen stammende Schoter (vgl. zur Etymol.: Abschn. I, 4, S. 95) oder Schi[e]n (Abkürzung nach dem hebräischen Namen des Anfangsbuchstabens von „Schließer"

[18]) Über die Erklärung der Redensarten übern Berg gehen = „ins Zuchthaus kommen" (in Berlin) und Maria Taferl fahren = „ins Strafhaus kommen" (um 1835 in Österreich) ist schon im Abschn. I, 1, S. 31 das Nähere ausgeführt worden, worauf hier der Kürze halber zurückverwiesen sei.

[vgl. oben S. 94]) und das aus dem Slawischen (bzw. Zigeunerischen) entlehnte seltenere Klitscher (eigentlich auch = „Schließer")[19]) u. a. m. Dagegen kommt spöttischer Humor wieder zu seinem Rechte, wenn der Strafanstaltsvorstand (Direktor, Inspektor) als der Burggeist (vgl. schon um 1835 Burgerl = Gefängnis) oder — derber — als Aff charakterisiert wird (vgl. singe im französischen Gefängnisargot).

Besondere Namen kennen die Wiener Gauner noch für die in Einzelhaft befindlichen Sträflinge, nämlich Fliegenfanger, das wohl keines weiteren Kommentars bedarf, und das weniger klare Hirsch. Wer zu lebenslänglichem Kerker verurteilt ist, heißt — ebenfalls in Wien — himmelblau, wer mit zehn Jahren davonkommt, erhält einen Staatsfrack oder Stadtfrack. Dasselbe besagt auch Doppler oder Doppel, eine Benennung, die auch die Nebenbedeutung „zehn Gulden" (= 20 Kronen) hat (vgl. auch oben Abschn. I, 2, S. 70) und nur mit Rücksicht auf die Hälfte dieses Betrages verständlich erscheint. Diese, also fünf Gulden oder fünf Jahre Kerker, heißt Krumper, auch Krumpatsch oder Hedschake (wahrscheinlich zu He, hebr. Buchstabe, der als Zahlenwert 5 bedeutet, und rotw. Chaker = Dukaten oder ähnliche Goldmünze, wohl auch hebräischen Ursprungs; vgl. Näheres in Groß' Archiv, Bd. 33, S. 301, Anm. 2). Diese Übereinstimmung von Gaunerwörtern für Geldsummen und für die Zeitdauer von Freiheitsstrafen zeigt sich auch noch bei dem Ausdruck Pfund, der heute bei den deutschen Gaunern soviel wie ein Zwanzigmarkstück ist, früher wohl einen „Gulden" oder auch (etwas später) den Betrag von fünf Gulden bedeutet hat, jetzt aber in Wien für ein Jahr Kerker verwandt wird. Bei dem Längenmaß Meter für eine Mark und einen Monat Gefängnis ist noch der gleiche Anlaut (M) zu beachten. Sonst werden die Jahre und die Monate als Beträge der Freiheitsstrafen im allgemeinen auch wohl durch die zoologischen Vergleiche mit Würmern und Fröschen angedeutet, worüber das Nähere bereits im Abschn. 3, S. 83 ausgeführt worden ist[20]).

---

[19]) Zur Etymologie siehe Näheres Groß' Archiv, Bd. 43, S. 52, 53 (rotw. klitschen oder glitschen = „schließen [fesseln]" bzw. Klit[z]sch[e] oder Glitsch = Schloß, Riegel", zu dem gleichbedeutenden tschechischen klič; zu vgl. aber auch zigeun. klidi[n] = „Schlüssel", neugriech. κλειδί).

[20]) Auch der Ausdruck Schurf für „ein Jahr Zuchthaus" soll nach Bischoff, Wörterb., S. 81 eine Art Seitenstück zu den „langsam schleichenden" Würmern sein, da er ihn vom hebr. sârâf = Schlange ableitet. Nun findet sich aber auch ein rotw. Schof (siehe schon Krünitz' Enzykl. 1820 [353]) oder Schoof (so z. B. Zimmermann, 1847 [383]) als Nebenform zu Schonum u. ä. = „Jahr" (vom hebr. schânâh), woraus doch leicht sowohl die Form Schurf wie deren engere Bedeutung entstehen konnte.

Nach der „Aufnahme" in die Anstalt, wie sich wohl auch die Gauner selber sozusagen ganz „amtlich" ausdrücken, wird der Sträfling zunächst mit der vorgeschriebenen Kleidung versehen, eingepuppt oder eingekluftet (zu Kluft, im älteren Rotwelsch Klaf[f]ot u. ä. = Kleidung, einem Wort, über dessen Herkunft die Ansichten noch auseinandergehen)[21]. Die Wiener Gauner haben auch dafür einen besonderen Namen, nämlich Bolle oder Bolli. Die weiblichen Insassen der Arbeitshäuser sprechen wohl von ihrer Nonnentracht und bezeichnen ihre Mützen als Schanddeckel. Die Zuchthäusler heißen allgemein Schokoladenmänner nach ihren meist braunen Kitteln, wegen des kurzgeschorenen Haares aber auch Sammetköpfe.

Eine Bezeichnung für die Sträflingsarbeit war früher Rowitsch, das man in erster Linie wohl mit dem Ausdruck Robot für „Frondienst" (von tschech.-poln. robota) herzuleiten hat, doch mag dann auch der Gleichklang mit dem Ortsnamen Rawitsch in Posen und seiner berühmten Strafanstalt mit eingewirkt haben (vgl. auch schon Abschn. I, 1, S. 31). Heute werden allerlei Spöttereien auf einzelne Beschäftigungen bevorzugt, so z. B. für das Holzhacken der Vers: „Üb' immer Treu und Redlichkeit!" Verspottet wird auch der tägliche, zur Erholung dienende Spaziergang im Gefängnishof als Bärentanz (im Bärenzwinger). Den Glanzpunkt des Tages bildet natürlich für die meisten Gefangenen die Zeit des Mittagessens, wo das Achelinikes oder der Achelputz (zu rotw. acheln [vom hebr. âkal (âchal)] = „essen") oder der Pickus (Latinisierung des rotw. picken, bicken = essen, deutschen Ursprungs) angekarrt, d. h. (auf der Karre = Schüssel, Teller usw.) gebracht wird. Während übrigens diese Ausdrücke — besonders von den Kunden — auch wohl für das Essen überhaupt gebraucht werden, sind speziell auf die Gefängniskost beschränkt die wienerischen Gaunerwörter Motschka (eine Vokabel tschechischen bzw. zigeunerischen Ursprungs [tschech. močka, zigeun. mótša], die eigentlich aber den Saft in der Tabakspfeife, dann auch Kautabak, Zigarrenstummel u. dgl.

---

[21]) Vgl. im allgemeinen Groß' Archiv, Bd. 38, S. 274 und Anm. 3. Die (durch Socin) allgemein herrschend gewordene Ableitung des Wortes vom hebr. chalîfôt = „(Ehren- oder Feier-) Kleider (Wechselgewänder)" hält Bischoff, Wörterb., S. 40 für unmöglich, „da dies im Jüdischdeutschen höchstens zu ‚kalfes' oder ‚klîfes' werden könnte". Er schließt sich daher hier der älteren, schon von Avé-Lallemant (IV, S. 556) vertretenen Ansicht an, die das neuhebr. killûph = „Rinde, Schale" als Quelle betrachtet, wozu das modernere (besonders kundensprachliche) Synonym Schale (= „Anzug, Kleidung") allerdings gut zu passen scheint.

umfaßt) und Popp (das ist, wie Papp[e], etwa „[pappiger] Brei zum Essen [oder Kleben]"; vgl. in Wien: Papperl = Essen für kleine Kinder); fast ganz gleichbedeutend damit ist auch das in Deutschland gebräuchliche Schlunz (daher auch Schlunzhammel = Gefängniskoch), denn es bezeichnet ebenfalls zunächst eine dickflüssige, breiartige Masse[22]). Wenn die Zuchthaussuppe auch Jauche genannt wird, so erscheint uns das zwar jetzt als ein arges Schimpfwort, jedoch ist dabei zu bemerken, daß die Verschlechterung des Begriffs erst allmählich vor sich gegangen ist, denn seine Quelle, das polnische jucha (bzw. das lateinische jus), bedeutet einfach „Brühe". Dagegen läßt die Metapher Otternschleim für die gleiche Speise von vornherein an unzweideutiger Verachtung nichts zu wünschen übrig, während die Personifizierung blauer Heinrich für eine besondere Suppenart aus Hülsenfruchtgemenge wieder harmloseres Gepräge trägt. Das Brot heißt, wie auch in der Kundensprache überhaupt, Hanf[23]), die tägliche Ration davon (besonders in Berlin) Kuhle, die vom Fleisch wird wegen ihrer Kleinheit humoristisch, wie beim Militär, als Spatz bezeichnet; Kartoffelklöße werden mit Gummibällen verglichen. Wem etwa Kostbeschränkung auferlegt wird, der muß Kohldampf schieben, d. h. „Hunger leiden" — eine ihrem Ursprung nach noch nicht genügend aufgeklärte Wendung aus der Kundensprache[24]), die sich neuerdings auch bei unseren Feldgrauen

---

[22]) Zu dem Folgenden vgl. auch den Abschn. II („Von der Speisekarte des Landstreichers"), wo über einige der hier aufgezählten Ausdrücke zum Teil noch Näheres ausgeführt ist.

[23]) Hanf = (trockenes) Brot kann m. E. recht gut als eine Metapher rein deutscher Herkunft aufgefaßt werden, so daß die Heranziehung eines hebräischen Zeitworts (chânaph = „täuschen") bei Bischoff, Wörterb., S. 31 (allerdings mit selbst hinzugefügtem Fragezeichen) — das doch auch gar keinen rechten Sinn ergibt — überflüssig erscheint.

[24]) Weniger bekannt dürfte es noch sein, daß das Hauptwort in der Form Kolldampf = Hunger — neben Koller — auch schon im Gaunerglossar Karmayers (1835) vorkommt, was meines Wissens zugleich der früheste Beleg der Vokabel im Rotwelsch ist. Denn die älteren Quellen kennen nur die Nebenformen Kol(l)er, Kolter u. ä., dazu das Adj. kolerig, kolderig, kolterik u. ä. = hungrig und als Zeitw. (schon im 18. Jahrhundert): es kohlert mi oder es kollert mich = „es hungert mich" u. dgl. m. (vgl. Groß' Archiv, Bd. 63, S. 27, Anm. 12). Bei der letzteren Form könnte man wohl geneigt sein, an den (vor Hunger) „kollernden" Magen zu denken. Fischer, Schwäb. Wörterb. IV, Sp. 574 und 575 hat (für „Kolder, kolderig, kolderen") das griech.-lat. cholera (= „Galle") herangezogen, scheint dagegen (IV, Sp. 574) Kohldampf hiervon zu trennen. So nahe nun hierbei auf den ersten Blick die Vorstellung eines dampfenden Kohlgerichts liegen mag, so scheint es sich doch wohl nur um eine Andeutschung aus irgendeinem Fremdwort zu handeln. Eine befriedigende Lösung der Herkunftsfrage ist aber bisher noch nicht gefunden worden. Dies

vieler Beliebtheit erfreut hat[25]) —, und wem endlich seiner Gesundheit halber vom Hausarzt Lebertran verordnet ist, der schluckt Zuchthauschampagner.

„Macht" jemand „den wilden Mann", spiegelt also besonders Tobsuchtsanfälle vor, so wird er mit dem Küraß, d. i. der Zwangsjacke, nähere Bekanntschaft machen. Die Fesselung durch Ketten (Hand- und Fußschellen) spielt zwar heute selbst als Disziplinarstrafe oder Sicherungsmittel keine große Rolle mehr; trotzdem ist aus den Zeiten, wo das Fesseln noch allgemeiner üblich war, eine ganze Reihe von metaphorischen Ausdrücken dafür auch in die neueren Vokabularien übergegangen, so der alte Tiervergleich Schlange, der ohne weiteres klar ist, und die auf Übertragung von Sachbegriffen beruhenden Benennungen Rosenkranz (den der Angekettete „betet") sowie — speziell für die Handschellen — Manschetten, Armspangen, Armbänder oder Braslets (wie im Französischen und Englischen bracelets). Das lautlich ähnliche Synonym Bretze(l)n beruht auf einem Vergleich mit diesen Erzeugnissen des Bäckers, deren Form die Handschellen annehmen, wenn man die beiden Ringe aneinanderlegt. Dann erhalten sie auch gleichsam die Gestalt einer Acht (8), weshalb dieser Zahlenname ebenfalls auf sie angewandt wird. Wird einem Gefangenen zur Strafe „Arrest ohne Bett" verordnet, so heißt das bei den schwäbischen Gaunern und Kunden Major beziehen, eine wohl vom Biwakieren der Soldaten hergenommene Redensart, da sie auch für das Übernachten im Freien gebraucht wird. Wie der Beamte von seinen Vorgesetzten eine „Nase" bekommen kann, so „kriegt" auch der mit einem Verweis bedachte Sträfling „eins über die Nase" und hat dann hinterher „die Nase voll".

Die Gedanken wohl aller Gefangenen sind natürlich auf das Ende ihrer Strafzeit gerichtet. In früheren Jahrhunderten versuchte man dieses nicht selten gewaltsam herbeizuführen durch „Ausbrechen" oder Flucht aus der Haft. Dann war der Entsprungene genötigt, in den ersten Tagen seiner wiedergewonnenen Freiheit die mensch-

---

gilt auch von Bischoffs Hypothese, der (Wörterb., S. 44) für „Kohl-" das russische go'lod = „Hunger" herangezogen hat, während er „Dampf" als „dumpfes Gefühl" deutet.

[25]) Zu vgl. dazu die sämtlichen neueren Schriften über die Soldatensprache. Zu einer der militärischen Weiterbildungen des Wortes, nämlich Kohldampfschieber (wörtlich „Hungerleider") für den Unteroffizier (s. dazu Imme, a. a. O., S. 17, 18), sei bemerkt, daß in einem mit Rotwelsch durchsetzten Jargon bei Regensburg (Kluge, Rotw., I, S. 489) Kohldampf für „Offizier" vorkommt) das wohl ähnlich, etwa mit Bezug auf den schmalen Leutnantsgehalt, zu deuten ist).

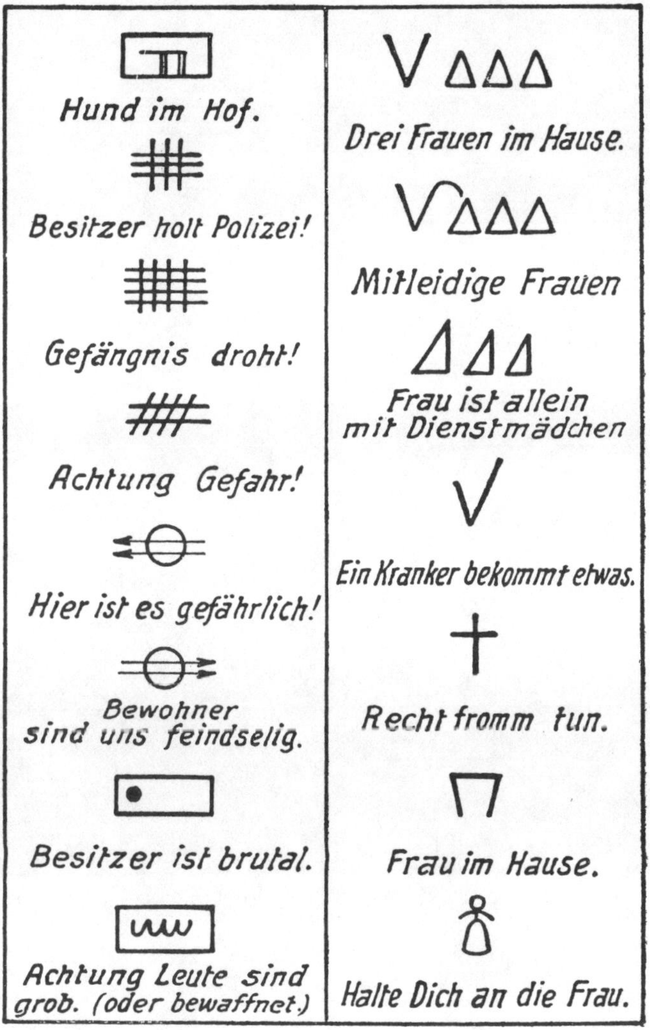

Hund im Hof.
Besitzer holt Polizei!
Gefängnis droht!
Achtung Gefahr!
Hier ist es gefährlich!
Bewohner sind uns feindselig.
Besitzer ist brutal.
Achtung Leute sind grob. (oder bewaffnet.)
Drei Frauen im Hause.
Mitleidige Frauen
Frau ist allein mit Dienstmädchen
Ein Kranker bekommt etwas.
Recht fromm tun.
Frau im Hause.
Halte Dich an die Frau.

lichen Wohnstätten zu meiden und sich von den Früchten des Feldes — allerlei Kräutern — zu ernähren. Daher das alte rotwelsche Spottwort Kraut fressen (oder bicken, neuer auch wohl: Krautsuppe essen) für das Entfliehen, das sich — neben den einfacheren (ab)krauten, abfahren, abschweben, schimmeln u. a. m. — bis in unsere Tage hinein erhalten zu haben scheint. Heute ist es freilich nicht mehr so leicht, sich aus „Nummer Sicher" selbst zu befreien; so muß man denn warten, bis es nach dem Gesetz wieder erlaubt ist, „in die Luft (= in die Freiheit) zu gehen". Die amtliche Bescheinigung seiner Entlassung nennt der Gauner oder Kunde entweder einfach Gittchenschein oder humoristisch Bürgerbrief, auch Bierzettel (=zeddel, =zoddel), besonders wenn Polizeiaufsicht hinzukommt, ferner ironisch Frachtbiref oder Totenschein, wenn sie mit einer bestimmten Reisevorschrift versehen, und endlich, besonders in Österreich, Roller, wenn sie auch noch mit „Abschubbegleitung" verbunden ist.

6. Volksetymologisches[1]).

Unter der (zuerst von E. W. Förstemann gebrauchten) Bezeichnung Volksetymologie versteht man das volkstümliche Bestreben, zwei ihrem Stamme nach in der Regel ganz unverwandte Wörter miteinander zu verknüpfen. Dabei kann es sich sowohl um durch ihr Alter unverständlich gewordene Ausdrücke aus dem heimischen Wortschatz handeln, die mit ähnlich klingenden neueren Bildungen in Zusammenhang gebracht werden, als namentlich auch um Fremdwörter, die im Volksmunde so lange umgemodelt werden, bis sie ihrer ausländischen Herkunft zum Trotz das Ansehen von einheimischem Sprachgut annehmen. Betrachten wir daraufhin einmal etwas näher unsere Muttersprache, so zeigt sich zunächst, daß sie für jene beiden Gruppen der Volksetymologie eine stattliche Reihe solcher Fälle aufweist, die im Laufe der Zeit zu völlig festen Bestandteilen unseres Schrifttums geworden. Wörter dieser Art rein deutschen Ursprungs sind u. a. der Friedhof (vom althochd. Zeitw. vrîten = „hegen",

[1]) Erschienen unter dem Titel „Volksetymologisches aus unserer Gaunersprache" in der „Köln. Zeitung" vom 26. März und 2. April 1916 (Nr. 315 und 340). Viele der hier besprochenen Fälle von „Volksetymologie" sind auch schon in den vorhergehenden Abschnitten in anderem Zusammenhang bald mehr, bald weniger ausführlich gestreift worden. Es wird aber den Leser wohl kaum verdrießen, auch diese schon bekannten Beispiele — zusammen mit anderen — unter dem gemeinsamen neuen Gesichtspunkt noch einmal aufmarschieren zu sehen.

von uns jetzt aber auf den Frieden der Begräbnisstätte bezogen), die Sündflut (richtig eigentlich Sintflut, ahd. sinfluot, d. h. große „immerwährende" Flut) und der Maulwurf (mittelhochd. moltwerf, d. h. ein Tier, das die Molte [schon althochd. molta], d. i. die Erde, — aber nicht etwa mit dem Maule — aufwirft), während als Beispiele für „Andeutschungen" aus fremden Sprachen genannt sein mögen die Armbrust (aus dem mittelalt. ar[cu]balista = „Bogenwurfmaschine", zu lat. arcus = „Bogen" und griech. βάλλειν = „werfen"), das Murmeltier (aus lat. murem montis = „Bergmaus") sowie das Felleisen (aus dem französ. valise = „Reisebündel").

Neben solchen volksetymologischen Ausdrücken, die — wie bemerkt — längst ihr „literarisches Bürgerrecht" bei uns erworben haben, finden sich aber noch zahlreiche andere, die im wesentlichen nur auf die alltägliche Redeweise des „gemeinen Mannes" beschränkt geblieben sind (und daher wohl — eigentlich pleonastisch — als vulgäre Volksetymologien den sogenannten literarischen gegenübergestellt zu werden pflegen). Gerade bei diesen Fällen tritt dann stärker der Unterschied zutage, ob sich bei den Umdeutungen der Begriffe zugleich auch wirklich etwas dem eigentlichen Sinne des Wortes Entsprechendes denken läßt oder nicht. Gar nicht so übel ist es z. B., wenn das Volk sich den Namen Xanthippe für eine zänkische Ehefrau zu eine Zanktippe umgeformt oder aus dem Vagabunden einen Fahrebunden (gleichsam mit Bezug auf die „fahrenden Leute" der Landstraße) gemacht hat, wenn es von einer Ölumination statt Illumination, von dem garstigen statt gastrischen Fieber spricht oder den Melancholischen als maulhängolisch bezeichnet. Dagegen fällt es mehr oder weniger in das Gebiet des „höheren Blödsinns", wenn man die Influenza zur Infaulenzia verdreht hat (als ob nur faule Leute von der Krankheit befallen würden) oder den panischen Schrecken zu einem spanischen, wenn aus den Akkumulatorwagen — in Berlin — ein Anklamer Torwagen geworden, und unsere Soldaten gar den hohen Orden „Pour le mérite" zu einer Pulle mit Sprit herabgewürdigt haben u. dgl. m.

Als ein wahrer Tummelplatz für allerlei Volksetymologien (mit und ohne Sinn) erscheint auch das Rotwelsch der deutschen Gauner nebst der nahe verwandten Kundensprache der wandernden Handwerksburschen. Dies erklärt sich leicht genug, wenn man erwägt, daß jene Geheimsprachen nicht nur sehr stark mit mundartlichen Formen durchsetzt sind, sondern fast mehr noch mit Fremdwörtern, die zum überwiegenden Teile bekanntlich aus dem Hebräischen (bzw.

Jüdischdeutschen) herstammen, ferner vielfach aus dem Zigeunerischen, dem Ungarischen, den slawischen Sprachen usw., alles Idiome, die nicht nur den unteren Volksschichten (denen ja unsere Gauner und „Walzbrüder" meist angehören) als „ein Buch mit sieben Siegeln" erscheinen, sondern auch dem Gebildeten weniger geläufig sind, so daß selbst angesehene Sprachforscher bei der Erklärung rotwelscher Vokabeln sich zuweilen „Entgleisungen" haben zuschulden kommen lassen. Während man nun über die Volksetymologie in unserer Gemeinsprache schon vielerlei veröffentlicht hat (es sei hier nur auf das umfangreiche Werk von Karl Gustav Andresen, „Über deutsche Volksetymologie", 6. Aufl., Leipzig 1899, hingewiesen)[2]), sind die Fälle aus der Gauner- und Kundensprache in der bisherigen Literatur nur ausnahmsweise hier und da mit berücksichtigt, aber noch nicht in zusammenhängender Weise behandelt worden. Eine Übersicht und Erläuterung wenigstens der wichtigsten Beispiele dürfte daher gewiß manchem nicht unwillkommen sein, zumal verschiedene ursprüngliche Gaunerwörter dieser Art — zuweilen mit gleichzeitiger Begriffsveränderung — auch in unsere allgemeine Umgangssprache eingedrungen sind.

Gleich unter den mannigfachen Bezeichnungen für die Gaunersprache selber wimmelt es bereits von Volksetymologien. Da ist z. B. das ganz merkwürdige Wort Galoschensprache, bei dem man sich eigentlich kaum etwas Vernünftiges vorstellen kann, es wäre denn etwa daß die Spitzbuben sich in ihrem Jargon so ungestört vor anderen zu unterhalten vermögen, als ob sie gleichsam auf Galoschen, d. h. Gummischuhen, einherschlichen. Damit hat aber der Ausdruck nicht das geringste zu tun, er stellt sich vielmehr bei näherer Untersuchung dar als eine dialektische Verunstaltung von Kaloschensprache, das seinerseits wieder eine Zusammenziehung von „Kochemer-Loschen-Sprache" ist, einer pleonastischen Bildung, da schon Kochemer-Loschen allein soviel wie Gaunersprache bedeutet oder vielmehr genauer — euphemistisch — „die Sprache der klugen Leute" (entstanden aus dem hebr. châkâm [-châm] = „der Kluge, Gescheite" und lâschôn = „Zunge, Sprache"). Auch die Kochemer Sprache hat also gar keine Beziehung zu dem Städtchen Kochem an der Mosel, ebensowenig wie das Synonym jenaische (jenische, jähnische, jännische) Sprache zu der thüringischen Universitätsstadt Jena oder das — ebenfalls gleichbedeutende, bei den Wiener Gaunern übliche — Pester-Spruchеrl zu der Hauptstadt des be-

[2]) Weitere (gemeinsprachliche) Literatur siehe u. a. auch bei Behaghel, Die deutsche Sprache (6. Aufl.), S. 363 (zu S. 127).

nachbarten Ungarlandes. Denn jen(a)isch usw. ist nichts anderes als das Eigenschaftswort zu dem alten rotwelschen Hauptwort Joner, Juonner u. a. — woraus dann später Jauner oder Gauner geworden —, d. h. eigentlich „Betrüger im Spiel", und nach herrschender Ansicht abzuleiten vom neuhebr. jônêh, part. praes. zu jânâh = „übervorteilen, betrügen", während Pester-Sprucherl zusammenhängt mit pest oder best = zwei (vom hebr. Bêth, jüd. Bess, dem zweiten Buchstaben des hebräischen Alphabets, als Zahlenwert = 2) und mithin soviel wie „die zweite Sprache" bedeutet. Als Kuriosität sei im Anschluß hieran noch bemerkt, daß man auch die Bezeichnung Rotwelsch in früheren Jahrhunderten allen Ernstes wohl mit der schwäbischen Stadt Rottweil in Zusammenhang gebracht hat, weil nämlich die Juristen am dortigen ehemaligen kaiserlichen Hofgericht ein so ungeheuer schlechtes Amtsdeutsch („Rottweilisch") geschrieben hätten, daß es niemand mehr recht habe verstehen können. Aber auch nachdem man den zweiten Teil der Zusammensetzung, das „Welsch", richtig als „die fremdländische" (ursprünglich keltische, dann romanische), mithin (den Deutschen) „unverständliche Sprache" erkannt hatte, blieb die Bedeutung des „Rot" noch lange ein Zankapfel unter den Gelehrten und Ungelehrten. Man leitete es bald her von der Rotte (im Sinne von „Räuberbande"), bald von dem italienischen rotto, d. h. gebrochen (also Rotwelsch = „gebrochene Sprache"), namentlich aber von der roten Farbe der Haare, die ja nach dem Volksglauben von alters her als ein Zeichen von Trug und Bosheit galt (dafür z. B. selbst noch Andresen, a. a. O., S. 25). Neuerdings erblickt man die Quelle des Namens in einem alten Gaunerwort, Rot = Bettler, ohne indessen Näheres über seine Etymologie zu wissen (vgl. auch schon Abschn. 1, S. 41).

Ein auf das Treiben der Spitzbuben hindeutender rotwelscher Ausdruck, der auch in den Kreisen der „ehrlichen Leute" bekannt geworden, ist Kümmelblättchen für ein Hasardspiel der sogenannten Bauernfänger. Das Volk denkt dabei wohl meist an den Kümmel als alkoholisches Getränk, das in der Tat ja öfter bei diesem Spiel genossen zu werden pflegt; indes ist das nur ein Trugschluß, denn „Kümmel" ist hierin entstanden durch schlechte (mundartliche) Aussprache von Kimmel und dieses wieder von Gimmel, aus dem hebr. Gimel, dem Namen des dritten Buchstabens des hebräischen Alphabets mit dem Zahlenwert „drei". Das Kümmelblättchen bedeutet also nichts anderes als „Dreiblättchen", d. h. ein Spiel mit drei Karten. Eine nicht unerhebliche Begriffsveränderung hat das rotwelsche Wort Kohl bei seiner Übernahme in unsere Volkssprache erlitten. „Schwätz' doch keinen Kohl!" — so weist der Mann aus dem Volke wohl die ihm als albernes, dummes Gerede erscheinenden Bemerkungen eines anderen zurück, wobei in seiner Vorstellung ein Kohlgericht aufzutauchen pflegt. Allein mag damit wirklich auch der „aufgewärmte Kohl" für alte abgestandene Geschichten, die wieder als Neuigkeiten vorgebracht werden (nach der crambe repetita bei Juvenal, Sat. 7, 154), zusammenhängen, so nimmt man doch meistens jetzt an, daß das einfache „Kohl" durch Vermittelung der Studentensprache (wo es bereits 1790 für „Unsinn" nachweisbar) aus der Gaunersprache eingedrungen ist, die es sich ihrerseits aus dem hebr. qôl = „Schall, Stimme, Gerücht" angedeutscht hat. Schon in einem Glossar vom Jahre 1753 findet sich die Vokabel für „blauer Dunst" angeführt, und dieser engere Sinn hat sich auch in die Neuzeit hinein, namentlich in der Kundensprache, erhalten. Wenn ein Landstreicher also Kohl macht, reißt oder gar — ganz im Bilde vom Gemüsebau — pflanzt, wenn er kohlt oder jemand verkohlt, so heißt das, daß er — etwa den Hausbewohnern beim „Fechten" — etwas vorschwindelt. Gefährlicher als ein solcher — nur als „Gelegenheitsdelinquent" auftretender — Kohlbruder erscheint der gewerbsmäßige Betrüger, für dessen Tätigkeit u. a. zwei volksetymologische Ausdrücke vorkommen: Kosak (bes. auch = Falschspieler), also gleichlautend mit der russischen Reitertruppe, und Kaspar (oder Kasper, namentlich für marktschreierische Quacksalber), das wie ein Eigenname aussieht. Beides sind jedoch höchstwahrscheinlich nur Weiterbildungen aus dem hebr. Stammwort kâzab (jüd. kosaw) = „(be-)lügen" (vgl. rotw. kaspern u. ä. = betrügen)[3]. Gleich wie Kaspar könnte übrigens vielleicht auch Ede, das in neuere Vokabularien der Gauner- und Kundensprache durch „Freund, Genosse" wiedergegeben wird und in weiteren Kreisen namentlich aus der in allen Witzblättern beliebten Verbindung Lude und Ede für zwei Gaunergenossen bekannt ist (die meist schlechthin als die Koseform von Ludwig und Eduard aufgefaßt wird), nicht sowohl der verkürzte Eigenname als vielmehr eine Entlehnung aus dem Französischen

---

[3]) Im wesentlichen übereinstimmend betr. Kosak auch Bischoff, Wörterb., S. 45 (vom hebr. kôsêb = Betrüger), während er Kaspar (das übrigens häufiger in der Zusammensetzung Kasper-Felinger [siehe zur (unsicheren) Etymologie: Näheres in Groß' Archiv, Bd. 42, S. 20, 21] vorkommt) vom latein. capsarius = „Büchsenkrämer" herleitet. — Zu Kosak verdient übrigens doch auch hingewiesen zu werden auf das in der ungarischen Gaunersprache bekannte Ruß für „Falschspieler" noch K. Berkes, Das Leben und Treiben der Gauner (deutsche Bearbeitung von Victor Erdélyi, Budapest 1889), S. 114, 122 sowie die Angabe daselbst (S. 13), daß „fünfzig Prozent der reisenden Diebe ... aus russischen Gaunern" beständen.

(aide = „Gehilfe") sein[4]). Ganz türkisch klingt uns Harum Pascha für den Anführer einer Gaunerbande, es ist aber zunächst nur eine Zerlegung des ungarischen Wortes harambaša (sprich: -bascha) = „Räuberhauptmann" (auch serbisch: charambaša).

Da es im Rotwelsch sehr beliebt ist, die verschiedenen Diebesspezialitäten durch Benennung nach Gewerben friedlicher Bürger euphemistisch zu verhüllen (wie z. B. Schwarzhändler = Nachtdieb, Weißkäufer = Markt- und Messedieb, Schneeschaufler = Wäschedieb), so kann man leicht dazu verführt werden, auch bei den Ausdrücken Torfdrücker (oder -drucker, seltener auch Dorfdrücker) und Seefahrer für den Taschendieb an wirkliche Berufsbezeichnungen, also etwa an einen Torfstecher und einen Schiffer zu denken. Jedoch heißt Torfdrücker u. ä. wörtlich nur so viel wie „Beutelzieher", zusammengesetzt aus rotw. Torf (oder Dorf), d. h. die Diebesbeute, namentlich die Geldbörse (Portemonnaie) als begehrtestes Objekt aller Langfinger (vom hebr. târef, jüd. tôref, sogenannte Pausalform zu teref = „Raub, Beute"), und Drücker (Drucker) = „Zieher", entstellt aus dem niederd. Trecker (zu trecken = ziehen, vgl. auch schon Abschn. 2, S. 54); der — übrigens auf Wien beschränkte — „Seefahrer" aber entpuppt sich bei genauerer Betrachtung als eine Andeutschung des allgemein rotw. Se(e)bacher (oder Se[e]wacher u. ä.), zu dem Zeitwort sewachen (u. ä. m.) = stehlen, das man auf das hebr. zâbach, jüd. sôwach = „schlachten, opfern" zurückzuführen pflegt, so daß danach der Bestohlene gleichsam als „Opferlamm" des Diebes erscheint. Daß die Wiener Gauner den Schottenfeller

[4]) So Franz Söhns, Die Parias unserer Sprache (eine Sammlung von Volksausdrücken, Heilbronn 1888), S. 37, dem ich in meinem Rotwelsch, S. 80, Anm. 90 (u. in Groß' Archiv, Bd. 51, S. 1) gefolgt bin. Wenn nun Bischoff, Wörterb. (der übrigens S. 21 unter „Ede" von der Bedeutung des Ausdrucks in der Gauner- und Kundensprache auffälligerweise überhaupt ganz schweigt) im Vorwort, S. V, Anm. ** gegen mich zu Felde gezogen ist wegen der (durch Hinzufügung von zwei Ausführungszeichen gleichsam als etwas höchst Wunderliches gekennzeichneten) Auslegung von Ede, so hat er dabei übersehen, daß ich nicht der „Erfinder" jener Etymologie bin, sie auch nur als wohl „möglich" — neben der Gleichstellung mit Eduard — bezeichnet habe, während Söhns, a. a. O. viel schroffer den Vertretern der anderen Meinung „Unkenntnis" vorwirft. Weil der Ausdruck aller Wahrscheinlichkeit nach aus Berlin herstammt, so sei noch bemerkt, daß in der Redeweise der Reichshauptstadt, in der überhaupt mancherlei verderbtes Französisch enthalten ist, Ede (aus französ. aide) so viel wie „der Partner beim Kartenspiel", dann aber „auch bei der Arbeit" bedeutet (siehe H. Meyer, Richt. Berliner, S. 35). Da nun auch die Gauner euphimistisch ihre Tätigkeit als „Arbeit (Geschäft, Handel u. dgl. m.)" bezeichnen (vgl. Groß' Archiv, Bd. 54, S. 151ff.), so so wäre der Übergang von Ede = Arbeitsgenosse zu Ede = Gaunergenosse ja gleichsam von selbst gegeben.

oder frechen Ladendieb zu dem geographisch klingenden Schottenfelder umgewandelt haben, ist schon im Abschn. 1 (S. 44 u. Anm. 72) erwähnt worden. Eine — recht wohl passende — Metapher aus dem Tierreiche glauben wir auf den ersten Blick vor uns zu haben in der Bezeichnung eines nächtlichen Räubers als Fichtegeier; ist doch der Geier als besonders gefräßiger Raubvogel tatsächlich im Deutschen wie in anderen Sprachen zu Vergleichen mit Menschen herangezogen worden (so z. B. Aktengeier = Rechtsgelehrter bei Th. G. v. Hippel, Eisern-Kreuz-Geier = militärische Streber in der modernen Soldatensprache [Imme, Soldatenspr. S. 90] und vautour = habsüchtiger Hausbesitzer im französ. Argot). Der Ausdruck besagt aber nichts anderes als „Nachtgänger", zu rotw. Fichte = Nacht (nach der dunkeln Farbe der Fichtenwälder) und Geier im jüdischdeutsch. Dialekt für „Geher". In das strafrechtliche Gebiet gehört auch der Pleitegeier im Sinne des „betrügerischen Bankerotteurs", wörtlich jemand, der „Pleite" (jüdischdeutsch, vom jüd. plêto, hebr. pelêtâh = „Flucht", dann „Bankerott") „geht" oder macht. In anderer Bedeutung wird — nebenbei bemerkt — dieses Wort in manchen Gegenden (z. B. in Ostpreußen) auch von der allgemeinen Umgangssprache gebraucht. Dort versteht man nämlich darunter die Kundschaft, die den bevorstehenden Konkurs eines Kaufmanns abwartet, um dann unter dem Preis zu kaufen. Das Volk hat sich aber die Benennung noch weiter auf seine Weise mundgerecht gemacht, indem es dabei an eine Art symbolischen Unglücksvogel denkt, der einer gefährdeten Firma auf dem Dache sitzt (vgl. darauf bezügliche Redewendungen in der neueren Literatur bei A. Schirmer, Wörterb. der deutschen Kaufmannssprache, Straßburg 1911, S. 144). In derselben Weise zu erklären sind ferner noch der Medine- und der Mokumgeier, d. h. Land- bzw. Stadthausierer (zu rotw. Medine u. ä. = Land, vom hebr. medînâh = Landschaft, Provinz, und Mokum u. ä. = Stadt, vom hebr. mâqôm = „Ort, Stadt"), wogegen man wohl in dem wienerischen Kuttengeier für einen Geistlichen einen wirklichen zoologischen Vergleich erblicken darf (vgl. auch Abschn. 3, S. 88).

Mit den zuletzt genannten Beispielen sind wir nun schon bei den Berufen der „rechtschaffenen Leute" angelangt, für die das Rotwelsch auch noch zahlreiche andere Volksetymologien aufzuweisen hat. Verhältnismäßig einfach zu erkennen ist z. B. die Herkunft der — wie ein alter gutdeutscher Familienname klingenden — (seltenen) Bezeichnung Gerlach für einen Geistlichen, Pfarrer, es ist nämlich nur eine Verunstaltung des gleichbedeutenden Gallach, einer der häufigsten rotwelschen Vokabeln, die auf das neuhebr. gallâch, vom aramäischen und neuhebr. gelach = „scheren" zurückgeht und also soviel wie „der Geschorene" bedeutet (mit Bezug auf die Tonsur der katholischen Geistlichen). Wenn der Gastwirt u. a. Schächer heißt, so möchte man das — da Schächer auch ein älteres, noch von Luther gebrauchtes deutsches Wort für „Räuber" gewesen — wohl als eine ironische Anspielung auf das „Ausplündern" der Gäste durch gewinnsüchtige Wirte auffassen, doch ist auch hierfür die Quelle in letzter Linie im Orient zu suchen. Das Wort gehört nämlich — wie die Nebenformen Schecher und Schöcher deutlicher erkennen lassen — zunächst zu dem rotwelschen Zeitworte schöchern (u. ä.) = trinken, das seinerseits herstammt vom hebr. schâkar [-char], jüd. schochar = „zechen, sich berauschen". Nach einer Ansicht soll ebenfalls hiermit, nach einer anderen dagegen mit dem schon oben (bei „Seefahrer") erwähnten hebr. zâbach (jüd. sôwach) das Synonym Schwächer zusammenhängen — ebenso wie die rotw. Stammwörter schwächen = trinken bzw. Schwäche = Wirtshaus[5]), wobei man es sich aber natürlich nicht hat entgehen lassen, die gleichlautenden deutschen Ausdrücke zur Erklärung heranzuziehen, weil ja der übermäßige Genuß geistiger Getränke in den Wirtshäusern „schwäche". Etwas weniger gekünstelt, ja nicht unwitzig erscheint die Auslegung der kundensprachlichen Form Sucher (statt Socher, Sochner, Soger u. ä. im Rotwelsch) für einen herumziehenden Kaufmann als einen Spottnamen auf die Not der vielgeplagten Handlungsreisenden, die in jedem Nest und Winkel nach Bestellern auf ihre Waren „suchen" müssen. In Wirklichkeit ist der Stamm auch dieses Wortes eine hebräische Vokabel, nämlich sôchêr, Partizip des Zeitworts sâchar = „in Handelsgeschäften reisen" (zu dem auch unser volkstümliches schachern gehört). Bei dem — nur in älterer Zeit vereinzelt vorkommenden — Schuster für einen „Büttel" oder Gerichtsknecht handelt es sich lediglich um eine (freilich sinnlose) Andeutschung aus Schuder, einer Nebenform für Schoter (Schauter u. ä.), vom hebr. schôtêr = „Beamter, angestellter Schreiber", und das — ebenfalls wie eine Berufsübertragung aussehende — sonderbare Süßchenbäcker für den Pferdemetzger in der Kundensprache, das uns an einen Konditor (kundensprachlich = Süßlehmer, zu Lehm, vom hebr. lechem = Brot) erinnert, löst sich auf als eine Entstellung aus Zößchenpäckerer (=peuker, Zoskenpeiker u. ä.), zusammengesetzt aus Zößchen, Zosken u. ä. = Pferd, wahrscheinlich Verkleinerung vom gleichbed.

---

[5]) Vgl. Näheres in Groß' Archiv, Bd. 43, S. 43. Eine dritte Ableitung aus dem Hebräischen, nämlich von schâphach = „gießen", vertritt endlich Bischoff, Wörterb., S. 81.

hebr. Bûß oder auch unmittelbar von der Pluralform Bußîm[6]), und einer Substantivierung vom rotwelschen Zeitwort pöckern (peukern, pegern, begern usw.) = sterben, aber auch umbringen, töten, schlachten, zu hebr. peger = „Leichnam".

Eine alte rotwelsche Berufsbezeichnung steckt eigentlich auch noch in unserem gemeinsprachlichen Schimpfwort Kaffer. Wir gebrauchen es ja heute freilich meist in dem Sinne von „ungebildeter, dummer Mensch" und denken dabei an den bekannten südafrikanischen Volksstamm, dessen Name sich übrigens vom arabischen kâfir, d. h. „Ungläubiger", herleitet. Allein schon ganz im Anfang des 18. Jahrhunderts kommt Kaffer als Gaunerwort für „Bauer" vor, als Entlehnung aus dem Hebräischen (rabbin. kafrî, zu hebr. kâfâr bzw. [als sogenannte Verbindungsform] kefar = „Dorf", das im Rotwelsch u. a. auch zu Kaff geworden). Diese engere Bedeutung des Wortes findet sich auch in der Studentensprache des 19. Jahrhunderts und noch jetzt hier und da in südwestdeutschen Mundarten (z. B. in Schwaben und im Rheinland). Ganz ähnlich aber, wie sich einst aus dem mittelhochd. dörpel oder törpel, d. h. dem „Dorfbewohner", der Tölpel im Sinne eines ungeschickten, plumpen Menschen entwickelt hat, ist im Laufe der Zeit der Kaffer zum „Dummkopf" umgestaltet worden, und zwar zunächst schon innerhalb der Gaunersprache selbst, wie deutlich das ältere rotwelsche Kaffernfänger für die „Bauernfänger" beweist, die ja nicht bloß Landleute rupfen, sondern auch dumme Gimpel aus den Städten keineswegs verschmähen.

Als scheinbare Tierbezeichnungen für menschliche Berufe können den schon genannten (mit „Geier" gebildeten) noch hinzugefügt werden: Ratz für einen Läufer (Schnelläufer), Boten, das uns die Behendigkeit flinker Ratten vortäuscht, tatsächlich aber zu dem hebr. râz = „Läufer" (vom Zeitwort rûz = „laufen") gehört, und Wallach, sonst Bezeichnung für einen verschnittenen Hengst, für einen Pfarrer, ein Wortwitz zu Gallach, das bereits oben erklärt worden ist. Nicht so einfach zu entscheiden ist die Herkunft des kundensprachlichen Affe für den Bäcker. Es kann sich nämlich dabei recht gut nur um eine Abkürzung handeln von dem gleichbedeutenden häufigeren — auch in unserer Gemeinsprache über fast ganz Deutsch-

---

[6]) Auch die (unverkleinerte) Form Zossen (die auch in der allgemeinen Berliner Umgangssprache, besonders für ein „altes Droschkenpferd", gebräuchlich ist) hat man wohl volksetymologisch zu erklären versucht, nämlich von dem Pferdemarkte des märkischen Städtchens Zossen (so z. B. noch Hans Meyer, Der richtige Berliner usw., 6. Aufl., Berlin 1904, S. 139, während die 7. Aufl. [besorgt durch Dr. S. Mauermann], 1911, S. 155 die richtige Ableitung gibt).

land verbreiteten — Spottwort Teigaffe, dem wohl wirklich unser Tiername zugrunde liegt (vgl. dazu das Nähere schon in Abschn. 3, S. 86). Es ist aber auch nicht ausgeschlossen, daß jenes einfache „Affe" eine selbständige Verdeutschung aus dem hebr. 'ôfeh = „Bäcker" darstellt, zumal diese Vokabel auch in dem gleichfalls synonymen Aufner steckt, das wenigstens den jüdischern Gaunern bekannt gewesen. Erinnert sei in diesem Zusammenhang auch noch daran, daß das — namentlich durch die Studenten allgemeiner verbreitete, auch in der Gauner- und Kundensprache übliche — Scherzwort Polyp für einen Schutzmann oder Polizisten, wobei wir uns gewöhnt haben, die langen Fangarme des Meerungeheuers als das tertium comparationis zu erblicken, eigentlich wohl nur eine Art volksetymologische Weiterbildung des (um 1818 bezeugten) rotwelschen Polipee ist, einer der überaus zahlreichen Entstellungen, die sich das Fremdwort Polizei in den Geheimsprachen sowie im Studenten- und Volksmunde hat gefallen lassen müssen.

Eine Art Übergang von den scheinbaren Benennungen menschlicher Berufe nach Tieren zu solchen nach leblosen Dingen vermittelt Katzhof (neben zahlreichen ähnlichen Formen, wie Ka[t]zof, Ka[t]zuf[f], Katzauff usw.) für den Schlachter (aus hebr. qazzâb = „Fleischer"). Es bleibt, nach den deutschen Wörtern „Katze" und „Hof" genommen, natürlich unverständlich, ebenso wie die (wie reine Sachbezeichnungen klingenden) Ausdrücke Spieß für Wirt und Schmiere für Wach- oder Schutzmann, Polizei, zunächst überhaupt Wächter, Wache, und besonders bekannt für den von den Gaunern selbst bei Ausführung von Einbruchsdiebstählen u. dgl. aufgestellten Wachtposten, der, weil er „Schmiere steht", auch Schmieresteher genannt wird. Der Spieß knüpft in letzter Linie an das lateinische hospes, hospitium an, jedoch erst durch Vermittelung des talmudischen oschpisa (oder ûschpizâ) = Gastwirt [Gast], während Schmiere aus dem hebr. schemîrâh = „Aufsicht, Bewachung, Wache" zurechtgemacht ist. Daß das Wort jedoch von den Gaunern ganz in der vorgetäuschten deutschen Bedeutung, also als etwas Fettiges, aufgefaßt worden, beweisen die später (wegen des zu starken Bekanntwerdens von Schmiere auch bei Nichtgaunern) dafür gebrauchten Umschreibungen Butter oder gar Käse (dazu: Butter stehen oder stechen = „Schmiere stehen"). Gegenüber solchem offenbaren Widersinn erscheint uns der Ausdruck Lampe(n) im Sinne von Wächtern, Polizisten u. dgl. als ein schon besser zutreffender Vergleich für das stets hell leuchtende „Auge des Gesetzes" (vgl. dazu auch oben Abschn. 4, S. 93 u. Anm. 3). Dennoch liegt ihm dieser Gedanke wohl ursprünglich eigentlich recht fern. Das neuhebräische lamdân, auf den er zurückgeht, bedeutet nämlich einen „Gelehrten", und auch im Rotwelsch ist diese Vokabel zunächst in gleicher Weise verwandt worden, indem man einen recht geriebenen Gauner, einen „Erzdieb", ironisch einen großen Lam(b)den nannte. Später begegnet uns die gleiche Bezeichnung aber auch — umgekehrt — für den Bestohlenen, den die Diebe durch ihre Tat gewitzigt, also „klug" gemacht haben; weiter finden wir sie dann — und zwar meist schon in der Form Lampen — angeführt für jede Person, die in ein Gaunerunternehmen hindernd eingreift, die Diebe verfolgt usw. (daher auch abstrakt = „Störung, Nacheile, Verfolgung"; vgl. den Warnruf des Schmierestehers: „Lampen!"). Endlich wurde der Begriff des Verfolgenden usw. wiederum verengert zu den mit der Bewachung der Verbrecher amtlich besonders betrauten Personen, d. i. den „Wächtern", den Polizei- und Kriminalbeamten, indem man dabei Lampen zugleich als die Mehrzahl unseres Lehnworts Lampe für ein Beleuchtungsgerät auffaßte. Mit einem noch helleres Licht spendenden Himmelskörper scheinen höchst frivol im älteren Rotwelsch die Freudenmädchen verglichen worden zu sein, wenn dafür Sonne (meist übrigens nur in der Zusammensetzung Sonneboß, -beth u. ä. = „Bordell", zu Boß, Beth u. ä. = Haus, vom gleichbedeutenden hebr. bajith bzw. bêth) vorkommt; glücklicherweise liegt aber auch hierbei nur eine Andeutschung des hebr. zônâh = „Hure, Prostituierte" vor[7]).

Von Volksetymologien, die sich auf menschliche Eigenschaften beziehen, ist als eine auch in unsere Gemeinsprache eingedrungene der Teekessel für einen schwerfälligen „Einfaltspinsel" zu nennen. Zwar ist das Wort in dieser Gestalt noch nicht bei den Gaunern, sondern zuerst (Ende des 18. Jahrhunderts) bei den Studenten nachweisbar, man hat darin aber wohl nichts anderes zu erblicken als eine Verstärkung des auch rotwelschen, ferner ebenfalls von den Studenten für einen „Mucker" und noch jetzt von unseren Schülern als Spottname für den Lehrer gebrauchten Kessel, das man, als sein Ursprung — von dem neuhebr. kesîl = „Tor, Narr" in Ver-

[7]) Nach Bischoff, Wörterb., S. 27 soll es sich auch bei dem (schon im 18. Jahrhundert auftretenden) rotwelschen Ausdruck Fürwitz für den „Doktor" (Arzt) oder „Bader" — wobei uns der Gebrauch eines abstrakten Begriffs für einen konkreten Beruf vorzuliegen scheint — nur um eine volksetymologische „Umdeutschung" von dem rabbin. parbîtâ = „Bader" handeln. Ob diese Ansicht zutreffend ist, wage ich nicht bestimmt zu entscheiden. Es dürften aber wohl einige lautliche Schwierigkeiten dabei vorhanden sein; auch wäre es meines Erachtens gewiß wohl denkbar, daß die scharf beobachtenden Gauner die von jeher als schwatzhaft geltenden „Bader", die sich gern auch „Herr Doktor" anreden lassen, selbständig mit dem deutschen Wort Fürwitz verspottet hätten (vgl. Groß' Archiv, Bd. 56, S. 172).

gessenheit geraten, schlechthin mit unserem Küchengerät zusammengeworfen hat.

Eine höchst wunderliche zoologische Verwirrung glauben wir auf dem Gebiete der rotwelschen Namen für Tiere vor uns zu haben[8]), wenn u. a. der Hund als Wachtel, das Huhn als Stier (oder Stierche) der Hahn als Dannegaul, die Gans als Strohpudel, der Ochse (oder die Kuh) als Hornigel, das Schwein als Kronigel verzeichnet sind. Jedoch ist es nicht allzu schwer, diese Vokabeln ihres grotesken Aussehens zu entkleiden. Wachtel ist nämlich vermutlich nichts anderes als eine (auch in unserer älteren Gemeinsprache vorkommende) Abkürzung von Wachtelhund oder eine Ableitung von „wachen", Stier gehört zu dem mundartlichen stieren = „stöbern, durchsuchen, scharren", Dannegaul ist eine Verunstaltung aus dem hebräischen tarnegôl = „Hahn" (das auch zu Tannepahl verdreht worden) und Strohpudel eine solche vom rotwelschen „Strohputzer" oder „Strohbutze" (letzteres wohl zu dem mundartlichen Butz = [Person oder] Tier von kleiner Gestalt). Auch Hornigel und Kronigel haben nichts mit dem Geschlecht der Igel gemeinsam, sondern sind nur zustandegekommen durch schlechte Aussprache von Hor(n) nickel und Kro(n)nickel (= Gronickel, d. h. Grunznickel, zu dem mundartlichen gronen = „grunzen"), eigentlich Personifikationen der Tiere durch Verbindung mit Nickel, der Kurzform des Eigennamens Nikolaus. Dagegen ist Suse für eine Stute nicht etwa Abkürzung von Susanne, sondern gehört zu dem hebräischen ßûß = Pferd (vgl. oben S. 125 u. Anm. 6).

Einen wirklichen Vergleich des Tieres mit einem menschlichen Berufe anzunehmen ist sehr verführerisch bei dem Ausdruck Korporal (neben Kaporal) für den Hahn, da dieser auf seinem Hühnerhof in ähnlicher gravitätischer Weise einherzustolzieren pflegt wie der „auf der Stufe zur höchsten Macht" stehende Korporal auf dem Kasernenplatze[9]). Die Vokabel ist jedoch — wie man mit Avé-Lallemant, Deutsches Gaunertum IV, S. 133 wohl glauben darf — zunächst daraus entstanden, daß der Hahn, der bei den Juden am jôm kippûr, dem Versöhnungstage, als Sühnopfer geschlachtet zu werden pflegte, Kaporal (vom hebräischen kâfar = „[eine Sünde] bedecken, vergeben", neuhebräisch kappârâ = „Versöhnung, Sühn-

---

[8]) Vgl. dazu auch schon Abschn. I, 3 („Rotwelsche Zoologie").

[9]) In der „Gartenlaube", Jahrg. 1914, S. 350 erzählt K. Altwallstädt in einem Aufsatz „Worte im Vogelgesang" (ohne nähere Angabe der Herkunft), die Henne, die ein Ei gelegt habe, gackere: „Ich bin Soldat", worauf der Hahn kommandiere: „Duck' dich hin, ich bin Korporal!", so daß also bei der Benennung auch eine Tierstimmennachahmung mit hineinzuspielen scheint (Mitteilung von Dr. A. Landau).

opfer") genannt wurde, was genau mit der volkstümlichen, insbesondere niederdeutschen Aussprache von Korporal = Unteroffizier übereinstimmt [10]).

Auch unter den rotwelschen Ausdrücken für unbelebte Dinge gibt es noch mancherlei volksetymologische Rätsel zu lösen. Warum heißt z. B. das Dorf Gefahr? Etwa wegen der bösen Kettenhunde, die den Landstreicher erschrecken, oder wegen eines dort stationierten Gendarmen? Nein, es ist einfach eine Andeutschung aus dem schon früher (bei Kaffer) erwähnten hebräischen Stammwort kefar (kâfâr). Wer für das Wort Duft im Sinne von „Kirche" den Weihrauchduft in den katholischen Gotteshäusern zur Erklärung heranzieht, wird leicht Glauben finden, allein wahrscheinlicher ist es doch, daß hier nur eine Lautveränderung von dem älteren Dift (15. Jahrh.) vorliegt, einer Verkürzung der sonst üblicheren längeren Formen Dif(f)tel, Diffel, Tiffel u. ä. m., über deren Herkunft (aus dem Hebräischen) schon im Abschn. 1 (S. 26) gehandelt worden.

Humoristische Formen zeigen uns vielfach die volksetymologisch gefärbten rotwelschen und kundensprachlichen Benennungen für die Strafanstalten [11]). Die jetzt im wesentlichen in gleichem Sinne gebrauchten Ausdrücke Kahn und Kühle — für „Gefängnis" schlechthin — stammen aus der Berliner Verbrechersprache, wo (um 1847) der erste speziell den „Polizeiarrest", der zweite den „Kriminalarrest" bedeutete. Während nun Kahn (das wohl zu dem Adverb bekane = hierselbst, vom gleichbedeutenden späthebr. kân gehört), im Sinne von „kleines Schiff, Ruderboot" genommen, reichlich gesucht erscheint, würde Kühle — als deutsches Wort

[10]) Jener altjüdische Volksbrauch scheint sich heute auf die „östlichen Juden" zu beschränken. Bei diesen heißt „das Totschlagen des an den Füßen gefaßten und um das Haupt geschwungenen Hahns" (nach Bischoff, Wörterb., S. 37) kappôre-schlagen. Herr Rabbiner Dr. J. Scheftelowitz in Köln schrieb mir seinerzeit zu dieser Stelle meines Aufsatzes, daß ihm der Ausdruck Kaporal im obigen Sinne nicht bekannt sei, daß aber die Bezeichnungen Kapporehuhn oder Kapporehindl (=Hühnchen) vorkämen, wie denn nach dem erwähnten Ritus nicht gerade ein Hahn geschlachtet zu werden brauche, sondern auch eine Henne genüge, und verwies für Näheres auf sein Buch „Das stellvertretende Huhnopfer mit besonderer Berücksichtigung des jüdischen Volksglaubens", Gießen 1914 (= Religionsgeschichtliche Versuche und Vorarbeiten, Bd. XIV, Heft 3), aus dem besonders S. 32ff. und 63 in Betracht kommen.— Merkwürdig ist es übrigens, daß schon im Rotwelsch des 18. Jahrhunderts (Wörterb. von St. Georgen 1750[216]) die Umkehrung: Hahn = „Korporal oder (anderer) Unteroffizier" nachweisbar ist, dagegen Korporal (Corporal)— neben Kaporal (Caporal) — = Hahn erst in Sammlungen des 19. Jahrhunderts (meines Wissens zuerst bei v. Grolman, 1822) begegnet, während man (nach Avé-Lallemants Darlegungen) das umgekehrte Verhältnis erwarten sollte.

[11]) Vgl. dazu auch schon Abschn. I, 5 („Das Gefängniswesen").

betrachtet — so recht zu dem Galgenhumor der Gauner passen, mit dem sie z. B. in Wien die Strafanstalt zur „Sommerfrische" erhoben haben (vgl. auch im Pariser Argot: être à l'ombre). Die Vokabel stammt aber wahrscheinlich einfach vom hebr. qehillâh = „Versammlung, Gemeinde" her, so daß sie zunächst so viel wie etwa „die Gaunergenossenschaft" bedeutet hat (vgl. S. 23 u. Anm. 35). Im wesentlichen auf die deutsche Reichshauptstadt beschränkt geblieben sind die Bezeichnungen Apfel (so zuerst 1846) für das Arbeitshaus, das als hochdeutsche Form für das öfter vorkommende gleichbedeutende Appel(l) gedacht ist, und Toback für Gefängnis überhaupt, das uns an den „starken Toback" u. ä. erinnert; vermutlich gehört erstere aber (nach Avé-Lallemant, a. a. O. IV S. 265) zum französischen appel, nach dem Aufrufen der Namen der Sträflinge zur Kontrolle ihrer Anwesenheit, während letztere als eine Weiterbildung vom rotwelschen Tobis, Tobus (Dobes, Dofes u. ä.) = Gefängnis (jüd. tôfes, rabbin. thâphêß, zu hebr. tâfas = „ergreifen, gefangennehmen") betrachtet werden dürfte. Einer der gelungensten Wortwitze liegt ohne Zweifel vor in der kundensprachlichen Umschreibung stille Penne für das Gefängnis oder Zuchthaus. Da Penne (ein Wort unsicherer, wahrscheiblich aber hebräischer Herkunft) soviel wie eine Herberge oder Kneipe mit Nachtquartier ist, in der es in der Regel laut und lustig zuzugehen pflegt, so leuchtet jedem sofort der Gegensatz zu jener stillen Penne ein, in der von Amts wegen Ruhe und Schweigen zu herrschen hat, zumal der Vergleich der Arrestlokale mit Gasthäusern völlig im Geist des Gaunertums liegt und auch sonst im Volke beliebt ist (vgl. z. B. Gasthof zum goldenen Strauß für die frühere Berliner Stadtvogtei, Hotel zur [akademischen] Freiheit = Karzer bei Studenten und Schülern, Kurhotel = Arrest bei den schweizerischen Soldaten). Doch muß auch hier eine Illusion zerstört werden: die stille Penne ist nichts anderes als eine Zerlegung des Zigeunerwortes štilepen (u. ä.) = „Gefängnis, Gefangenschaft". Im Anschluß hieran sei noch genannt das für die Freiheitsstrafe (bzw. Strafe, Urteil überhaupt) gebräuchliche, so recht derb und echt germanisch klingende Wort Knast (daher schwerer Knast = Zuchthaus) nebst den dazu gehörigen Zeitwörtern verknacken oder verknaxen (= verurteilen, bestrafen). In der Tat hat noch Rudolf Hildebrand in Grimms Deutschem Wörterbuch (V, Sp. 1357) hierin den wertvollen Rest eines alten (deutschen) Wortes mit der Bedeutung „zermalmen" (analog dem norwegischen knasa) erblickt. Auf ein hohes Alter können nun jene rotwelschen Vokabeln allerdings zurückschauen, aber nicht der Norden, sondern der ferne Osten ist ihre Heimat gewesen. Knast ist umgestaltet aus Knass, das wie knassen = bestrafen hervorgegangen ist aus dem neuhebr. (rabb.) k'nâß (vgl. k'naß [qanaß] = „bestrafen"), das seinerseits das spätgriech. κῆνσος zur Quelle hat, eine Umgestaltung vom lateinischen census, d. h. die „Kopfsteuer", die einst den Juden zur Zeit um Christi Geburt als Inbegriff der Knechtschaft, ja als schlimmste Strafe galt[12]).

Unter den volksetymologischen Sachbezeichnungen im engeren Sinne gibt es zunächst manche, die ganz wie Eigennamen aussehen, so Achill für das Essen (die Speise), das uns an den homerischen Helden erinnert, aber nur mit dem gleichbedeutenden hebr. achîlâh, jüd. achîle (wie das rotw. acheln = essen mit dem gleichbedeutenden hebr. âkal [âchal]") zusammenhängt, ferner Jochen (und Jochem, neben Joachim und Johann) für den Wein aus dem hebr. jajin (jüd. jojin u. ä.), nebst der Zusammensetzung Finkeljochen = Branntwein, Schnaps (zu rotw. finkeln, fünkeln = „brennen, sieden"), Bartel (Bartle), das wie die Kurzform von Bartolomäus lautet, aus hebr. barzel = Eisen herstammt, jedoch meist nur in längeren Verbindungen vorkommt, wie Feldbartle = Pflugsegge und namentlich Schaberbartel (oder Schoberbartel) = Brech- oder Stemmeisen (worin „Schaber" zu hebr. schâbar = „brechen" gehört), roter (oder alter) Fritze für die Schminke, das (nach Avé-Lallemant, IV, S. 541) entstanden sein soll aus Fritte (ital. fritta, zu friggere, lat. frigere = rösten, dörren), in der Kunstsprache der Glasbläser soviel wie die Vermischung der zum Glas erforderlichen Materialien und Färbestoffe, endlich Lorchen (in der Kundensprache) für Semmeln, Brötchen, das uns wie die beliebte Verkleinerung des weiblichen Namens Lore (aus Eleonore) erscheint, aber doch wohl nur eine Verunstaltung irgendeiner Nebenform von Lechem (hebr. lechem) = Brot ist (s. das Nähere bei Bischoff, Wörterb., S. 49). Wie Vergleiche mit Menschen (nach Stand, Beruf, Landesangehörigkeit) wollen uns auch bedünken die rotwelschen bzw. kundensprachlichen Benennungen Dame für Leinwand, eine Verkürzung von Bochdam(e) u. ä. aus dem zigeun. póchtan (oder -tam) = „Leinwand, Tuch, Barchent", Diener für einen „Schilling" (aus talmud.

[12]) Siehe mein „Rotwelsch", S. 93 und Anm. 105; vgl. auch Bischoff, Wörterb., S. 40. — Daß vielleicht auch verschütt gehen = verhaftet werden eine volksetymologische Andeutschung aus dem Hebräischen ist, wurde schon im Abschn. I, 5, S. 107 Anm. 11 erwähnt. Ohne Zweifel hebräischen Ursprungs (von thâlâh = henken) ist das alte rotw. Dolman = Galgen (siehe schon Lib. Vagat), das aber wohl (so z. B. neuerdings von A. Streich in der „Liller Kriegszeitung" vom 18. Februar 1918, Nr. 66) fälschlich für die zufällig gleichlautende (aus dem Türkischen stammende) Bezeichnung für die „schnürenbesetzte Jacke unter dem Pelze des Husaren" gehalten worden ist („weil der Rock bei einem Gehängten auch nur unterhalb der Hüften endet" [?!]).

dinar, lat. denarius, vgl. Abschn. 2, S. 70), Seeländer für einen (Klapp-) Schreibtisch, eine Entstellung aus „Zylinder", Berliner für das Wanderbündel der Handwerksburschen, eine Andeutschung aus pellina (zu lat. pellis = Fell; vgl. Abschn. 1, S. 41) sowie endlich das merkwürdige Fähnrich (Fändrich, Fendrich) für den Käse. Da eine ältere Form dieses Wortes Wenderich lautet, hat man es früher wohl aus dem Hin- und Herwenden der Käsemassen zu erklären versucht, während man neuerdings (seit Socin) meist das hebr. gebînâh (bzw. ein aramäisches gewettâ oder gewentâ = „Käse") als die Quelle ansieht[13]). Daß man aber den Fähnrich wirklich als die militärische Rangstufe genommen, ergibt die Übertragung ins Französische, Kornet, die (ebenfalls für Käse) schon zu Beginn des 18. Jahrhunderts im Rotwelsch auftritt.

Auch einige vermeintliche Tiernamen kommen in dieser Gruppe vor, so die aus rein deutschen Stämmen geformten Gerätbezeichnungen Sper(r)ling = Knebel (zu sperren) und Stieglitz = (Steig-) Leiter (zu steigen) sowie Gemsel = Hemd, nicht etwa süddeutsche Verkleinerungsform zu Gemse, sondern von dem Lehnwort Kamisol im Sinne von „Unterwams" (französ. camisole, zu mittellateinisch camisia = „Hemd, leinenes Unterkleid").

Nicht selten sind natürlich auch solche Sachbenennungen, die wie Vergleiche mit anderen (unbelebten) Dingen aussehen. An erster Stelle verdient unter diesen genannt zu werden Lehm für das Brot (nebst der Zusammensetzung Lehmschieber = Bäcker), das so gut für die klebrige, zähe Masse des Brotteigs zu passen scheint, aber doch nur aus dem hebr. lechem angedeutscht ist[14]). Bei Zacken für Messer (aus hebr. sakîn, zu sakâh = schneiden) fällt einem leicht die scharfe Spitze eines solchen Werkzeuges ein. Bei Kluft für einen Rock, Anzug usw., das durch die Studenten und Soldaten (die es besonders in der Verkleinerung Klüftchen kennen)[15]) auch in unserer allgemeinen Volkssprache gebräuchlich geworden ist, hat man wohl die Empfindung von etwas den Körper Einzwängendem;

[13]) So namentlich auch Hans Stumme, Deutsche Gaunersprache, S. 14; vgl. Groß' Archiv, Bd. 43, S. 46. Siehe dagegen aber jetzt Bischoff, Wörterb., S. 24, der die aram. Form des Wortes überhaupt anzweifelt und Fähnrich entweder vom altd. fernerig, ferndrig (= „vorjährig, alt") herleiten oder auch als eine Scherzbezeichnung wie Feldwebel = Bierschaum, Wachtmeister (in der Gauner- und Kundensprache) = großes Glas Schnaps u. dgl. m. auffassen will. — Über ältere Vermutungen siehe auch noch Avé-Lallemant IV, S. 539.

[14]) Über die Auslegung auch des Synonyms Hanf als Volksetymologie (aus dem Hebräischen) durch Bischoff siehe schon Abschn. I, 5, S. 115, Anm. 23.

[15]) So schon Horn, Soldatensprache, S. 62; über den heutigen Gebrauch des Wortes Näheres bei Imme, Soldatensprache, S. 112.

auf die richtige Spur führt uns aber die ältere rotwelsche Form Klaffot u. ä., in der sich das hebr. chalîfôt = „Ehren- oder Feierkleider", das nach der bis vor kurzem herrschenden Ansicht als Quelle dafür betrachtet worden[16]), schon eher erkennen läßt. Durch studentischen Einfluß sind in unsere Umgangssprache auch die rotwelschen Vokabeln Kies und Moos — beide für Geld, „Gelder" — eingedrungen. Man denkt dabei vielleicht an die helle Farbe des Kieses und an weiches schwellendes Moos im kühlen Waldesschatten (vgl. Abschn. 2, S. 52 u. Anm. 12). Beide Ausdrücke sind aber jüdischer Herkunft, der Kies vom hebr. kîß = „Beutel, Geldbeutel", dann wohl auch Geld (vielleicht unter Mitwirkung von rotw. Kisow u. ä. = Silber[geld] aus gleichbedeutendem hebr. keßef), das Moos von der hebräischen Pluralform mâ'ôth (jüd. moos) = „(kleine) Münzen". Daß damit auch die allgemeiner bekannte Redensart „Moses und die Propheten haben", ja wahrscheinlich auch die Wendung „wissen, wo Bartel den Most holt" zusammenhängt, ist bereits an anderer Stelle (Abschn. 2, S. 54/55) ausführlicher dargelegt worden.

Den Beschluß dieser Übersicht mögen endlich noch drei sonderbare Ausdrücke für abstrakte Begriffe bilden, die sich wie Tiernamen anhören. Zwei von ihnen, Ratte = Nacht und Bock = Hunger, sind aus der Sprache der Zigeuner übernommen, nämlich von den gleichbedeutenden rat und bok', Wörter, die sich bis aufs Altindische verfolgen lassen; der dritte, Taube für Glück in der Redensart Tauben haben = „Glück haben" ist dagegen wieder jüdischen Ursprungs. Die Grundlage bildet das jüdische taube, tauwe oder tobe, towe = „Gutes, Güte, Wohl, Glück, Segen", vom hebr. tôb, jüd. to(i)w, toff u. ä. = gut, jedoch ist dies dann weiter auch verquickt worden mit der — besonders bei den Israeliten herrschenden — Vorstellung von der Taube als Glücksvogel (vgl. 1. Buch Mos. 8, 11), die auch noch im Aberglauben der deutschen Gauner eine Rolle spielt. Sie erblicken nämlich in dem zufälligen Vorüberfliegen einer Taube eine gute Vorbedeutung für das Gelingen ihrer verbrecherischen Unternehmungen[17]).

---

[16]) Über eine andere, früher schon von Avé-Lallemant und jetzt wieder von Bischoff (Wörterb., S. 40) vertretenen Etymologie des Wortes siehe das Nähere schon im Abschn. I, 5, S. 114, Anm. 21.

[17]) Über die reichlich gesuchte Auslegung des Tiernamens Frösche für die Monate der Freiheitsstrafen als Volksetymologie (aus dem Hebräischen) durch Bischoff s. schon Abschn. I, 3, S. 83, Anm. 11, vgl. auch Abschn. I, 5, S. 113.

II. Sogenannte Kundensprache.

Von der Speisekarte des Landstreichers[1]).

Die Speisekarte des Landstreichers? Der Feinschmecker, der an „Diners" von fünf bis sechs Gängen in „erstklassigen Restaurants" oder „Grands Hotels" gewöhnt ist, wird zu dieser Überschrift gewiß halb mitleidig, halb verächtlich die Achseln zucken, und er tut damit von seinem Standpunkt aus auch gar nicht so unrecht. Von leckeren „Ragouts", „Pasteten" und ähnlichen Erzeugnissen der höheren Kochkunst kann hier nämlich schlechterdings nichts berichtet werden; vielmehr sind die täglichen Mahlzeiten der „Wandernden" erklärlicherweise meist nur derb und einfach, sei es nun, daß sie in den Herbergen zur Heimat, den sogenannten Naturalverpflegungsstationen und ähnlichen wohltätigen Anstalten eingenommen werden oder in den „wilden Pennen", „Kaschemmen", „Kaffeeklappen" und dergleichen oder etwa gar bei „Mutter Grün", d. h. am Rande des Straßengrabens. Liefert somit der Gegenstand — rein sachlich betrachtet — nicht gerade viel Stoff für einen Aufsatz, so enthält er mancherlei Beachtenswertes, wenn wir ihn uns einmal vom sprachlichen Gesichtspunkt aus ansehen, mit anderen Worten unter der „Speisekarte des Landstreichers" die Gesamtheit der Bezeichnungen begreifen, die für Speisen und Getränke in der Redeweise der „Stromer", in der sogenannten Kundensprache, einem jüngeren Sproß des Rotwelsch unserer Gauner, gebräuchlich sind oder sich — wenn auch nur mittelbar — darauf beziehen.

Zunächst finden wir hier schon das über die Einfachheit der Mahlzeiten Bemerkte bestätigt; so mittelbar durch Ausdrücke wie Brotlade für den Mund[2]) und Gottesgabendrechsler für den Bäcker

---

[1]) Erschienen in kürzerer Form und mit der Überschrift „Etwas von der Speisekarte des Vagabunden" zuerst in den „Münchner Neuesten Nachrichten" (Vorabend-Blatt vom 8. Dez. 1911, Nr. 573), dann in etwas erweiterter Fassung (mit Anmerkungen) unter obigem Titel in den „Wissenschaftlichen Beiheften zur Zeitschrift des Allgemeinen Deutschen Sprachvereins", V. Reihe, Heft 36 (vom 1. Dez. 1913), S. 182ff. — Für die Buchausgabe sind die Anmerkungen noch etwas erweitert und vermehrt worden.

[2]) In der schwäbischen Händlersprache kommt dafür Brotschere vor, das auch die Schweizer Soldatensprache — neben Brotlaube — kennt (siehe Bächtold, a. a. O. [oben S. 69, Anm. 43], S. 64). Unsere Feldgrauen bezeichnen

(letzteres auch hier und da allgemein volkstümlich), die auf einen starken Verbrauch und eine hohe Wertschätzung des Brotes schließen lassen[3]), ferner unmittelbar z. B. durch den Allgemeinbegriff Sehnsucht für die bestimmten Nahrungsmittel „Wurst" oder „Schinken", die danach schon als meist unerreichbare Dinge erscheinen. Freilich gibt es für „Wurst" noch eine andere rein begriffliche Bezeichnung, nämlich Unvernunft; doch hat man darunter wohl hauptsächlich eine geringwertige Sorte dieser Fleischware zu verstehen (vgl. Kluge, Rotwelsch I, S. 433), die zu essen gleichsam unvernünftig erscheint. Die Anspruchslosigkeit in bezug auf Essen und Trinken lassen auch vermissen die ziemlich geringschätzig klingenden Ausdrücke Suppenstationen für die Naturalverpflegungsstationen, Teewinde (zu Winde = Haus, eigentlich zunächst Tür, von „wenden"), Grützkasten oder gar Hungerkloster für das Krankenhaus mit seiner schmalen Kost.

Enthält der letzte Name eine besonders schwarz malende Übertreibung, so sind dagegen für das wirkliche Hungern mehrere beschönigende Umschreibungen gebräuchlich. Der Hungrige „schiebt" nämlich „Kohldampf"[4]) oder er „schnappt Luftklöße und Windsuppe" oder „ißt" gar „Luftsuppe und Windbouletten". Diese zierlichen „Bouletten" erinnern dabei fast an die berüchtigten, mit welschen Brocken gespickten „Menus" unserer großen Gasthäuser. Sonst ist jedoch in der „Speisekarte des Landstreichers" gerade vom Französischen so gut wie nichts zu finden, und ebenso sind andere moderne fremde Sprachen darin nur spärlich vertreten. Dagegen hat — durch Vermittlung des Rotwelsch — das Hebräische (bzw. Jüdischdeutsche) einen ziemlichen Einfluß geübt, einen geringeren ferner die Zigeunersprache, und auch vom Lateinischen lassen sich einige Spuren nachweisen.

Besondere Beachtung verdienen die Umgestaltungen, die einzelne hebräische Wörter bei den Kunden erfahren haben. So erscheint das hebräische lechem = „Brot" in den Formen Leachem, Lechum, Legum oder — gleichsam angedeutscht — Leg'um und Lehm —

---

den Bauch wohl als Kommißbrotdepot (Imme, Deutsche Soldatenpsrache, S. 103); aus der englischen Gaunersprache vgl. bread-basket, d. h. Brotkorb, für Magen.

[3]) Aus der deutschen Gaunersprache können dazu auch noch die Redensarten: ein Stück Brot verdienen = stehlen und das letzte Brot backen = zum Tode verurteilen herangezogen werden; vgl. auch das italienische finire di mangiare pane und das französische perdre le goût du pain = sterben (Nyrop-Vogt, Das Leben der Wörter, S. 18).

[4]) Über Erklärungsversuche dieser (jetzt auch beim Militär sehr beliebten) Wendung siehe schon oben Abschn. I, 5, S. 115, Anm. 24.

als ob es sich um einen Vergleich des zähen Brotteigs mit einer Lehmmasse handle. Davon hat seinen Namen auch der Lehmer, d. h. der Bäcker, sowie sein vornehmerer Berufsgenosse, der Süßlehmer, d. h. der Zuckerbäcker. Ein ganz ähnlich klingendes (vereinzelt vorkommendes) Süßchenbäcker bedeutet dagegen — den Pferdemetzger und ist verunstaltet aus Zößchen-Peuker (Zoskenpeiker oder Zoßchenpäckerer), zusammengesetzt aus Zößchen (Zoßchen, Zosken) = Pferd oder Pferdefleisch (vom hebr. ßûß = „Pferd", Mehrzahl ßûßîm) und peikern (pöckern u. ä.) = sterben, umbringen, schlachten (vom hebr. peger = „Leichnam", vgl. Abschn. I, 6, S. 124). Soruff, Soroff, Soref (auch wohl angedeutscht Sauf) für den Branntwein gehört zu hebr. ßârûf, Mittelwort von ßâraf = „brennen"[5]), Johle für den Wein (seltener) wohl zu dem gleichbedeutenden hebr. jajin (jüd. jôjin), das auch bei den Gaunern zu den verschiedensten Formen umgestaltet worden. Schockelmet, Schottlemajum oder (richtiger) Scho(c)kelmejum für Kaffee heißt eigentlich „schwarzes Wasser" (vom hebr. schâchôr, jüd. schôchor = „schwarz" und majîm = „Wasser")[6]).

Von den Zigeunern übernommen ist Marro oder Mahro für das Brot (aus dem gleichbedeutenden maro, das schon in dem altindischen mandha für „eine Art Gebäck" enthalten ist). Auch das rotwelsche Maß für Fleisch (vom zigeun. mas) soll (z. B. nach Ostwald [„Rinnsteinsprache", Berlin 1906, S. 101]) bei den Kunden noch gebräuchlich sein. Es läßt sich gleichfalls bis ins Altindische (mâsa) verfolgen[7]).

---

[5]) Dagegen ist das seltenere Synonym Oluf wohl von Soruff besser zu trennen. Wie es aber zu deuten ist, bleibt fraglich. Nimmt man auch hierbei hebräische Herkunft an, dann könnte vielleicht an die besonders in Briefadressen und Eingangsformeln gebräuchlich gewesene Titulatur âlûf, jüd. ôluf = „der Angesehene, Vornehme" (vgl. Avé-Lallemant, III, S. 421, 424, 426; IV, S. 328) gedacht werden, die dann in die Bedeutung „mächtig, stark" — die wertvollste Eigenschaft des Branntweins — übergegangen sein könnte (Mitteilung von Dr. A. Landau).

[6]) Die (ältere) deutsche Gaunersprache kannte die Bezeichnung Schwarztrank für Kaffee (siehe Schlemmer, 1840 [370]). — Aus dem Hebräischen stammen auch noch die (teils schon in anderen Abschnitten dieses Buches genannten) allgemeineren Ausdrücke oder (h)acheln = essen (und dazu Achelei oder Hachelei = Essen, als Tätigkeit, Achelfahrt = Mahlzeit, Achelputz oder Achelinikеn = Strafanstaltsessen u. a. m.), schwächen = trinken (und dazu Schwäche = Wirtshaus, Schwächer = Wirt), schicker oder beschickert = betrunken (zu rabbin. schikkôr) und Beize = Wirtshaus, Beizer = Wirt (zu hebr. bajith = Haus). Vgl. auch noch die folgende Seite.

[7]) Siehe zu den beiden Wörtern u. a. bes. Miklosich in den „Denkschriften der Wiener Akademie der Wissenschaften", phil.-hist. Klasse, Bd. 27 (1875),

Von lateinischen Brocken sind hauptsächlich zwei Bezeichnungen für den Branntwein anzuführen: Fini, eine Abkürzung von spiritus vini, und Sanktus, eine spöttische Anspielung auf spiritus sanctus, die namentlich im katholischen Österreich verbreitet sein soll. Galline (= lat. gallina) für Huhn, Henne (wie im Rotwelsch) wird seltener gebraucht. Element für das Lagerbier (wozu Elementenfärber = Bierbrauer) beruht vielleicht auf einer Übersetzung des gleichbedeutenden Stoff, das in der Studentensprache für „jede Quantität von Getränken" schon 1831 belegt ist (s. Kluge, Deutsche Studentensprache, S. 128). An eine bei unseren Musensöhnen einst vielbeliebte Sitte, die Anhängung lateinischer Endungen (besonders -us und -um) an deutsche Wörter, erinnert auch der Ausdruck Pickus (zu picken = essen) für das Essen (als Gericht), namentlich für warme Speisen.

Ein sogenanntes Lehnwort aus dem Slawischen, unser Jauche, ist bei den Kunden eine Schelte für die „Zuchthaussuppe", hat aber ursprünglich wirklich nur so viel wie „Brühe", „Suppe" — ohne den jetzt üblichen schlechten Nebensinn — bedeutet (vgl. polnisch jucha, lateinisch jus). Auf das Englische ist endlich (das besonders in Hamburg verwendete) Twist für Brot zurückzuführen[8]).

Die rein deutschen Kundenausdrücke für Speisen und Getränke gehen zum Teil schon in recht hohes Alter hinauf, so besonders Plempe(l) oder Blembel für Bier (rotwelsch bereits 1687), womit wir heute bekanntlich ein „schales Getränk jeder Art" bezeichnen, und Schnalle für Suppe (zum mundartlichen schnallen = „geräuschvoll schlürfen", vgl. „schnalzen"). Schabau, früher für Bier, heute für Schnaps gebräuchlich, gehört zu schaben = „kratzen" (ahd. scaban, daher Scabinus = „Fusel" im Rotwelsch 1724). Erst aus neuerer Zeit stammen Flapsch für Mittagessen und Knacke (zu „knacken") für Butterbrot (aus Berlin). Schmockstock für die Zigarre geht natürlich auf schmoken, niederd. smoken oder smöken (engl. to smoke) = „(Tabak) rauchen" zurück.

Die auf die beliebten rotwelschen Endungen -ling, -ert (älter -hart) und -(e)rich auslautenden Wörter treten in der Kundensprache — wenigstens auf dem hier zu betrachtenden Gebiete — nicht mehr so stark hervor, doch sind noch jetzt übliche Benennungen z. B. namentlich Schwimmling oder auch Hechtling für den

---

S. 10 und 11/12. Es erscheint danach nicht nötig, Maß unmittelbar mit dem tschechischen maso = Fleisch in Zusammenhang zu bringen.

[8]) Auch das englische twist hat unter vielen anderen Bedeutungen die von einer „Art Bretzel, Kringel" (siehe Muret, Enzykl. Wörterb. der engl. Sprache unter „twist", Nr. 8).

Hering und Rundlinge für Kartoffeln, weiter wohl auch (wenngleich seltener) Weißling für Ei, Süßling für Zucker und Pommerling für Apfel (vom französ. pomme); desgleichen auf -ert: Flossert für Wasser (zu „fließen") und Bossert für Fleisch (aus dem gleichbedeutenden hebr. bâsâr, jüd. bôsor oder bôser) sowie auf -(e)rich: das seiner Herkunft nach dunkle Fendrich, Fennerich oder gar Fähnrich für den Käse (vgl. zur Etymologie Näheres schon Abschn. I, 6, S. 132 u. Anm. 13). Wenn Ostwald in seinem Vokabular von diesen Wortbildungen noch bedeutend mehr gibt[9]), so bleibt es dabei wohl fraglich, ob und wie weit sie noch heute im Kundendeutsch wirklich weiterleben. Das gleiche gilt von einigen älteren Tiernamen auf -er[10]). Auch die mit dieser Endsilbe versehenen Bezeichnungen für Sachen, die dadurch gewissermaßen belebten Wesen gleichgestellt erscheinen — woran die Gaunersprache Überfluß hat[11]) —, begegnen uns bei den Kunden weit seltener selbst in Ostwalds Sammlung, aus der hier nur Rachenputzer für Schnaps und Krabberkautscher für „Most" zu nennen sind. Ersteres ist übrigens ein in Norddeutschland allgemein bekannter Ausdruck für scharfe (oder saure) geistige Getränke, letzteres kommt auch in der Sprache schwäbischer Händler in der Form Grabbegautscher(t) (s. z. B. Kluge, Rotw. I, S. 484) sowie in dem sogenannten Pleißlen der Killertaler (ebd. S. 436) als Rappegautscher vor und dürfte von Rapp oder

---

[9]) So auf -ling: Schwärzling = Kaffee (nach anderen: Tinte), Rötling = Zwetsche, Erdbeere, Längling = Wurst, Säuerling = Kirsche, Essig, Flößling = Hering (im Rotw.: Fisch überhaupt), Flätterling = Vogel, Taube, Schieberling = Kuchen (wohl vom „Schieben" in den Backofen), Brendling = Schnaps (zu „brennen"); ferner auf -(e)rich: Dowrich (nach anderen nur: Dowrie) = Schnupftabak (nach gewöhnlicher Annahme vom zigeun. t'úveli = „[Rauch-]Tabak", doch vielleicht noch einfacher unmittelbar von der mundartlichen Form „Tobak"[Tow(w)ak]; vgl. studentisch [schon 1684] = Tobig) herzuleiten; vgl. Fischer, Schwäb. Wörterb., II, Sp. 235 unter „Toberich"); endlich auf -ert: Brummert = Ochse und Bissert (zu „beißen") = Schaf (die als Fleischspeisen in Betracht kämen) sowie Schuchert (rotw. Scheichert u. ä.) = Bier (vom hebr. schôkâr = „berauschendes Getränk").

[10]) Vgl. dazu auch schon Abschn. I, 1 (Rotwelsche Zoologie"), S. 77. Als Speisen wären davon allenfalls hier zu erwähnen: Grunzer = Schwein, Schnatter = Ente, Flosserfahrer = Fisch, Mistkratzer = Huhn, Strohbeißer, -bohrer oder -putzer = Gans (als Strohputz auch in einer älteren Sammlung von Kundenwörtern). — Lachenpatscher = Ente hat auch ein anderes neueres Wörterverzeichnis. Im Anschluß hieran sei auch noch genannt: Stiri = Henne (zu mundartl. stiren = „scharren").

[11]) Beispiele dafür in meinem „Rotwelsch", S. 75ff.

Krapp (Krabb, Grabb) = „Rabe, Krähe" und dem mundartlichen (besonders schwäbischen) Zeitwort gautschen = „schaukeln" herzuleiten sein[12]).

Unter den Sprachgebilden, bei denen ein (besonders hervortretender) Teil für das Ganze gebraucht erscheint (sog. partes pro toto), ist Plattfuß für Gans oder Ente schon in der älteren Kundensprache und das ähnliche Kratzfuß für Huhn in neueren Sammlungen anzutreffen, dagegen finden sich die (vereinzelt in der Gaunersprache vorkommenden) Umschreibungen Warmbuckel für Schaf und Rotmaul für welsches Huhn — das übrigens die Tafel des Landstreichers kaum jemals zieren dürfte — als Kundenwörter meines Wissens nur bei Ostwald. Eigentümlich erscheint Darmen für Wurst (auch bei den schwäbischen Händlern als Därmle, Därmling oder Darmling bekannt), da doch nicht deren äußere Umhüllung, sondern der Inhalt die Hauptsache ist, die Fettigkeit wie ein zutreffenderer Ausdruck für denselben Begriff (sowie auch für Speck und Fleisch) heißt[13]).

Auf die Wirkungen des Branntweins beziehen sich zwei Benennungen: Lötwasser — auf die vermeintlich gute — und Gift — auf die tatsächlich schädliche (daher Giftmischer u. a. auch soviel wie Schnapshändler oder Branntweinschenker)[14]), ganz unparteiisch und harmlos dagegen erscheint dafür Saft. Eine mehr oder weniger verächtliche Färbung haben Bankerottbrühe oder (schwäbisch)

---

[12]) Der (auch in der südfränk. Mundart allgemein als Krabegauntschich bekannte) Ausdruck würde demnach (weil die Raben häufig auf den Obstbäumen sitzen) bedeuten „das Ergebnis des Gautschens der Raben auf den Obstbäumen", d. h. Obst, Obstmost, Most (nach gefl. Mitteilung von Prof. Dr. O. Meisinger in Karlsruhe).

[13]) Merkwürdig ist die Ausdehnung, die der Begriff Fettigkeit neuerdings bei unseren Feldgrauen erfahren hat. Es wurden darunter nämlich nicht nur alle Fleischwaren (so schon nach Horn, S. 91) sowie Butter und Käse (siehe Imme, Soldatensprache, S. 108), sondern auch Zigarren verstanden, was sich daraus erklärt, daß „die Eßpakete häufig auch Zigarren enthielten und die Benennung Fettigkeit auf alles im Paket Enthaltene angewandt worden . . ." (John Meier, Deutsche Soldatensprache, S. 5.)

[14]) Auf die Wirkung des Getränks deutet auch hin das derbe (auch mundartl. verbreitete und nach Horn, S. 95 [neben dem Synonym Hosenbrummer] soldatische) Puparsch = „dunkles, leichtes Bier", so benannt, „weil es Blähungen auslöst" (Ostwald; vgl. pupen = „furzen", auch in der mitteld. Kundensprache). Knallblech für „Schaumwein" (bei Ostwald) stellt sich wahrscheinlich dar als Vereinigung einer Teilbezeichnung fürs Ganze (Blech, mit Bezug auf die Verkapselung des Flaschenkopfes) und einer Benennung nach der Wirkung des Öffnens der Flasche (dem „Knall" oder „Knallen").

Gantwasser[15]), auch *Schatulienbrühe* für Kaffee[16]), *Leichenbrühe* für Sahne, *Athletenfutter* für saure Heringe und Kartoffeln (soldatisch: Reis)[17]), *Elefantensuppe* für Reissuppe (nach der Hauptnahrung jenes Dickhäuters)[18]) und *Scheibenkleister* für Mehlsuppe.

Einige dieser Kraftworte (wie namentlich *Leichenbrühe*, nach der Farbe, wozu zu vergleichen auch *Leiche* = Käse) berühren übrigens schon das Gebiet der auf Vergleichen beruhenden Begriffsübertragungen (Metaphern). Am wenigsten fallen uns darunter solche auf, bei denen die herangezogenen Gleichnisse selbst noch dem Gebiete der Nahrungsmittel angehören, obwohl sie von anderer Art oder Gattung sind, so wenn wir scherzhaft den Hering einen *gesalzenen Bauernkarpfen* oder die saure Gurke eine *vegetarische Wurst* nennen, wenn der Offizier das Selterwasser als *Sekt in Zivil*, der gemeine Soldat sein Kommißbrot als *Kaiser-Wilhelm-Torte* (*Kaisertorte, Kaiserkuchen*) oder auch als *Kommißschinken* (in der Schweiz auch als *Mehlwurst*), und wenn es geröstet ist, wohl gar als *Kriegskotelett*[19]) bezeichnete. Seitenstücke dazu aus der Kundensprache wären etwa *Öl des Lebens* für den Schnaps (vgl. auch oben: *Saft*), *Erdweinbeeren* (vermittelt wohl durch „Erdäpfel") oder *Feldhühner* (auch *Erdtauben*) für Kartoffeln und *Schneiderkarpfen* für den Hering

---

[15]) Vielleicht sind diese Ausdrücke studentischen Ursprungs. Wenigstens ist von K. Konrad in der Zeitschr. für deutsche Wortforschung, Bd. XII, S. 273 *Bankerottwasser* für „heißes Wasser (zum *Kaffee* oder Rasieren?)" als Studentenwort vom Jahre 1808 verzeichnet.

[16]) Auch die moderne Soldatensprache ist reich an ähnlichen verächtlichen Ausdrücken für den Kaffee, wie z. B. *Spülwasser*, *Latsch* (in Sachsen) oder *Negerschweiß* (mit Bezug auf die Farbe), ja (in der Schweiz) sogar *Judenschweiß* (oder *Zigeunerlauge*), während der Tee dort *Chinesenschweiß* heißt (Imme, S. 105 vbd. mit Bächtold, a. a. O., S. 63).

[17]) Vgl. auch das (vielleicht weniger ironisch gemeinte) *Athletenfrühstück* für eine „Schmalzstulle" (*Ostwald*). — Unsere Soldaten nennen jetzt die sehr wenig beliebte Marmelade zum Bestreichen des Brots u. a. auch *Atheletenfett* oder *-schmiere* (vgl. *Imme*, S. 107; *Hochstetter*, a. a. O., S. 54).

[18]) Nach *Horn*, S. 98 ist *Elefantensuppe* auch soldatisch (in München) gewesen. *Imme*, S. 110 führt jetzt *Elefantenfutter* für Reis (schlechthin), Maußer, a. a. O., S. 62 denselben Ausdruck für „Reis mit Dörrobst" (als bayrisch) an. — *Elefantenklein* für Gulasch (*Imme*, S. 109) bezieht sich wohl auf die Zähigkeit des Fleisches (vgl. im Text: *Krokodilfleisch* = Rindfleisch).

[19]) Eine ähnliche Benennung ist auch *Schuster-* oder *Maurerkotelett* für den Handkäse (*Imme*, S. 108; als *Mäurerskotelett* auch bei den schwäbischen Händlern) sowie *Schuhmacherbiftegg* = Käse bei den Schweizer Soldaten (*Bächtold*, S. 63).

als einen Karpfen, wie ihn sich auch ein armes Schneiderlein einmal leisten kann (vgl. Schusterpunsch in Berlin = Kaffee)[20]). Seltsam erscheinen dagegen Haifisch für dieselbe Speise und Krokodilfleisch = Rindfleisch (nach Horn, S. 91 auch bei den österreichischen Soldaten [vgl. oben Anm. 18]). Die kleine Gestalt bildet das Gemeinsame bei den Bezeichnungen Spatz für die meist nur geringen Fleischstücke in Anstalten (ebenfalls soldatisch; vgl. auch das schwäbische Spätzle für eine bestimmte Mehlspeise) und Filzläuse für Grieskörner in Filzlaussuppe (oder -schnalle) = Griessuppe. Beliebt und schon sehr alt sind die Vergleiche der Würste mit Schlangen oder Würmern. Bereits in der Skaldendichtung heißen sie Kesselschlangen (vgl. Kluge, Unser Deutsch, S. 82), und noch heute wird in einem schwäbischen Händlerjargon das einfache Schlang(e) in gleicher Bedeutung gebraucht, während schon das älteste Rotwelsch (Liber Vagatorum) dafür Regenwurm kennt, ob jedoch auch noch die gegenwärtige Kundensprache (s. Ostwald), dürfte wohl bezweifelt werden[21]). In der Mehrzahl (Regenwürmer) bedeutet jedenfalls heute das Wort (wie bei den Soldaten) die Fadennudeln (vgl. das italienische vermicelli)[22]). Ein loserer Zusammenhang mit dem Tierreiche zeigt sich auch noch bei den Verbindungen Kälberzähne = Graupen (das wiederum auch die Soldaten und die Seeleute kennen), Affenfett = Schmalz (ebenfalls bei den Soldaten, und zwar neuerdings auch für Margarine gebraucht [s. Imme, S. 107/08]) und Otternschleim = Kaffee aus Ersatzmitteln oder Anstaltssuppe.

Von den Begriffsübertragungen, bei denen es sich um Vergleiche mit nichteßbaren Dingen (oder allgemeineren Begriffen) handelt, sind u. a. anzuführen: Hanf = Brot, Torf = Schwarzbrot, Lehm und Stroh = Erbsen und Sauerkraut (alle drei auch soldatisch[23])

---

[20]) Nach Imme, S. 109 kommen Schneider- oder Schusterkarpfen für den Hering auch in der modernen Soldatensprache vor, die außerdem noch sehr zahlreiche ähnliche Spottnamen dafür hat, wie z. B. Seelachs, Schützengrabenforelle oder Maurerforelle (auch wohl Maurerkarbonade). — Bei den schweizerischen Soldaten bedeutet Arbeiterforelle die Wurst (siehe Bächtold, S. 63).

[21]) Als soldatensprachlich führt Hochstetter, a. a. O., S. 64 an: blauer Heinrich (siehe den Text weiter unten) mit Regenwurm = „dicker Reis mit Knackwürstchen".

[22]) In der neueren Soldaten- und in der Schülersprache heißen die Nudeln („Makkaroni") auch (gekochte) Bandwürmer; siehe die Schriften über die Soldatensprache, z. B. Imme, S. 110, vbd. mit Rud. Eilenberger, Pennälersprache usw. (Straßburg 1910), S. 29.

[23]) So z. B. schon Horn, S. 90, 91 vbd. mit Imme, S. 106 u. 110. Über die Etymologie von Hanf siehe schon Abschn. I, 5, S. 115, Anm. 23. Torf,

und letzteres auch in Berlin allgemein bekannt), Messingdrähte = Mohrrüben, Quadratlatschen = Weißkohl (eigentlich „große Stiefel"), Gummibälle mit Wischhader (zu Hader = Lumpen) = Kartoffelklöße mit Rindfleisch, Quecksilber = Wasser, Luft = Berliner Getreidekümmel, Heu = Tabak, Gips = Schnupftabak, künstlicher Dünger = Essen überhaupt, besonders aber auch Brotsuppe u. dgl., vermischte Nachrichten = vermengte Speisereste.

Schon die bisherige Übersicht zeigte uns vielfache Übereinstimmungen mit unserer Soldatensprache. Während es aber nicht immer ganz leicht ist, festzustellen, ob ein den Landstreichern mit den Kriegern gemeinsamer Ausdruck für Speisen und Getränke zuerst in den Kaschemmen usw. oder in den Kasernen das Licht der Welt erblickt habe, gibt es unter diesen Bezeichnungen für Nahrungsmittel eine Gruppe, bei der von vornherein jeder Zweifel darüber ausgeschlossen ist, daß „soldatische Priorität" vorliegt. Das sind die auch in den Sammlungen der Kundensprache (namentlich bei Ostwald) wohl anzutreffenden Benennungen von Küchenerzeugnissen u. dgl., die auf Vergleichen mit ganz speziell militärischen Dingen, Einrichtungen oder Gebräuchen beruhen[24]). Dazu gehören z. B. sicher

---

das bei Horn noch fehlt, erklärt Imme, der es (S. 106) für Brot schlechthin anführt, als „jedenfalls auch" nach „der viereckigen, ... den Torfstücken ähnlichen Form" entstanden. Lehm und Stroh bedarf wohl keiner weiteren Erklärung; siehe jedoch noch Maußer, a. a. O., S. 97, Anm. 227 (zu S. 61, wo übrigens die Reihenfolge Stroh und Lehm [sächs., bes. oberlausitz.] lautet).

[24]) Die Zahl solcher Vergleiche innerhalb der Soldatensprache war schon vor dem Weltkriege nicht ganz unbeträchtlich (siehe Horn, a. a. O., S. 89ff.), ist aber in der Kriegszeit, die sofort im Herbst 1914 den Reigen mit der allbekannten Gulaschkanone (für die fahrbare Feldküche) eröffnete, fast „Legion" geworden. Es seien hier aus der überreichen Fälle, die sich in den Schriften von Bergmann (S. 46), Hochstetter (Kap. XI, S. 52ff.), Maußer (S. 61ff.), Imme (S. 104ff.) u. a. m. finden, beispielsweise nur erwähnt: Handgranate = Handkäse, in der Mehrzahl aber besonders Kartoffeln, daher H. mit Unterseebooten = Pellkartoffeln mit Heringen, Granatsplitter = Rübenstücke, Schrapnells oder Schrapnellkugeln = dicke (nicht gare) Erbsen, ersteres auch = Kartoffeln (bes. bayr.), letzteres auch Graupen, Schrappnellsuppe = Erbsen- oder Bohnensuppe, Drahtverhau = Fleischkonserven, aber auch Sauerkraut, Dörrgemüse oder Nudeln, Stacheldraht = grüne Bohnen (sächs.), aber auch scharfer, kratzender Schnaps (Rum [ndd.]), Gewehrläufe = Makkaroni (schles.), Gardelitzen = Nudeln, Armriemen mit Lanzenflaggen = Weißkohl (bei der Kavallerie) usw. — Umgekehrt fehlt es ebensowenig an Übertragungen von Dingen, die Beziehung zur Küche haben, auf die militärischen Sachen und Verhältnisse, wie denn namentlich die Vergleiche der Geschosse beliebt sind mit allerlei Gartengemüse, Früchten u. dgl. (so schon in früherer Zeit z. B. blaue Bohnen oder schwarze Erbsen [siehe Horn, S. 67] und heute noch etwa Apfelsinen oder Bananen = Handgranaten) oder mit sonstigen eß-

Schießbaumwolle = Sauerkraut und Regimentsschloßen (zu Schloßen = Hagelkörner) mit Leder = Graupen mit Rindfleisch[25]), höchstwahrscheinlich aber auch Gamaschenknöpfe für Linsen[26]) und das wenig appetitliche Fußlappen für Weißkohl[27]). Andrerseits lassen die derben Umschreibungen Galgennägel (seltener auch Sargnägel) für gelbe Rüben (Mohrrüben) und Polizeifinger für rote Rüben („Karotten", nordd. „Wurzeln") — obwohl gleichfalls unseren Soldaten nicht unbekannt (vgl. Imme, S. 110 und Maußer, S. 62) — ihren Ursprung aus der Sprache der — mit Galgen und Polizei ja von jeher vertrauten — Gauner unschwer erkennen. Im Anschluß hieran seien noch einige bildliche Ausdrücke angeführt, mit denen der Kunde seine vielgeliebte Schnapsflasche zu belegen pflegt. Er nennt sie z. B. Unke, Verbandsbuch, Thermometer (wohl als Stimmungsmesser), Wegweiser oder Kilometerstein (weil bei diesen Zeichen auf der Landstraße nicht selten „einer geschmettert" zu werden pflegt) oder endlich Kopfkissen (wenn die Flasche abends vor dem Schlafengehen frisch gefüllt worden).

Die Benennungen von Nahrungsmitteln nach menschlichen Ständen und Berufen enthalten nicht immer eigentliche Vergleiche. Kaiserin für eine runde Semmel ist z. B. wohl nur Verkürzung der österreichischen „Kaisersemmel" und Kutscher für Bier schlechthin eine Verallgemeinerung des in Berlin bekannten „Kutscherseidels" für ein abgestandenes Glas Bier oder eine Veränderung des allgemeiner gebräuchlichen „Kutscher" für eine geringe Sorte Wein (namentlich Mosel) — ursprünglich eine solche, wie sie für einen Kutscher gut genug ist. Doch fehlen auch wirkliche Vergleiche nicht. So heißt der Hering natürlich deshalb Seesoldat (beim Militär ebenso oder auch Seeräuber) oder Seekadett (vgl. bei der Marine:

---

baren Dingen (wie Käsekeilchen [bei den Sachsen] für Handgranaten, Pralinées für kleinere Granaten u. a. m.); vgl. bes. Hochstetter, S. 42, 43, 76.

[25]) Schießbaumwolle hat (außer Horn, S. 91) auch noch Imme, S. 110, die zweite, längere Bezeichnung nur Horn, S. 90, während für Graupen (allein) dort Kasernenschloßen (oder Regimentsstrafe) verzeichnet ist.

[26]) Diese Bedeutung ist bei Horn, S. 90 als sächsisch bezeichnet, während der Ausdruck in München für Dreierbrötchen gebräuchlich gewesen sein soll. Für dicke Graupen führen ihn dagegen Hochstetter, S. 56, Maußer, S. 62 (als sächs.) und Imme, S. 110 (als bayr.) an. Bei Maußer, S. 62 verbunden mit S. 61 dafür (aber auch für weiße Bohnen) auch Manschettenknöpfe (sächs.).

[27]) So schon Horn, S. 91; ebends.: Fußlappen mit Flöhen = Weißkraut mit (Kartoffeln und) Kümmel; vgl. Hochstetter, S. 56 und Imme, S. 110; bei Maußer, S. 62 dafür: Lumpen mit Flöh (preuß.).

Fähnriche zur See = saure Heringe [Imme, S. 109]), weil der ständige Aufenthaltsort beider Lebewesen die See ist, und Weißgerber als Name der Dampfnudel erklärt sich aus deren heller Farbe. Ähnlich wird Kupferschmied für noch roten, Schlotfeger für schwarz gewordenen Hopfen gebraucht (vgl. im französ. Argot douanier, eigentlich: Zolleinnehmer mit grüner Uniform, für den Absinth).

Kulturgeschichtlich bemerkenswert erscheint ein Vergleich der Namen, welche einst bei den sogenannten Bierfeyden der Studenten für die verschiedenen Mengen von „Stoff" üblich gewesen mit denen, die heute in unserer Kundensprache für die kleineren oder größeren Schnapsgemäße gebraucht werden. So waren (nach Kluge, Studentensprache, S. 27) z. B. „nach altem Jenaer Komment die Grade im Bierskandal oder beim Vortrinken: Renommage — Gelehrter — Doktor — Papst — Seraph — Christenheit — Gottesacker oder Walfisch", beruhten also hauptsächlich sozusagen auf einer gelehrten, christlich-kirchlichen Grundlage. Der „Walzbruder" unseres Jahrhunderts dagegen, der sich trotz aller Lust am ungebundenen Umherstreifen gar nicht so ungern an seine Soldatenzeit zurückerinnert, spricht von Unteroffizier (= kleines Glas Schnaps), Wachtmeister (= großer Schnaps) und Rittmeister (= 12 „Wachtmeister")[28]). Andere Kundenwörter kommen namentlich noch vor für das Gemäß von $\frac{1}{4}$ Liter, so: halber Bogen oder halbes Pfund[29]), das jedoch auch für eine Flasche zu $\frac{3}{8}$ Liter gebraucht wird, Leuchtkugel oder Nordlicht, letzteres mit Anklang an „Nordhäuser" (Kornschnaps) und deshalb neuerdings auch wohl dafür überhaupt (ohne Rücksicht auf die Menge) üblich (vgl. Nordlicht mit Morgenrot = „Korn mit Kirsch oder Himbeer").

Einen nur scheinbar geographischen Anstrich hat die Bezeichnung Straßburger für die — auf der Straße liegenden — Zigarrenstummel sowie auch den daraus zurechtgeschnittenen Tabak.

Auch einen auf das Glaubensbekenntnis bezüglichen Ausdruck weist die Kundensprache für ein Lebensmittel auf, nämlich Jud für Speck (schon im Rotwelsch 1652 für Spanferkel), das sich vermutlich darauf bezieht, daß die Juden nach ihren Religionsgeboten kein Schweinefleisch essen dürfen; es wäre dann also eine Bezeichnung nach dem geraden Gegenteil, nach Art des lateinischen lucus a non lucendo[30]).

---

[28]) Auf die Beschaffenheit des Getränks bezieht sich dagegen die ähnliche Bezeichnung Schutzmann für „Spiritus mit Nelke" (Ostwald).

[29]) In Süddeutschland soll dafür Sautreiberstutzen gebräuchlicher sein.

[30]) Ein ähnliches Beispiel aus der (älteren) spanischen Gaunersprache ist

Das innigste Verhältnis der Sprache zu den Speisen und Getränken zeigt sich endlich wohl in der Verwendung bestimmter menschlicher Eigennamen dafür. Diese Sitte ist nicht nur im Rotwelsch beliebt gewesen, das Verbindungen mit Hans bevorzugt hat[31]), sondern läßt sich auch in unseren deutschen Mundarten nachweisen, wo neben Zusammensetzungen mit Hans, Michel und Peter[32]) besonders der Name Heinrich eine bedeutende Rolle spielt, so in sanfter Heinrich für eine bestimmte Sorte Likör (vgl. Deutsches Wörterbuch IV 2, Sp. 887), stolzer Heinrich für den Reisbrei und blauer Heinrich für Buchweizengrütze oder Mehlsuppe[33]). Die letzte dieser Benennungen kommt auch in der Kundensprache vor und bedeutet dort eine gewisse Art von Gefängnissuppe aus Hülsenfruchtgemenge. Sonderbar erscheint ferner trockener Oskar für trockenes (Bettel-) Brot (neuerdings auch wohl soldatisch; s. Hochstetter, S. 56). Bei Ostwald sind auch (die im Rotwelsch bekannten) Zusammensetzungen Braunhans = Kaffee und Blauhans = Pflaume angeführt. Von weiblichen Vornamen ist — abgesehen etwa von der (auch allgemein berlinerischen) Kar(o)line für die Schnapsflasche — nur noch Maria in der ganz eigentümlichen satzartigen Verbindung Maria zu lieben für Brotsuppe zu erwähnen[34]). Wenn hier nicht etwa eine „volksetymologische" Andeutschung irgendeines mit dem zigeunerischen máro = Brot (vgl. oben S. 136) gebildeten Fremdworts vorliegt, so darf man vielleicht

---

Turco, d. h. Türke = Wein, weil die Türken keinen Wein trinken dürfen (vgl. oben S. 37, Anm. 59).

31) Das älteste und eigenartigste Beispiel dieser Art ist Hans von Geller = grobes Brot, das schon im Liber Vagatorum steht und sich auf das kornreiche Gelderland bezieht (vgl. oben S. 37 u. Anm. 58).

32) Beispiele dafür u. a. bei O. Meisinger, Die Appellativnamen in den hochdeutschen Mundarten, Jahresbericht d. Gymn. zu Lörrach i. B., I (1904), S. 20 u. Anm. *; II (1910), S. 12, 13, 15, 16. Vgl. auch noch unten Abschn. IV, 3 („Über Vornamen als Sachbezeichnungen").

33) Alle drei Bezeichnungen sind auch der deutschen Soldatensprache bekannt, doch scheint stolzer Heinrich jetzt wohl schon etwas veraltet, während blauer Heinrich (das uns, weil es auch Kundenausdruck ist [siehe den Text], hier besonders interessiert) in seinen Bedeutungen (wie Reis [Reisbrei, Milchreis], Graupen, Grütz- oder Mehlsuppe, aber auch dünne, wässerige Suppe und endlich noch dünner, bläulich schimmernder Kakao) nach den einzelnen Gegenden (Bayern, Pfalz, Preußen) zu schwanken scheint. Vgl. das Nähere bei Horn, S. 90 verbunden mit Hochstetter, S. 55, 57, 69, Imme, S. 97, 110 u. bes. Maußer, S. 61, 62, 64. Bei letzterem ist endlich (S. 20, 23, 24) sanfter Heinrich nur als (bayrischer) Name für ein leichtes Geschütz oder auch das Maschinengewehr angeführt; vgl. dazu auch noch unten Abschn. IV, 3.

34) Denn Lorchen = Semmel, Brötchen ist wohl nur eine volksetymologische Andeutschung aus dem Hebräischen; s. schon oben Abschn. I, 6, S. 131.

vermuten, daß die Bezeichnung aus katholischen Gegenden herstammt und sich zunächst auf eine Art Klostersuppe bezogen hat, die mit der Widmung „der Jungfrau Maria zuliebe" ausgeteilt worden[35]).

[35]) Herr Oberlehrer Dr. Wiegand (Köln) teilte mir hierzu mit, daß ein in katholischen Gegenden viel gesungenes Kirchenlied mit den Worten „Maria zu lieben" anfängt, und meinte, ob infolgedessen bei obigem Suppennamen nicht vielleicht an einem frivolen Vergleich unfrommer Menschen gedacht werden könnte: „eine Suppe, kraftlos, inhaltlos, wertlos, wie der sich in diesem Lied, in diesem Kult aussprechende Glaube". Auch sei ihm die Bezeichnung Herz-jesusuppe für eine dünne Fleischbrühe bekannt.

III. Scharfrichtersprache.

Die Sprache der Scharfrichter vor hundert Jahren [1]).

So viel auch schon über den Scharfrichter vergangener Zeiten von Rechtsgelehrten, Kulturhistorikern, Novellisten usw. geschrieben, eine Seite des Themas ist bisher noch sehr wenig berührt worden, nämlich die besondere Sprache, deren sich die Vertreter jenes Standes einst untereinander bedient haben. Selbst in dem vortrefflichen Werke von Otto Beneke, „Von unehrlichen Leuten" (2. Aufl., Berlin 1889), das in Kapitel 9 auch den „Scharfrichter und seine Gesellen" eingehend behandelt hat, sind dem Gegenstande nur einige Zeilen gewidmet. Der Grund dafür ist wohl, daß es uns an zuverlässigen Quellen über jene Sondersprache fehlt, daß namentlich die in anderer Hinsicht höchst interessanten Aufzeichnungen, die einzelne Scharfrichter selber über ihre Amtstätigkeit angefertigt haben, in dieser Beziehung leider versagen. So enthält gerade das älteste und ausführlichste „Tagebuch" dieser Art, das der Nürnberger Nachrichter Meister Franz Schmidt über „all sein Richten" in den Jahren 1575 bis 1617 geführt hat (Neudruck besorgt durch Albrecht Keller, Leipzig 1913) hierüber so gut wie gar nichts, und auch in den späteren (an sich schon viel kürzeren) Notizen, die ein schwäbischer „Amtskollege", Jakob Steinmeyer, über die von ihm (in den Jahren 1764—81) vollzogenen Strafen in ein altes Arzneibuch eingetragen hat (vgl. Kluge, Rotwelsch I, S. 250) finden sich nur wenige Brocken aus jener Sachsprache. Wir sind deshalb im wesentlichen auf das Material angewiesen, das uns andere Schriftsteller davon überliefert haben. Die Hauptquelle dieser Art, das einzige „Wörterbuch" der Scharfrichtersprache, befindet sich in einem Werke, das ein Leipziger Tierarzt, Dr. Lux, über den „Scharfrichter nach allen seinen Beziehungen" usw. im Jahre 1813 hat erscheinen lassen. In den hundert Jahren seit seiner Veröffentlichung ist es mehrfach von anderen Gelehrten abgedruckt worden, so u. a. neuerdings auch in Friedrich Kluges „Rotwelsch" (S. 308ff.). Eine genauere etymologische Erklärung der einzelnen Ausdrücke haben aber weder Lux noch die Späteren gegeben. Nur Avé-Lallemant hat in

[1]) Erschienen unter gleichem Titel in der „Kölnischen Zeitung" vom 14. Dez. 1913 (Nr. 1409).

seinem epochemachenden Werke über das deutsche Gaunertum (besonders in Bd. 4, S. 515ff.) von den meisten Vokabeln Deutungen aufgestellt, dabei aber nicht immer ganz das Richtige getroffen. Es dürfte daher angemessen erscheinen, heute, wo das Interesse für alle Sondersprachen wieder so rege geworden, auch diese „geheime Sprache der Scharfrichter und Abdecker" aufs neue weiteren Kreisen mitzuteilen und zu erläutern.

Eine allgemeine Bemerkung ist dabei sogleich vorauszuschicken, daß nämlich dieser Jargon mit dem alten sogenannten Rotwelsch unserer Gauner aufs nächste verwandt ist, was sich unschwer aus dem engen Verhältnis erklärt, in dem die einst ja als „unehrlich" geltenden „Henker" und „Schinder" begreiflicherweise von alters her zu dem gewerbsmäßigen Verbrechertum gestanden haben. Sind nun demnach viele Vokabeln der Form nach denen der Gaunersprache gleich oder sehr ähnlich, so ist ihnen doch nicht selten eine engere, auf den Scharfrichterberuf oder das (damit früher ja regelmäßig verbundene) Abdeckergewerbe hinweisende Bedeutung beigelegt worden. Zunächst finden wir z. B. einige Ausdrücke und Wendungen, die sich auf die Zugehörigkeit oder Nichtzugehörigkeit zu dem Stande der Scharfrichter und Schinder im allgemeinen beziehen. Jedes Mitglied nannte man entweder einen „von unsern Leuten" — womit noch heute bekanntlich auch die Juden einen ihres Stammes bezeichnen — oder man sagte, es sei „von der Fahrt", was insofern vom Rotwelsch abweicht, als dort die Fahrt soviel wie das Gaunerunternehmen, besonders ein (auszuführender) Diebstahl ist (so schon 1728 und noch heute, wo namentlich auch der Walzbruder auf die Fahrt steigt, wenn er seinen Bettelgang antritt). Als Anrede untereinander bedienten sich die einzelnen Angehörigen stets des Ausdrucks „Vetter", auch wenn keine Verwandtschaft zwischen ihnen bestand. Die herkömmliche Bezeichnung der Töchter von Scharfrichtern war Musche, ein Wort deutschen Ursprungs, das eigentlich nur so viel wie „Mädchen" bedeutete und (in sehr verschiedenen Formen) auch im Rotwelsch sowie in unseren Mundarten für das weibliche Geschlecht, jedoch meist mit dem Nebenbegriff des Liederlichen, vorkommt[2]). Weitere Parallelen mit der Gaunersprache enthalten auch die Benennungen Pin(c)k(e) und Witt(i)scher für alle nicht zu den Scharfrichtern und Ab-

[2]) Siehe über den Ausdruck Musch(e) u. ä., der nach richtiger Ansicht zurückgeht auf das spätmhd. mucze oder mutz(e) = „weibliches Geschlechtsglied", der sich auch noch mundartl. (z. B. in Bayern) erhalten hat (Weigand, Wörterb., II, Sp. 238/39) und also eigentlich als eine pars pro toto darstellt, ausführliche Angaben in Groß' Archiv, Bd. 50, S. 345ff.

deckern gehörenden Personen (bzw. Wittstock für jemand, der nicht ihre geheime Sprache kannte). Während aber im Rotwelsch das erstere Wort (schon 1510: Binck = Bauer, 1687 Pincke = „Mannsperson" schlechthin, vgl. zur Etymol. usw. Näheres in Groß' Archiv Bd. 49, S. 344ff.) eigentlich nichts besonders Verächtliches an sich gehabt hat, verstanden auch die Gauner unter Wittscher oder Wittstock (vermutlich vom niederd. witt = weiß, im übertragenen Sinne = unerfahren, dumm) von jeher alle nicht zu ihrer „Zunft" gehörigen Leute, die Uneingeweihten, die „dummen Gimpel" im Gegensatz zu den Kochemern, d. h. den Schlauen (vom hebr. châkâm = klug, weise), wie sie sich selber nennen. Gleichbedeutend mit Pinck und Wittscher war vielleicht ursprünglich auch Stümper, obwohl es von Lux enger durch „ein Verächter der Scharfrichter und Abdecker" wiedergegeben ist (dazu Stümperey = „Verachtung gegen diese Leute" und das Zeitwort stümpern oder stümpfisch sein = jenen Stand „hassen, darauf schimpfen").

Die gebräuchlichste Bezeichnung für den Scharfrichter- und Abdeckerberuf selber dürfte um 1813 wohl Caffler, Caveller oder Kafiller (-viller, -valler u. ä.) gewesen sein (spezieller noch Lux: Caffler = Scharfrichter, Caveller = Abdecker, Kafiller [-viller, -valler] = Abdecker, der sein eigener Herr ist, Halbmeister; dazu Kafillerey = die Wirtschaft eines solchen). Gerade über die Herleitung dieses (in der Form Caveller für „Schinder" auch schon dem Liber Vagatorum um 1510 bekannten) Wortes sind aber die Ansichten noch etwas geteilt. Während die einen an das alte rotwelsche Caval(l) = Pferd (auch bei Lux) dachten, das auf das lateinische caballus zurückgeht, haben andere orientalischen Ursprung angenommen (vom syrisch-talmud. kefal = „ziehen, abdecken" bzw. vom hebr. kâfal = „zusammenfalten, -legen"), doch vermuten auch einzelne Vertreter der letzteren Meinung, daß dabei zugleich wohl eine Anlehnung an das niederdeutsche fillen (mhd. villen) = „das Fell abziehen, häuten" stattgefunden haben könnte, das wieder andere sogar für die alleinige Quelle betrachtet haben (vgl. auch Deutsches Wörterb. V, Sp. 26)[3]). Dadurch ließe es sich auch erklären, daß der Ausdruck den Scharfrichter mit umfaßt hat, denn „(mit beseme) villen" war einst auch die übliche Bezeichnung für das Ausstäupen

[3]) Siehe Näheres über die verschiedenen Ansichten in Groß' Archiv, Bd. 42, S. 36, 37. Dazu kommt jetzt noch die Vermutung von Bischoff, Wörterb., S. 43 (unter „Köfler"), daß das rabbin. k'phal = Kopf als die Quelle der Bezeichnung anzusehen sei, so daß sie „Köpfer" bedeutet habe. Daneben wird aber auch noch eine Ableitung vom lat. gabalus = Galgen (siehe den Text weiter unten) für „möglich" erachtet.

durch den „Züchtiger“. Kein Zweifel über die Herkunft aus dem Hebräischen besteht bei einem anderen Synonym für den Scharfrichter oder — genauer — den „Henker“: Tallien (schon 1735 im Rotwelsch), das — gleich der noch älteren rotwelschen Form Dallinger, Dollinger u. a. — zu hebräisch thâlâh = „aufhängen, henken“ gehört. Desgleichen stammt Maschur oder Meschores für einen „dienenden Abdecker“ (die zweite Form schon im älteren Rotwelsch = Diener, Knecht) von einem hebr. Worte (meschârêth = Diener), und endlich ist vielleicht auch Tammer, Temmer oder Demmer = Scharfrichter hebräischer Herkunft, sei es nun, daß man es (mit Avé-Lallemant, III, S. 147 und IV, S. 613) zu tâmê' = unrein oder mit Bischoff (Wörterb., S. 19) in erster Linie zu dâm = Blut stellen will[4]) (dazu: Temmerey = die Wirtschaft eines Scharfrichters, gut oder nicht gut temmersch sein = Freund oder Feind der Scharfrichter usw. sein).

Vom Lateinischen (nämlich gabalus = „gabelförmiger Galgen“) stammt her Gabler = Scharfrichter (auch schon 1753 im Rotwelsch). kaum dagegen wohl (wie Avé-Lallemant vermutete) auch Faber = Schinder (als gleichbedeutend mit lat. faber = Handwerker, Schmied u. dgl.); vielleicht könnte es eher (wie auch das Zeitwort fabern = schinden, abfäbern = abschneiden, schinden und das rotwelsche febern = machen, putzen, schneiden, schreiben [für letzteres auch fe(h)mern]) zu dem rotw. Fe(h)m(e) u. ä. = Hand gestellt werden, das man seinerseits wieder auf das nordische Zahlwort fem = 5 (mit Bezug auf die fünf Finger der Hand) zurückgeführt hat[5]). Auch für Fetzer = Abdecker (zu fetzen = abdecken, schinden) braucht man nicht erst das lateinische facere = machen (bzw. das [auch im Italienischen gleichlautende] Perfektum feci) heranzuziehen, es kann vielmehr unmittelbar vom deutschen fetzen = „(in Fetzen) reißen“ (vgl. „zerfetzen“) hergeleitet werden. Rein deutschen Ursprungs sind jedenfalls auch: Feyriger für „einen zugewanderten (also zunächst meist stellenlosen) Abdecker“, das — wie aus feyrig sein = „keinen Dienst haben“ zu entnehmen — zu unserem feiern = „von der Arbeit ruhen“ gehört, weiter: Knuspert = ein Scharfrichterknecht, wozu das alte rotwelsche Knaßbart = Knecht zu vergleichen, das wohl als „Knasterbart“ auszulegen ist, mit Rücksicht auf das grimmige Aussehen und bärbeißige Wesen dieser Art Leute (vgl. das Synonym Löwe im alten Nürnberg), endlich auch: Frey-

[4]) Die weitere, noch von Bischoff (a. a. O.) zur Wahl gestellte Entstellung des Wortes aus Daljer (zu thâlâh = henken) ist wohl weniger wahrscheinlich.

[5]) Über die Ableitung der Form febern vom lat. vibsare siehe schon Abschnitt I, 1, S. 40.

mann = Abdecker, Scharfrichterknecht; es läßt zwar verschiedene Deutungen zu, stammt aber am wahrscheinlichsten daher, daß die Geschäfte der Schinder und Henker ehedem öfter von Leibeigenen verrichtet zu werden pflegten, die dann zu diesem Zweck freigelassen und durch „Freibriefe" geschirmt wurden[6]).

Auf eine ganz bestimmte einzelne Amtstätigkeit des Abdeckers, nämlich das Einfangen und Töten herrenlos umherlaufender Hunde, bezieht sich sein Name Quienkoffer (schon in Liber Vagatorum: Quiengoffer), d. h. „Hundeschläger", zu Qui(e)n (Qvin, Quihn) = Hund (wie im alten Rotwelsch) und kuffen, d. h. (nach Lux) „(ein Pferd oder) einen Hund töten" (vgl. ebendas. Kuffer = „ein für den Abdecker bestimmtes Tier"), im Rotwelsch (neben goffen u. ä.) sonst allgemeiner = „schlagen", das vermutlich zu dem älteren bayrischen Goffe = „Hinterbacke" gehört. Nicht fest steht die Etymologie von Quien u. ä., doch darf man es vielleicht zu dem französischen chien in Beziehung setzen, da es nach den Forschungen von L. Sainéan (L'argot ancien, Paris 1907, S. 259) auch im alten französischen Argot vorkommen und aus der Normandie stammen soll. Das Umbringen der Hunde nannte man übrigens auch noch bekern machen, d. h. etwa „verrecken lassen" (zu bekern, rotwelsch auch begern, pegern u. a. m. = „sterben [töten], vom hebr. peger = „Leichnam"). Es geschah wohl nicht selten auch durch Vergiftung und zwar mittels „Krähenaugen" (nux vomica, Strychnin), ein Mittel, dessen sich auch die Gauner gern bedienen, um bei Einbruchsdiebstählen wachsame Hunde zuvor unschädlich zu machen. Der Sachausdruck der Schindersprache dafür, Budement, ist in doppelter Beziehung merkwürdig, einmal nämlich, weil wir hier eine fremdsprachige Endung (-ent, aus lat. -entum) an ein Wort deutschen Stammes (zu rotw. butten = essen, eigentlich wohl „beißen", zu niederd. biten) angehängt finden (ähnlich wie etwa bei unserem mundartlichen „Plauderment" u. dgl.), sodann aber auch, weil dabei zugleich eine Art euphemistische Verhüllung des wirklichen Sinnes vorliegt (Essen, Fressen = todbringendes Fressen; vgl. dazu die Entwicklung des französischen poison = Gift, Gifttrank aus dem lateinischen potio[nem] = Trank, Getränk). Endlich enthält das Vokabular noch eine Bezeichnung für die Scharfrichter, die auf eine nichtamtliche, aber sehr beliebt gewesene Nebenbeschäftigung derselben

---

[6]) Vgl. die Literaturangaben in Groß' Archiv, Bd. 9, S. 340. Bischoff, Wörterb., S. 26, der den Ausdruck nur durch „Abdecker" wiedergibt, erklärt ihn daraus, daß dieser „außerhalb der Vorschriften für die Fleischer" stand und weist hin auf die Bezeichnung Freibank für „Verkaufsstelle minderwertigen Fleisches" und Halbmeister = Schinder (S. 31), „weil nur ‚halber' Schlächter".

hindeutet, nämlich Casperer, zu caspern oder caschpern = „mit Sympathie kurieren", dessen Ursprung zwar nicht ganz sicher ist, vielleicht aber zurückgehen dürfte auf das hebr. kâschaf = „beten" bzw. kischêf = „Zauberformeln sprechen, Zauberei treiben", wobei zugleich noch der Name Kaspar für den Teufel mit hineingespielt haben könnte, ebenso wie bei den schwer zu deutenden Zeitwörtern caspern = „schlagen" und caschpern = „einen ausfragen"[7]), wogegen beide Formen im Sinne von „betrügen" vermutlich das hebr. kâzab = „belügen" (vgl. Abschn. I, 6, S. 121) zur Quelle haben. Auf die geheimnisvolle Kurpfuscherei der Scharfrichter bezieht sich wohl auch Finckelpulver = Pulver für behexte Kühe, worin Finckel soviel wie Hexe heißt (zu rotwelsch finkeln, fünkeln = sieden, kochen; vgl. unser „Hexenküche, -kessel" u. dgl.).

Mit der Heilung kranker Tiere befaßten sich bekanntlich auch gern die Hirten, besonders Schäfer — die früher ebenfalls für „unehrlich" galten — sowie die Schmiede, denen der Hufbeschlag der Pferde hierzu Gelegenheit bieten mochte. Kein Wunder daher, daß die Henker- und Schindersprache auch für diese Berufe einige Fachausdrücke aufweist, die übrigens sämtlich dem Rotwelsch entlehnt sind, nämlich Funkenstüber und Hammerschlag für den Schmied, zwei anschauliche Umschreibungen nach den wichtigsten Berufstätigkeiten, die keiner weiteren Erläuterung bedürfen, und Bumser für den Hirten im allgemeinen, Bissertbumser speziell für den Schäfer. Während Bissert = Schaf wohl von „beißen" herzuleiten sein dürfte — wie ein Rückschluß aus dem Synonym Kleebeißer gestattet —, ist für Bumser kein passendes deutsches Stammwort zu finden, aber auch über eine Ableitung aus dem Hebräischen sind verschiedene Ansichten aufgestellt worden (s. das Nähere schon oben im Abschn. I, 1, S. 11, Anm. 15). Auch das blutige Gewerbe der Fleischer hat mit den Scharfrichtern und Abdeckern ja manches gemein gehabt; die Metzger hießen bei ihnen (wie im Rotwelsch) Possertfetzer (zu Possert, Pussert oder Bossard = Fleisch, Aas, schon im Liber Vagatorum Boßhart, vom hebr. bâsar, jüd. bôsôr oder bôser, und fetzen = schneiden). Im Anschluß daran seien gleich hier auch noch angeführt die Vokabeln Foosch für „Blut" (dazu befooscht = „beblutet"), das wahrscheinlich aus der Jägersprache

---

[7]) Der Bedeutung nach erinnert dieses caschpern an das jüdische kasche (kaschje) = „Frage" (vom hebr. qâsche, qâschâ = „hart, schwer", chald. qaschjâ = „Schwierigkeit, schwierige (talmudische) Frage" (vgl. Avé-Lallemant, IV, S. 451 verbunden mit Bischoff, Wörterb., S. 38); bei einer Ableitung davon würde aber in der Form das p unerklärt bleiben und Bedenken erregen.

übernommen, wo Saisch (Seisch, Seist) das Blut von Tieren, besonders Hirschen bedeutet) sowie Schmunck = Butter, Schmalz u. dgl. (dazu schmünckig = fett, z. B. von Pferden), ein auch im Rotwelsch häufiges Wort deutschen Ursprungs.

Eine gewisse Enttäuschung bereitet das Luxsche Verzeichnis bezüglich der Ausdrücke für die Hauptfunktionen des Scharfrichters als solchen, mit anderen Worten für die Vollziehung der verschiedenen Strafen „an Leib und Leben". Wenn man wenigstens bedenkt, wie ungeheuer reich die Volkssprache früherer Zeiten an humoristisch gefärbten, wohlwollend verhüllenden Umschreibungen gerade auf diesem Gebiete gewesen ist[8]), so erscheinen dagegen die Sachbezeichnungen der Scharfrichtersprache um 1813 doch im ganzen schon ziemlich nüchtern und farblos. Daß aber in den älteren Zeiten auch die Henker sich mehr nach Art des Volksgeistes ausgedrückt und allerlei euphemistische Verschleierungen ihrer grausamen Amtstätigkeiten geliebt haben, ist aus Benekes Werk (S. 231) zu entnehmen, wo dafür folgende Einzelheiten angeführt sind: „Den Staupbesen geben" hieß in der Kunstsprache ganz unverdächtig „fegen", und wer diese Leistung gut verstand, der „fegte reinlich". Ein geschickter Meister mußte außerdem folgende Dinge können: „zierlich zeichnen", d. h. brandmarken, „vernünftig die Glieder versetzen", d. h. torquieren, auf der Streckbank usw., „einen feinen Knoten schlagen", d. h. henken, „rasch absetzen", d. h. köpfen[9]), „artlich mit dem Rade spielen", d. h. rädern, „nett tranchieren", d. h. vierteilen, „einem die Hitze abjagen", d. h. verbrennen. Der Verfasser hat die Quelle, aus der diese Umschreibungen stammen, nicht angegeben, daß sie aber einer weit früheren Epoche angehören als unser Vokabular, ist schon aus der Erwähnung der Tortur, der Vierteilung, des Feuertodes und der Brandmarkung zu folgern, Barbareien, die bei Lux überhaupt nicht mehr genannt sind. Aber auch für das Enthaupten, Hängen und Rädern sind hier nur ziemlich einfache Wörter deutschen oder fremden Stammes angeführt. Das (in der Praxis damals jedenfalls schon sehr gemilderte) Rädern heißt z. B. gereppeln (wie schon 1755 im Rotwelsch, noch früher:

---

[8]) Vgl. Näheres darüber u. a. in meiner Schrift: Deutsche Rechtsaltertümer in unserer heutigen deutschen Sprache (Straßburg i. E. 1903), S. 61ff.

[9]) Aller Wahrscheinlichkeit nach liegt hierbei ein Mißverständnis der halbjüdischen rotw. Wendung Rosch abfetzen vor, d. h. wörtlich „(den) Kopf abschneiden", zu rotw. (schon 1735) Rosch, hebr. (jüd.) rôsch = „Haupt, Kopf", und fetzen = „schneiden". Vgl. gleich weiter im Text das gleichbedeutende Rosch abmacheyen.

reppeln), zu dem besonders das mundartliche ribbeln (ribben) u. ä. = „reibend, schaben" gut passen würde, oder zerschabern, angedeutscht aus dem hebr. schâbar = „brechen" (vgl. unser „radebrechen"). Ebenso sind für das Hängen ein deutsches und ein dem Hebräischen entnommenes Zeitwort genannt, nämlich schnüren (im Rotwelsch schon 1510: schnuren) und talgen (ebenso schon 1735 im Rotwelsch), vom hebr. thâlâh, auf das auch die passive Form gedolmt werden (rotwelsch 1753) und die Hauptwörter Dolme oder (angedeutscht und gleichsam personifiziert) Tholmann (schon im Liber Vagatorum: Dolman = Galgen [vgl. oben S. 131, Anm. 12]) zurückgehen. Das Enthaupten finden wir durch Rosch abmacheyen, d. h. „den Kopf abschlagen" wiedergegeben (zu Rosch = Kopf [s. oben Anm. 9] und makkâh = „Schlag"). Eine interessante Personifizierung des Richtschwerts ist Langmichel oder auch einfach Mechel, Meichel (d. i. mundartlich = Michel), das — neben Fetzmechel — auch für das Schindermesser gebräuchlich gewesen. Für eine Strafart, den brutalen „Staupenschlag", enthält endlich auch unser Vokabular noch Anklänge an eine ironische Verhüllung, welche die älteren rotwelschen Quellen kennen. Die beiden hier getrennt erscheinenden Bezeichnungen Speck oder Blaukohl für den „Staupbesen" gehören nämlich eigentlich wohl zusammen und beziehen sich nicht sowohl auf das Züchtigungswerkzeug selbst (das die Scharfrichter Struppert nannten) als vielmehr auf die am Körper des damit Geschlagenen zurückbleibenden Spuren (s. im Rotwelsch 1753: Speck und Blaukohl = „Staupbesen" vbd. mit der schon 1687 bezeugten Redensart: den Kohl stecken = „einem den Staupbesen geben").

Der bisher noch nicht besprochene Rest unseres Wörterbuchs bezieht sich ausschließlich auf die Berufstätigkeit des Schinders. So finden sich z. B. Bezeichnungen für gewisse Gerätschaften desselben, wie Fetzsack, Fetztuch = Sack, Tuch, „um das Leder usw. einzupacken", und Rollert (zum deutschen Zeitwort rollen) = „Wagen, Karren des Abdeckers", um „Kadaver" abzuholen (sogenannte Ausfuhre, wofür das „Ausfuhrgeld" erhoben wurde) oder in der Nacht die „Exkremente" wegzuschaffen. Sodann begegnen uns noch mancherlei Ausdrücke, die sich entweder im allgemeinen auf Tiere beziehen oder speziell auf solche Haustiere, mit denen die Abdecker wohl hauptsächlich zu tun hatten. Zur ersteren Gruppe gehören z. B. Steckert (richtiger: Stenkert, wie im Rotwelsch schon 1753, später auch Stinker[t]) für den (ja meist übelduftenden) Stall, ferner — als Sachbezeichnungen für bestimmte tierische Körperteile — Sturz oder (verächtlicher) Plautze = Haut oder Fell (letzteres etymologisch nicht ganz sicher)[10]) sowie Pertz = „das Stück Haut, welches die Schweifriebe der Pferde bedeckt", wozu (mit Avé-Lallemant) besonders unser gemeinsprachliches „Bürzel" (Pürzel = Steißende gewisser Tiere, in der Jägersprache besonders der Sauschwanz) herangezogen werden könnte[11]). Auch die Benennung Ausschnetling für „ein noch nicht geborenes (genauer wohl: aus dem Leibe des Muttertieres geschnittenes) Füllen oder Kalb" (vgl. gemeinsprachlich Ausschnittling) gehört noch in diesen Zusammenhang.

Unter den einzelnen Tieren steht der Hund obenan, für den nicht weniger als sieben Synonyme angeführt sind. Davon gehen zwei, Kiluf (schon 1714 rotw. Kieloff) und Kalf, auf das Hebräische (kêleb, jüd. kefef u. ä.) bzw. das Aramäische (kalbâ, constr.: kâleb [Bischoff, Wörterb., S. 37]) zurück, eine (Quien) vielleicht aufs Französische (s. oben), während die übrigen deutschen Ursprungs sein dürften, denn Lex ist wahrscheinlich aus „Leckes" (zu lecken) zusammengezogen, Grinn gehört zu greinen, hier etwa im Sinne von „heulen" oder „knurren" (vgl. spätmhd. grinnen oder grînen, für die Laute verschiedener Tiere gebraucht), Rein (nach Avé-Lallemant) zu dem jägersprachlichen reinen = „traben" (von Füchsen, Wölfen usw.), und bei Urm (rotwelsch 1687 gar: Urin) endlich handelt es sich wohl nur um einen Schreib- oder Druckfehler statt eines der beiden letzten Wörter oder auch statt Quien. Mit je fünf Bezeichnungen sind das Schwein und das Pferd vertreten. Für das erstere kommen vor: Cassert (auch rotwelsch 1753 und schon 1733 Kaser, vgl. bei Lux: Casserbossert = Schweinefleisch), angedeutscht aus dem aram. und hebr. chazîr (jüd. chaser) = „Eber, (Wild)schwein", das rein deutsche Greinert (desselben Stammes wie Grinn), ferner Reiling (schon im Liber Vagatorum: Rieling), das wohl zu dem mundartlich. (bayr.) rüheln = „grunzen" gehört (vgl. oben S. 77), sowie die beiden mit dem Namen Nickel (Abkürzung von Nikolaus) gebildeten Personifizierungen Strohnickel

---

[10]) Wohl kaum (mit Avé-Lallemant, IV, S. 584) von dem mundartl. Zeitwort plotzen (so z. B. in Schwaben [siehe Fischer, Wörterb., I, Sp. 1217]), plauzen (so z. B. in der Provinz Sachsen [siehe K. Bruns, Volkswörter der Provinz Sachsen, 2. Aufl., Halle 1916, S. 53]) u. ä. = „stoßen, schlagen, hauen"; eher vielleicht zu dem (ebenfalls besonders in der Provinz Sachsen bekannten) Hauptworte Plauze, das u. a. „Brust" bedeutet und vom poln. pluca (sprich: Plutza) = „Lunge" herstammen soll (Bruns, a. a. O.).

[11]) In Betracht könnte sonst auch noch kommen Bürzel (Burtzel, Portzl) oder Pertzel (Berzel), Pörtzel u. a. m. als Bezeichnung einer gewissen Krankheit, namentlich bei Pferden (Wurm zwischen Haut und Fleisch). Vgl. Näheres bei Grimm, D. Wörterb., II, Sp. 554 verbunden mit Schmeller, Bayr. Wörterb., I, Sp. 285, Nr. 2 und Fischer, Schwäb. Wörterb., I, Sp. 1549, Nr. 6.

und Grunickel (zu greinen und grunzen). Die Ausdrücke der Abdeckersprache für das Pferd sind: Zossen (rotwelsch 1753 und schon 1747 Sossen) nebst der Verkleinerungsform Sößchen (rotwelsch 1753: Sößgen, und schon 1726: Zußgen), als deren Stammwort das hebr. ßûß, Plur. ßûßîm erscheint, das schon oben besprochene Cavall, weiter Klebis (schon in Liber Vagatorum: Klebyß), das wohl nur als eine Verkürzung von „Kleebeißer" aufzufassen ist (argum.: Klebeiß im Rotwelsch 1617), und endlich Trappert (auch rotwelsch schon 1620) oder Troppert (vgl. Fetz- oder Rollert-Troppert = Pferd des Abdeckers), das natürlich von „Trab" bzw. „traben" oder „trappe(l)n" herkommt. Für die Kuh sind drei Fachnamen verzeichnet: das wie ein deutsches Wort klingende Buckel, das Avé-Lallemant mit dem griechischen βουκολικός, zu βοῦς = „Kuh" in Verbindung gebracht hat, aber eher wohl aus dem jüdischen bôkor, poln.-jüd. bukor (vom hebr. bâqâr = „Rindvieh") entstanden ist, die eigentümliche Übertragung Hornbock (bekannt auch schon im Liber Vagatorum) sowie dessen Entstellung Hornbogen, das in der noch weiteren Verunstaltung Haarbogen auch für den Ochsen angeführt ist — neben Hornickel oder Hornigel (statt Hornnickel, wie im Rotwelsch schon 1620). Der Esel hieß Chammer (auch rotwelsch 1753, aus dem hebr. chamôr) oder (wie auch sonst beim Volke) Langohr, während Langschwanz den Hammel bedeutete. Die beiden Ausdrücke Bissert und Kleebeißer für das Schaf sind bereits früher betrachtet worden. Für die Ziege oder den Bock ist endlich noch ein rätselhaftes Wort, Tschabitte, angegeben. Es findet sich (auch in den Nebenformen Tschawit, Schabite, Schawitt, Schowitt u. ä.) hier und da auch im Rotwelsch des 18. und 19. Jahrhunderts und hat bisher noch nicht befriedigend erklärt werden können[12]).

[12]) Auch Fischer, Schwäb. Wörterb., V, Sp. 639 unter „Schabite" gibt keinen Aufschluß über die Herkunft des Wortes. Das hebr. zâfir = „Bock", auf das mich Prof. Fischer — auf eine Anfrage hin — verwies, liegt wohl, wie er auch selber hinzufügte, „doch lautlich etwas zu weit ab". Derselbe Gelehrte meint, daß sich wegen der Form Tsch- vielleicht an ein älteres französisches tsch- aus lat. c, etwa aus caper, capra, denken ließe, jedoch sei auch das nur eine ganz vage Möglichkeit.

IV. Deutsche Gemeinsprache (mit Berücksichtigung der Geheim- und Berufssprachen).

1. Die sogenannten Berufsübertragungen[1]).

Der Stand oder Beruf erscheint uns heute an unseren Mitmenschen meist als das Wesentlichste, das eigentlich Charakteristische. Danach richten wir unser Benehmen gegen sie ein, weisen ihnen eine bestimmte Stellung in Staat und Gesellschaft an, ja schreiben ihnen wohl gar ohne weiteres besondere typische Eigenschaften zu. Aber nicht erst in der Gegenwart mit ihrer so ungeheueren Spezialisierung aller Berufsarten findet sich diese Erscheinung, sondern auch in der „guten, alten Zeit" ist das vielfach schon ganz ähnlich gewesen. Dafür spricht u. a. die bekannte Tatsache, daß ein recht beträchtlicher Teil unserer Familiennamen lediglich aus den ehemaligen Beschäftigungen ihrer Träger hervorgegangen ist. Solange nun das Gewerbe, das Amt usw. regelmäßig noch vom Vater auf den Sohn überging, war ja darin nichts allzu Auffälliges zu erblicken; heute dagegen, wo die einstige Regel zur seltenen Ausnahme geworden, müßten die meisten derartigen Namen eigentlich doch „deplaziert" wirken. Wenn diese Wirkung trotzdem häufig ausbleibt, so hat das seinen Grund einfach darin, daß uns eben in sehr vielen Fällen die Erinnerung an den Ursprung unserer Familiennamen bereits mehr oder weniger entschwunden ist. Wer denkt z. B. bei solchen Allerwelts-

---

[1]) Erschienen unter dem Titel „Vertauschte Berufe. Eine sprachliche Plauderei (mit Berücksichtigung der Gauner- und ‚Kunden'-Sprache)" in der „Kölnischen Zeitung" vom 14. Sept. 1913 (Nr. 1038). — Zur Literatur siehe u. a. namentlich Heinrich Klenz, Scheltenwörterbuch. Die Berufs-, besonders Handwerkerschelten und Verwandtes. Straßburg i/E. 1910; vgl. auch Albrecht Keller, Die Handwerker im Volkshumor, Leipzig 1912. Für die Soldatensprache insbesondere siehe noch außer dem älteren Werke von Paul Horn auch die sämtlichen neueren Schriften (seit K. Bergmann) über diesen Gegenstand; für die Studentensprache besonders: Kluge, Deutsche Studentensprache (Straßburg i./E. 1895) und dazu noch Fabricius und K. Konrad in der Zeitschr. für deutsche Wortforschung, Bd. III, S. 93ff. und Bd. XII, S. 271ff.; für die Schülersprache besonders: Rud. Eilenberger, Pennälersprache, Entwicklung, Wortschatz und Wörterbuch (Straßburg i./E. 1910) und dazu noch H. Wehrle in der Zeitschr. für deutsche Wortforschung, Bd. XIII, S. 78, 79; für die Gauner-, Kunden-, Krämersprache usw.: ausführlich Groß' Archiv, Bd. 54, S. 170ff. u. 310ff.

namen wie Meier (aus lat. major, eigentlich Verwalter eines Gutes), Huber (Inhaber einer Hufe, d. h. eines kleinen Ackerlandes), Krüger (eigentlich Schenkwirt, zu nordd. Krug = Schenke), Schulze (aus „Schultheiß", Vogt) oder Lehmann (= Lehnsmann, Vasall) heute noch an ihre eigentliche Bedeutung? In anderen Fällen ist uns indes die Vorstellung von dem ursprünglichen Beruf doch noch lebendig geblieben. Wenn da nun in einer Stadt — wie z. B. tatsächlich zurzeit in Gießen — ein Schmiedemeister Becker (= Bäcker), ein Bäckermeister Schmidt (= Schmied), ein Schneidermeister Schuster, ein Schuhmacher Schneider, ein Schlosser Pfaff, ein Pfarrer aber Schlosser heißt, so machen diese „Berufsvertauschungen" beinahe wirklich den Eindruck eines Mummenschanzes zur Faschingszeit

Aber nicht nur an solchen konkreten Fällen haben wir im Deutschen Reich Überfluß, unsere Sprache liebt es auch in abstracto, die verschiedenen Stände, Berufe, Gewerbe miteinander zu vergleichen und ihre herkömmlichen Bezeichnungen aufeinander zu übertragen. Selbst aus unserer Literatur lassen sich dafür mancherlei Beispiele erbringen, die Hauptmasse dieser „Berufsübertragungen" entstammt jedoch dem Volkshumor. Sehr reich daran sind erklärlicherweise die Sondersprachen einzelner Stände oder Berufe (wie namentlich der Soldaten) und die Geheimsprachen der Gauner und „Kunden", d. h. der vagabundierenden Handwerksburschen, die daher zum Schluß noch einer besonderen Betrachtung unterzogen werden sollen.

Im einzelnen kann man drei größere Gruppen unterscheiden, je nachdem die zueinander in Beziehung gesetzten Berufe usw. ungefähr derselben sozialen Schicht angehören, oder die Namen von höher geachteten Ständen usw. niedriger eingeschätzten beigelegt werden, oder endlich das umgekehrte Verhältnis vorliegt. Für diese letztere Kategorie, deren Fälle durchweg eines gewissen ironischen Beigeschmacks nicht entbehren, finden wir schon im 17. Jahrhundert ein lehrreiches Beispiel in der (u. a. bei Grimmelshausen in seinem „Simplizissimus" zweimal vorkommenden) Umschreibung der Studenten als „lateinische Handwerksgesellen", während sich im 18. Jahrhundert die Musensöhne auch wohl selber als Studiermachergesellen verspottet haben[2]). In Westfalen sowie (nach Imme, Soldatensprache, S. 43) allgemein beim Militär kennt man „papierener Taglöhner" für einen Schreiber, als Scherenarbeiter verspottet der Volkswitz einen Redakteur, der gern andere Blätter plündert, und der Küster wird in Norddeutschland wohl

---

[2]) Siehe dazu Fabricius in der Zeitschr. für deutsche Wortforschung III, S. 101 und Konrad, ebendas. Bd. XII, S. 291.

zum Gotteswort handlanger, ein Hilfslehrer (z. B. in Lübeck) zum „Scholgesellen" degradiert. Auch der ehrbare Meistertitel kann einen verächtlichen Beigeschmack annehmen, wenn er in gewissen Verbindungen für höhere Berufe auftritt, wie z. B. bei Säckelmeister für einen Finanzminister (im Zeitungsdeutsch) oder Schlachtmeister für einen Arzt (bei den Soldaten; vgl. dazu auch das Synonym Metzger [Imme, a. a. O., S. 130]), und ebenso ist es mit dem — an und für sich ja auch nichts Tadelnswertes enthaltenden — Ausdruck „Fabrikant" in Benennungen wie etwa Artikelfabrikant für einen Journalisten oder Bücherfabrikant für einen Schriftsteller. Wenn ein solcher einfach als Schreiber bezeichnet wird, so liegt darin ebenfalls etwas Despektierliches, desgleichen natürlich, wenn Dichter etwa mit Namen wie Reimschmied (oder gar Blechschmied) oder Versedrechsler belegt werden. Dem Drechsler begegnen wir ferner in dem Pillendrechsler (neben -dreher) als volkstümlicher Verspottung des Apothekers, der auch wohl „lateinischer Koch" genannt wird (entsprechend den zu Anfang erwähnten „lateinischen Handwerksgesellen").

Merkwürdig ist es, wie im Laufe der Zeit unsere alte Gewerbsbezeichnung Schuster (eigentlich ja ein halblateinisches und pleonastisches Lehnwort, aus scuochsutar [13. Jahrh.], zu lat. sutor = Schuhmacher) „herabgekommen" ist. So gilt sie jetzt in Handelskreisen wohl für geeignet, einen unbedeutenden Kaufmann (besonders auch einen kleinen Sortimentsbuchhändler) zu charakterisieren, und bei den „Pennälern", die Lehrer (oder gar dem Direktor) damit zu verspotten, während die Kadetten diesen Namen auf ihre Zivillehrer beschränken. Bei den Marinesoldaten hieß schon zu P. Horns Zeit der Wundarzt — wenig schmeichelhaft — Knochenschuster, wozu neuerdings (beim Militär überhaupt) noch der Maulschuster, das ist der Zahnarzt, hinzugekommen ist[3]). Dieser so segensreich wirkende Heilkundige hat es sich ferner gefallen lassen müssen, von seinen feldgrauen Patienten als Gebißklempner, Zahnschlosser, Schnauzenmaurer, Schnauzenmonteur oder Schnutenschmied[4]) tituliert zu werden[5]). Die gewöhnlichen „Sanitäts-

[3]) Siehe hierzu sowie auch zu den folgenden Ausdrücken besonders Hochstetter, Der feldgraue Buchmann, S. 60 und Imme, a. a. O., S. 131.

[4]) „Dementsprechend heißt die Zahnklinik Schnutenschmiede oder Schnutenklempnerei" (Imme, S. 131).

[5]) Vgl. auch noch das Syn. Steinbrecher (in Sachsen nach Maußer, Deutsche Soldatensprache, S. 58). Auch der Ausdruck Zahnathlet (Imme, a. a. O.) klingt — obwohl ja eigentlich nicht mehr dem Gebiet des Handwerker- und Arbeiterstandes angehörend — doch nicht gerade allzu anerkennend.

soldaten" nehmen ja allerdings keine allzu hohe Sprosse auf der militärischen Rangleiter ein, immerhin müssen aber auch sie sich gedemütigt fühlen, wenn die anderen Kameraden sie als Fleischer, Totengräber oder gar Henkersknechte bezeichnen[6]). Unsere Schüler haben begreiflicherweise den Lehrerstand in den verschiedensten Vergleichen mit niederen Berufsarten aufs Korn genommen, so daß dem bereits erwähnten Schuster noch Koseworte zur Seite stehen, wie Schiffer (in Worms und auch schwäbisch) und Waschfrau (in Sachsen) oder — spezieller noch — für einen inspizierenden Lehrer Nachtwächter (ebenfalls sächsisch), für einen Hilfslehrer Hilfsbremser, für einen Probekandidaten Lehrbub (in Baden) und für den Turnlehrer endlich Knochenmüller (als Ableitung von der Knochenmühle = Turnhalle)[7]). Wenn in Pommern auch die Erwachsenen den Lehrer in volkstümlicher Redeweise Blaugerber nennen, so bezieht sich das natürlich auf das „Durchbläuen" ihrer Sprößlinge. Während wir die Bezeichnung eines Geistlichen als Seelenhirten eher als poetisch denn als herabwürdigend empfinden (wobei sich der Lateinkundige zugleich daran erinnert, daß ja Pastor eigentlich auch nichts anderes als „Hirt" bedeutet), hat der Ausdruck Bibelhusaren, der in der älteren Studentensprache die Theologie Studierenden umfaßte, später auch wohl (z. B. in Frankfurt a. M. im 19. Jahrhundert) für recht bibelkundige Personen überhaupt verwendet wurde und in Leipzig noch jetzt und für besonders eifrige Prediger gebräuchlich ist, entschieden etwas Groteskes an sich, ähnlich wie der Theaterfeldwebel, zu dem die Schauspieler in ihrem Jargon einen „Intendanzrat" degradiert haben. Solche Vergleiche mit Truppengattungen oder militärischen „Chargen" finden sich natürlich am häufigsten bei den Soldaten selber. So treffen wir bei ihnen z. B. — als hierher gehörige Bezeichnungen nach Truppengattungen — nicht nur ebenfalls die Bibelhusaren wieder an, und zwar für die Feldgeistlichen (schlechthin, besonders in Westfalen)[8]), sondern weiter auch Leib-

[6]) Siehe Imme, S. 132. In der Schweiz kennt man als Synonym Knochenschlosser, -monteur oder -mechaniker (wozu das auch in Deutschland gebräuchliche Knochenbrecher zu vergleichen), ferner noch: Hebamme, Heftpflasterreisender u. a. m. Siehe Bächtold, Aus Leben und Sprache des Schweizer Soldaten, S. 58.

[7]) In Berlin heißt so auch allgemein die Turnlehrerbildungsanstalt (siehe H. Meyer, Richt. Berliner, S. 73); in demselben Sinne gebrauchten den Ausdruck früher die Soldaten (siehe Horn, S. 59), jetzt soll er (nach Imme, S. 132) speziell „den Übungssaal für die sog. medico-mechanischen Übungen" bedeuten. Über die Gauner- und Kundensprache siehe schon oben Abschn. I, 5, S. 106.

[8]) Siehe Maußer, a. a. O., S. 16. Vgl. als ähnliches Synonym dafür bei den Schweizer Soldaten Himmelsdraguner oder Himmelgendarm (Bäch-

schüssel- oder Bettpfaunenhusaren für ärztliche Beamte bzw. Feldsanitätssoldaten u. dgl. [9]), und speziell für die berittenen Sanitätsunteroffiziere noch Karboldragoner oder Pillenulanen [10]). Auch unser allgemein gebräuchlicher Scherzname Küchendragoner für eine (derbe) Köchin [11]) kann vielleicht gleich in diesem Zusammenhang erwähnt werden, denn er klingt im ganzen doch ziemlich wenig schmeichelhaft und stammt zugleich ebenfalls aus der Soldatensprache her, wo er freilich zunächst ohne spöttischen Anklang gebraucht worden ist. Im 17. Jahrhundert führten nämlich bestimmte Dragonerregimenter, die den Dienst beim Hofstaat versahen, den amtlichen Titel „Hofstaats- oder Küchendragoner", der dann im Laufe der Zeit auch auf das weibliche Küchenpersonal übergegangen ist [12]). Unmittelbar an die „Gulaschkanone" (vgl. oben S. 142, Anm. 24) bzw. die gleichbedeutende „Hungerabwehrkanone" knüpfen die Bildungen Gulaschkanonier oder Hungerabwehrkanonier für den Feldkoch an. Daß die Bezeichnung der Dragoner als reitende Infanteristen eine starke Mißachtung ihrer kavalleristischen Erscheinung enthält, liegt auf der Hand [13]). Auch wurden einzelne

told, a. a. O., S. 58) und bei der Marine wohl Himmelslotse oder Signalmaat (Imme, S. 46). — Weitere verächtlich-humoristische — wenn auch nicht militärische — Ausdrücke der Soldatensprache für die Feldgeistlichen sind auch noch: Paradieskutscher (z. B. bei den Pommern und auch in der Schweiz [neben Paradiesfuhrmann]; vgl. Maußer, S. 17 und Bächtold, S. 58) und Seelenmasseur (Imme, S. 46).

[9]) Ersterer Ausdruck schon bei Horn, S. 126 (als bayrisch) angeführt, aber wohl auch noch jetzt gebräuchlich (vgl. Maußer, S. 114, Anm. 1), letzterer (als modern in Westdeutschland) bei Maußer, S. 57; in der Schweiz dafür u. a. auch das derbe Klistierspritzenkanonier (Bächtold, S. 58).

[10]) Siehe Bergmann, Wie der Feldgraue spricht, S. 21 vbd. mit Hochstetter, S. 59 und Imme, S. 131. — Karbol-Kürassiere soll ein Spottname für die „ungedienten" freiwilligen Krankenpfleger sein (wegen ihrer weißen Mützen, die sie zu Anfang des Kriegs trugen (siehe Imme, S. 132) und Zivilkürassiere für „Herren von der Zivilverwaltung" (wegen des Stichdegens, nach Hochstetter, S. 27). Vgl. auch noch Luftgendarm für einen Flieger (Hochstetter, S. 14).

[11]) Vgl. in Leipzig Kasterolhusare (zu Kasserole, franz. casserole, castrole = „Bratpfanne"), ebenfalls = Köchin (schlechthin); siehe Klenz, Scheltenwörterbuch, S. 78.

[12]) Siehe dazu Klenz, Scheltenwörterb., S. 78. — Auch beim Schweizer Militär ist Kuchidraguner für die Küchenmannschaft (und Läberlidraguner für die Verpflegungsmannschaft) üblich (Bächtold, S. 58). — Die Übertragung eines militärischen (sonst nur für Männer gebrauchten) Begriffs auf weibliche Personen (wie bei Küchendragoner) liegt auch vor bei Schleichpatrouille für die (mit leisen Schritten durch die Krankensäle gehenden) Krankenschwestern (s. z. B. Bergmann, S. 21).

[13]) Siehe dazu besonders Imme, S. 30 mit Hinweis auf Grimmelshausens

Truppenarten noch dadurch von anderen verhöhnt, daß man sie mit im ganzen wenig angesehenen *bürgerlichen Berufen* in Vergleich setzte. Vor allem gilt dies von den Trainsoldaten, die man von jeher nicht recht für „voll" anzusehen beliebt hat, ein Vorurteil, das auch der Weltkrieg — obwohl sich in ihm die große Wichtigkeit des Trains deutlich genug erwiesen — noch immer nicht ganz beseitigt hat. Denn zu den schon älteren Spottnamen, wie *Trainbauer* oder *Zwiebackkutscher* sind seitdem noch weitere ähnliche, wie *Zwiebel-* oder gar *Mistkutscher* hinzugekommen[14]). In die gleiche Gruppe fallen im wesentlichen aber auch *Knalldroschkenkutscher* für die Feldartilleristen (zu *Knalldroschke* = Kanone), *berittene Schutzleute* für die Dragoner (nach der Farbe der Uniform), *reitende Laternenanzünder* für die Ulanen mit ihren Lanzen (bayr.), *Totengräber* für die Pioniere usw.[15]). Die Bezeichnung *Klempner* verdankten die Kürassiere lediglich ihrem Panzer (s. *Horn*, S. 30, *Imme*, S. 29), während den Infanteristen ihre Achselklappen wohl den Namen *Ziegeldecker* eingetragen haben[16]).

„Simplizissimus", in dem es schon heißt: „Wenn ein Dragoner vom Pferde fällt, so steht ein Musketierer (= Infanterist) wieder auf".

[14]) Siehe über die beiden älteren Ausdrücke schon *Horn*, S. 17 und 33, über die neueren: *Hochstetter*, S. 26, *Imme*, S. 38 und *Maußer*, S. 13; bei *Imme*, a. a. O. ferner noch *Speckfahrer* und (mehr anerkennend) „*unseres Kaisers stolzeste Fuhrleute*".

[15]) Siehe besonders schon *Horn*, S. 30—32 vbd. mit *Imme*, S. 29, 30, 32, 33. — In der Schweiz kommt *Totengräber* als Spottname (bei den Infanteristen) für die Schützen wegen ihrer schwarzen Kragen vor (siehe *Bächtold*, S. 58). — Zu vgl. sind ferner etwa noch: *Mistbauern* bei der bayrischen Infanterie als „Schelte" für die „mit der Feldbestellung betrauten Chevauxlegers" (*Maußer*, S. 13), *Mistakrobaten* oder *Fleischhacker* für die Kavalleristen schlechthin (*Imme*, S. 28) und *reitende Milliweiber* (d. h. Milchweiber) für berittene Infanterieoffiziere (in Bayern; siehe *Horn*, S. 57). — *Packträger* für Feldartillersten (in Bayern) soll sich (nach *Horn*, S. 31 und Anm. 2) daraus erklären, daß, wenn ihr „Säbel abgeknüpft und am Sattel befestigt ist, das Kuppel an die Ausrüstung eines Münchner Dienstmanns" erinnert. Nach *Hochstetter*, S. 65 sollen (mit Rücksicht auf ihre Mützen) die Torpedomatrosen als *Briefträger* bezeichnet worden sein, während nach *Imme*, S. 49 „die Leute des Garde-Grenadier-Regiments Nr. 5 (Spandau)" diesen Beinamen „wegen der schmalen altpreußischen Gardelitzen an ihrem Kragen" führten.

[16]) So nach *Bischoff*, Wörterb., S. 115; vgl. auch *Hochstetter*, S. 26. — Eine ganze Reihe ähnlicher Namen bezieht sich auf die *Farbe* der Achselklappen bzw. der Aufschläge und Biesen bei einzelnen Regimentern. Für die Einzelheiten vgl. besonders *Imme*, S. 30 und 49 (über die Ausdrücke *Backsteinbrenner*, *Schneeschipper* und *Polizeisoldaten*). Ebenso haben die *Nummern* der Regimenter wohl zu Berufsübertragungen Veranlassung gegeben, so z. B. bei den Leuten des 99. Inf.-Regiments (Zaben), die *Apotheker*

Von den militärischen Rangstufen kommt für diese Gruppe — neben dem Kadetten (der uns z. B. im Fahrkadett für den Fahrkanonier [früher österreichisch, Horn, S. 31], Ölkadett für einen „Ingenieur-Applikanten" und Finanzkadett für den „Zahlmeister-Applikanten" [beides bei der Marine, nach Hochstetter, S. 63] entgegentritt) — ganz besonders[17]) der Fähnrich in Betracht, der sich in den verschiedensten Verbindungen größter Beliebtheit erfreut. Während nun der Kasernenwärter und der „Kantinier" bei der Marine sich noch geschmeichelt fühlen können, wenn sie als Latrinenfähnrich und Lakritzenfähnrich ihres Amtes walten (vgl. Imme, S. 91 und Hochstetter, S. 66), dürfte es schon anders sein bei dem Haber(n)fähnrich, d. h. dem „Beamtenstellvertreter beim Proviantamt" (Maußer, S. 15), mehr noch bei dem Generalstabsfähnrich, d. h. dem (Militär-) Apotheker[18]), dem Lazarett- oder Karbolfähnrich, d. h. dem Unterarzt (siehe schon Horn, S. 126 und Neuere), dem Plombenfähnrich, d. h. dem Zahnarzt (Imme, S. 131) und vollends bei den Wannseefähnrichen, d. h. den Leutnants des freiwilligen Motorbootkorps, dem Mettwurstfähnrich, d. h. dem Verpflegungsoffizier, und dem Himmels- oder Hallelujafähnrich, d. h. dem Feldgeistlichen (s. Horn, S. 58 vbd. mit Imme, S. 46)[19]). Endlich sind (ganz so wie verschiedene Truppengattungen) auch einzelne Grade der militärischen Stufen-

hießen, weil diese, wie man sagt, „von ihren Waren 99 Prozent nähmen" (Imme, S. 50). Über Bezeichnungen der (eigenen oder feindlichen) Maschinengewehrmannschaften (aber auch wohl der Maschinengewehre selbst, wegen des Geräusches) nach einzelnen Berufsarten, wie Steinklopfer, Holzhacker, Dachdecker, Schuster usw. siehe besonders Imme, S. 27, 28 vbd. mit Maußer, S. 18 und Anm. 79 (S. 86), S. 24 und 38.

[17]) Auch der Gefreitentitel erscheint in solcher Weise verwendet in der Herabsetzung des Feldwebelleutnants zum Leutnantsgefreiten, weil er an seiner Offiziersuniform einen Knopf am Kragen trägt (siehe Hochstetter, S. 28, und Imme, S. 22).

[18]) Siehe schon Horn, S. 126, bei dem aber eine Erklärung des Ausdrucks fehlt. Nach Imme, S. 131 nimmt er Bezug auf die Farbe der Aufschläge an der Uniform, die dem Karmesinrot der Generalstabsoffiziere ähnelt.

[19]) Auch das Synonym Himmelsleutnant (Imme, S. 43) darf wohl noch hierher gerechnet werden, und ebenso enthalten die Bezeichnungen Bandwurmleutnant für einen „ungedienten" Zivilarzt in der Uniform der Stabsärzte (die aber — bis vor kurzem — keine Achselklappen, sondern statt dessen die Äskulapstäbe [worauf der „Bandwurm" hindeutet] am Kragen hatten [siehe Imme, S. 130/31]) und Briefmarkenleutnant für einen Postsekretär (ebendas. S. 46) doch wohl eher eine Rangerniedrigung als -erhöhung. Über andere Verbindungen mit „Leutnant" siehe noch unten bei den Rangerhöhungen; ebendas. Zusammensetzungen mit „Major", deren Beurteilung zweifelhaft sein könnte.

leiter nach niederen Ständen, Gewerben oder Berufen der „Zivilisten" benannt worden. Zuweilen liegt dabei allerdings auch nur ein Wortspiel zugrunde, so z. B. bei Stellmacher für den Offizierstellvertreter (sächs., nach Maußer, S. 15), vielleicht auch noch bei dem satirischen Portierjunge für dieselbe Charge (nordd.), das aus „Portepeejunge" entstanden sein könnte (so Maußer, S. 15 u. Anm. 65 [S. 85])[20]), wogegen Liftboy oder Portier, das bei den Schweizer Soldaten für den Leutnant vorkommt, sich aus Abzeichen an der Uniform erklären soll (s. Bächtold, S. 59; vgl. ebendas. auch noch: Piccolo oder Garçon für den Adjutanten). Die Bezeichnung Kreuzbauer für den Feldwebel (bayr.) ist (wie das Synonym Kreuzober)[21]) von den höchsten Trümpfen im Kartenspiel hergenommen (siehe schon Horn, S. 55 vbd. mit Imme, S. 21 u. Anm. ** und Maußer, S. 15); Nachtwächter heißt der „Unteroffizier vom Dienst" wohl deshalb, weil er die Leute wecken muß (Hochstetter, S. 28). Zum Vorarbeiter erscheint in der Schweiz nicht nur der Gefreite, sondern sogar auch der Major umgewandelt, während der Korporal dort als Hundedresseur verspottet wird (Bächtold, S. 59), und wenig Anerkennung für ihre Dienstleistungen enthalten auch die bei uns vorkommenden Namen Ober- und Unterschreiber für den Regiments- bzw. Bataillonsadjutanten (Imme, S. 57). Warum der General (bei den Bayern) zum Metzger herabgewürdigt worden, hat Maußer (der [S. 16] diesen Sprachgebrauch anführt) nicht erwähnt, doch liegt ihm wohl die Verwandtschaft zwischen „der Schlacht" und „dem Schlachten" zugrunde (vgl. Seeschlachter = Teilnehmer an einer Seeschlacht nach Hochstetter, S. 66).

Auch unsere schöne Literatur (der letzten Jahrhunderte)[22]) hat endlich noch mancherlei ähnliche Sarkasmen aufzuweisen[23]). Schon Gellert hat z. B. die Rechtsanwälte Prozeßkrämer genannt; „Nachrichter der gelehrten Welt" und „literarischer Büttel" für einen Kritiker sowie Reimklemperer für einen Dichter stammen gleichfalls noch aus Werken des 18. Jahrhunderts, während Bibel-

[20]) Auch Komödiant aus „Kommandant" für einen Bahnhofs- oder Etappenkommandanten (bayr. nach Maußer, S. 16) gehört wohl zu solchen Wortspielen.

[21]) Dieses soll nach Maußer, S. 16 bei den Bayern auch für den Vorgesetzten überhaupt gebräuchlich sein.

[22]) Über Grimmelhausens „Simplizissimus" (17. Jahrh.) siehe schon oben S. 158.

[23]) Siehe das Nähere über die im folgenden genannten Fälle bei Klenz, Scheltenwörterbuch, unter den einzelnen Berufsnamen.

krämer oder Kanzelhusar für Pastor, Staatslakai für Beamter und „lateinische Kindermuhme" (d. h. Dienstmädchen) für den Hauslehrer dem 19. Jahrhundert, Lakritzenfähnrich für den Arzt, Paragraphenlehrling für einen angehenden Rechtsgelehrten (Romantitel bei Walter Bloem) und „musikalischer Teppichweber" für einen schlechten Liederkomponisten (bei H. R. Bartsch) erst den letzten Jahrzehnten angehören.

Fast noch beliebter als die Standes- und Berufserniedrigungen erscheinen in unserer Muttersprache die Standeserhöhungen, was sich zu einem Teil aus dem Bestreben erklären läßt, gewisse verachtete oder gar „anrüchige" Gewerbe euphemistisch zu verhüllen, zum größten Teil aber lediglich aus dem genugsam bekannten Wohlgefallen des Deutschen an allerlei „fein" und „vornehm" klingenden Titulaturen sowie an der Verspottung dieser Nationalschwäche durch die eigenen Berufsgenossen. Für die erstere Gruppe ist als ein typisches Beispiel der bekannte Ausdruck Kammerjäger für einen gewerbsmäßigen Vertilger von Ratten, Mäusen, Ungeziefer usw.[24]) zu nennen, denn man kann dabei auch an „fürstliche Leibjäger" denken, die früher in der Tat ebenfalls so hießen. Hierhin gehört es weiter, wenn die Studenten des 18. Jahrhunderts die leichten Dirnen verschleiernd als „barmherzige Schwestern", ja etwas später wohl gar als Privatdozentinnen bezeichneten (die „privatissime Lektionen erteilten"), ferner, wenn früher in Berlin die Rinnsteinfeger Magistratsmaler genannt wurden, wenn wir den Lumpensammler durch Beförderung zum Goldgräber oder gar zum Naturforscher „salonfähig" machen oder vollends den Senkgrubenräumer zum „Nachtkönig" (in Wien, in Leipzig derber Schundkönig) erhöhen.

Daß die Titulaturen unserer heutigen Gewerbetreibenden sich in gewissem Umfange durch den Übergang von der ausschließlichen Handarbeit zur Anwendung von Maschinen entschuldigen lassen, kann man zugeben, und es mag daher auch noch hingehen, wenn der alte Bäckermeister sich jetzt zur „Brotfabrik mit elektrischem Betrieb" verwandelt hat, aber wenn nun auch „bald jeder Schneider internationaler Bekleidungsakademiedirektor heißen" will und „der biedere Schuster ... ein hygienisches Fußbekleidungsinstitut" betreibt, so muß das schlechterdings den Spott herausfordern (vgl. Albr. Keller, Die Handwerker im Volkshumor, S. 70). Der Volkswitz ist denn auch auf diesem Gebiete schon längst recht tätig gewesen. Er hat z. B.

---

[24]) Er ist auch soldatische Bezeichnung für den Kammerunteroffizier (siehe Horn, S. 54; Imme, S. 19).

den Bäcker zum Semmelarchitekten befördert[25]) und tituliert den Barbier, den schon die Studenten des 18. Jahrhunderts als Bartphilosophen verhöhnt haben, und der sich auch heute noch nur zu gern „Herr Doktor" anreden läßt, als Dr. Kratzbart, Kotelettenkünstler (Berlin), Verschönerungskommissar oder gar Verschönerungsrat. Während nach dem Volksmund in Mecklenburg der Maurerhandlanger zum „Murerhandlungsdeiner" geworden, haben unsere Studenten den Ladendiener des Manufakturwarengeschäfts zum Ellenleutnant oder gar Ellenmajor (auch Scherenmajor) avancieren lassen. Auch für den Tischler kommt wohl Hobelmajor oder Hobeloffizier vor, für den Schuster (z. B. in der Pfalz) Pechoffizier (vgl. in Frankfurt a. M. Pechkav[v]elier), für ein Dienstmädchen gar Haarbesengeneral, und das vielverspottete Schneiderlein ist uns schon lange als Ritter von der Elle oder der Nadel bekannt, es heißt auch wohl Tischkönig (weil es oft bei seiner Arbeit auf dem Tische thront) oder gar Modenkönig, wenn vornehme Damen zu seiner Kundschaft gehören.

Zu diesen Beispielen lassen sich dann noch zahlreiche Seitenstücke anführen. So finden wir die Erhebung des Gewerbes zur Kunst auch in dem wortspielartigen Schwarzkünstler für den Schornsteinfeger, den Buchdrucker und (bei der Marine) für den Schiffsheizer sowie in dem soldatischen Fellkünstler für den Trommler (vgl. auch noch das ebenfalls soldatische Klavierspieler für Kraftfahrer oder Radfahrer [Imme, S. 34]). Den Doktortitel haben die Seeleute ihrem Koch verliehen, und außerdem begegnet er uns noch in dem holsteinischen Uhrendokter (= Uhrmacher) und in dem Spottnamen Wasserdoktor für einen Brauer, der zu dünnes Bier herstellt[26]). Die Ratswürde hat man nicht nur manchen niederen Beamten oder Personen in beamtenähnlicher Stellung beigelegt (wie z. B. Postrat für niedere Postbeamte, Schulrat für Schul-

[25]) Bei den Soldaten dafür: Semmeltechniker (= Feldbäcker [siehe Hochstetter, S. 31; Imme, S. 44]); vgl. die ähnliche Bezeichnung Himmelfahrtstechniker für die Sanitätssoldaten in der Schweiz (Bächtold, S. 58). Der „Ingenieur" ist niedergelegt im Tiefbauingenieur (preuß.) für den sog. Armierungssoldaten („Schipper") und Latrineningenieur (in der Schweiz) für den Sanitätssoldaten (siehe Maußer, S. 13 und Bächtold, S. 58), der „Geometer" in dem Aftergeometer für den Sanitätsunteroffizier (nach Bergmann, S. 21).

[26]) Allgemeine Vergleiche mit dem ärztlichen Beruf liegen auch vor in dem früher in unserer Gemeinsprache (sogar als amtliche Bezeichnung) gebräuchlich gewesenen Mühlarzt für einen Mechaniker, der den Müllern ihre Mühleinrichtungen instand setzte (vgl. dazu auch Klenz, a. a. O., S. 97) sowie in dem soldatischen Witzwort Stabsarzt für Kanonenfieber für den Feldgendarm (siehe Imme, S. 31).

diener, beim Militär: Zahlrat = Zahlmeister, Entfernungsrat = Entfernungsmesser [Horn, S. 57 und Hochstetter, S. 26], ja sogar Obermedizinalrat = „Oberlazarettgehilfe" [s. Horn, S. 126]), sondern auch Handwerkern oder Angehörigen sonstiger niederer Berufe, wie Bekleidungsrat = Schneider, Fußbekleidungsrat oder Knierieminalrat (zu Knieriem mit Anklang an „Kriminalrat") = Schuhmacher, Kachelrat = Töpfer, Kaminrat = Schornsteinfeger, Kohlenrat = Heizer (bei den Breslauer höheren Schülern), Gastrat = Gastwirt, Versenkungsrat = Totengräber, Vergnügungsrat = Bordellwirt (vgl. beim Militär noch: der Herr Geheimrat = Masseur, nach Hochstetter, S. 59)[27]). Der Nachtrat oder geheime Nachtrat für den Nachtwächter ist ursprünglich studentisch gewesen, wie denn unsere Musensöhne früher auch die ihnen noch näher liegenden Begriffe „Student" und „Professor" gern auf Nichtakademiker übertragen haben, so bei Schaumstudent = Barbier(lehrling), Ladenstudent = Handlungsgehilfe, Ackerstudent = Landmann, Kuchenprofessor = Zuckerbäcker, Wein-, Bier-, Fecht-, Abc-Professor usw.

Den Soldaten liegt es natürlich am nächsten, ihre geläufigsten militärischen Titulaturen in scherzhafter Weise zu scheinbaren Rangerhöhungen zu verwenden, aber auch die Benennungen der Truppengattungen können diesen Charakter wohl annehmen, wenn solche für „feinere" Truppen gebräuchliche (in Verbindung mit irgendeinem, den Spott oft deutlich verratenden Zusatz) auf weniger geachtete übertragen werden. Dies gilt namentlich wieder von den Trainsoldaten, die u. a. erscheinen als Veilchendragoner (nach ihrer blauen Uniform), Deichseldragoner, auch Garde der Deichsel oder (in Österreich) Peitscherlhusaren[28]), während für „eine

---

[27]) Auch noch andere Titel höherer Zivilbeamten sind von den Soldaten auf niedere militärische Chargen übertragen worden, so z. B. der „Inspektor" in Lumpeninspektor für den Kammerunteroffizier (Horn, S. 54; Imme, S. 19) und (früher in Bayern) Scheiblingsinspektor für den „Fourierunteroffizier" (zu bayr. Scheibling = Brot; siehe Horn, S. 33 und 90), der „Minister" in Prämiierungsminister für den Schießunteroffizier (weil er Vorschläge für Schießpreise macht) und Minister des Inneren für den „Fourierunteroffizier" (Hochstetter, S. 28). — Anders liegt natürlich das Verhältnis bei Vergleichen von Titeln der Offiziere mit denen von Zivilbeamten; doch erscheint z. B. in dem schweizerischen Präsident für den Hauptmann (Bächtold, S. 59) der Ziviltitel zweifelsohne als Standeserhöhung, und allenfalls gilt dies auch noch von dem (reichsdeutschen) Gulaschdirektor für einen Verpflegungsoffizier (Imme, S. 40), wogegen in der Benennung eines „Divisionärs" (in der Schweiz) als Bahnhofsvorstand (wegen des Lorbeerkranzes an seiner Mütze [Bächtold, a. a. O.]) natürlich eine Rangerniedrigung liegt.

[28]) Siehe schon Horn, S. 83 vbd. mit Hochstetter, S. 25 (der übrigens

Fuhrparkkolonne mit Erntewagen" neuerdings das Witzwort Bauernartillerie geprägt worden (Imme, S. 44)[29]). Auch die Ausdrücke Leuchthusaren für die Scheinwerfertruppe und Benzinhusaren oder -ulanen für die Kraftfahrer, die ebenfalls erst in der Kriegszeit neu aufgekommen, dürfen wohl in diese Gruppe eingereiht werden.

Ganz ähnlich ist dann das Verhältnis bei dem Gebrauche eigentlicher höherer Rangstufen für niedere. Schon bei dem Gefreiten beginnt der Spott dieser Art, indem man ihn nicht nur mit der allgemeinen Definition des „höheren Würdenträgers" (wohl noch mit dem Zusatz „mit beschränkter Haftung") beglückt, sondern auch noch spezieller als Unteroffiziersaspirant, Sechser- oder Fünfpfennigsergeant (mit Bezug auf seine um 5 Pfennig erhöhte Löhnung) und (in der Schweiz bei der Artillerie) als Herrgottswachtmeister bezeichnet hat[30]). Der Feldwebel soll bei bayrischen Offizieren (nach Maußer, S. 15) Feldmarschallleutnant heißen; der Majorsrang begegnet uns u. a. in dem Häckselmajor für einen Gefreiten, der bei den berittenen Truppen den Futtermeister vertritt, sowie in dem Mottenmajor für den Kammerunteroffizier (s. Horn, S. 50, 51 vbd. mit Imme, S. 19, 32)[31]), und die zur Förderung der Ernte bestimmten Wirtschaftsoffiziere sind schlechthin (also ohne Rücksicht auf ihren tatsächlichen Rang) die Rübengenerale (Imme, S. 44), ja in der Schweiz nennt man sogar den Korporal beim Train (weil seine Untergebenen meist Landleute sind) den Burengeneral (Bächtold, S. 59)[32]). In gleicher Weise sind aber auch militärische Titulaturen auf Personen,

---

Veilchenhusaren anführt) und Imme, S. 38 (hier neu: Garde der Deichsel). Die ebenfalls gleichbedeutenden Ausdrücke Neustädter Husaren (in Dresden) und Lechelhusaren (früher in Bayern) beziehen sich auf die Lage der Kasernen (in Dresden-Neustadt bzw. im Münchner Stadtviertel Lechel); siehe Horn, a. a. O.

[29]) Ein „nicht übler Sprachwitz" (mit Anklang an die Artilleristen) ist auch Schubkartilleristen für die Armierungssoldaten (nach Imme, S. 39). Der derbe Ausdruck Dünnschiß- oder Choleraartillerie für die Maschinengewehrtruppe ist „von dem fortgesetzten Geknatter hergenommen" (ebendas. S. 27).

[30]) Siehe Hochstetter, S. 30, 68, Bischoff, Wörterb., S. 107, 113 und Bächtold, S. 59. Eine sehr starke Übertreibung dieser Art ist auch Admiralsanwärter für einen Seekadetten (nach Hochstetter, S. 67).

[31]) Auch Mettwurstmajor, das wohl — neben Mettwurstfähnrich (s. oben S. 163) — für den Verpflegungsoffizier vorkommt (Imme, S. 43), gehört dann in diese Kategorie, wenn der betreffende Offizier noch nicht den Majorsrang führt. Merkwürdig ist ferner bei den Schweizer Soldaten die Umschreibung des Leutnants durch Schmalspurmajor, des Hauptmanns durch Schmalspuroberst (Bächtold, S. 59).

[32]) Vgl. dazu auch noch Süßwasser-Admirale für die „Motorbootleutnants des freiwilligen Motorbootkorps" (nach Hochstetter, S. 27).

die nicht eigentlich militärische Funktionen im engeren Sinne ausüben (Beamte, Ärzte usw.), übertragen worden. Hierher können von den (schon oben S. 163, Anm. 19 berührten) Zusammensetzungen mit der Leutnantswürde wohl Haferleutnant für den Proviantamtssekretär und Wauwauleutnant für einen Sanitätshundeführer (Imme, S. 43 und 131) gerechnet werden, und in dieselbe Gruppe gehören zweifelsohne: Wanzenkapitän für den Arrestverwalter oder Gefängnisaufseher (siehe schon Horn, S. 122 und Imme, S. 89) und das im Kriege neu aufgekommene Papiergeneral für den Kriegsberichterstatter[33]), wogegen das früher übliche Graupenmajor für den höchsten Proviantbeamten in der Division (s. Horn, S. 33) und das moderne Karbolmajor für den Oberstabsarzt (Imme, S. 133) doch wohl kaum noch eine Rangerhöhung enthalten dürften.

In das Gebiet der Adelsprädikate fällt es, wenn die Sanitätssoldaten in der Schweiz zu Jodbaronen erhöht worden sind (Bächtold, S. 58)[34]), ähnlich wie die gemeinen Soldaten in Österreich früher Kommißbrotritter hießen (Horn, S. 25; vgl. die Liebesgabenritter im Kriege von 1870/71 [Horn, S. 29], auch noch bei Bischoff, Wörterb., S. 110 für „uniformierte Zivilbeamte" [im Kriege] angeführt). Derartige Zusammensetzungen mit „Ritter" sind übrigens auch außerhalb der Soldatensprache beliebt oder es doch einst gewesen, es sei hier nur erinnert an das frühere studentische Stangenritter für einen Häscher (zu Stange = „Spieß"; vgl. Konrad in d. Zeitschr. f. deutsche Wortforschung XII, S. 290), an den Sirups- oder Rosinenritter für den Ladendiener eines Materialwarengeschäfts, an das wienerische Hangerlritter für den Kellner (zu Hangerl = Serviette) und an Blechritter für den Schutzmann (bei Leipziger Gymnasiasten). Die stärkste Übertreibung enthalten jedenfalls die Verbindungen mit der Königswürde als Berufsbezeichnungen, wie — bei den Soldaten — der Mottenkönig (= „Mottenmajor" [s. oben S. 168] oder Rattenkönig (= „Wanzenkapitän" [s. oben S. 169]) und der Kleisterkönig, d. h. der Kompagnieschreiner, der die Schießscheiben anzufertigen hat (s. Imme, S. 19, 45, 89)[35]), während dieser Ausdruck bei den Zivilisten in

---

[33]) Auch an die allgemeiner gehaltenen Bezeichnungen Flurkommandant für den Kasernenwärter und Karbolstratege für den Unterarzt (Imme, S. 91, 130) kann hier noch erinnert werden.

[34]) Vgl. auch noch Frontbaron und Etappenbaron als Spottname für die Front- und Etappensoldaten (Hochstetter, S. 31; Imme, S. 22, 23) sowie Gulaschbaron = Kriegslieferant für Truppenküchen (Hochstetter, S. 29).

[35]) Auch der „Prinz" ist in der Soldatensprache vertreten mit dem Ölprinzen

manchen Gegenden (z. B. in Lübeck [Kliesterkönig]) für einen Buchbinder oder auch einen Zettelankleber gebräuchlich ist (vgl. auch noch: Eiskönig für einen Eisbahnfeger in Münster i. Westf.). Ein hübsches Wortspiel, das sich hier noch passend einfügt, haben unsere Feldgrauen geschaffen in der Bezeichnung Dörchläuchting für den Unteroffizier, der im Lazarett den Röntgenapparat bediente (Imme, S. 133).

Aus der neueren Literatur (19. und 20. Jahrhundert) seien schließlich noch folgende Beispiele für diese Gruppe (hauptsächlich nach Klenz, Scheltenwörterbuch) genannt: Trichinenfabrikant für einen Fleischer (bei Wolfg. Kirchbach), Stiefelwundarzt für Schuhmacher (bei J. C. Weber), Student der Bekleidungskunst oder Bekleidungskunstassessor für den Schneider (v. Gaudy, Gottfr. Keller), Nietenkommissar = Lotteriekollekteur (J. Stinde), Bartkünstler = Barbier und das wortspielartige Tonkünstler = Töpfer (bei Glasbrenner und Weber), Schuhbürstenvirtuose = Bedienter, Urinprophet = Arzt (bei J. C. Weber), Klingbüdelrat = Küster (bei Bandlow, 1899), Gräfin von der Nadel = Näherin, Salzgräfin = Salzerin (Wortspiel mit Pfalzgräfin, im Titel eines Romans von P. v. Szczepanski, 1888), Pillenkönig = Arzt, Ladenkönigin = Ladenmädchen, Trillerkönigin = Sängerin.

Auch von den Vergleichen der niederen Berufe, insbesondere der Gewerbe, miteinander könnten einige allenfalls noch zu der Klasse der Standeserhöhungen gerechnet werden. So mag der schon im 18. Jahrhundert übliche Neckname des Seilers, Galgenposamentier, vielen Ohren „feiner" klingen als das rein deutsche Wort, ebenso wie manchen vielleicht auch Trankonditor „nach mehr" aussieht als das einfache Krämer. Umgekehrt nähern sich einige Zusammensetzungen mit „Schuster" — aus schon angegebenen Gründen — wieder mehr den Berufserniedrigungen, und ebenso ist es natürlich — in Anbetracht des von altersher dem Abdecker- oder Schindergewerbe anhaftenden üblen Rufs — mit Ausdrücken wie Kübeleschinder (im alemannischen Sprachgebiet) für einen Küfer und Schnauzenschinder (in Berlin) für den Barbier. Sonst stehen aber die hier zu betrachtenden Ausdrücke ungefähr alle auf der gleichen Stufe, und nur durch die Hinzufügung irgendeines Hauptworts, namentlich als des Objekts der Berufstätigkeit, wirken sie auf uns befremdend oder erheiternd. Am leichtesten erklärt sich wohl die Bezeichnung Handschuster für den Handschuhmacher (in

---

d. h. dem Maschinisten bei der Marine, und den Märchenprinzen, d. h. den Leibgardehusaren (Hochstetter, S. 63, 64 vbd. mit Imme, S. 30.)

Berlin), da sie nur entstanden ist aus der absichtlich unrichtigen Zerlegung des Wortes in „Hand-Schuhmacher", woraus man dann (in Wien) auch leicht einen Singerschuster machen konnte; und von da aus wieder ist es nicht allzu weit zu dem Kopfschuster = Hutmacher, den in Mecklenburg wohl zu hörenden Bleckschauster (auch in Lübeck: Blickschooster, d. h. Blechschuster) = Klempner, Wagenschauster = Sattler und Klockenschauster = Uhrmacher, dem lübeckischen Pappschooster = Buchbinder oder gar dem sächsischen Teegschuster = Bäcker. Auch der Bäcker erscheint übrigens seinerseits beliebt zur Umschreibung von Gewerbetreibenden, deren Tätigkeiten noch eine entfernte Ähnlichkeit mit dem Backen des Brots haben, so z. B. in Krug- oder Aulenbäcker (zu Aul, Topf aus lat. olla) für den Töpfer und Klutenbäcker für einen Ziegelmacher (in Mecklenburg, zu niederd. Kluten = Erdklöße, Lehm). Weitere Berufsübertragungen dieser Art sind unter anderem noch: Töpfchenstricker für Kesselflicker, Hosenkoch, in älterer Zeit verächtliche Bezeichnung eines dürftigen Schneiders, zu dem der Suppenschmied (mecklenburgisch: -smitt) für eine Köchin gewissermaßen ein Gegenstück bildet. Auch die Soldatensprache kannte früher diesen Ausdruck (in der Mehrzahl) für die Küchenmannschaften (s. Horn, S. 54), womit zu vergleichen das moderne ähnliche Leiblschmied für den (Militär-) Bäcker (in Bayern); siehe ferner auch: Gesichtsgärtner für den Barbier u. dgl. m. (vgl. Imme, S. 44, 45)[36]).

Ziemlich versteckt erscheint das Erzeugnis der Handwerksarbeit in der sonderbaren, halb poetischen Umschreibung Gottesgabendrechsler für den Bäcker, und völlig rätselhaft bleibt es uns gar heute zunächst, wenn früher, zum Beispiel schon bei Hans Sachs, der Schlosser ein Hundsgerber genannt wird, was sich aber leicht erklärt, sobald man weiß, daß „Hund" in der Gaunersprache soviel wie ein Vorhängeschloß bedeutet. Für derartige Wortspielereien hat gerade auch die Gauner- und Kundensprache selbst, deren etwas genauerer Betrachtung wir uns nun noch zuwenden wollen[37]),

---

[36]) Innerhalb des engeren militärischen Gebiets sind dagegen solche, dem Wert nach einander ungefähr gleichstehende Übertragungen selten; doch könnte z. B. dahin gerechnet werden die humoristische Bezeichnung Kalbfelltrompeter für den Trommler (siehe schon Horn, S. 35 sowie Imme, S. 43) oder die im Weltkriege geprägte Umschreibung der Marburger Jäger als grüne Pioniere, weil sie besonders viel zu Pionierarbeiten verwendet wurden (Imme, S. 26).

[37]) Schon im vorhergehenden erwähnte Ausdrücke, die der Gauner- oder Kundensprache gemeinsam sind mit unserer volkstümlichen Umgangssprache (wie Galgenposamentier = Seiler, Gottesgabendrechsler = Bäcker, Hobeloffizier = Tischler, Kopfschuster = Hutmacher, Natur-

von jeher eine gewisse Vorliebe gehabt. So bedeutet zum Beispiel im Rotwelsch des 18. Jahrhunderts Bildhauer soviel wie ein „Präzeptor", d. h. Schullehrer, weil er nämlich die Kehrseite der lieben Schuljugend, „Bild" genannt, zu „hauen" pflegte. Ähnlich erklärt sich der neuere Ausdruck Rübenbauer für den Scharfrichter, nämlich aus „Rübe" = Kopf[38]), und Federhändler heißt bei den Wiener Gaunern der Gendarm nur deshalb, weil er früher auf seinem Tschako einen wallenden Federbusch getragen. Andere Worträtsel sind dadurch entstanden, daß gewisse Fremdwörter, über die man nicht mehr recht Bescheid wußte, nach Art der sogenannten Volksetymologie „angedeutscht" wurden. Nur zwei Beispiele seien hier genannt, das schon ältere Wort Schuster für einen Stadtknecht, Büttel (statt Schuder = Schoter, aus hebr. schôтêr, eigentlich „angestellter Schreiber, Beamter") und das kundensprachliche Süßchenbäcker für einen Pferdemetzger, das uns zwar an einen Konditor erinnert, jedoch lediglich eine Entstellung aus Zößchenpäckerer (oder Zoskenpeiker u. ä.) ist, das sich aus Zößchen, Zosken u. ä. = Pferd (vom gleichbedeutenden hebr. sûs, Plural sûsîm) und peikern, pegern u. ä. = töten, schlachten (zu hebr. peger = Leichnam) zusammensetzt. (Weitere ähnliche Fälle siehe schon im Abschn. I, 6: „Volksetymologisches".)

Aber neben solchen, den Unkundigen leicht irreführenden Vokabeln enthält der Wortschatz unserer Gauner und Vagabunden noch eine Fülle wirklicher Berufsübertragungen, wobei sich zum Teil ein Anschluß an die bereits vorhandenen Muster unserer Volkssprache bemerkbar macht. So sind z. B. als Analogien zu Kopfschuster und dergleichen noch gebildet worden: Pferdeschuster = Sattler, Messing- oder Kupferschuster = Messingarbeiter, „Gelbgießer" oder Kupferschmied, auch wohl Luppertschuster = Uhrmacher (zu Luppert u. ä. = Uhr)[39]), und die Gewerbe des Drechslers, Schmieds

forscher = Lumpensammler, Trankonditor = kleiner Krämer) oder mit der Soldatensprache (wie die [z. B. in Ostwalds Sammlung aufgenommenen] Spottnamen für Truppengattungen: Zwiebackkutsche, Knalldroschkenkutscher, Totengräber u. a. m.) sind hier im Text nicht noch einmal aufgeführt worden. Die gleichfalls (oben S. 166) bereits erwähnte Bezeichnung Schwarzkünstler hat außer den dort genannten Bedeutungen (Schornsteinfeger, Buchdrucker) bei den Kunden jetzt wohl auch noch die von „Schieferdecker", während sie bei den (Wiener) Gaunern für den Pfarrer vorkommt (vgl. dazu unten Anm. 41).

[38]) Nach einem ähnlichen Wortspiel unserer Gemeinsprache erscheint der Scharfrichter als „Hauptkassierer".

[39]) Vgl. zur (unsicheren) Etymologie: Groß' Archiv, Bd. 46, S. 23, 24 und Bd. 64, S. 222, Anm. 736 vbd. mit Bischoff, Wörterb., S. 49 (der an das böhm. lopár = „Teller, Scheibe" denkt).

und Konditors (vgl. oben) begegnen uns wieder in Elementendrechsler = Töpfer, Sattelschmied = Sattler und Semmelschmied = Bäcker, Feld- oder Luftkonditor = Ziegler und Zweckenkonditor = Nagelschmied. Als Originalwörter erscheinen dagegen z. B. Elementenfärber für den Bierbrauer (zu Element = Lagerbier, vgl. „Stoff" bei den Studenten), weiter Galoppschnitzer für den Sattler (weil auf dem Sattel auch Galopp geritten wird), Zitronenschleifer = Goldarbeiter (nach der goldgelben Zitrone), Kaffeemühlenschleifer = Uhrmacher (zu Kaffeemühle = Uhr), Klamottenkutscher = Straßenkehrer (zu Klamotten = zerbrochene Mauersteine u. dgl.)[40]), Kaltschlächter = „Frohner" (in Ostpreußen).

Auch an einigen ironischen Standeserniedrigungen fehlt es nicht. Zu nennen sind namentlich die mehr oder weniger verächtlichen (kundensprachlichen) Ausdrücke Portionshandlanger für den Kellner, Vaterunsergeselle für den Küster, Paragraphenmeister für den Staatsanwalt und (neuestens) Ortsschäfer für den Bürgermeister sowie das auch gaunersprachliche Schinder für den Arzt und Schwarzfärber für den Pfarrer, das Bezug nimmt auf das „Schwarzmalen" mancher Pastoren in ihren Predigten[41]), während das Synonym „schwarzer Gendarm" mehr auf die äußere Erscheinung hinweist (vgl. oben S. 160, Anm. 8 das Synonym Himmelsgendarm bei den schweizerischen Soldaten).

Die auch bei den Gaunern und Kunden sehr beliebten Standeserhöhungen stellen sich — ganz wie in unserer Gemeinsprache — teils dar als euphemistische Verhüllungen, teils als Erzeugnisse der Großmannssucht bzw. deren Verspottung. Zur ersteren Wortklasse sei bemerkt, daß die oben angeführte ältere studentische Umschreibung „barmherzige Schwester" in gleichem Sinne schon um die Mitte des vorigen Jahrhunderts auch bei den Wiener Gaunern gebräuchlich gewesen, während diese aus neuerer Zeit noch zwei weitere hierher gehörige Beispiele in den humoristischen Umschreibungen Stadtschreiber und Besengarde für die Straßenfeger geliefert haben. Die Fälle der zweiten Gruppe weisen manche Ähnlichkeit mit den

---

[40]) Vgl. Klenz, Scheltenwörterb., S. 148 (Kundensprache). Nach Imme, S. 34 sollen bei den Soldaten jetzt die Kraftfahrer so genannt werden.

[41]) Das Synon. Schwarzkünstler (vgl. oben Anm. 37 a. E.) hat zwar durch das Wort „Künstler" einen vornehmeren Anstrich, kann aber trotzdem auch noch in die Klasse der Standeserniedrigungen gerechnet werden, wenn man dabei an einen Zauberkünstler, wie sie etwa auf Jahrmärkten auftreten, denkt. — Die Schweizer Soldaten sprechen ganz abstrakt von „schwarzer Gefahr" (Bächtold, S. 58).

bereits früher betrachteten Erzeugnissen unseres Volkshumors auf. So erscheint der Bäcker wohl als Teigbildhauer[42]), dem der Sommerarchitekt, d. h. der (meist nur im Sommer) herumziehende „Glücksbudenbesitzer" zur Seite zu stellen ist. Für den „Bader" (Barbier) kennt schon das ältere Rotwelsch den Namen Schaardoktor (zu „scheren"), die neuere Kundensprache Schnelldoktor. Der Ratstitel tritt uns entgegen in den Bildungen Blechrat = Klempner, Leimrat = Schreiner, Kommerzienrat = Schneider, der aber auch Regierungsrat heißt, ein Wortspiel, zu dessen Verständnis man wissen muß, daß Regierung in der älteren Gaunersprache soviel wie Strick, Seil, Schnur bedeutet hat, so daß der Ausdruck wohl auf einen wichtigen Handwerksbedarf des Schneiders, den Zwirnfaden, hindeutet. Nach militärischen Chargen abgestuft erscheinen: Kadetten für junge Handwerksburschen (vgl. aber auch alter Kadett = alter Stromer sowie Rheinkadetten = Pennbrüder in der Rheingegend), Kuhstallfähnrich für eine Stallmagd und Offiziere (in Hamburg) für die bessere Sorte von „Zuhältern". In noch höhere Sphären gelangen wir bei dem Kreuzritter, d. h. dem Polizisten, dem Schaumritter, d. h. dem Barbier, und den „Monarchen", das sind „Kunden", die sich vorübergehend zu Ernte- oder Erdarbeiten u. dgl. in Norddeutschland zu verdingen pflegen, nachher aber wieder als „Walzbrüder" (Landstreicher), auch wohl „Walzerkönige" genannt, auftun[43]). Die Königswürde führt übrigens ferner nicht nur der bäuerliche Schultheiß, (in Schwaben) Dorfkönig genannt, sondern auch noch der Drechsler, der Erlkönig heißt (weil er aus den Masern des Erlenholzes Dosen und Pfeifenköpfe anfertigt) und der Gefängniswärter als sogenannter Schmalzkönig (das vielleicht mit Schmalz = Strafe, z. B. bei den Wiener Gaunern, zusammenhängt).

---

[42]) Diese Bezeichnung soll auch beim schweizerischen Militär (für den „Bäckersoldaten") bekannt sein (Bächtold, S. 58.).

[43]) Nach H. Rothe, der in der „Frankfurter Zeitung" vom 9. Juni 1912 (4. Morgenbl.) über die „Monarchenzusammenkunft", die alljährlich im Herbst zur Zeit der Erntearbeiten in Schleswig-Holstein, besonders aber auf der Insel Fehmarn, stattfindet, ausführliche Mitteilungen gemacht hat, soll Monarch einen „absolut freien Vagabunden" bezeichnen, der sich durch Gesetze an nichts binden läßt und sich „durch seinen echten Vagabundenstolz" auszeichnet, so daß der Ausdruck also wirklich identisch mit dem gewöhnlichen Sinne des Wortes wäre. Dagegen meint Klenz, Scheltenwörterb., S. 26 (unter „Erdarbeiter"), nach dem die Bezeichnung für „Landstreicher", besonders aber für einen an Chaussee- oder Eisenbahnbauten arbeitenden „Ausländer" gebräuchlich sein soll, daß es aus dem lateinischen monachus entstellt sei und eigentlich einen nach Aufhebung der Klöster umherziehenden Mönch bedeutet habe.

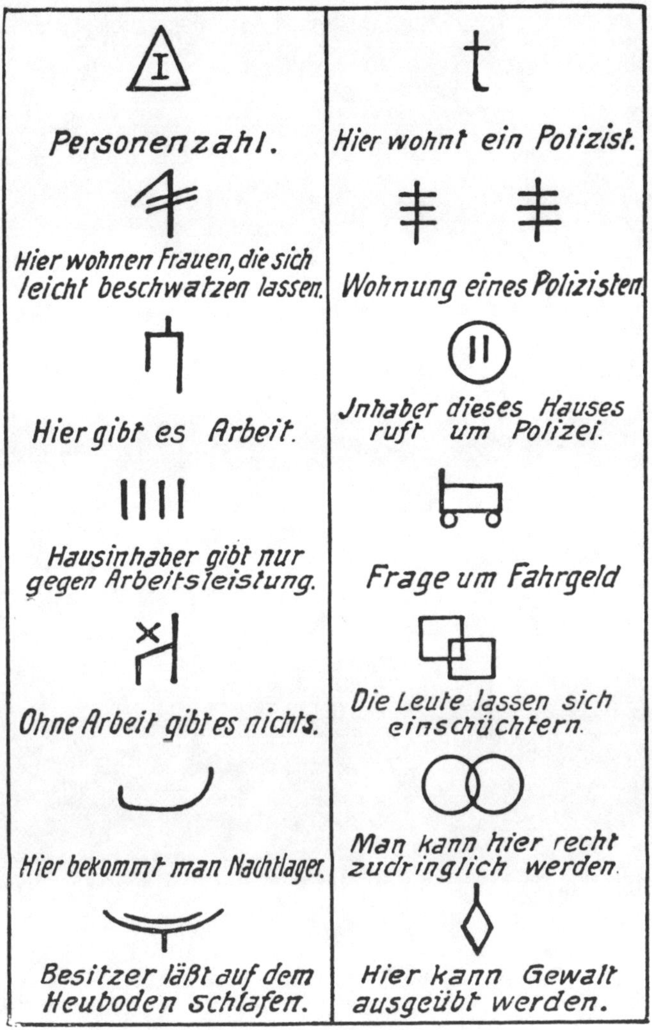
Personenzahl.
Hier wohnt ein Polizist.
Hier wohnen Frauen, die sich leicht beschwatzen lassen.
Wohnung eines Polizisten.
Hier gibt es Arbeit.
Jnhaber dieses Hauses ruft um Polizei.
Hausinhaber gibt nur gegen Arbeitsleistung.
Frage um Fahrgeld
Ohne Arbeit gibt es nichts.
Die Leute lassen sich einschüchtern.
Hier bekommt man Nachtlager.
Man kann hier recht zudringlich werden.
Besitzer läßt auf dem Heuboden schlafen.
Hier kann Gewalt ausgeübt werden.

Eine kurze Erwähnung verdient es auch noch, daß unsere Kundensprache einige besonders merkwürdige Sprachblüten gezeitigt hat in verschiedenen humoristischen Umschreibungen für den arbeitsscheuen Bummler oder „Stromer", die auf den ersten Blick die Vorstellung irgendeines Gewerbes oder Berufs in uns erwecken, während sie bei näherer Betrachtung in ein Nichts zerfließen. Nur tritt diese Vexierung nicht in allen Fällen gleich stark zutage. So könnten z. B. Ziegel- (und Land-) Streicher, Mühlsteinschleifer, Turmspitzenvergolder[44]), ja heutzutage selbst das — noch vor dem Zeitalter der „Zeppeline" entstandene — Luftschiffbremser allenfalls wirklich als Berufe gedacht werden[45]). Dagegen ist das ausgeschlossen bei dem Leichenwagenbremser[46]), dem Zitronenschleifer[47]) und dem Chausseegrabentapezierer, um vollends zu geschweigen von den „Schneeschippern im Sommer" und den „Kirschenpflückern im Winter".

Von hier aus ist dann aber leicht der Übergang dazu vermittelt, auch ein wirklich lichtscheues, verbrecherisches Treiben, wie wir es bei den Gaunern finden, durch allerlei harmlose Standes- oder Berufsbezeichnungen euphemistisch zu verhüllen. Dafür lassen sich auch schon in unserer volkstümlichen Gemeinsprache wohl einige Fälle nachweisen, wie der allbekannte Krawattenmacher oder — noch vornehmer — Krawattenfabrikant für einen Wucherer, der seinen Opfern, bildlich gesprochen, die Kehle (samt der Krawatte) zuschnürt, ferner der weniger verbreitete feine Uhrmacher für einen raffinierten Betrüger und der hübsche Wortwitz Börsenspekulant für den Taschendieb, weil er zwar nicht an der Börse, wohl aber auf die Börse, d. h. den Geldbeutel seiner lieben Nächsten, spekuliert. In ein völliges System gebracht sind nun aber solche Verschleierungen in der Gaunersprache, was sich ja psychologisch leicht genug erklären läßt. Selbst nach Ausscheidung von nur volksetymologischen Andeutschungen — wie etwa Torfdrücker oder Seefahrer für den Taschendieb (aus hebr. Vokabeln, worüber das

---

[44]) In der älteren Kundensprache kommt dieser Ausdruck auch für einen Bauer vor. Vgl. Groß' Archiv, Bd. 54, S. 179, Anm. 2.

[45]) Nach Imme, S. 35 ist „Luftkutschenbremser" eine moderne soldatensprachliche Bezeichnung für den Luftschiffer.

[46]) Nach Hochstetter, S. 25 werden hiermit beim Militär auch die Trainsoldaten verspottet, nach Imme, S. 68 dagegen Leute mit sehr schlechtem Aussehen (sog. „wandelnde Leichen"). In der Schweiz ist es (in der Form Lichewagebremser) bei den Infanteristen eine spöttische Bezeichnung für die Schützen (wegen ihrer schwarzen Kragen), während Lichewagekondüktör den Sanitätssoldaten vorbehalten ist (Bächtold, S. 58).

[47]) Siehe jedoch (oben S. 173) die Nebenbedeutung „Goldarbeiter".

Nähere schon im Abschn. I, 6, S. 122) — oder von bloßen Wortspielereien — wie z. B. Scherenschleifer ebenfalls = Taschendieb, weil er bei seiner Tätigkeit „Schere macht", d. h. mit zwei gerade gestreckten Fingern dem zu Bestehlenden in die Tasche fährt, oder Schneeschaufler für einen Wäschedieb (zu rotwelsch Schnee, u. a. = [weiße] Wäsche)[48]) — bleibt noch eine so große Fülle von Beispielen übrig, daß hier nur die wichtigsten herausgegriffen werden können[49]).

Wie der Gauner seine Tätigkeit mit ganz unverfänglich klingenden Ausdrücken, wie „Arbeit", „Geschäft", „Handel" (jüd. Mal[ss]ematte[n], besonders Einbruchsdiebstahl, eigentlich „Handel und Wandel", vom rabbin. ma'aseh u-matthân [vgl. Bischoff, Wörterb., S. 53]) zu verhüllen beliebt, so bezeichnet er auch sich selbst besonders gern (in allerlei Zusammensetzungen) als „Käufer" oder „Händler", so z. B. — um hier nur einige rein deutsche Verbindungen dieser Art zu nennen[50]) — als Weißkäufer oder Freikäufer = Markt- oder Messedieb (ersteres nach Bischoff, S. 91 zu „weis' = schlau, letzteres soviel wie derjenige, der umsonst kauft, ohne den „Freier", das ist den Bestohlenen, zu bezahlen [vgl. ebendas. S. 26]), Scharfhändler = Räuber und Schwärze- oder Sichte-

[48]) Auch das seltenere Rotfärber für einen Mörder oder ähnlichen gefährlichen Verbrecher (z. B. in der schwäb. Gauner- und Kundensprache) kann noch hierher gerechnet werden.

[49]) Vgl. dazu Näheres in Groß' Archiv, Bd. 54, S. 148—169. — Viel seltener finden sich umgekehrt für einzelne, an sich ganz friedliche Gewerbe oder Berufe Benennungen nach bestimmten Gauner- oder Verbrecherarten (siehe Näheres ebendas. S. 169, 170). Das Hauptbeispiel ist: Giftmischer, das in dreifacher Bedeutung vorkommt, nämlich: a) für einen Destillateur oder Schnapshändler (zu rotw. Gift = Branntwein); b) für einen Arzt; c) für einen Apotheker, in dieser Bedeutung auch wohl allgemein volkstümlich, während es bei den Soldaten jetzt gebraucht wird: a) für den Sanitätssoldaten und b) für die Pioniere, weil sie mit tödlichen Gasen arbeiten (Imme, S. 33 und 132). — Dem sonderbaren mecklenburgischen Klisterbandit für einen Buchbinder (Klenz, Scheltenwörterb., S. 18) können aus der modernen Soldatensprache die Wannseekorsaren = Motorbootleutnants des freiwilligen Motorbootkorps (Hochstetter, S. 27) zur Seite gestellt werden; vgl. auch noch Wildschützen = schlechte Schützen (Imme, S. 79).

[50]) Über die viel häufigeren fremden, besonders halb-hebräischen Ausdrücke siehe ausführlich Groß' Archiv, Bd. 54, S. 156ff. — Die Auslegung des Wortes „Händler" in diesen Verbindungen als zu handeln im Sinne von „hantieren", „mit der Hand bewirken" gehörig bei Bischoff, Wörterb., S. 31 (unter „handeln") und 43 (unter „Koch-Händler") scheint mir viel zu eng zu sein und paßt namentlich nicht recht für die Fälle, wo auf das Objekt des „Handelns", des Diebstahls, Raubs bzw. des Beraubens usw. Bezug genommen wird, wie z. B. bei Zoskenhändler oder Sußhändler = Pferdedieb, Jaskehändler = Kirchendieb usw. (vgl. Archiv, a. a. O., S. 157).

händler = Nachtdieb (zu Schwärze oder Fichte = Nacht, letzteres wohl mit Bezug auf die dunklen Fichtenwälder). Als Nebenformen kommen hierfür auch Schwarzbauer oder Fichtenbauer vor, denen wieder der Schrannenbauer = Getreidedieb (in der Kundensprache, zu Schranne, u. a. = „Halle, in der Getreide verkauft wird") zur Seite gestellt werden kann. Für den Straßenräuber findet sich — neben Stradehändler — auch ein älteres Stradekehrer (selten auch: Strättifeger), d. h. also gleichsam einer, der die Landstraßen (von ihm zum Berauben geeignet erscheinenden Leuten und ihren Sachen) reinigt (rotwelsch fegen = plündern, rauben, ausfegen = ausplündern). Der Weidmannsberuf ist für verbrecherische Handlungen herabgewürdigt in Bildungen wie dem modernen berlinerischen Schrippenjäger, d. h. Diebe, die frühmorgens die sogenannten Schrippen (Semmeln) aus den Brotbeuteln an den Vorplatztüren stehlen, und dem — ebenfalls neueren — Gole- (oder Jole-) Jäger, d. h. Frachtwagen- oder Kollidiebe (zu rotwelsch Gole = Wagen, vom gleichbedeutenden hebr. 'agâlâh), die auch Goleschlächter oder -schächter heißen (letzteres eigentlich der Judenschlächter, zu schächten [vom hebr. schâchaт] = „rituell schlachten", im Rotwelsch = „[ab]schneiden"). Eine eigene Terminologie haben noch die Falschspieler. So heißt der gewerbsmäßige Spieler, der Grec(k) (vgl. oben Abschn. I, 1, S. 33), auch wohl Kommerziant, wenn er seine Betrügereien aber in besonders feinen Kreisen verübt, Philosoph (vgl. oben S. 33, Anm. 52), während der Hausherr, bei dem das falsche Spiel betrieben wird, den Titel Colonel (= Oberst) führt. Die hier zutage tretende Großmannssucht zeigt sich endlich auch noch darin, daß die Gauner überhaupt — oder doch die „feineren" von ihnen (die sog. Honoristen) — sich untereinander als Baron bezeichnen, die Einweihung in die Gaunerkniffe durch „den Ritterschlag erhalten" umschreiben, und daß das Steckbriefverzeichnis (bei den Kunden) der Adelskalender heißt.

2. Personennamen als Standes- und Berufsbezeichnungen [1]).

Daß Personennamen im Laufe der Zeit sich zu Gattungsbegriffen erweitern, ist eine wohl bei allen Kulturvölkern vorkommende und namentlich auch in unserer Muttersprache sehr beliebte Erscheinung,

[1]) Erschienen (unter gleichem Titel) in den „Münchner Neuesten Nachrichten" vom 5. April 1914, Nr. 176, 2. Bl.). — Zur Literatur siehe im allgemeinen

die hauptsächlich aus dem Streben des Volksgeistes nach einer möglichst konkreten Ausdrucksweise zu erklären sein dürfte. Dabei kann man zwei Hauptgruppen unterscheiden, je nachdem es sich handelt um sogenannte historische Namen — im weiteren Sinne (also z. B. auch mit Einschluß der antiken Mythologie und der Literatur verschiedener Epochen) —, deren Träger von späteren Geschlechtern zu einem bestimmten Typus erhoben wurden, oder nur um solche Namen, die lediglich infolge ihres häufigen Vorkommens dem gleichen Umwandlungsprozeß unterlagen. In beiden Gruppen handelt es sich sodann meistens um Kennzeichnung gewisser Eigenschaften unserer Mitmenschen (so z. B. ein Goliath = Riese, ein Hiob = armer Dulder, ein Adonis = ein schöner, ein Krösus = ein sehr reicher Mann; ein „Rüpel", aus Ruprecht, = Grobian, ein Stoffel [aus Christoph] = dummer Mensch, Schmierpeter, Klatschlotte, Heulliese u. dgl. m.), während sonstige Begriffserweiterungen von Namen (wie etwa zur Staats- oder Ortsangehörigkeit, zur Konfession oder zu Ständen und Berufen) weit mehr zurücktreten. Immerhin gibt es aber von den Standes- und Berufsbezeichnungen dieser Art doch noch eine ziemliche Menge, und da sie im ganzen noch weniger bekannt sind als die Personennamen für Eigenschaften, so verlohnt es sich wohl, einmal die Hauptbeispiele dafür zusammenzustellen. Dabei sollen jedoch bloß mundartliche Ausdrücke hier nur in einer Auswahl berücksichtigt werden, und von den sogenannten Sondersprachen einzelner Stände usw. seien hauptsächlich die Soldatensprache und das Rotwelsch der Gauner nebst dem Jargon der sogenannten „Kunden", d. h. der wandernden Handwerksburschen, herangezogen, da sie besonders reichen Stoff für unser Thema enthalten.

---

etwa: Wilh. Wackernagel, Kleinere Schriften (Leipzig 1872ff.), Bd. III, S. 59ff. (Die deutschen Appellativnamen); Gust. Krüger, Eigennamen als Gattungsnamen, Progr., Berlin 1891, bes. S. 17ff.; O. Behaghel, Der Einfluß des Schrifttums auf den Sprachschatz, in der Zeitschr. des Allgem. Deutsch. Sprachvereins, Bd. XVIII, 1903, Nr. 2, Sp. 35ff. und Nr. 3, Sp. 67ff.; derselbe, Die deutsche Sprache (6. Aufl., 1917), S. 146, 148; Othm. Meisinger, Die Appellativnamen in den hochdeutschen Mundarten, Gymn.-Progr., Teil I (Die männlichen Appellativnamen), Lörrach 1904, Teil II (Nachträge dazu), ebendas. 1909; derselbe, Die weiblichen Appellativnamen, in der Zeitschr. für hochdeutsche Mundarten, Bd. VI (1905), S. 94ff.; E. Terner, Die Wortbildung im deutschen Sprichwort, Gießener Diss. 1908, S. 34, 36ff.; vgl. auch Heinr. Klenz, Scheltenwörterbuch usw., Straßburg 1910. Weitere Angaben noch in Groß' Archiv, Bd. 51, S. 139ff., wo ausführlich besonders über die Geheimsprachen gehandelt worden. Betreffend die Studenten-, Schüler- und Soldatensprache siehe die Angaben auf S. 157, Anm. 1.

Beginnen wir nun die Aufzählung der „historischen“ Namen mit der Bibel, so zeigt sich, daß gerade deren Gestalten zur Charakterisierung von Stand und Beruf doch lange nicht in demselben Maße volkstümlich geworden sind wie für gewisse Eigenschaften. Auch stehen einzelne Fälle auf der Grenzscheide dieser beiden Gruppen, so Nimrod (nach 1. Mos. 10, 9) für einen eifrigen Jäger und Salomo, der meist nur mit dem Eigenschaftswort „weise“ zur Bezeichnung eines besonders gerechten Richters vorkommt (mit Bezug auf das „salomonische Urteil“ nach 1. Kön. 3, 16ff.), wofür übrigens — durch Shakespeares „Kaufmann von Venedig“ (4. Aufz., 1. Szene) — auch wohl „ein (zweiter) Daniel“ gebräuchlich geworden. Der Name des großen jüdischen Gesetzgebers, Moses (hebr. Môscheh), steckt in dem Worte Mauschel, das nicht nur den Juden überhaupt, sondern speziell auch den jüdischen Hausierer bedeutet. Als Standesbezeichnung begegnet uns Judas bei den Gaunern, die darunter den Gehilfen eines Falschspielers begreifen, der ihm bestimmte Zeichen gibt. Von den Soldaten aber ist selbst der Name unseres Heilandes zur Berufsbezeichnung herabgewürdigt worden; denn der allgewaltige Feldwebel erscheint ihnen als der „Herr Jesus“, der Vizefeldwebel dementsprechend als Vize-Jesus, und der Feldgeistliche heißt gar Kommiß-Jesus oder -Christus (siehe schon Horn, Soldatenspr., S. 55 und 58 vbd. mit Imme, Soldatensprache, S. 21 und 46). Neuerdings ist von ihnen ferner nach dem Vorbilde der Studenten, die mit Markus (aus „Markör“) einst den Kellner in Wein- und Kaffeehäusern bezeichneten, der Name dieses Evangelisten wortspielartig auf den Marketender übertragen worden (s. Imme, a. a. O., S. 122 [bayr.])[2]), nachdem er schon früher für einen „markierten Feind“ im Manöver, dann im Weltkriege auch für den wirklichen Gegner Verwendung gefunden[3]), und (der arme) Lazarus (vgl. Ev. Luk. 16, 20ff.) endlich, dem wir ja auch unser Fremdwort „Lazarett“ verdanken, ist beim bayrischen Militär scherz-

---

[2]) Nach Hochstetter, Der feldgraue Buchmann, S. 30 soll der Marketender auch der heilige Jakob genannt werden; eine nähere Erklärung dieses Sprachgebrauchs ist dort aber nicht hinzugefügt worden.

[3]) Siehe dazu die Schriften von Horn, S. 140 vbd. mit Imme, S. 122 und besonders Maußer (Deutsche Soldatensprache), S. 17 u. 30 und Anm. 146 (S. 91). Nach Maußer, S. 26 soll Markus endlich auch noch für das „Geräusch einer feindlichen Mine“ gebraucht sein. — John Meier ‚Deutsche Soldatensprache, S. 3 meint, daß der Übergang von dem studentischen zu dem militärischen Markus im Sinne von „markierter Feind“ folgendermaßen eingetreten sei: „In Ermangelung eines wirklichen Gegners spielte man im Café mit dem Markus, dem Marqueur, eine Partie Billard, und so kam im lautlichen Anklang an markieren der Ausdruck Markus = markierter Feind zustande“.

haft zur Berufsbezeichnung des Sanitätssoldaten geworden (Maußer, a. a. O., S. 57 u. Anm. 214 [S. 96]).

Mehrere Beispiele liefert für unser Gebiet auch das klassische Altertum, und zwar namentlich auch die Mythologie. Leicht begreiflich ist es z. B., daß den Gymnasiasten ihr Direktor als Zeus erscheint (der auf dem Olymp, d. i. dem Katheder, thront), daß von ihnen der Gesanglehrer Orpheus, der Geschichtslehrer wohl gar Klio (nach der gleichnamigen Muse) benannt oder der Schuldiener, der die Öfen heizt, mit Pluto, dem Gott der Unterwelt, verglichen wird. Aber auch bei Erwachsenen sind ähnliche Bezeichnungen öfter zu hören. So nennt man einen Arzt nicht bloß „Jünger Äskulaps", sondern auch wohl schlechthin Äskulap, einen (alten) Flußschiffer Charon, gleich dem greisen Fährmann, der die Schatten der beerdigten Toten über die Flüsse der Unterwelt setzte, einen strengen Richter Rhadamanth, nach dem Namen eines der Rechtsprecher im Hades. Ganymed und Hebe, die einst den Göttern Nektar kredenzten, sind uns heute gleichbedeutend mit Kellner und Kellnerin, und Mentor, der weise Berater des Telemach, wurde zum „Erzieher" überhaupt. Auch an die Bezeichnung Sibylle für eine Wahrsagerin oder Kartenschlägerin sei noch in diesem Zusammenhang erinnert.

Auf eine antike historische Persönlichkeit im engeren Sinne geht der Ausdruck Orbil(ius) für einen prügelsüchtigen Pädagogen zurück; es war der Lehrer des Horaz, der ihn „plagosus" zubenannt hat. Als Ideal des gewandten Redners gilt uns wohl der Grieche Demosthenes, kaum weniger aber auch der Römer Cicero, der es sich jedoch hat gefallen lassen müssen, in der italienischen Form Cicerone auch den Fremdenführer zu verkörpern. Wenn wir heute ganz allgemein von „einer Phryne" als einer leichten Dirne sprechen, so ist wohl nur wenigen genauer bekannt, daß dies einst der Spitzname einer griechischen Hetäre (um 360 v. Chr.) gewesen, der eigentlich „Kröte" bedeutet hat. Ein lehrreiches Beispiel dafür, wie ein römischer Eigenname als sogenanntes Lehnwort unter Verallgemeinerung des Begriffs zum festen Bestand unserer Schriftsprache werden konnte, enthält endlich die Bezeichnung „Kaiser" für den obersten Herrscher, denn sie ist ja aus dem Namen Cäsar entstanden, der seit Nero zum Titel der Regierenden gehörte.

Von neueren historischen Familiennamen ist hier z. B. der Fugger zu gedenken. Welchen Ansehens sich dieses alte Augsburger Handelsgeschlecht einst erfreute, lehrt uns die Tatsache, daß sein Name sich nicht nur bei uns Deutschen zu dem Begriffe „Großkaufmann" erweitert hat, sondern (gleich Krösus) für „reicher Mann" überhaupt, auch nach Holland, ja selbst nach Spanien eingedrungen ist. Weit über die Grenzen seines Vaterlandes verbreitet hat sich auch der Ruhm des englischen Seehelden Nelson, denn bis vor kurzem hießen bei unseren deutschen Soldaten die Marineoffiziere schlechtweg Nelsons (s. Horn, a. a. O., S. 53). Kein sehr ehrenvolles Andenken hat dagegen der Nachwelt jener im Studentenliede verewigte Doktor Eisenbart († 1727) hinterlassen, der uns jetzt das Urbild eines quacksalbernden Heilkünstlers darstellt. Kaum über das Weichbild der Reichshauptstadt hinausgedrungen sind die Benennungen Mutter Kranzlern für eine Kuchenfrau (nach der einst sehr berühmten Kranzlerschen Konditorei) und Bolle — oder meist Bimmel- oder Klingelbolle — für einen „Milchmann" nach dem gleichnamigen Großmilchhändler, dessen Wagen sich durch Klingeln bemerkbar machten. Dagegen war von Berlin aus einst weiter verbreitet Stephan (neben Stephansjünger) für einen Briefträger nach dem Familiennamen des berühmten Staatssekretärs des Reichspostamts, dessen spätere Nachfolger zu dem Scherzwort Postbielski (statt: Podbielski) und dem mehr umschreibenden Krätkeboten Veranlassung gegeben haben. Nur vorübergehend und bei einzelnen Truppenteilen (z. B. bei den Hanseaten) soll der Name des ersten französischen Generalissimus im Weltkriege, Joffre, im Munde unserer Feldgrauen auch als Bezeichnung für den gewöhnlichen französischen Soldaten gebraucht worden sein[4]).

Nicht wundernehmen kann es, daß früher öfter die Familiennamen von Scharfrichtern ohne weiteres als Berufsbenennung galten, wie es z. B. in Ulm vom 18. bis ins 19. Jahrhundert hinein mit dem Namen Hartmann der Fall gewesen; vererbte sich doch jenes mit der „Unehrlichkeit" verknüpfte Amt in der Regel vom Vater auf den Sohn. Bei Polizeibeamten und dergleichen dürfte dagegen mehr die lange Amtsdauer eines einzelnen in Verbindung etwa noch

[4]) Siehe Imme, a. a. O., S. 62 vbd. mit Bergmann, Wie der Feldgraue spricht, S. 18 und Hochstetter, a. a. O., S. 44 (Joffre spuckt oder klopft auf die Trommel, wenn die französische Artillerie schießt). Nach Imme, S. 36 hat man auch wohl „feindliche Flieger, und zwar nicht nur französische im Westen, sondern auch russische und rumänische im Osten Joffers (so gesprochen)" genannt. — Erwähnt sei als Soldatenausdruck auch noch: Herr Tietz für den Marketender (wohl nach dem bekannten „Warenhaus Tietz"?) bei Hochstetter, S. 30 sowie Staberl bzw. Oberstaberl (bayr.) für den Stabs- bzw. Oberstabsarzt, das insofern noch hierher gerechnet werden kann, als es (nach Maußer, S. 57) keineswegs etwa bloß eine Verkürzung von „Stabsarzt" sein, sondern an einen Personennamen anknüpfen soll, allerdings nicht den eines wirklichen Menschen, aber doch sozusagen einer historischen Figur, nämlich des jedem Bayern bekannten „Hanskaspar im altbayrischen ‚Kasperlspiel' ..., der als Dr. Staberl seine Taten verübt".

mit besonderem Diensteifer zu dem gleichen Sprachgebrauch geführt haben. So nannten z. B. die Gießener Studenten zur Zeit des berüchtigten Magisters Laukhard (Ende des 18. Jahrhunderts) alle „Häscher" (Polizisten) ohne weiteres Nepp, nach einem wenig beliebten Büttel dieses Namens, und auch unsere Gauner haben die Erinnerung an einen verhaßten Polizeioffizier bewahrt in dem noch heute für „Polizist, Schutzmann" und dergleichen gebräuchlichen Ausdruck Fleischmann. So hieß, wie der Zuchthausprediger Riedel in St. Georgen am See bei Bayreuth um 1750 mitteilt, ein Leutnant, der zu Beginn des 18. Jahrhunderts in der Gegend von Frankfurt die Räuber und Diebe lange eifrig verfolgt hatte, bis er schließlich von ihnen auf schreckliche Weise ums Leben gebracht wurde (vgl. oben Abschn. I, 4, S. 97).

Auch aus der Literatur verschiedener Jahrhunderte ist mancher Einzelname zum Vertreter ganzer Berufe erhoben worden, doch haben diese Fälle zum Teil allerdings sozusagen etwas Akademisches an sich. Aus Shakespeares „Kaufmann von Venedig" stammt z. B. Shylock für einen wucherischen Geldverleiher; Figaro, der Barbier von Sevilla, der uns heute wohl schlechthin das Gewerbe der — meist geschwätzigen — Bartkünstler repräsentiert, ist eigentlich eine Schöpfung des Franzosen Beaumarchais, aber uns erst durch die Opern Rossinis und Mozarts recht vertraut geworden; aus Richard Wagners „Meistersingern" wurde die Bezeichnung Beckmesser für einen kleinlichen Kritiker entlehnt; Gustav Freytags „Journalisten" lieferten uns den Schmock als Typus eines charakterlosen und zeilenschindenden Zeitungsschreibers, während Wippchen für einen lügenhaften Berichterstatter Julius Stettenheim zum geistigen Urheber hat („Wippchens sämtliche Berichte", 1878 ff.). Erst der neuesten Zeit gehören zwei auf englische Schriftsteller zurückzuführende Verallgemeinerungen an: Frau Warren für eine Bordellwirtin, Kupplerin u. dgl. (nach Bernard Shaws Schauspiel „Frau Warrens Gewerbe") und Sherlock Holmes für einen geriebenen Geheimpolizisten nach der bekannten, von Conan Doyle in seinen Detektivgeschichten geschilderten Figur.

Für den Gebrauch von „Vornamen" im engeren Sinne sind nur ganz ausnahmsweise literarische Vorbilder maßgebend gewesen. Doch können als Beispiele etwa angeführt werden der Doppelname Hans Bendix für einen Schäfer, der aus Bürgers Gedicht „Der Kaiser und der Abt" herstammt, sowie der ehemals in Berlin sehr volkstümliche Nante (Kürzung von Ferdinand), jener unter anderen besonders von Adolf Glasbrenner geschilderte Typ des „Eckenstehers", einer Art Vorläufer unseres heutigen Dienstmannes.

Auch von Leuten, die einst wirklich lebten, sind übrigens „Vornamen“ nur ziemlich selten zu Berufen usw. erhoben worden. Kaum noch zum Bewußtsein kommt es uns bei Michelangelo und Raffael, daß es sich ja eigentlich nur um die Vornamen dieser Künstler handelt; gerade nach diesen aber (nicht nach ihren Familiennamen: Buonarroti und Santi) sind sie zu Typen erhoben worden, indem uns Michelangelo wohl den bildenden Künstler überhaupt vertritt (vgl. „Ein Michelangelo“ als Titel eines Künstlerromans von Schmidthenner), während Raffael spezieller den Maler verkörpert, meist freilich nur in gewissen Zusammensetzungen mit ironischer Färbung, wie Theater-Raffael für einen Kulissenmaler oder Fassaden-Raffael für einen Anstreicher (in Berlin). Ein Hauptfall aus neuerer Zeit ist dann die Verallgemeinerung von August zu dem Begriff eines (dummdreisten) Zirkusclowns, wofür ein Mitglied des Zirkus Renz Gevatter gestanden hat. Von den Gaunern und Kunden ist dieser Name auch zur Verspottung des Gendarmen benutzt worden, indem sie ihn den blanken August (wohl nach der glänzenden Pickelhaube), den windigen August (schwäbisch) oder August mit der Latte, d. i. dem Gewehr oder Säbel, nennen (siehe oben S. 97), während unsere Soldaten (die sonst den Namen vorwiegend zur Bezeichnung von allerlei Eigenschaften verwendet haben)[5]), in dem (bayrischen) Aspirin-August für den „Sanitäter“ z. B. ebenfalls eine Berufsbezeichnung schufen[6]). Wenn sie weiter (nach Imme, S. 122) den Marketender scherzhaft als den Schinderhannes verspotten, so lebt darin das Andenken an den unter diesem Spitznamen ja einst weithin bekannten und gefürchteten Räuberhauptmann Johannes Bückler fort, der ursprünglich Abdeckerknecht gewesen[7]). Nicht sicher ist es dagegen, ob der neuere soldatensprachliche Ausdruck Franz für den Beobachtungsoffizier in einem Flugzeug (wonach man dann den eigentlichen Flugzeugführer gleichfalls mit gewissen Vornamen, wie Heinrich, Emil oder Karl

---

[5]) So erwähnt Imme, S. 70, 71, 74: Kompagnie- oder Bataillonsaugust für den Spaßmacher der Kompagnie oder des ganzen Bataillons, gläserner August für jemand, der eine Brille trägt, Pflaumenaugust für einen Mann mit wunderlichem Benehmen.

[6]) Vgl. auch noch Maußer, S. 18, der August (schlechthin) als Namen für feindliche Scharfschützen anführt.

[7]) Über das Fortleben der Vornamen berühmter Räuber als Gattungsbegriffe überhaupt, besonders für gewisse üble Eigenschaften, im Volksmunde, wie z. B. Hölzerlips für einen bösen Buben (in der Pfalz, nach dem Spitznamen des Räubers Georg Philipp Lang) und Hies'l (in Bayern, nach dem sog. „bayrischen Hiesel“, Matthias Klostermayer) siehe Näheres in Groß' Archiv, Bd. 51, S. 164, Anm. 3 vbd. mit Bd. 53, S. 190.

bedacht hat) auf eine einzelne bestimmte Persönlichkeit zurückgeht oder einfach daraus erklärt werden darf, daß der Beobachter in Friedenszeiten „nur wenig zu tun" hatte, und also bei dem Flugzeugführer ähnlich saß, wie der (auf der Fahrt ja auch nur „beobachtende") Diener oder Lakai, häufig Franz mit Namen, beim Kutscher (oder Autoführer) eines herrschaftlichen Wagens (oder Autos)[8]). Ähnlich ist es auch bei der, aus dem Englischen von unseren Feldgrauen übernommenen Benennung Tommy für den gemeinen englischen Soldaten. Denn wenn hierbei auch feststeht, daß es sich nur um eine Kürzung des längeren Tommy Atkins, also eines Vor- und Familiennamens handelt, so bleibt doch zweifelhaft, welcher Umstände halber sein einstiger Träger zu solcher Volkstümlichkeit gelangt ist[9]). Das weibliche Geschlecht ist in dieser Gruppe nur vertreten mit der Bezeichnung Harfenjule für eine herumziehende Harfenspielerin, die ursprünglich der Spitzname einer bestimmten Berliner Musikantin gewesen sein soll, wonach dann später als Analogien noch Schalejule

---

[8]) So besonders Bergmann, Wie der Feldgraue spricht, S. 43 vbd. mit Imme, S. 35 und Maußer, S. 32 und Anm. 154 (S. 92); vgl. auch Hochstetter, S. 15. Wie allgemein der Name Franz in obigem Sinne aber schon durchgedrungen sein muß, beweisen die davon abgeleiteten Zeitwörter franzen = „sich orientieren" und (sich) verfranzen = „sich verfliegen", d. h. das Flugzeug wegen einer unrichtigen Beobachtung in die Irre führen. — Bei der gemütlichen Verallgemeinerung Franzle zu der Bedeutung „Kaiser" bei den Wiener Gaunern handelt es sich um die Schaffung einer Standesbezeichnung nach einem historischen Namen und zugleich nach dessen Häufigkeit (bei den österreichischen Herrschern), ähnlich wie bei dem Kundenausdruck Fritzchen für den Preußen oder dem soldatischen Lulu für den Franzosen (vgl. dazu schon Abschn. I, 1, S. 15 und Anm. 21).

[9]) Die neueren Schriften über die Soldatensprache (z. B. Bergmann, S. 27, Hochstetter, S. 18, Imme, S. 62)geben hierüber keinen Aufschluß. Der früher von manchen vertretenen Ansicht, daß der in Betracht kommende erste Thomas Atkins ein gemeiner englischer Soldat gewesen sei, der sich während des indischen Aufstandes im Jahre 1857 besonders heldenhaft benommen habe, steht die Tatsache entgegen, daß schon viel früher, nämlich seit 1815 dieser Vor- und Familienname in den für die Anwerbung neuer Rekruten verwendeten Formularien mit vorgedruckten Musterbeispielen herkömmlich geworden (siehe James A. H. Murray, A new English Dictionary on historical principles, Vol. X 1913), p. 122, unter „Tommy", Nr. 7 vbd. mit Vol. IX (1912), p. 329 unter „Thomas", Nr. 3), wonach dann die Anekdote entstanden, daß einst ein ganzes Regiment seine Personalien genau nach jenem Musterbogen abgeschrieben, so daß alle Leute in die Rubrik „Namen" Thomas Atkins eingetragen hätten. — Für die nur bei einzelnen bayrischen Truppenteilen übliche Benennung des Arztes als Wurzelsepp glaubt Maußer, S. 58 den Taufpaten in einem bestimmten Schnaps-, hauptsächlich Enzianverkäufer auf dem Münchner Oktoberfeste erblicken zu dürfen, mit Beziehung darauf, daß ja auch die Ärzte wohl „einen Schnaps oder Geist" verabreichen, „bzw. ... der Schnaps ... dem Volk" (und besonders den Altbayern) „bis zu einem gewissen Grade als Heilmittel" gelte.

für eine Lumpensammlerin (vielleicht vom hebr. schâ'al = „durchsuchen") und Kiepenjule für die Heilsarmeeschwester (nach der auffälligen Form ihrer Hüte) gebildet worden sind.

Daß lediglich nach seiner weiten Verbreitung auch ein Familienname zum Gattungsbegriff erhoben worden, findet sich höchst selten und speziell für Berufe u. dgl. wohl nur bei dem Namen Meier, der uns (nach Vorbildern wie Bieder-, Vereins-, Schwindelmeier usw.) entgegentritt z. B. in dem Obermeier für einen höheren Beamten, dem Leipziger Nietenmeier für einen Lotteriekollekteur und dem Hausmeier statt „Hausmeister" bei unseren Schülern. Um so beliebter erscheint die Verwendung der gebräuchlicheren Vornamen in erweitertem Sinne. So ist uns z. B. ein Johann schon lange so viel wie ein Kutscher, Hausknecht oder Bedienter, das „feinere" französische Jean aber blieb dem Kellner vorbehalten, während es in der Verkleinerung „Schanl" bei den Wiener Gaunern den Wachmann und in der mehr angedeutschten Form „Schangel" beim Militär den elsässischen oder lothringischen Soldaten bedeutet hat[10]), ähnlich wie in Bayern der „gemeine" Vaterlandsverteidiger wohl Hannes hieß, was an gewisse (gleich noch zu nennende) ältere Verbindungen mit Hans für den Landsknecht erinnert. Auch Bauernname ist aber Hans gewesen[11]) und stand insofern — wie hier und da auch Heini (-ne) — gerade im Gegensatz zu dem „Bruder Veit", d. i. dem Landsknecht. Meister Hans (oder Meister Peter, Barthel, Kilian und ähnl.) nannte das Volk einst auch den Scharfrichter. Für Kellner war in früheren Zeiten — gleich Jean — auch Louis ein recht beliebter Gattungsname. Jetzt ist er bekanntlich (von Berlin aus)

[10]) Siehe Horn, S. 24 vbd. mit Imme, S. 60. Außerdem ist Schangel von Horn, S. 55 noch für den Bataillonstambour (nur bei einem einzelnen Regiment), von Imme, S. 62 (neben Schang) aber als soldatischer Name für die französische Zivilbevölkerung angeführt; vgl. auch noch Hochstetter, S 62 und Maußer, S. 18. Siehe ebendas. und Anm. 82 (S. 86) noch Schani (d. i. die österreichische Koseform von Hans) als bayrischen Soldatenausdruck für den Österreicher, der (bei märkischen Truppen) auch Nazl (wohl Abkürzung von Ignaz) oder Kakanazi (in dem das „Kaka-" wohl aus der üblichen Abkürzung k. k. [= kaiserlich, königlich] herstammen dürfte) heißen soll. — Auch Iwan für den Russen ist eine soldatische Verallgemeinerung nach der Häufigkeit dieses Namens bei unseren östlichen Nachbarn (siehe Bergmann, S. 27; Imme, S. 63).

[11]) Nach der (schon im Abschn. I, 1, S. 16, Anm. 23 angeführten) Abhandlung von Alfr. Götze, S. 52 ist vielleicht auch das alte rotwelsche Houtz oder Hutz u. ä. = Bauer aus einem germanischen Männernamen wie Hudipert (über Hodizo, Koseform Hozzo [seit 1284 in St. Gallischen Urkunden) zum Appellativnamen geworden.

im Volksmunde sowie bei den Gaunern und Kunden die geläufigste Bezeichnung für einen Zuhälter oder Dirnenbeschützer geworden, wofür seltener und meist mit noch verächtlicherem Beigeschmack (für die niedrigste Sorte dieser Art von Leuten) auch das gut deutsche Lud(e)wig, abgekürzt Lude, vorkommt (vgl. Näheres in Groß' Archiv, Bd. 51, S. 157). Übrigens wird in gleichem Sinne auch das — aus dem Pariser Argot stammende — Alphons verwendet, während Lute (so!) in der neuesten Kundensprache wohl auch den Gendarmen bezeichnet. Unter Seppel (Kurzform von Josef) begriff man früher in Wien allgemein den Polizisten[12]), Wastel (von Sebastian) bedeutet dort noch heute bei den Gaunern den „Justizsoldaten", Moritzchen ist in Kaufmannskreisen als Spitzname eines (jüdischen) Lehrlings zu hören. Christian hieß im alten Rotwelsch (seit dem Liber Vagatorum, 1510) der Pilgrim, besonders zunächst der sogenannte „Jakobsbruder", der zu dem berühmten spanischen Wallfahrtsorte Santiago de Compostela wanderte. Für einen Bedienten kannte die Gaunersprache zu Anfang des 19. Jahrhunderts Thomasl (österreichisch), speziell für einen Kammerdiener auch wohl Kaspar. Von „dienstbaren Geistern" weiblichen Geschlechts wäre hier besonders „(Jungfer) Lieschen" anzuführen, wie man im 18. Jahrhundert zu Leipzig allgemein das Dienstmädchen nannte, das in Berlin jetzt durch „die Aujuste" vertreten ist. Die im Altenburgischen übliche Bezeichnung Marje für die Bauernfrauen bei den Städtern ist (nach O. Weise) nichts anderes als der in dortiger Gegend sehr häufige Vorname Marie. Von den Gaunern und Kunden werden u. a. Hanne, Suse und Trine (Kurzformen von Johanna, Susanna und Katharina) für leichte Dirnen gebraucht (vgl. Näheres in Groß' Archiv, Bd. 51, S. 161, 163), wozu bemerkt sei, daß schon bei Thomas Murner (1524) Ketterlin (ebenfalls zu Katharina) in demselben Sinne vorkommt. Die Entstehung unseres Wortes Metze aus Mechthild endlich dürfte bekannt sein, weniger dagegen der Gebrauch von Mathilde für eine „Kundenschickse", d. h. die Begleiterin eines „Walzbruders" im Jargon dieser Leute, der übrigens auch als Bejahung auf die — zur Erkennung untereinander gestellte — Frage: „Kunde?" die herkömmliche (noch nicht recht aufgeklärte) Formel: „kenn (wohl vom hebr. kên = „ja") Mathilde" (älter: „kenn Matthes" [= Matthäus, Matthias])

[12]) Über Seppel = Bayer in der Kundensprache siehe schon Abschn. I, 1, S. 15. Nach Imme, S. 60 soll Seppis (Mehrzahl) ein soldatischer Ausdruck für die elsässischen Kameraden gewesen sein, weil auch im Elsaß der Name Seppi häufig vorkommt. Bergmann, S. 25 erwähnt Sepp als Bezeichnung eines feindlichen Schützen, dem die Deutschen den „Anti-Sepp" entgegenstellten.

hat, womit die erwähnte Bedeutung vielleicht zusammenhängen mag (vgl. Groß' Archiv, Bd. 51, S. 163). Zweifelhaft bleibt es endlich, ob in dem gaunersprachlichen (aus Wien stammenden) Lotterl für eine Schenkwirtin (nach Avé-Lallemant auch = Bordellwirtin) lediglich die verkleinerte Koseform von Charlotte erblickt oder dabei etwa eine Anlehnung an „lotterig", „(herum)-lottern" u. dgl. angenommen werden darf (vgl. Näheres in Groß' Archiv, a. a. O., S. 162).

Unter den mit Vornamen gebildeten längeren Verbindungen für Stände und Berufe nimmt wiederum Hans den ersten Platz ein, sei es, daß er voransteht, wie in den alten, für den Landsknecht üblich gewesenen Bezeichnungen Hans Humm, Hans Knebelbart, Hans Marter (letzteres wegen des Fluchens und Schwörens bei der Passion Christi [Horn, S. 20]) u. ä. und in dem rotwelschen Hans Hache für den Bauer (vielleicht zu dem mundartlichen Hache = Bursche, [grober] Kerl)[13]), oder daß er am Ende erscheint, wie in Feder-, Scharr-, Fluch-, Kreuz-, Wunden- oder Marterhans als weiteren Synonymen früherer Zeiten für den Landsknecht, in den gleichfalls soldatischen älteren Bezeichnungen Bengelhans (zu Bengel = Knüppel) für den „Steckenknecht", Knapphans für den Marketender und dem neueren Bataillonshannes für den Bataillonstambour (Imme, S. 43; vgl. oben S. 186, Anm. 10), dem einst allgemeiner gebrauchten spöttischen Schmierhans für Schriftsteller sowie endlich den Gaunerwörtern Grillenhans (oder -franz) für einen Gelehrten, Kappenhans für Kapuziner, Stechhans für den Schneider, Schmalhans für den Bettler und (selten) Schnorrhans für den „Bettelvogt", der die „Schnorrer" festnimmt (vgl. ferner noch rotwelsch Kuttenhansel = Geistlicher und Postjohann = Postkutscher neben Postjochen und Postjockel [letzteres zu Jakob] sowie bei der Marine: Jan Maat = Matrose). Auch der Michel erscheint noch ziemlich häufig. So nennt das Volk den Bierbrauer wohl humoristisch Planschmichel, den Glaser (z. B. in Mecklenburg) Kittmichel. Im Elsaß war Käsmichel ein Spottname für die gemeinen Soldaten, diese selber wieder bezeichneten allgemein den Küchenunteroffizier, dann auch wohl die Küchenmannschaft überhaupt, in neuerer Zeit aber auch den Sanitätssoldaten, als Schlunzmichel (zu Schlunz

[13]) Die Herkunft des rotwelschen Wortes Hache (auch allein = Bauer) ist sehr bestritten. Siehe über die verschiedenen Ansichten Groß' Archiv, Bd. 42, S. 2 u. Anm. 1 u. 2 (tschech. hoch = „Bursche", zigeun. hácho = „Bauer") und dazu jetzt noch Bischoff, Wörterb., S. 31, der an (ahd.) Hag = „Eingehegtes, Bauernhof" denkt.

= dicke Suppe u. dgl.)[14]), und die Gauner kennen Flurmichel für Feldhüter sowie (besonders in Hamburg) Schmiermichel für einen Kriminalbeamten (zu Schmiere = Wache, vom hebr. schemîrâh). Mit Peter haben sie Fiselpeter = Büttel (selten, wohl zu Fisel, hier = „Ochsenziemer" als ehemaliges Züchtigungswerkzeug) und Nospelpeter = Besenbinder (etymologisch unsicher) gebildet; unter Kungelpeterske versteht man in Westfalen einen „Althändler" (zu mundartl. kungeln = vertauschen).

Starker Beliebtheit erfreuen sich die Zusammensetzungen mit Friedel oder Fritz(e) (als Kurzformen von Friedrich). So nennt man in Norddeutschland einen Fährmann wohl Kahnfriedel. Das elsässische Gugelfritz für einen Mönch (zu südd. Gugel = Kappe) steht in Übereinstimmung mit dem älteren rotwelschen Gugelfranz für den Franziskaner; zwei neuere Schöpfungen der Gauner- und Kundensprache sind Pickelfritz für den Gendarmen (nach seiner Pickelhaube) und Pinselfritze für einen Maler. Besonders hat sich die (eben zuletzt erwähnte) Form Fritze von Berlin aus — in dem Sinn etwa von „Verkäufer, Händler" — in zahlreichen Ausdrücken verbreitet, wie Zigarrenfritze, Kuchen- oder Bonbonfritze (= Konditor), Heringsfritze (= Materialwarenhändler), Vogelfritze (in Leipzig = Vogelhändler) u. a. m., und ist dann auch von unseren Soldaten gern verwendet worden, und zwar nicht nur für verschiedene, dem Beruf des Kaufmanns allenfalls noch nahestehende, wenn auch auf das Soldatenleben bezügliche Beschäftigungen, wie bei Kantinenfritze für den Verkäufer in der Kantine und Proviantfritze für den Proviantbeamten, sondern auch für andere Tätigkeiten, wie bei Opiumfritze für den Sanitätsunteroffizier und Zappelfritze für den Radfahrsoldaten, ja sogar für ein rein militärisches Rangverhältnis bei Lattenfritze für den Feldwebel (zu Latte = Säbel; vgl. Imme, S. 21, 43, 96, 122 vbd. mit Bergmann, S. 21 und Maußer, S. 13).

Von den Berufsbezeichnungen mit Bartel und Matz (aus Matthäus) sind mehrere heute veraltet, noch gebräuchlich dürften aber sein z. B. Hausbartel als Gaunerwort für den Hausmeister in Gefängnissen und das aus Berlin stammende Singematz für einen Gesanglehrer. Mit Heinrich sind außer verschiedenen mundartlichen Ausdrücken (wie z. B. Post-Heiri = Briefträger in Basel) namentlich mehrere hierher gehörige Zusammensetzungen in unserer Soldatensprache zu finden, so das wortspielartige Portemonnaie-

---

[14]) Siehe schon Horn, S. 54 sowie Imme, S. 20 u. 132. Dagegen hat Maußer, S. 65 die Form Schlundmichel (bei preuß. Soldaten).

heinrich (statt Portepeefähnrich), ferner Mottenheinrich für den Kammerunteroffizier und Leichenheinrich für den Sanitätssoldaten, das dann auch in weitere Kreise gedrungen ist (vgl. auch noch aus der Kriegszeit Hein Fienbrot für den französischen Soldaten [bei den Hanseaten], weil er nur Weißbrot ißt). Militärisch war einst auch in Bayern Profoßenseppel für den „Profoßengehilfen"; im Elsaß ist Rebseppi ein Spitzname für den Winzer, bei den Gaunern und Kunden Lattenseppel ein solcher für den Gendarmen (vgl. oben Lattenfritze), der auch noch Klempners Karl heißt (über dessen Bedeutung schon im Abschn. I, 4, S. 97 u. Anm. 11 näher gehandelt worden). Zwei Seitenstücke dazu sind Schallerskarl für den Lehrer, das zu rotwelsch schalle(r)n = singen gehört, und das neue soldatische Hufkarl für den sogenannten „Fahnenschmied", d. i. den Hufschmied bei der Kavallerie (sächsisch nach Maußer, S. 14). Stutenbänd soll mundartlich (z. B. in Münster i. Westf.) ein Spottname für den Bäcker sein (zu Stuten, ndd. = Weißbrot und Bänd = Bernd, Verkürzung aus Bernhard). Endlich seien noch zwei soldatische Neubildungen dieser Art genannt: Schacherede (zu Ede, Kurzform von Eduard) für den Marketender und Graupelmoritz für einen Bomben abwerfenden feindlichen Flieger (s. Imme, S. 122 und Hochstetter, S. 16)[15].

Viel geringer ist begreiflicherweise die Zahl der mit weiblichen Vornamen (lediglich nach ihrer Häufigkeit) zusammengesetzten Standes- oder Berufsnennungen. Es sind — auch ganz abgesehen von den Ausdrücken für die Freudenmädchen (wie z. B. das ältere Fiedelelse oder jetzt bei den Kunden Kletterhanne und Strichelmine — meist nicht sonderlich hochgeschätzte soziale Stellungen, in denen wir Frauennamen antreffen. In Norddeutschland kommt z. B. Nähfieken (zu ndd. Fieken, Abkürzung von Sophie) für eine Näherin vor; in Wien war früher Waschtrogtonerl gleichbedeutend mit Wäschermädel und Theatergretl soviel wie eine Dame vom Theater. Sie ist wohl öfter angewiesen auf die Hilfe der Flüsterlotte, wie im Schauspielerjargon die Souffleuse genannt wird.

---

[15]) Nicht ganz gleichmäßig wird die Bedeutung von Knallmax(e) von den Schriftstellern über die neuere Soldatensprache wiedergegeben. Nach Bergmann, S. 25, Hochstetter, S. 77 und Imme, S. 145 soll nämlich so speziell der französische (Scharf-)Schütze genannt worden sein, während Maußer, S. 18 die Bezeichnung als eine bei norddeutschen Truppen für den „Franzosen" überhaupt allgemein gebräuchlich gewesene anführt.

3. Über „Vornamen" als Sachbezeichnungen[1]).

Daß Personennamen zu sogenannten Gattungsbegriffen umgewandelt werden, ist ein sehr weit verbreiteter sprachlicher Vorgang, der ganz besonders auch bei uns Deutschen beliebt erscheint. Nicht nur, daß wir allerlei menschlichen Eigenschaften oder Zuständen, verschiedenen Gewerben oder Berufen auf diese Weise eine konkretere Gestalt zu geben bestrebt sind, auch auf Tiere, ja selbst auf unbelebte Sachen wenden wir dasselbe Verfahren an. Dies aber erklärt sich vor allem aus dem von jeher dem germanischen Geist eigen gewesenen Triebe, die gesamte Umwelt zu personifizieren, d. h. sie sich gleichsam mit menschlichem Leben beseelt zu denken. Schon in der altnordischen Edda hat z. B. nicht nur jedes Tier, auch jedes leblose Ding, das in den Mythos gehört, seinen Eigennamen, und der germanische Krieger benannte sein Schwert und sein Horn, seinen Helm und seinen Panzer ganz so, wie auch Menschen damals heißen konnten. Ja auch noch später und bis in die Gegenwart hinein finden wir diese Erscheinung, wenngleich dabei die Formen im Laufe der Jahrhunderte natürlich gewechselt haben. Indes ist mit solchen Personifikationen das Gebiet der Anwendung menschlicher Namen auf unbelebte Gegenstände keineswegs erschöpft, denn außer einer ganzen Reihe von Beispielen, in denen es sich eigentlich um Wortspiele oder sogenannte Volksetymologien handelt, gibt es auch noch eine Fülle von Bezeichnungen für Sachen, die nur deshalb mit Menschennamen belegt worden sind, weil sie einmal zu irgendeiner bestimmten Persönlichkeit in engerer oder fernerer Beziehung gestanden haben. Insbesondere gehören hierher die Benennungen von Erfindungen oder Entdeckungen nach den Erfindern oder Entdeckern, von Erzeugnissen der Kunst oder des Gewerbes nach den Künstlern oder Fabrikanten, von Kleidungsstücken nach ihren ersten Trägern u. dgl. m. Insofern bei diesen Fällen nun — was die Regel ist — sogenannte Familiennamen in Betracht kommen (wie

---

[1]) Erschienen unter gleichem Titel in der „Kölnischen Zeitung" vom 29. März 1914, Nr. 357. — Zur Literatur s. die schon zu Abschn. IV, 2, S. 178, Anm. 1, angegebenen Schriften sowie ferner etwa noch: Franz Harder, Werden und Wandern unserer Wörter (Etymologische Plaudereien), 4. Aufl., Berlin 1911; Friedr. Seiler, Die Entwicklung der deutschen Kultur im Spiegel des deutschen Lehnworts, Bd. IV (Neuere Zeit), 2. Abt., Halle a./S. 1912; Franz Söhns in der Zeitschr. für den deutschen Unterricht, Jahrg. XI (1897), S. 97ff. („Unsere Pflanzen hinsichtlich ihrer Namenerklärung usw."); vgl. im allgemeinen auch noch B. Kahle in den „Indogermanischen Forschungen", Bd. XIV (1909), S. 137ff., und dazu Karl Helm in den „Hessischen Blättern für Volkskunde", Bd. IV (1905), S. 72 („Eigennamen lebloser Dinge").

z. B. „ein Zeppelin", „ein echter Rembrandt", „ein Arnheim" für einen feuerfesten Geldschrank, Havelock für einen Mantel usw.), sollen sie hier grundsätzlich von der Betrachtung ausscheiden, da sie schon des öfteren behandelt worden sind[2]). Aber auch bei der Beschränkung auf den Gebrauch von Vor- oder Rufnamen als Sachbezeichnungen bleibt noch ein so umfangreicher Stoff übrig, daß an dieser Stelle nur das Wichtigste hervorgehoben werden konnte, namentlich auch aus dem großen Schatze unserer Mundarten. Gleichsam als Ersatz dafür sind dagegen die — meist recht interessanten — Beispiele aus dem „Rotwelsch" der Gauner und der sogenannten „Kundensprache" sowie aus der neueren Soldatensprache etwas eingehender berücksichtigt worden.

Vorangestellt seien zunächst einige Beispiele, die lediglich durch Wortspielereien zustande gekommen sind. Es handelt sich dabei öfter um absichtliche Verdrehungen von Wörtern unserer Sprache, die formell an irgendeinen Vornamen anklingen, wie z. B. das mundartliche Kopp (statt Kopf) an Jakob, das dann zu Wendungen wie etwa: „Du kriegst eins auf den Jakob" führte, oder das schlecht (sächsisch) ausgesprochene „Töter", das zu der früheren soldatischen Benennung Theodor für das Seitengewehr der Ökonomiehandwerker Veranlassung gegeben haben soll (nach Horn, Soldatenspr., S. 68). In ähnlicher Weise hat man die (besonders auch gaunersprachlichen) Ausdrücke Blasius (mit Bezug auf „blasen") für den Wind und Kilian (mit Bezug auf „kühl") für die Kälte zuwege gebracht, und wenn eine thürigische Lokalbahn (von Weimar nach Rastenberg) im Volksmunde „die kleine Laura" heißt, so soll sich auch das nach einer verbreiteten Ansicht einfach daraus erklären, daß man auf den Bahnhöfen meist so lange auf ihr Eintreffen „lauern", d. h. warten muß[3]). Ein recht alter, unter anderem schon in Grimmels-

---

[2]) Soweit es sich um Namen von Ausländern handelt, habe ich die wichtigsten Beispiele in einem Aufsatz („Berühmte Familiennamen unserer ‚Feinde' als Begriffsbezeichnungen der deutschen Sprache") in der „Köln. Zeitung" vom 12. und 19. Dez. 1915, Nr. 1260 und 1286, zusammengestellt.

[3]) So z. B. O. Weise, Ästhetik der deutschen Sprache (4. Aufl., 1915), S. 160. Dagegen schrieb mir seinerzeit eine Weimarer Leserin der „Köln. Zeitung" über diesen Namen das Folgende: „Daß der Bau der Weimar-Rastenberger Bahn zustande kam, ist hauptsächlich das Verdienst eines Herrn v. Helldorf, der infolgedessen, namentlich bei den Bauersfrauen der Umgegend, die ihre Erzeugnisse auf den Markt nach Weimar zu bringen pflegen, und denen in erster Linie dieses Verkehrsmittel zugute kam, sehr populär wurde. Ihm zu Ehren tauften sie die Bahn auf den Namen seiner Frau, ‚Laura'." Danach wäre dann die oben erwähnte wortspielartige Deutung der Bezeichnung in sie wohl erst später hineingetragen worden. Einen leicht herauszufindenden geographischen Hintergrund hat der Spottname einer anderen Kleinbahn,

hausens „Simplizissimus" (1669) zu findender Wortwitz dieser Art ist auch noch die ominöse „schnelle Kath(a)rine", die wahrscheinlich dem Anklang an „Katarrh" (d. h. hier: Darmkatarrh, Diarrhöe) ihre Entstehung zu verdanken gehabt hat.

Hiermit nähern wir uns übrigens schon dem Gebiete der Volksetymologien, durch welche sich die große Masse ihr unverständliche Ausdrücke, namentlich also Fremdwörter, mundgerecht zu machen pflegt. Einen wahren Tummelplatz für derartige Umgestaltungen zu allerlei Personennamen bieten unter anderem die griechisch-lateinischen Sachbenennungen unserer Pflanzen und Gewächse dar. Wenn man z. B. aus Pyretrum einen Bertram, aus (Allium) ascalonium zunächst Schalotte und daraus wieder eine Cha(r)lotte oder aus Foenum graecum gar eine „feine Grete" gebildet hat, so kann es kaum wundernehmen, daß im Volksmunde auch die Petersilie einfach zu Peterli (-le, -lein), der Rosmarin zu Rosamarie und der Baldrian (Valeriana) in Mecklenburg zu Bullerjahn — und dann wieder hübsch ins Hochdeutsche übertragen — zu „Polterjohann" geworden ist. Ähnliches finden wir natürlich auch noch auf anderen Gebieten, z. B. dem der Kleidung. So spricht der richtige Berliner von einer Samtmathilde (statt: -mantille), und in manchen Gegenden Süddeutschlands wird ein jackenartiges Gewand für Frauen Peter genannt, was wahrscheinlich nur eine Umbildung ist aus dem älteren Beider (eigentlich Beiderwat, Beiderwand, für ein halb aus Leinen, halb aus Wolle bestehendes Gewebe). Hier hätten wir es also sogar mit einem einheimischen Wort zu tun, das aber in der neueren Zeit nicht mehr recht verstanden wurde. Bemerkt sei noch, daß auch unsere Gaunersprache sehr reich an solchen scheinbaren Namen ist, wobei vorwiegend Wörter aus dem Hebräischen (bzw. Jüdischdeutschen) in Betracht kommen. Eine der ältesten und häufigsten rotwelschen Vokabeln ist z. B Jochen (Joachim, Johann u. ä.) für den Wein (nebst Finkeljochen u. ä. = Branntwein, Schnaps, zu rotwelsch finkeln, funkeln u. ä. = sieden, brennen), das lediglich aus dem hebr. jajin (jüd. jôjin) = Wein zurechtgeformt ist; und der Schaber-

---

die stille Pauline, die von Paulinenaue nach Neuruppin führt (Weise, a. a. O.), und ähnlich ist es bei dem im Berliner Volksmund üblichen Namen Valerie oder Bullerjahn für ein im Kastanienwäldchen aufgestelltes Geschütz vom Mont Valérien. Schon 1870/71 sollen unsere Soldaten dieses Geschütz „Onkel Baldrian" genannt haben, „wobei wohl das Verbum ballern anklang" (B. Kahle, a. a. O., S. 142 vbd. mit Helm, a. a. O., S. 140; vgl. auch Horn, Soldatensprache, S. 140). Über andere, selbständige volkstümliche Namen für Kleinbahnen und Geschütze siehe noch den Text weiter unten.

bartel für ein Brecheisen der Diebe (vom hebr. schâbar = brechen und barzel = Eisen) spukt wahrscheinlich sogar noch in einer Redensart unserer Gemeinsprache weiter, nämlich in „wissen, wo Bartel (den) Most holt" (vgl. Näheres schon im Abschn. I, 2, S. 55; über weitere Beispiele, wie Lorchen = Semmeln u. ä. m., s. auch Abschn. I, 6, S. 131).

Unter den Übertragungen wirklicher Namen auf Sachen, denen wir uns nun zuwenden wollen, fehlen solche, die sich auf die Vornamen einzelner bestimmter (historischer) Personen beziehen, keineswegs völlig, wenngleich sie — wie schon bemerkt — gegen die Bildungen nach Familiennamen stark zurücktreten. Von der Königin Claudia, der Tochter Ludwigs XII. und Gattin Franz' I. von Frankreich, würde man heute in Deutschland wohl kaum noch etwas wissen, lebte ihr Name nicht in der Reineclaude, der von ihr einst bevorzugten Edelpflaume, weiter. Das Andenken an eine andere Französin, die Astronomin Hortense Lepouche, ist gesichert durch die ihr zu Ehren Hortensie genannte schöne Blume, die deren Entdecker, Commerson, 1767 aus Japan mitbrachte. Auch in der Bezeichnung einer Erfindung tritt uns ausnahmsweise einmal nur der Vorname des Erfinders entgegen, nämlich in dem Batist, jenem feinsten Leinwandstoff, der benannt sein soll nach Bâtiste Chambray, welcher im 13. Jahrhundert die Leinenweberei in Flandern sehr in Aufnahme brachte.

Daß Münzen mit dem Bildnisse eines Herrschers schlechthin nach diesem bezeichnet wurden, ist öfter vorgekommen, am bekanntesten ist wohl der Louis(d'or) für ein Goldstück, das zuerst unter Ludwig XIII. von Frankreich um 1640 geprägt worden ist. Keiner weiteren Erklärung bedarf es ferner, daß der Dragoner zur Zeit Friedrichs des Großen seinen Zopf wohl als „alten Fritzen" bezeichnete[4]). Weshalb dagegen der Rathausturm in Frankfurt a. M. im Volksmunde als „langer Franz" bekannt ist, wird jemand, der nicht Bürger dieser Stadt ist, kaum herausbringen. Es ist nämlich der Vorname des ehemaligen verdienten Oberbürgermeisters Franz Adickes, der uns in dieser Verbindung entgegentritt. Beim Militär ist es vielfach üblich gewesen, die Arrestlokale nach dem (Familien- oder) Vornamen einzelner Arrestverwalter zu benennen, die dadurch oft lange ihre Amtszeit überdauert haben. So konnte der Soldat „freies Quartier" beziehen „bei Vater Philipp", „bei Vater (oder Onkel) Alwin", „bei Vater Moritz" oder schlechthin „beim

[4]) Siehe Näheres bei Horn, Soldatensprache, S. 73 u. Anm. 9. Später (1813) taucht „der olle Fritz" auch als Name eines schweren russischen Geschützes auf; siehe Horn, S. 46 u. Anm. 12 und den Text weiter unten.

Franzl" (Bayern) oder „bei Karln" (Sachsen)[5]). Zuweilen erklären sich solche Namen von Gefängnissen u. dgl. übrigens noch einfacher, nämlich aus den Benennungen der Straßen, in denen sie gelegen sind, so z. B. in Berlin „der jriene Anton" in der früheren Anton-, jetzigen Perleberger Straße, oder in Wien — bei den Gaunern — St. Theobald für das Polizeigefängnis in der St. Theobaldsgasse (vgl. auch schon Abschn. I, 1, S. 30 und I, 5, S. 109).

Eine besondere Gruppe von Namen für Sachen, welche sich meistens auf bestimmte Personen beziehen, bilden endlich noch diejenigen, die ihnen durch einen besonderen feierlichen Taufakt ausdrücklich verliehen werden. In vergangenen Tagen hatten solche Taufzeremonien ein noch weiteres Anwendungsgebiet, es sei hier nur an den alten Gebrauch der Glockentaufe (in der Regel nach gewissen Heiligen) erinnert (s. Näheres bes. bei Wackernagel, Kl. Schriften III, S. 94ff.; vgl. B. Kahle, a. a. O., S. 141). Bis in die Gegenwart erhalten hat sich die Schiffstaufe, ja, man hat sie nach Erfindung der Luftschiffe wohl auch auf diese ausgedehnt[6]). Dabei ist es mehr und mehr Sitte geworden, hochgestellte, insbesondere fürstliche Personen zu „Paten" zu wählen. Infolgedessen waren vor dem Weltkriege z. B. unter den Schiffsnamen des „Norddeutschen Lloyd" und der „Hamburg-Amerika-Linie" die meisten Mitglieder der deutschen Kaiserfamilie vertreten, und auch ein stolzes Zeppelin-Luftschiff führte nach der Kaisertochter den Namen Viktoria Luise.

Während wir nun aber hierbei doch stets das Bewußtsein haben, daß zwischen den Fahrzeugen und den hohen Taufpaten eigentlich nur ein rein äußerlicher Zusammenhang besteht, sind jene Fälle ganz anders geartet, wo es sich bei der Namengebung für leblose Dinge um wirkliche Personifizierungen handelt, die sozusagen aus dem Volksgeiste heraus geschaffen wurden. Ein typisches Beispiel mag verdeutlichen, auf welche Weise derartige Benennungen

---

[5]) Siehe schon Horn, a. a. O., S. 123, bei dem nur „bei Vater Moritz" fehlt, das Imme, S. 89 als modern aus Wiesbaden erwähnt. Bei Imme, a. a. O. und Maußer, S. 43 sind ebenfalls „beim Franzl" und „beim Vater Philipp" angeführt, doch gehen die Ansichten über das Verbreitungsgebiet des letzteren auseinander. Während Horn es nämlich für Berlin, Hamburg und Hessen erwähnt, meint jetzt Imme, es stamme aus Köln, und Maußer bestätigt sein Vorkommen auch in Bayern in neuerer Zeit (vgl. auch das. S. 93, Anm. 176).

[6]) Dagegen hat die Sitte der amtlichen Belegung der Lokomotiven mit Eigennamen (vgl. dazu B. Kahle, a. a. O., S. 142) in der Neuzeit mit ihrer großen Ausdehnung des Eisenbahnverkehrs der einfachen Numerierung dieser Maschinen Platz gemacht. — Über Eigennamen für bes. wertvolle Edelsteine siehe Kahle, S. 141.

wohl häufig entstanden sein dürften. Unsere Sprache besitzt eine große Menge von Ausdrücken für allerlei Werkzeuge, die so lauten, als ob sie selber — und nicht erst der sie handhabende Mensch — die entscheidende Tätigkeit ausüben, man denke nur an den Leuchter, Bohrer, Drücker, den Federhalter, Nußknacker, Scheinwerfer, Korkzieher oder Stiefelzieher usw. Noch mehr in das „persönliche" Gebiet rücken wir nun diese Dinge dadurch, daß wir z. B. statt vom Stiefelzieher von einem Stiefelknecht sprechen, wie wir ja auch eine Rechentabelle als Rechenknecht bezeichnen (vgl. ferner studentisch Hausknecht = Hausschlüssel, Ballenknecht = Gerät der Buchdrucker, auch stummer Diener = ein Tischchen [s. Weise, Ästhetik, S. 112, 113]). Von da aus ist es aber wiederum nur noch ein Schritt dazu, den Gerätschaften solche Eigennamen beizulegen, wie sie eben Menschen in dienender Stellung häufig führen, sie also z. B. mit Hans, Hansel (Abkürzung von Johann), oder Heinz (Abkürzung von Heinrich) zu verbinden, wie in dem mundartlich für „Stiefelknecht" wohl zu hörenden Stiefelhänsel (vgl. englisch jackboot) oder Stiefelheinz (letzteres vermutlich zugleich mit Hineinspielen von Heinz als Name eines geschäftigen Hauskobolds; vgl. „Heinzelmännchen").

Um nun die Übersicht über die ziemlich große Zahl solcher Benennungen zu erleichtern, empfiehlt es sich vielleicht, sie nach den verschiedenen sachlichen Gebieten zu ordnen, denen sie angehören, wobei wir von den einfachen Fällen zu den fernerliegenden aufsteigen wollen.

Am leichtesten zu begreifen ist es ohne Zweifel, daß der Mensch den einzelnen Gliedern oder Organen seines Körpers ein selbständiges Dasein zuschreibt und ihnen demnach auch Personennamen beilegt. Es ist dies die Auffassung der Kinder, der Naturvölker und — auch der Gauner, bei denen sich ja (nach den Lehren Lombrosos) viel „Atavistisches" finden soll. In unseren Kinderliedern führt fast jeder Finger der Hand seinen besonderen Namen; der Zeigefinger heißt z. B. Kort-Johann, der Mittelfinger Langmarten, der vierte schlechthin Johann oder Klein-Jäckchen (zu Jakob), der kleinste endlich Piphans (oder Peter Müllermann), und im Rotwelsch treffen wir unter anderem an Stammhans für den Fuß oder das Bein (zu „stemmen"), Gleis- oder Kleishänse für die weiblichen Brüste (zu Gleis, Kleis = Milch, wahrscheinlich von gleißen, glitzern) und Spannmichel für das Auge (zu spannen = sehen). Der bei den „Kunden" (und in Berlin auch sonst) gebräuchliche Ausdruck Wilhelm (Willem) für einen falschen Zopf vermittelt gleichsam den Übergang zu den Dingen, womit wir unsern

13*

Körper bekleiden, die ebenfalls öfter in derselben Weise personifiziert erscheinen. Tanzhänsel ist z. B. in manchen Gegenden ein ähnliches Stück der weiblichen Toilette wie das oben erwähnte „Peter", und bekannt dürfte jedem Akademiker aus den Liedern des Kommersbuches auch der „(alte) Gottfried" sein, d. h. jener bequeme Haus- oder Schlafrock, der bei dem „Bruder Studio" vergangener Tage — nebst der langen Pfeife — ein unentbehrliches Zubehör bildete. Auch das Volk gebraucht den Ausdruck wohl noch jetzt hier und da (z. B. in Leipzig), und in Wien redet wenigstens der Gauner noch von einem Friedl (= Rock) oder Winterfriedl (= Winterrock), wofür indes auch Józsi (d. h. Joseph) vorkommt. Bei unseren Soldaten führte „die in der militärischen Dienstsprache sogenannte 6. Garnitur, d. h. die schlechteste, der Arbeitsanzug ... Beinamen wie 6. Fritz, 6. Philipp u. a. (oder) auch bloß Fritz, Philipp u. a." (Imme, Deutsche Soldatensprache, S. 119).

Von den Wesen aus der weiteren Umgebung des Menschen sind es — nächst den Tieren — besonders die Pflanzen gewesen, die ihm zu allerlei Personifikationen durch Namen Veranlassung gegeben haben. Aus der großen Fülle dieser Art volkstümlicher Botanik seien wenigstens einige Proben herausgegriffen. Wer kennt z. B. nicht die anmutige Umschreibung „Gretchen im Busch" für die Nigella damascena, den tückischen Schwarzkümmel? Ein weniger verbreitetes Seitenstück dazu bildet eine Bezeichnung der Anagallis (Gauchheil), die nämlich, weil sie ihre Blüten erst spät morgens öffnet, beim Volke in Thüringen die „faule Magd", in Mecklenburg aber konkreter „fule Lies" (nach Liese[e] als häufiger Magdname) genannt wird. Das Gänseblümchen heißt in Hessen Konrädchen, die Mauer- oder Mäusegerste (Hordeum murinum) in Steiermark Schliefhansel oder Hansel am Weg, während Weghansel dort den Löwenzahn bedeutet; im Elsaß kennt man Zikelbaschi (von Sebastian) für den spanischen Flieder, und vielfach ist roter Heinrich für den wilden Sauerampfer, guter (oder auch stolzer) Heinrich unter anderem namentlich für den gemeinen Gänsefuß gebräuchlich (s. Näheres noch bei Grimm, Deutsch. Wörterb. IV 2, Sp. 887 Nr. 2, e und b; vgl. ebendas. lit. a, c, d und f: großer Heinrich = Alantwurz, stolzer H. auch = Kreuzwurz, böser H. = Sommerwurz oder „Erbsenwürger" [Orobanche major] und wilder H. = Rapunzel [Phyteuma spicata], alles vielleicht auch mit daraus zu erklären, daß man „die Heilkraft des Krautes" „dämonischen Wesen" zuschrieb, wie „Elben, Koboldem" usw., „die gern Heinz oder Heinrich heißen" [vgl. auch oben Stiefelheinz]). In der Gaunersprache erscheinen Verbindungen mit Hans bevorzugt, so Stammhans für den Baum, ferner Sauer- (oder Sur-)hans für die Zwiebel, Langhänse für die Bohnen, Blauhans für die Pflaume, Pommhans für den Apfel (zu französisch pomme). Schon das älteste Rotwelsch enthält auch eine Bezeichnung dieser Art für ein erst künstlich zubereitetes Lebensmittel, nämlich Hans von Geller für „grobes Brot" (mit Bezug auf das kornreiche Gelderland). Bei unseren Soldaten heißt dasselbe Gebäck wohl Kommißnickel, zu Nickel, Abkürzung von Nikolaus, die auch in dem allgemein bekannten westfälischen Pumpernickel steckt. Für trockenes (Bettel-)Brot kommt bei den „Kunden" (aber auch wohl bei den Soldaten) das merkwürdige „trockener Oskar" vor (vgl. auch Abschn. II, S. 145). Für Kuchen, Mahlspeisen, Puddings finden sich allerlei volkstümliche Zusammensetzungen mit Peter und Michel, so Kuhpeter in Schwaben für einen Kuchen aus der ersten Milch der Kuh, Wackelpeter in Berlin für eine „süße Speise", Kirschenpeter oder Kirschenmichel (südd.) für eine Art Kirschpudding, Kuchelmichel (zu Kuchel = Küche) für ein bayrisches Gebäck, Schnapsmichel in Steiermark für eine gebackene Mehlspeise mit Branntweinüberguß. Der Nikolaus erscheint wieder im Biernickel für eine „kalte Schale von Bier" (südd.), der Sebastian in Schnitzbasche für einen Kuchen aus Teig mit Äpfel- und Birnenschnitten od. dgl. im (im Elsaß). Sehr beliebt ist auch der Name Heinrich sowohl für Speisen wie für Getränke. Blauer Heinrich bedeutet z. B. in Schlesien eine Mehlsuppe, sonst wohl mehr Grützsuppe u. dgl., auch noch spezieller Buchweizengrütze (vgl. niederd. Bokwetenhinrik), stolzer Heinrich (besonders auch bei den Soldaten) den Reisbrei, sanfter Heinrich (in verschiedenen Gegenden Mittel- und Oberdeutschlands) eine besondere Sorte Likör[7]). Schon um 1492 hieß das Schöppenstedter Bier armer Heinke und um 1840 in Bayern das (meist dünne) sogenannte Kofentbier Heinzel (vgl. Bierheinzel noch heute in Schwaben = schlechtes Bier, in Bayern dafür auch Peterl, in Steiermark Hansel = „Tropfbier"). In einem alten Zecherlied wird der Wein Rebhans genannt, Braunhans heißt der Kaffee in der Gaunersprache; für den Branntwein kennt diese vereinzelt (im 18. Jahrh.) Merten (d. i. niederd. = Martin). Die Schnapsflasche heißt bei den Kunden (sowie all-

[7]) Vgl. hierzu (bes. betr. die Kunden- und Soldatensprache) Näheres auch schon in Abschn. II, S. 145, Anm. 33. — Nach Grimm, Deutsch. Wörterb. IV, 2, Sp. 887, Nr. 3, 4 ist stolzer Heinrich in einzelnen Gegenden auch Bezeichnung für andere Speisen (wie einen gefüllten Ganshals und eine große Blutwurst) und sanfter Heinrich eine solche für „einen in weichem Rhythmus dahin gleitenden Tanz, namentlich einen langsamen Walzer".

gemein in Berlin) Kar(o)line, wozu als männliches Seitenstück das steirische Ölkarl für eine große Ölflasche erscheint; anderswo kommt Jä(c)kel (von Jakob) für einen großbauchigen Krug oder auch für den großen Schmiedehammer vor, und schon aus dem Anfang des 18. Jahrhunderts stammt die sonderbare rotwelsche Redensart „dem Jackel das Eingeweide ausnehmen" für „einen Opferstock plündern'. Als Analogien zu Stiefelheinz (= Stiefelknecht) finden sich Heuheinz (in Süddeutschland) für eine Vorrichtung zum Trocknen des Heus und fauler Heinz oder Heinrich (früher bei Chemikern oder Apothekern) für einen (schlecht ziehenden) Destillierofen, Schurre-Heirech (= Heinrich) ist eine schweizerische Bezeichnung für den Brummkreisel, Drufseppel (zu Joseph) im Elsaß ein Scherzname für den Schlagbaum, Lenz (zu Lorenz) in Bayern eine solche für den mittelsten Kegel (den „König"), Mariandl in Wien für den „Drehwürfel" (beim Spiel), Moosmichel (zu Moos = Geld) bei den schwäbischen Händlern für den Geldbeutel[8]). Bei den Gaunern überwiegt auch für Geräte, Werkzeuge usw. wieder der Gebrauch von Hans (auch Hanjo als Umstellung von Johann) und Hansel. So ist Hansel (ohne weiteren Zusatz) soviel wie ein Kasten, Trog u. dgl., daher Marohansel (zu Maro = Brot, aus dem Zigeunerischen) ein Backtrog, Ohrhansel ein Henkelkrug, Tiegel, Hochhansel ein (Kleider-)Schrank, Serche-Hanjo bedeutet Tabakbüchse oder -beutel (zu serchen, sarchen = rauchen, vom hebr. bârach = „übel riechen, stinken"), ähnlich wie Salzhans den Schrotbeutel. Mit Hans sind ferner noch Grundhans = Eggenzinke und Schneidhans = Schere gebildet. Für „Messer" oder „Schwert" wird dagegen Michel verwendet, so besonders in den Zusammensetzungen Lang- oder Blankmichel für das Richtschwert, Setzmichel für das Abdeckermesser (vgl. Abschn. III, S. 154).

Daß die Diebe für ihre Einbrecherwerkzeuge gern Personennamen

---

[8]) Über das bes. Wienerische Marie = Geld (bzw. Mariedl = Geldbörse) siehe Näheres schon im Abschn. I, 2, S. 69. Nach Horn, Soldatensprache, S. 121 soll das biblische (jetzt auch in Deutschland ja als „Vorname" ziemlich häufige) Daniel früher bei den bayrischen Soldaten für den „Fäkalienkübel des Arrestlokals" gebraucht worden sein, wie es auch noch in der schwäbischen Gauner- und Kundensprache für den Nachttopf vorkommt. Nach Fischer, Schwäb. Wörterb. II, Sp. 50, Nr. 3 heißt Daniel im Volksmunde ferner der 90 Meter hohe Turm der Georgskirche in Nördlingen. Vgl. dazu auch Wackernagel, Kl. Schriften III, S. 94: „Einem hohen Kirchturm, den man überall in der Stadt wiedersieht, gibt man im Scherz wohl den Namen Hans in allen Gassen, so vormals in Berlin dem Turm der Marienkirche". Ebendas. noch weitere Beispiele solcher Turmbezeichnungen. Über den (systematisch anders zu beurteilenden) Turmnamen langer Franz siehe schon oben S. 193.

gebrauchen, ist psychologisch besonders leicht verständlich. Für die Brecheisen finden wir z. B. Lude (von Ludwig) oder langer Lude, Langhansel und langer Heinrich, auch Panzerheinrich für eine verstellbare Brechstange; aber vergeblich suchen wir in den älteren rotwelschen Quellen nach dem Dietrich für Nachschlüssel oder Sperrhaken. Das Wort stammt daher wohl nicht aus der Gaunersprache. Daß es sich aber auch hierbei um einen Eigennamen handelt, unterliegt keinem Zweifel, denn — ganz abgesehen von den oben erwähnten gaunersprachlichen Analogien — spricht dafür auch das Vorkommen der mundartlichen Synonyme Peterken (= Peterchen) und Klaus (oder Klöschen) sowie des englischen Cant-Wortes kate, d. i. Kätchen.

Für die Werkzeuge zur Vollstreckung der Prügelstrafe hat selbst das ältere Rotwelsch meines Wissens keine Personennamen gebraucht, nur für die „Karbatschbank", auf der jene Strafe vollzogen wurde, findet sich um 1835 bei den österreichischen Gaunern die Bezeichnung Mariandl. Der hier und da volkstümliche Ausdruck Birkengottfried für die Rute stammt wohl aus der Kinderstube (vgl. schweizerisch Birche-Joggeli und bei P. Rosegger die birkene Liesel). Infolge einer Art Galgenhumor führen auch die Wagen die zum Transport von Verhafteten zur Polizei oder von Verurteilten nach den Gefängnissen dienen, beim Volke (und besonders auch bei den Gaunern und Kunden) nicht selten gewisse Vornamen, wobei meistens zugleich auf die Farbe dieser Vehikel angespielt wird, so bei der grünen (jrienen) Minna (in Berlin und Dresden; vgl. in London: black Maria), dem grünen oder blauen August (Berlin, Hamburg), dem grünen Heinrich (in Wien), auch wohl sanfter Heinrich oder Heinrich schlechthin. Der letztere Name ist auch wieder enthalten in dem komischen All-Tag-Heiri, wie die Züricher früher einen Stellwagen nannten, der in der Kurzeit täglich von Zürich nach Baden fuhr. Für kleine Eisenbahnen sind dagegen hauptsächlich weibliche Scherznamen gebräuchlich [9]), wie unter anderen das Biber-Liesche für die Lokalbahn von Gießen ins Bibertal, das Wiesengretchen und das süße Lottchen für eine solche bei Alzey und bei Mainz, die lahme Karoline für die von Berlin nach Kremmen und die zahme Josefine für die von Paulinenaue nach Rathenow [10]).

---

[9]) Doch soll, wie mir ein Aachener Leser der „Köln. Zeitung" mitteilte, der Zug, der von Sonsbeck (bei Wesel) ins Barackenlager Elsenborn fährt, im Volksmunde „der feurige Elias" heißen.

[10]) Siehe Weise, Ästhetik, S. 160. — Über andere (nicht rein personifizierende) Namen dieser Art siehe schon oben S. 191/92, Anm. 3.

Wie der Infanterist sein Gewehr — als seine „Liebste" — mit Kosenamen wie Liddi, Laura, Minna oder Karoline belegt[11]), so bevorzugen nach einem schon alten Brauch auch die Artilleristen für die Personifizierungen ihrer Geschütze die weiblichen Vornamen meist in Verbindung mit irgendeinem charakteristischen Eigenschaftswort. Zur Berühmtheit gelangt sind unter anderen einst namentlich[12]) die tolle Grete (1452 in Gent), die böse Else (1552 in Frankfurt a. M.), die faule Metze (d. h. Mechthild, seit dem 15. Jahrhundert in Braunschweig), die in mehr als dreihundert Jahren nur neun Schüsse abgegeben haben soll, ganz besonders aber die faule Grete des Kurfürsten Friedrich I. von Brandenburg, die übrigens ihren Namen nur nach der Schwerfälligkeit der Fortbewegung erhalten, sonst aber — z. B. gegen die Zwingburgen der Quitzows — recht fleißig gearbeitet hat. Dieser Name ist nun zu Beginn des Weltkriegs auch für die berühmten 42 Zentimeter-Geschütze wieder verwendet worden neben anderen, wie dicke Barbara (mit Bezug auf die Schutzheilige der Artillerie), hat dann aber rasch — über die fleißige Berta (im Gegensatz zur faulen Grete und mit Anspielung auf den Vornamen der Frau Krupp als Besitzerin der Essener Werke) hinweg — der rasch überall sehr volkstümlich gewordenen dicken Berta das Feld geräumt, einer Bezeichnung, die man später wohl auch noch auf andere Begriffe übertragen hat[13]). Daneben soll dicke Marie[14]) oder

---

[11]) Siehe schon Horn, S. 65 vbd. mit Hochstetter, S. 9, Imme, S. 15 und Maußer, S. 23. Maußer, S. 23 führt noch an „verzweifelte Emil" als eine bei bayrischen Regimentern üblich gewesene Benennung (nach einem männlichen Taufnamen) für ein „eingespanntes Gewehr, das ständig ein Ziel in bestimmten Pausen zu befeuern hat". In der Schweiz soll (nach Bächtold, S. 60) Kathri (= Katharine) für den Tornister gebräuchlich sein, während dieser Frauenname in Deutschland wohl hier und da für das Schränkchen der Soldaten in der Kasernenstube vorkommt (siehe Imme, S. 91).

[12]) Eine ausführlichere Aufzählung findet sich bes. schon bei Horn, S. 45, 46 (u. d. Anm.) vbd. mit Maußer, S. 87, Anm. 91; vgl. ferner etwa noch Fritz Haberland, Krieg im Frieden (Eine etymologische Plauderei über unsere militärische Terminologie), Progr., Lüdenscheid, 3 Teile, 1893/96, Teil II (1895), S. 28, 29. Die Namen gehören vielfach auch der alten oder der älteren deutschen Geschichte an (wie Sibylle, Medea, Helena, Dido, Semiramis, Kriemhild). Über sonstige Namen der Geschütze in der älteren Zeit vgl. außer Horn, a. a. O. auch Wackernagel, Kl. Schriften III, S. 92ff.

[13]) So (nach Hochstetter, S. 60, 69) z. B. nicht nur auf die Geschosse aus dieser Kanone, sondern auch auf den Nachtstuhl im Lazarett; vgl. auch Bergmann, S. 22 (Synon. dafür auch: der 42er, der Mörser oder die dicke Kanone). Nach Maußer, S. 21 ist Berta (ohne Zusatz) bei manchen Truppen auch Bezeichnung für die Munition gewesen.

[14]) Maußer, S. 21 weist hin auf „die Vorliebe gerade bayrischer Kon-

(spöttisch) schlanke Emma für die 30,5 Zentimeter-Mörser gebräuchlich gewesen sein[15]), während das Maschinengewehr als Stotter-Else oder auch als sanfter Heinrich verspottet wurde[16]). Hier begegnet uns also auch ein männlicher Geschützname, wie sie in früheren Zeiten selten vorkommen[17]), im letzten Kriege dagegen in größerer Zahl geprägt worden sind, so z. B. noch der lange Max (für ein sehr weittragendes [15 Zentimeter-]Geschütz), der liebe Fritz oder der schöne Georg (für ein 21 Zentimeter-Geschütz), das böse Bubenpaar Max und Moritz (für zwei 18 Zentimeter-Langrohrgeschütze) sowie — für verschiedene feindliche (französische und englische) Geschütze —: der Alex, der große Sepp[18]), der kurze Gustav oder August (= französisches 7,5 Zentimeter-Geschütz), der lange Schorsch (= großes englisches Flachbahngeschütz) u. a. m.[19]).

---

tingente für die Verwendung" des Namens Marie „zur Geschützbenennung" und führt (S. 20) als Beispiele an: die wilde Marie für ein „schwerkalibriges Geschütz", Blechmarie für ein „französisches Langrohrgeschütz, dessen Abschuß blechern klingt", und Flankenmarie für ein „flankierendes feindliches Geschütz"; vgl. ebendas. auch noch Maruschka für ein russisches Geschütz. Imme, S. 136 erwähnt als Geschütznamen auch schwarze Marie und Schleichmarie oder Marie auf Socken („deren Geschosse gleichsam angeschlichen kommen"), während diese Namen nach anderen nur für die Geschosse selber gebraucht sein sollen (vgl. den Text unten S. 202 u. Anm. 20). Nach Bischoff, Wörterb., S. 110, 113 vbd. mit S. 105 (unter „Brummer") ist endlich schwarze Marie sowohl für ein schweres (Mörser-) Geschütz als auch für ein Geschoß daraus verzeichnet.

[15]) Vgl. Bergmann, S. 7 und Hochstetter, S. 70, 71 (die auch noch die Grete [ohne Zusatz] für einen österreichischen Motormörser anführen) und Imme, S. 135 (der bemerkt: „Es soll aber auch noch manche andere ähnliche Namen geben, wie liebenswürdige Emma, heulende Lina, lustige Anna"; vgl. ferner ebendas. S. 13 noch: die dicke Laura).

[16]) Siehe Maußer, S. 24. Doch kam die Benennung, die „vom gehörsmäßigen Eindruck ausgehen" soll (Maußer, a. a. O.) bei bayrischen Truppen auch für ein leichtes Geschütz überhaupt vor (siehe Maußer, S. 20, 23 und Imme, S. 135). — Über verschiedene andere Bedeutungen dieses Namens siehe schon den Text S. 197 u. Anm. 7 und S. 145.

[17]) Siehe Horn, S. 46, wo außer dem (schon oben S. 193, Anm. 4, erwähnten) ollen Fritz nur noch das ebenfalls auf historische Persönlichkeiten (ältester Zeit) hinweisende Romulus und Remus genannt ist.

[18]) Zusammensetzungen mit Sepp(l) für Geschütze sollen sich nach Maußer, S. 21 bei den bayrischen Soldaten ähnlicher Beliebtheit erfreut haben, wie die mit Marie gebildeten (vgl. oben Anm. 14), so z. B. noch Fliegersepp = Abwehrgeschütz gegen Flugzeuge, Flachbahnsepp = französisches 7,5 Ztm.-Geschütz, Revolverseppl = französische Schützengraben-Revolverkanone, Schleusensepp = französisches Geschütz, das in eine Schleuse eingebaut (a. a. O., S. 20, 21).

[19]) Siehe Bergmann, S. 7 vbd. mit Hochstetter, S. 43, 46 (hier z. B. noch: Flankenaugust für ein bestimmtes französisches Geschütz), Imme, S. 135, 136 (hier noch: Gurgelaugust, langer Josef, grober Gottlieb und Lulu)

Auch für die von den Kanonen entsandten Geschosse herrscht wohl das gleiche Prinzip der Namengebung, und zwar dürften sich hierbei (in der Neuzeit) die männlichen Taufnamen ungefähr derselben Beliebtheit erfreut haben wie die weiblichen. Denn der schwarzen Marie (für ein schweres Mörsergeschoß), der Schleichmarie oder Marie(chen) auf Socken (für eine kleinere, geräuschlos ankommende Granate)[20]) und der gelben Minna (sächsisch) oder Emma (für die [englischen] Gasgranaten, die alles mit einem dichten gelben Schwefeldampf überzogen)[21]) stehen z. B. gegenüber der Radau-Ede (für eine besondere Art russischer schwerer Granaten, die einen großen „Krach" verursachten), der singende Hermann (für abgesprengte Zünder von Granaten, die mit singendem Ton durch die Luft sausten) und der spaßige scheintote August, d. i. ein „Blindgänger" usw.[22]). Auch auf die Flugzeuge haben endlich unsere Feldgrauen wohl beliebte Männernamen übertragen, wie besonders Luft-Lude oder Bomben-Heinrich (wenn es Bomben abwirft [sächsisch])[23]).

Daß auch außerhalb der Erde befindliche Weltkörper uns durch

---

und Maußer, S. 20ff. u. 24 (hier noch: Steinbruchwastl = in einem Steinbruch aufgestelltes französisches Maschinengewehr, bei einem bayrischen Regiment). Erwähnt sei endlich, daß nach Maußer, S. 17, 21 u. 23 Adolf für die Gesamtzahl der Geschütze einer Batterie und dann auch für eine Batterie überhaupt und Brückenschorsch (altbayr., oberpfälz.) oder -gorch (fränk.) für eine „Batterie, die nur auf Brücken schießt", gebraucht worden sein soll.

[20]) Siehe Hochstetter, S. 43. Über die Verwendung dieser Ausdrücke auch für die Geschütze siehe das Nähere schon oben Anm. 14 a. E.

[21]) Siehe Hochstetter, S. 44, Imme, S. 138 und Maußer, S. 22 u. Anm. 105 (S. 88), wo betr. gelbe Minna bemerkt ist, der Einsender dieses Ausdrucks habe hinzugefügt: „vielleicht eine Erinnerung an die dunkel gestrichenen Wagen der Wohlfahrtspolizei, in Dresden ‚grüne Minna' genannt" (vgl. oben S. 199).

[22]) Siehe Hochstetter, S. 43, 46 und Imme, S. 136, 138. Nach Bergmann, S. 11 soll auch Gurgel-August, nach Hochstetter, S. 71 vbd. mit S. 44 auch Lulu nicht sowohl Geschützname (vgl. oben Anm. 19) als vielmehr Geschoßname (ersteres für ein 15 Ztm.-, letzteres für ein feindliches 28 Ztm.-Geschoß) gewesen sein. Hochstetter, S. 42 führt ferner die Redensart an: „Otto fährt auf Urlaub", wenn ein Geschoß hoch über sein Ziel wegsauste, Maußer, S. 25: „der Maxl fliegt", wenn eine große französische Flügelmine ankam (bei schwäbischen Truppen). Ebendas. S. 21, 23 sind die Namen Emil oder Isidor als bei manchen Truppen für die (artilleristische oder infanteristische) Munition gebräuchlich verzeichnet. Vgl. dazu (über das Synon. Berta) schon oben S. 200, Anm. 13 a. E.

[23]) Vgl. Maußer, S. 32. — In das militärische Gebiet fällt endlich auch noch blauer Peter für die kleine Kriegsschiffsflagge, die als Zeichen der Abfahrt am Vortopp weht (nach Bischoff, Wörterb., S. 123, der es als Seemannsausdruck bezeichnet).

Beilegung geläufiger Vornamen im Sprachgebrauch des Volkes sozusagen menschlich nähergerückt werden, kommt begreiflicherweise seltener vor. Doch können hierfür unter anderem das wienerische, auch bei den Gaunern übliche Liesl für die Sonne und das altenburgische August für den Mond genannt werden. Endlich sind selbst abstrakte Begriffe mit unseren Rufnamen belegt worden. Wenn wir z. B. von jemand sagen, bei ihm sei „Schmalhans Küchenmeister", so ist das bekanntlich nur eine Art euphemistischer Umschreibung für seine karge Lebensweise, und ähnlich verhält es sich mit der im Altenburgischen bei den Mädchen auf dem Tanzboden wohl zu hörenden Wendung, sie hätten „den ganzen Abend mit Bankhansen getanzt", wenn sie gar keinen Tänzer gefunden, sondern statt dessen auf der Bank an der Wand sitzen bleiben mußten (nach O. Weise). Über das Vorkommen von (wirklichen oder scheinbaren) Personennamen für Krankheiten im Volksmunde sowie den dabei möglichen Zusammenhang mit dem Dämonenglauben ließe sich fast noch eine besondere Abhandlung schreiben. Hier sei als ein Beispiel nur der besonders verbreitete Ausdruck Ziegenpeter für die Ohrspeicheldrüsenentzündung (Mumps) angeführt. Sogar der — aller Krankheit ein Ende machende — Tod, der uns als „Knochen-" oder „Beinmann" mit der Sense eine altvertraute Personifikation ist, führt noch seine besonderen Eigennamen. Durch G. A. Bürger sind z. B. Hans Mors (= lat. mors, Tod) oder Hans Knöchler wohl auch in weitere Kreise eingedrungen; volkstümlicher jedoch erscheinen Zusammensetzungen oder Verbindungen mit Heinrich, wobei höchstwahrscheinlich eine Verquickung vom Tod mit dem Teufel, der gleichfalls diesen Namen führt (s. dazu: Grimm, Wörterb. IV, 2, Sp. 887, Nr. 2; vgl. auch im Englischen old Harry oder the Lord Harry), mit untergelaufen ist. So erklären sich unter anderem das schweizerische Bein-Heirech und das alte (z. B. schon bei Lessing vorkommende) „Freund Hein", worin der Tod mehr als willkommener Erlöser von irdischem Leid erscheint.

Nachträge und Berichtigungen.

Zu S. 6. Nachums-Gehain = Vogelsberg. Mit Rücksicht auf die Bezeichnung dufte Märtinche (d. h. schönes, angenehmes Ländchen) für die Wetterau (s. S. 11) sowie den Umstand, daß nicht nur die Wetterau, sondern auch der benachbarte Vogelsberg zu Beginn des 19. Jahrhunderts ein bei den Gaunerbanden viel beliebter Aufenthaltsort gewesen ist, könnte man den Ausdruck Nachums-Gehain wohl in Zusammenhang bringen mit dem rotw. und jüd. Naches u. ä. = „Ruhe, Erquickung, Freude, Vergnügen" u. dgl (s. z. B. Thiele, Jüd. Gauner I, S. 285 und Avé-Lallemant IV, S. 577), das vom ungefähr gleichbedeutenden hebr. nachath (vgl. Bischoff, Wörterb., S. 61) herstammt. Natürlich ist dann aber auch die bei v. Grolman angegebene Bedeutung „Vogel" für Nachum anzuzweifeln und vielmehr zu vermuten, daß sie erst aus der (dem Sammler etymologisch unklar gebliebenen) längeren Verbindung Nachums-Gehain durch willkürliche Übersetzung entnommen ist.

Zu S. 7ff. Zu den mit Märtine u. ä. gebildeten Ländernamen enthält die Schrift von F. Bischoff, Ergebnisse einer vor dem Großherzogl. Sächsischen Kriminalgericht zu Eisenach geführten Untersuchung hinsichtlich des Gaunerwesens in den Großherzoglichen Amtsbezirken Eisenach usw., Eisenach 1830 (vgl. Kluge, Rotw. I, S. 366), S. 65 u. 158 noch ein Beispiel nämlich: die wohnische Märtine (d. h. „das katholische Land") für „das Fuldische".

Zu S. 9, 10. Zu den Ländernamen mit Märtine, die nach Farben bezeichnet sind, finden sich in der (soeben näher angeführten) Schrift von F. Bischoff, S. 61, 86 u. 137/38 ebenfalls noch zwei, den sonstigen Quellen unbekannte Beispiele, nämlich: weiße Märtine für „das Eisenachische" und braune Märtine für „das Meiningische". Ferner ist ebend. S. 138 blaue Märtine zwar (wie bei anderen) durch „das Preußische", dagegen S. 74 durch „Hessen" wiedergegeben.

Zu S. 12, 13 (substantivierte Eigenschaftswörter als Ländernamen) s. noch das Wohnische = „das Fuldische" (nach F. Bischoff, S. 65 [vgl. oben Bemerkung zu S. 7ff.]). Dem (S. 15 angeführten Ripserfisl = Schweizer bei Karmayer 1835) entspricht als Ländername das Ripserische = die Schweiz.

Zu S. 13, Anm. 18. Die Bezeichnung Schwarz-Märtine (-Matine) für Österreich findet sich in der Tat in der (schwäbischen) Gauner- und Kundensprache (s. Näh. bei Fischer, Schwäb. Wörterb. V, Sp. 1249; vgl. auch Bischoff, Wörterb., S. 82); außerdem soll sie bei den schwäbischen Kunden aber auch noch für Württemberg vorkommen. S. Fischer, a. a. O., der beide Begriffe aus den Landesfarben (schwarzgelb für Österreich, schwarzrot für Württemberg) erklärt. Danach könnte dann aber vielleicht auch Weiß-Märtine für Preußen (S. 10, Anm. 12) bezw. Weiß-Märtiner für den Preußen (S. 14) — beides auch bei Bischoff, Wörterbuch, S. 91 als Kundenausdrücke angeführt — in ähnlicher Weise (nämlich nach dem Schwarzweiß der preußischen Landesfarben) gedeutet werden.

Zu S. 22. Die (neben wohnisch oder wahnisch) auch wohl vorkommende Form monisch für „katholisch" hat Bischoff, Wörterb., S. 60 ausgedeutet als „mönchisch", mit Hinweis auf das englische mone = Mönch, was jedoch meines Erachtens sehr gewagt erscheint.

Zu S. 34, 35, Anm. 55. Hamburger = Handwerksbursche, ist vielleicht nur eine pseudo-geographische mundartliche Entstellung aus „Handwerksbursche", da z. B. in manchen Gegenden Badens statt Handwerk Hamberch gesprochen wird (s. Phil. Lenz in der Zeitschr. für deutsche Mundarten, Jahrg. 1916, S. 47).

Zu S. 36. Zu dem soldatensprachl. Kreuzritter = Läuse erscheint als ein kundensprachliches Synonim (das meines Wissens freilich nur bei Bischoff, Wörterb., S. 46 angeführte) Kreuzträger.

Zu S. 43. Von den französischen Redensarten aller à Niort, à Montretout u. à Rouen gehört die erste der Gaunersprache an, während die beiden anderen im allgemeinen Argot vorkommen (s. Villatte, Parisismen, S. 251, 259, 337).

Zu S. 49. Kitt = Geld ist von Bischoff, Wörterb., S. 42 von jüd. chütt (hebr. chût) = „Faden" abgeleitet und als Analogie zu den Ausdrücken Draht und Zwirn (für Geld) betrachtet worden.

Zu S. 49, Anm. 6. Die sprichwörtlichen Redensarten mit geographischen Namen wie Gebenhausen, Gibenach u. ä. werden meistens in negativer Weise also z. B.: (nicht von Gebenhausen, Gebersdorf, Gebweiler, Gibenach usw. sein = geizig sein) gebraucht, seltener auch in positiver Weise, so z. B. aber in dem Sprichwort „Wer geht nach Gibichenstein (d. i. zu viel verschenkt), kommt selten wieder heim"; s. E. Terner, a. a. O. S. 27.

Zu S. 59. Der zigeunerische Ausdruck für „Jungfer" in Waldheim. Lex. 1726 (188) heißt genauer: Zschuker Terne, worin das erste Wort zu zigeun. šukĕr = „schön, lieblich, angenehm" gehört.

Zu S. 76. Auch Langschwanz kommt für den Fuchs bei den schwäbischen Händlern (in Pfedelbach) vor, Langöhrl für den Hasen gehört nicht der Eifler Hausierersprache, sondern einem mit Rotwelsch durchsetzten Jargon bei Regensburg an (s. Kluge, Rotw. I, S. 490; ebds. S. 489 [nicht S. 482] steht auch das im Text erwähnte Schmalbuckel = Katze).

Zu S. 87. Zu den Zusammensetzungen mit Hase für menschliche Eigenschaften, Berufe usw. s. auch noch das (schon 1847 belegte) gauner- und kundensprachliche Kornhase für einen obdachlosen Vagabunden (der in Kornfeldern u. dgl. zu übernachten pflegt).

Zu S. 95 u. Anm. 7 betr. Putz oder Butz. Als Eigenname, von dem (nach Bischof, Wörterb. S. 70) das Wort Putz eine Abkürzung sein soll, könnte vielleicht Leopold, in der Kurzform Poldl, in Betracht kommen. Die Form Butz hat übrigens Bischoff (a. a. O., S. 13) auch noch zu der Bezeichnung „Büttel" in Beziehung gesetzt. Ohne Zweifel erscheinen aber diese Erklärungen viel gesuchter als die von mir im Text gegebene.

Zu S. 96. Die Abkürzung ces mess für die Polizisten gehört dem französischen Gauner-Argot an (vgl. Villatte, a. a. O. S. 72).

Zu S. 106. Die Bezeichnung Kau kommt für „Gefängnis" auch im Henese Flick von Breyell (449) vor.

Zu S. 116. Bracelets = Handschellen ist im Französischen nur ein gewöhnliches Argotwort, im Englischen dagegen ein Ausdruck des Cant oder der Gaunersprache (s. Villatte, S. 50 vbd. m. Baumann, Londinismen, S. 18).

Zu S. 122, Anm. 4 (betr. Ede). Während nach H. Meyer, Richt. Berliner, S. 35 Ede besonders auch den Partner im Boston-Spiel bezeichnet, soll es nach O. Weise (Nachtrag zur „Altenburger Mundart," in den „Mitteilungen des Geschichtsvereins zu Eisenberg", Heft 5 [1890], S. 6) im Altenburgischen speziell für den Partner im sog. „Schafskopf"-Spiel gebraucht werden.

Zu S. 123. Der Ausdruck vautour kommt im französischen Argot auch noch für einen Falschspieler vor (s. Villatte, S. 393).

Zu S. 125. Zu den scheinbaren (volksetymologisch angedeutschten) Tierbezeichnungen für Menschen gehört auch das (schon S. 79 näher erörterte) Kappmaus für einen Verräter sowie vielleicht (nach Bischoff, Wörterb., S. 70) auch Rabe (vgl. S. 89, Anm. 19).

Zu S. 128. Zu den volksetymologischen Andeutschungen von Tiernamen kann auch noch das von Bischoff, Wörterb., S. 37 angeführte Kalb für Hund (vom aram. kalbâ bzw. kâleb, zu kêleb = Hund) erwähnt werden. Doch bleibt es mir zweifelhaft, ob diese Form in den rotwelschen Quellen wirklich nachweisbar ist; sie dürfte mindestens sehr selten sein. Über die ähnliche Form Kalf (z. B. in der Scharfrichtersprache, 1813) s. den Text S. 155.

Zu S. 140, Anm. 16. Die Bezeichnung Negerschweiß wird in der deutschen Soldatensprache wohl auch für den Tee gebraucht; s. Maußer, a. a. O., S. 64.

Zu S. 140, Anm. 19 s. bes. noch Hochstetter, a. a. O., S. 56. — Auch die Frankfurter Mundart kannte Schusterkarmenade (so) und Schneiderkotelett für einen „Handkäse"; s. A. Askenasy, Die Frankfurter Mundart und ihre Literatur (Frankf. a. M. 1904). S. 128.

Zu S. 142, 143, Anm. 24 ff. s. jetzt auch meinen Aufsatz „Soldatensprache, Rotwelsch und Kundendeutsch in ihrem Verhältnis zueinander", in der „Zeitschr. für den deutschen Unterricht", Jahrg. 33 (1919), Heft 4/5, S. 129 ff. — Zu Anm. 24: Der Ausdruck Granatsplitter bedeutet auch noch Nudeln, Stacheldraht, auch noch gedörrtes Gemüse überhaupt; s. die angeführten Schriften über die Soldatensprache.

Zu S. 149, Anm. 3. Bischoff, Wörterb., S. 43 hat zwar nur die Bezeichnung Köfler (nicht Kaffler, Kafiller u. ä.) von rabbin k'phal = Kopf abgeleitet, jedoch ist wohl ohne Zweifel auch diese, seit dem Anfang des 19. Jahrhunderts in den Quellen (und zwar nicht nur für den Scharfrichter, sondern auch für den Abdecker oder Schinder vorkommende) Form (vgl. Groß' Archiv, Bd. 42, S. 39, lit. h) lediglich eine Weiterbildung des älteren Kaffler u. ä.

Zu S. 157, Anm. 1 a. E. (Literatur). Zur Literatur über die Schülersprache s. auch noch: Karl Steinhäuser, Die Muttersprache im Munde des Breslauer höheren Schülers, Progr. (Breslau 1906), S. 15 ff. u. bes. S. 18 ff.

Zu S. 161, Anm. 11. Zu Küchendragoner bzw. dem Leipziger Kasterolhusare vgl. auch noch Küchehusar in der Frankfurter Mundart (s. Askenasy, a. a. O., S. 117).

Zu S. 162, Anm. 15. Die (bayr.) soldatensprachl. Bezeichnungen reitende Milliweber und Packträger dürften heute veraltet sein.

Zu S. 184, Anm. 9. Für die ältere Erklärungsart des Ausdrucks Tommy Atkins s. auch die Angaben bei Baumann, Londinismen, S. 254.

Zu S. 186. Zu Thomasl für einen Bedienten vgl. auch in der englischen Gaunersprache John Thomas = „Bedienter, Lakai" nach Baumann, a. a. O., S. 102.

Zu S. 198. Zu dem Gebrauch von Michel für Messer u. dgl. vgl. auch Gänsemichel für ein Küchenmesser in der Altenburger Mundart (nach O. Weise, Nachtr. zur „Altenb. Mundart," a. a. O., S. 7).

Wörterverzeichnisse[1]).

I. Gaunersprache (Rotwelsch) und verwandte Geheimsprachen[2]).

---

[1]) Die Zahlen verweisen auf die Seiten, A. bedeutet Anmerkung. In Klammern gefaßte Zahlen zeigen an, daß an der betreffenden Stelle das Wort nur mehr nebenbei erwähnt worden, während die nicht eingeklammerten Zahlen auf die Hauptstellen hinweisen.

[2]) Abkürzungen: Di. = sog. Dirnensprache, Kr. = sog. Krämer= (oder Hausierer=) Sprache und ähnl. Geheimsprachen, Ku. = Kundensprache. Die Vokabeln aus der Scharfrichtersprache sind in einem besonderen Verzeichnis (Nr. II) zusammengestellt. Über die fremden Gaunersprachen siehe das Verzeichnis Nr. VIII.

H.

I (i).

J (j).

K.

L.

Q.

R.

S.

T.

II. Scharfrichtersprache.

III. Soldatensprache[1]).

[1]) Abkürzungen: F. = alte Feldsprache; K. = Kadettensprache; M. = Marine; Ö. = österreichisch; Schw. = schweizerisch; v. = veraltet.

IV. Studentensprache

(meist aus älterer Zeit).

V. Schüler(Pennäler=)sprache.

VI. Sonstige Standes= und Berufssprachen.

VII. Deutsche Gemeinsprache

(einschl. Mundarten) [1]).

[1]) Abkürzungen: Lit. = Vorkommen in der Literatur; M. = deutsche Mundarten; v. = veraltet.

P.

R.

S.

VIII. Fremde Sprachen, besonders auch fremde Gaunersprachen[1]).

[1]) Abkürzungen: Arg. = französ. Argot, Dän. = Dänisch, E. = Englisch, Fr. = Französisch, G. = Gaunersprache, It. = Italienisch, Mex. = Mexikanisch, Sl. = englisch. Slang, Sold. = Soldatensprache, Sp. = Spanisch, Tsch. = Tschechisch, U. = Ungarisch, v. = veraltet.